한국의
게송偈頌 · 가송歌頌

— 우리 불교 노래 집성集成 —

한국의
게송偈頌·가송歌頌

－우리 불교 노래 집성集成－

이종찬李鍾燦 편역

동국대학교출판부

우리 불교 노래의 특징
-머리말을 대신하여-

　우리나라는 지리적으로 대륙의 변방이다. 이런 지역적 한계로 인하여 모든 문화가 대륙의 중심에서 일어나는 파동波動의 여파로 수용될 수밖에 없었다. 그런데 이 물결이라는 것이 묘해서 파동 중심의 물결무늬(汶樣)보다도 밀려온 물결이 먼 변방일수록 그 문양은 더 크다. 이것이 우리 문화를 간명하게 표현할 수 있는 수사修辭이니, 우리 문화가 대륙의 변방 문화이기는 하지만 이루어진 문화의 결과는 본방의 문화보다 더 화려하거나 견고한 경우가 많다. 유교문화만 살피더라도 본방의 중국보다 더 견고하여 그들 스스로가 '동방예의지국東方禮儀之國'이라 할 만큼 찬란했고, 불교문화도 동아시아에서의 중추적 위상을 유지하고 있음이 사실이다.

　그런데 이런 문화유산을 후세에 남기려면 기록할 기호직 문자가 있어야 하는데, 이 문자를 대륙의 중심인 중국이 선점하여 동아시아 여러 민족은 이 대륙의 기호문자인 한자漢字를 빌려 쓰는 형편이 되었다. 우리의 역사 기술도 이 틀을 벗어나지 못했으니 이 틀이 바로 한문漢文이다. 그래서 우리 문화의 기록은 한문으로 일관되어 왔고, 말을 표기할 수 있는 정음正音을 발명하고도 기록으로서의 글은 항시 한문이었던 것이다.

　여기 불교 노래의 모음집인『한국의 게송偈頌·가송歌頌-우리 불교 노래 집성集成』이 노래로서 말의 기록이어야 함에도 불구하고 글의 문자인 한자로 이루어진 것도 이러한 우리 문화의 특성상 어쩔 수 없는 일이다. 오늘날은 모든 기록이 우리의 말글로 일원화되는 과정이라 한문을 다시 우리말로 되돌리는 작업을 할 수밖에 없다. 그러니 여기서 잠시 글과 노래의 관계를 살펴보아야 하겠다. 한마디로 요약하면 노래는 말이고, 글은 이 노래의 문자적 기록이다. 이것이 문학의 이원적二元的 흐름이니 노래의 문자적 기록이 시詩이고, 노래의 말이 가요歌謠이다. 이를 아울러 이르는 말이 시가詩歌이다.

게송偈頌은 불교의 시게詩偈, 송고頌古, 가송歌頌 등의 통칭으로 범어인 가타(Gatha)의 음역 가타伽陀, 게타偈陀를 약칭한 '偈'와 찬송讚頌의 '頌'의 합성어인 셈이다. 가타가 원래 운이 있는 시로 지어졌기 때문에 그것이 한역漢譯되면서 한시의 고유한 형식에 맞춰졌던 것이다. 이 게송에는 대략 두 가지가 있는데, 경전의 긴 글을 의리義理만을 풀어 시적으로 요약한 것을 중송重頌 또는 응송應頌이라 하고, 경전에 의지함이 없이 일반적 법리를 시적 형식을 빌려 노래한 것을 게타偈陀 또는 게송이라 하니, 여기서도 이 두 갈래를 모두 취해 번역하였다.

잠시 우리 문학사에서 불교 가송인 게송이 차지하는 특징 두어 가지를 살펴보자. 우리 문학사에서 흔히 신라 말의 최치원崔致遠(857~?)을 기록문학의 시초자로 인식하나, 이는 어디까지나 조선조의 유교적 이념의 서술이고, 기록문학의 최초라 하면, 원효元曉(617~686)나 의상義湘(625~702)이 선구자이다. 여기 수록한 〈대승육정참회大乘六情懺悔〉나 〈화엄일승법계도華嚴一乘法界圖〉는 이미 최치원보다 2세기 이상을 앞서는 문학유산이니, 우리 문학사의 통사적 논술도 재검토되어야겠다.

또 한편, 우리나라 문학의 이원적 갈래인 노래와 시의 다른 점을 분명히 인식하여, 퇴계 이황退溪李滉(1501~1570)은 〈도산십이곡陶山十二曲〉의 발문에서 다음과 같이 피력한 바 있다.

"늙은이가 평소 음률을 이해하지도 못하나 오히려 세속의 음악을 실컷 들을 줄은 알아 한가히 병이나 요양의 여가에 성정에 감흥이 있는 모든 것을 항상 시로 풀어낸다. 그러나 오늘의 시는 옛 시와 달라 읊을 수는 있으나 노래할 수가 없어 만일 노래하려 하면 반드시 세속의 언어로 엮어야 하니 대체로 우리의 습속이 그렇지 않을 수가 없다.(老人素不解音律 而猶知厭聞世俗之樂 閑居養疾之餘 凡有感於性情者 每發於詩 然今之詩 異於古之詩 可詠而不可歌也 如欲歌之 必綴以俚俗之語 蓋國俗音節所不得不然也)"

노래와 시, 다시 말해 말과 글의 차이점을 분명히 말한 것인데, 이는 한시가 아닌 우리말 노래 시조 창작의 이론적 배경을 설파한 의의가 있다.

이보다 한 왕조를 앞선 고려 중엽의 최행귀崔行歸는 균여의 〈보현십종원왕가普賢十種願王歌〉를 송頌으로 번역하여 『균여전均如傳』에 실으면서 다음과 같이 말하였다.

"한스러운 것은 우리나라의 여러 학자나 명공들은 중국의 시문을 이해하고 읊을 수 있지만, 저 나라(중국)의 큰 선비나 높은 스님들은 우리 방언의 노래를 이해하지 못한다. 더구나 중국의 글은 조물주의 그물이 펼쳐진 것 같아 우리나라에서도 쉽게 읽히나, 향찰인 우리 말글은 범어를 늘어놓은 것 같아 저 나라에서 알기가 어렵다.(而所恨者 我邦之才子名公 解吟唐什 彼土之鴻儒碩德 莫解鄕謠 矧復唐文如帝網交羅 我邦易讀 鄕札似梵書連布 彼土難諳)"

이미 노래와 시를 구별하면서 국제적 시각에서 우리의 문화를 전파하고자 한 것이다. 이 자체가 당시의 국제적 인물이 아니면 이룰 수가 없고, 균여와 같은 높은 스님의 노래가 아니면 국제무대로 전파해야 할 가치를 인식하지 못했을 것이다. 최행귀는 이미 중국의 오월吳越로 유학을 했던 사람이기에 국제적 안목이 있었던 것이다. 이렇듯 게송의 문학성은 우리 문학의 이원적 흐름에 전형적 본보기인 셈이다.

그 밖에 〈석가여래행적송釋迦如來行蹟頌〉은 조선 초기 훈민정음의 창제와 더불어 등장하는 장편 서사시의 백미인 〈월인천강지곡月印千江之曲〉의 모태가 되었으니, 우리 언어문자인 정음正音의 창제와 보급에 불교적 사유가 직·

간접으로 지대한 영향을 미쳤음도 엿볼 수가 있다. 나아가 보우普雨 대사의 〈중종대왕영혼게송中宗大王迎魂偈頌〉 등은 배불을 국시로 삼았던 조선 왕조에서 왕실불교가 이러한 게송으로 인하여 이어져 왔음을 엿보게 한다. 본 선집을 정조대왕正祖大王의 〈어제화산용주사봉불기복게御製華山龍珠寺奉佛祈福偈〉로 끝맺으면서 이러한 역사적 실증도 눈여겨보았다.

  아쉬움으로 남는 것은 보정普鼎(1861~1930)의 〈정토찬백영淨土讚百詠〉과 같은 장편 연작송을 수록 못함이니 이는 다시 후일을 기대할 수밖에 없다.

2018년 11월
편역자 이종찬

차례

우리 불교 노래의 특징 5

제1부 신라 편

1. 원효元曉의 대승육정참회大乘六情懺悔 13
2. 의상義湘의 화엄일승법계도華嚴一乘法界圖 25
3. 명효明皛의 해인삼매송海印三昧頌 31
4. 혜초慧超의 대승유가금강성해만수실리천비천발대교왕경송
   大乘瑜伽金剛性海曼殊室利千臂千鉢大敎王經頌 37

제2부 고려 편

5. 최행귀崔行歸의 보현십종원왕송普賢十種願王頌 43
6. 혜심慧諶의 염송설화拈頌說話 51
7. 천인天因의 미타찬게彌陀讚偈 외 67
8. 운묵雲默의 석가여래행적송釋迦如來行蹟頌 101
9. 보우普愚의 태고암가太古庵歌 외 161
10. 혜근慧勤의 완주가翫珠歌 외 177

제3부 조선 편

11. 득통得通의 원각경송圓覺經頌 외 193
12. 김시습金時習의 연경별찬송蓮經別讚頌 213
13. 보우普雨의 중종대왕영혼게송中宗大王迎魂偈頌 외 229
14. 휴정休靜의 동국제산선등직점단게東國諸山禪燈直點壇偈 외
    235
15. 유정惟政의 선게禪偈 257
16. 인오印悟의 염송설화송拈頌說話頌 273
17. 성총性聰의 정토찬淨土讚 367
18. 자수子秀의 무경실중게시無竟室中偈詩 415
19. 나식懶湜의 송계대사가송松桂大師歌頌 431
20. 취여取如의 종풍곡宗風曲 437
21. 정조正祖의 어제화산용주사봉불기복게御製花山龍珠寺奉佛祈
    福偈 445

제1부

신라 편

1 원효元曉의 대승육정참회大乘六情懺悔
2 의상義湘의 화엄일승법계도華嚴一乘法界圖
3 명효明皛의 해인삼매송海印三昧頌
4 혜초慧超의 대승유가금강성해만수실리천비천발대교왕경송
   大乘瑜伽金剛性海曼殊室利千臂千鉢大敎王經頌

1
원효元曉의 대승육정참회大乘六情懺悔

작자作者　원효元曉(617~686)는 신라 후기의 승려이다. 성은 설薛이고 어릴 적 이름은 서당誓幢이라 했으며, 자라면서 신당新幢이라 했다. 자칭 원효라 한 것은 새벽의 빛나는 햇빛인 부처의 해라는 의미이다. 617년 압량군押梁郡 불지촌佛地村 율곡栗谷의 사라수娑羅樹 아래에서 태어났다. 사라수란, 스님의 본 집이 율곡의 서남쪽에 있었는데, 어머니가 산달이 가까워 마침 율곡의 밤나무 밑을 지나다가 산기가 있어 집으로 갈 겨를 없이 남편의 옷을 나무에 걸고 출산하여 그 나무를 사라수라 하게 되었다.

648년(진덕여왕 2) 32세에 황룡사에서 출가하고 집을 불문에 희사하여 초개사初開寺라 하고, 태어난 곳인 사라수 옆에 절을 짓고 사라사娑羅寺라 했다. 스님은 태어나면서 영이해서 배움에 있어 일정한 스승을 두지 않았다. 650년(진덕여왕 4)에 동료인 의상義湘과 당나라에 가려고 요동까지 갔다가 고구려의 순찰병에 잡혀 수십일간 머물다 돌아왔다. 661년(문무왕 1)에 다시 당나라로 구법하러 가는 도중, 무덤 사이에서 하루를 자게 되었는데, 갈증을 느껴 어둠 속에서 물을 떠 마셨다. 다음 날 지난밤에 마신 물이 사람의 해골에 고여 있던 것임을 보고는 큰 깨달음을 얻게 되었다. "마음이 생기면 우주만물이 생기고 마음이 사라지면 깨끗하고 더러움의 차별상이 없다." 하여 "삼계가 오직 마음이고 만법이 오직 알음알이이니 마음 밖에 아무것도 없구나." 하고는 유학의 길을 포기하였다.

스님의 전기에는 신이한 일이 한두 가지가 있으니, 그중의 하나가 요석궁의 일화이다. 스님이 하루는 실성한 것처럼 거리에서 노래 부르기를 "누가 자루 없는 도끼를 주어 내가 하늘 버틸 기둥을 자를까.(誰許沒柯斧 我斫支天柱)" 하니, 사람들은 이해 못하나 태종太宗이 듣고 "이는 스님이 귀부인을 얻어 현명한 아들을 얻으려는 것이다." 하고는 요석궁에 홀로 사는 공주와 유숙하게 하여 그 결과로 얻은 아들이 설총薛聰이다. 설총은 자기 아버지의 예언대로 지천주支天柱(하늘을 버틸 기둥)였으니, 그가 방언으로 중국이나 우리의 문물을 두루 통해 육경六經 문학을 해석하여 이후의 경전 강습자가 이를 전수하지 않은 이가 없다 함이 바로 지천주의 구실을 한 것이다.[1]

그 뒤로 스님이 속인의 옷으로 갈아입고 화엄경의 "一切無碍人 一道出生死"의 뜻으로 〈무애가〉를 지어 불러 온 나라 사람이 노래하고 춤추게 했다 함은 우리의 통불교通佛敎의 시발이라 할 것이다. 686년(신문왕 6) 3월 30일 혈사에서 입적하니, 세수 70세에 법랍이 38년이었다. 1101년(고려 숙종 6) 대성화쟁국사大聖和諍國師의 시호를 내렸으며, 일연의 『삼국유사』에서는 '성사원효聖師元曉'라 했다.

저술은 대략 99부 240여 권이라 하나, 현전하는 것은 20부 23권이다.

해제解題 **대승육정참회大乘六情懺悔** : 원효의 화엄사상이나 정토사상과 같은 종합된 사상의 깊이를 노래한 장편의 시이다. 곧 4언 4구 71연 17단락의 장편시이다. 원효 게송의 대표적 작품이라 할 수 있다. 그간 불교계에서 이

---

[1] 이 문제에 대해서는 필자가 「지천주의 구실을 한 설총」이라는 제하에 살펴본 바 있다. 『韓國漢文學의 探究』, 이회문화사, 1998.

를 한 편의 문文으로만 보아 온 것은 내용적·사상적 검증에만 유념하고 문학의 외적 형식의 구분에 소홀했기 때문이다. 필자는 이를 시로 보자는 논지를 학계에 소개한 적이 있다.[2] 다음에 단락의 내용을 들어 이해해 보도록 하자.

1단락 대전제, 2단락 귀의제불歸依諸佛, 3단락 득불공법得不共法, 4단락 대승법락大乘法樂, 5단락 무명중생無明衆生, 6단락 성심참회誠心懺悔, 7단락 죄업본무罪業本無, 8단락 업성본래무생業性本來無生, 9단락 과보果報, 10단락 참회와 불참회(懺悔不懺悔), 11단락 참회법懺悔法, 12단락 망상번뇌妄想煩惱, 13단락 몽중몽夢中夢, 14단락 무명복심無明覆心, 15단락 몽각夢覺, 16단락 불방일不放逸, 17단락 총명總名.

이렇게 구분하여 보면 본 시는 원효의 신앙세계에서 대승적 참회를 종합적으로 요약한 장편의 게송문학이다. 특히 13단락 몽중몽의 내용은, 사람살이가 꿈인데 어리석은 이는 이 꿈에서 또 꿈을 꾸고 있다. 시의 중첩적 수사 기법은 말할 것도 없이 현대문학을 꿈의 원리로 분해하려는 서구적 문학이론을 1,500년 이상 앞지른 이론이요, 실증인 셈이다.

---

[2] 이종찬, 「元曉의 시문학―大乘六情懺悔를 중심으로―」, 『韓國佛家詩文學史論』, 불광출판사, 1993, 38쪽.

대승육정참회 大乘六情懺悔

만약 법계에 의지하여, 노닐려 하는 자는	若依法界 始遊行者
행주좌와의 몸가짐을, 황당한 노닒 없어야	於四威儀 無一唐遊
항시 모든 부처 생각하되, 생각으로 미치지 못할 덕을	恒*念諸佛 不思議德
항상 여여한 실상 생각하여, 업장을 녹여 버려야	常思實相 朽銷業障
널리 육도六道의, 한없는 중생 위하여	普爲六道 無邊衆生
시방세계의, 한량 없는 부처께 귀의하소	歸命十方 無量諸佛
여러 부처님 다름 없으되, 역시 같지도 않지	諸佛不異 而亦非一
한 부처가 일체의 부처이고, 일체 부처 또 한 부처이네	一卽一切 一切卽一
머무는 곳 비록 없어도, 머무르지 않는 곳 없고	雖無所住 而無不住
비록 하염없으시나, 하염없음이 없으시네	雖無所爲 而無不爲
하나하나의 모습 모습과, 낱낱의 털 구멍까지	一一相好 一一毛孔
가없는 경계 두루하고, 미래의 끝까지 다해	遍無邊界 盡未來際
막힘 없고 가림 없이, 차별됨이 없도록	無障無礙 無有差別
중생을 교화하시어, 쉬임이 없으시네	敎化衆生 無有休息
그런 까닭이 무엇인고	所以者何
시방의 공간 삼세의 시간, 한 경계나 한 생각이나	十方三世 一塵一念
죽고 삶의 열반에, 둘도 없고 차별도 없다	生死涅槃 無二無別
대자 대비의 반야지혜, 잡지도 않고 놓지도 않으니	大悲般若 不取不捨
불공법不共法과, 서로 일치하기 때문일세	以得不共 法相應故

* '恒' 자字는 원문의 탈자로 보아 보완補完하였음.

지금 이곳, 연화장의 세계에는	今於此處 蓮花藏界
노사나부처께서, 연화대에 앉아 계셔	盧舍那佛 坐蓮花臺
가없는 빛을 펴고, 한량없는 중생 모아	放無邊光 集無量衆*
굴려도 굴림이 없는, 대승의 법 바퀴 돌리시네	轉無所轉 大乘法輪
보살 대중은, 허공에 두루 가득	菩薩大衆 遍滿虛空
받아도 받음이 없는, 대승의 법 즐기시네	受無所受 大乘法樂
그런데, 지금 우리는, 여기에 함께 있어	而今我等 同在於此
하나의 진실과 삼보로, 허물 없는 곳이나	一實三寶 無過之處
보도 듣도 못하니, 귀머거리인 듯 소경인 듯	不見不聞 如聾如盲
불성 없음인가, 어째서 이러하지	無有佛性 何爲如是
무명으로 전도되어, 부질없이 바깥 경계에 끌려	無明顚倒 妄作外塵
나와 나의 대상에 집착되고, 갖가지 죄업을 지으니	執我我所 造種種業
스스로 가리움 되어, 보고 들을 수 없네	自以覆蔽 不得見聞
마치 아귀가, 물가에 가 물빛을 빛으로 보듯	猶如餓鬼 臨河見火
그러니 이제 부처님 앞에, 깊이 부끄러운 마음 내어	故今佛前 深生慙愧
보리심 펴 내어, 성심으로 참회하세	發菩提心 誠心懺悔
나와 중생은, 시작도 없던 그때부터	我及衆生 無始以來
무명에 취하여서, 한량 없는 죄를 지어	無明所醉 作罪無量
오역이나 십악까지도, 짓지 않은 것 없어	五逆十惡 無所不造
나의 지음 남 시키고, 지음을 보고 좋아했으니	自作敎他 見作隨喜
이러한 뭇 죄를, 어찌 다 셀 수 있는가	如是衆罪 不可稱數
이 모든 부처 성현, 똑바로 아시는 바이니	諸佛賢聖 之所證知

---

* 원문에는 '衆' 자 다음에 '生' 자가 있으나, 불필요한 자로 보여 삭제하였음.

이미 지은 죄, 깊이 부끄러운 마음 내어	已作之罪 深生慚愧
아직 짓지 않았거든, 다시는 짓지 마소	所未作者 更不敢作

이러한 모든 죄, 실로 있음이 아니나	如*此諸罪 實無所有
뭇 인연과 어울려, 이름 빌려 업이라 하네	衆緣和合 假名爲業
연과 마주쳐도 업 없고, 연을 여의어도 역시 없다네	卽緣無業 離緣亦無
안도 아니요 밖도 아니니, 그렇다고 중간에도 없어	非內非外 不在中間
과거는 이미 사라지고, 미래는 오시 않았고	過去已滅 未來未生
현재는 머무르지 않으니, 그러니 업 지음 없어야지	現在無住 故無**所作
머무름이 없는 까닭에, 남(生) 또한 없는 법	以其無住 故亦無生
애초에 남이 없으니, 애초에 없음도 누가 내나	先有非生 先無誰生

만약 원래 없음이, 이제 있음이라 말해도	若言本無 及與今有
두 뜻이 서로 합하여, 이름하여 생이라 한다면	二義和合 名爲生者
원래 없는 때에는, 이제 있음이 있을 수 없고	當本無時 卽無今有
이제 있는 때라면, 원래 없음이 있지 않았지	當今有時 非有本無
앞뒤가 함께 못하고, 있음 없음 화합 못하니	先後不及 有無不合
두 뜻이 어울릴 수 없는데, 어디에 남(生)이 있나	二義無合 何處有生
어울리는 뜻 이미 무너지니, 흩어짐도 될 수 없네	合義旣壞 散亦不成
어울림도 없고 흩음도 없고, 있음도 아니요 없음 아니니	不合不散 非有非無
없는 때 있음 없거니, 무엇을 대해 없다 하나	無時無有 對何爲無
있는 때도 없음 없으니, 어디에 있음 기대하랴	有時無無 待誰爲有
앞과 뒤 있음과 없음, 다 이룰 수 없으니	先後有無 皆不得成

---

* 원문에는 탈자로 되어 있으나, 문맥으로 보아 '如' 자로 보완하였음.
** 원문에는 '故所作' 세 자만 있으나, 탈자가 있는 것으로 보고 문맥으로 추측하여 '無' 자를 첨가하였음.

마땅히 알라 업성에는, 원래 남(生)이 없음을	當知業性 本來無生
원초에서부터, 남이 있음 될 수 없으니	從本以來 不得有生
어느 곳에 다달아, 있음 없음의 남 얻으랴	當於何處 得有無生
남이 있고 남이 없음, 둘 다 될 수 없으니	有生無生 俱不可得
될 수 없다는 말마저도, 될 수가 없구나	言不可得 亦不可得
업성이란 이와 같아, 모든 부처 역시 그러하니라	業性如是 諸佛亦爾
경전에서 말씀하듯이	如經說言
비유컨대 중생들이, 모든 업만을 만들어 지어	譬如眾生 造作諸業
선하거나 악하거나, 안도 아니요 밖도 아니니	若善若惡 非內非外
이와 같은 업성은, 있음도 아니요 없음도 아니다	如是業性 非有非無
역시 이와 같으니, 본래 없고 이제 있다 함이	亦復如是 本無今有
인연 없이 남이 아니나, 지음도 없고 받음도 없이	非無因生 無作無受
시절에 어울려서야, 그래서 과보를 얻는다네	時節和合 故得果報
수행하는 이, 자주자주 생각하되	行者若能 數數思惟
이런 실상 알아, 참회하는 이는	如是實相 而懺悔者
사중 오역의 죄업을, 할 수 없으리니	四重五逆 無所能爲
마치 허공이, 불에 태워지지 않음 같거늘	猶如虛空 不爲火燒
만일 방일해 노닐어, 부끄러워함이 없이	如其放逸 無慙無愧
업성의 실상을, 생각할 수 없는 이는	不能思惟 業實相者
비록 죄성이 없더라도, 장차 지옥에 빠지리니	雖無罪性 將入泥梨
마치 마법의 호랑이가, 마법사를 삼킴 같아	猶如幻虎 還吞幻師
이러므로, 시방 모든 부처님께	是故當於 十方佛前
깊이 참괴하는 마음, 내어 참회하라	深生慙愧 而作懺悔

참회할 때에도, 참회한다 하지 말고	作是悔時 莫以爲作
곧 생각 생각에, 여실한 모습 참회하라	卽應思惟 懺悔實相
참회할 죄도, 이미 없는 것이니	所悔之罪 旣無所有
어디에 참회한 자가, 있다 말하랴	云何得有 能懺悔者
참회하는 이도 참회하는 바도, 모두 없는 것이니	能悔所悔 皆不可得
어느 곳에서, 참회할 방도 찾으랴	當於何處 得有悔法
모든 업장에, 참회하고 나면	於諸業障 作是悔已
육정 내쳐 버릴 것으로, 잠회함이 옳으리라	亦應懺悔 六情放逸

나와 중생이, 처음도 없던 그 당시부터	我及衆生 無始已來
모든 진리가, 원래 없음을 몰라서	不解諸法 本來無生
망령된 생각으로 전도되어, 나와 나의 대상에 매여	妄想顚倒 計我我所
안으로 육정을 세워, 알음알이로 만들고	內立六情 依而生識
밖으로 육진을 정해, 그것을 실상으로 집착하고는	外作六塵 執爲實有
이 모두를 모르네, 자신의 마음에서 만듦임을	不知皆是 自心所作
허깨비 같고 꿈 같아, 영원히 있음이 아닌데	如幻如夢 永無所有
마음속 잘못된 생각, 사내 계집으로 모습을 짓네	於中橫計 男女等相
모든 번뇌 일으켜, 스스로 얽매이어	起諸煩惱 自以纏縛
길이 고해에 빠져, 헤어날 길 찾지 못하네	長沒苦海 不求出要

고요히 생각한다는 때도, 심히 괴상하구나	靜慮之時 甚可怪哉
마치 잠 자는 때, 졸음이 마음을 가려	猶如眠時 睡蓋覆心
망령되이, 물에 빠진 자신을 발견하고도	妄見己身 大水所漂
이 꿈속의 몸짓, 스스로 모르고 있어	不知但是 夢心所作
실지로 빠졌다 하여, 크게 겁을 낸다네	謂實流溺 生大怖懼
꿈 깨기도 전에, 다시 딴 꿈을 꾸면서	未覺之時 更作異夢

내가 아까 보았던 일, 꿈이지 실제가 아니라 하지	謂我所見 是夢非實
그래도 심성이 총명하기에, 꿈속 꿈을 알아	心性聰故 夢內知夢
물에 빠져도, 겁을 내지 않지만	卽於其溺 不生其懼
아직도 내 몸이 침대에, 누운 줄을 모르고	而未能知 身臥床上
머리와 손을 휘저어, 영원히 깨기를 바라네	動頭搖手 勤求永覺
길이 꿈을 깨고 난 때, 조금 전 꿈을 더듬어	永覺之時 追緣前夢
물과 떠가던 몸, 다 없었던 일이라	水與流身 皆無所有
원래 조용히 침대에, 누웠음을 알게 되네	唯見本來 靜臥於床

긴 꿈도 이와 같아, 무명이 마음을 덮어	長夢亦爾 無明覆心
부질없이 육도를 지어, 팔고에 헤맨다네	妄作六道 流轉八苦
안으로, 부처님의 불가사의한 훈습력과	內因諸佛 不思議熏
밖으로, 부처님의 대자대비 원력으로	外依諸佛 大悲願力
나와 중생 모두, 믿음으로 깨닫게 하나	髣髴信解 我及衆生
오직 긴 꿈에 잠들어, 헛되이 실상인 줄 알고	唯寢長夢 妄計爲實
육진을 어기거나 따르거나, 남녀 두 모습 지으니	違順六塵 男女二相
이 모두 나의 꿈이거니, 길이 참된 사실 없게 돼	幷是我夢 永無實事

어디에 기쁨 슬픔 있으며, 무엇을 탐내고 미워하랴	何所憂喜 何所貪瞋
부지런히 사유하라, 이러한 몽관법夢觀法을	數數思惟 如是夢觀
점점 갈고 닦아, 여몽관如夢觀의 삼매 얻으면	漸漸修得 如夢三昧
이 삼매로 해서, 무생인無生因도 얻게 되어	由此三昧 得無生忍
긴 꿈으로 붙어, 활연히 깨어나	從於長夢 豁然而覺
원 근원을 알아, 길이 헤매임 없이	卽知本來 永無流轉
이 한 마음, 일여一如한 침상에 누워 있네	但是一心 臥一如床

이렇듯, 자주자주 생각할 수 있다면   若*能如是 數數思惟
육진에 이끌려도, 실상으로 여기지 않고   雖緣六塵 不以爲實
번뇌나 부끄러움에도, 방일하지 않으리   煩惱羞愧 不能自逸

이 이름, 대승육정참회.   是名大乘六情懺悔

---

* 원문에는 '若' 자 다음에 '離' 자가 있으나, 구법句法이나 문맥으로 보아 불필요한 자 같아 삭제하였음.

2
의상義湘의 화엄일승법계도華嚴一乘法界圖

작자作者 의상義湘(625~702)은 신라 후기의 승려이다. 속성은 김씨. 화엄종華嚴宗의 개조. 644년(선덕여왕 13)에 황복사皇福寺에서 출가하였다. 650년(진덕여왕 4)에 원효와 함께 당나라로 구법의 길을 떠났다가, 요동에서 고구려의 순찰병에게 잡혀 여러 날 구금 후 신라로 되돌아왔다. 661년(문무왕 1) 당나라 사신의 배를 타고 중국으로 들어갔다. 처음에 양주에 이르니 양주의 장군 유지인劉至仁이 관아로 모셔 극진히 대접했다.

곧 종남산 지상사至相寺로 지엄智儼을 찾아가니, 지엄은 지난밤 꿈의 징조로 스님이 찾아올 것을 미리 알고 반가이 맞아 전법제자로 삼았다. 지엄이 입적하니 그 뒤를 이어 문하를 지도하다가 671년(문무왕 11)에 귀국하였다. 676년(문무왕 16)에 왕명으로 태백산에 부석사浮石寺를 창건하여 화엄 종지를 전파하였다.

종남산의 문인인 현수 법장賢首法藏이「수현소搜玄疏」를 찬술하여 그 부본을 보내면서 스님의 가르침을 구하기도 하였다. 702년(성덕왕 1) 9월 23일에 입적하니 세수 78세요, 법랍이 49년이었다. 남기신 저술은『화엄일승법계도華嚴一乘法界圖』,『입법계품초기入法界品抄記』,『화엄십문간법관華嚴十門看法觀』,『아미타경의기阿彌陀經義記』,『백화도량발원문白花道場發願文』등이 있다.

해제解題 화엄일승법계도華嚴一乘法界圖 : 의상이 지엄智儼에게서 화엄을 수학할 때에 꿈에 어떤 신인이 나타나 이르기를, 스스로 깨달은 것을 저술하여 남에게 보시하는 것이 옳다 하고, 또 꿈에 선재동자가 나와 총명의 약 10여 알을 주었으며, 또 청의동자를 만나 세 번 비결을 받았다.

지엄이 이 말을 듣고, "멀리 와서 부지런히 정진하여 이러한 보답이 있구나. 깊이 깨달은 것을 편찬하도록 하라." 하였다. 이에 붓을 들어 『대승장大乘章』 10권을 편집하고는 잘못된 곳을 지적해 주기를 청하였다. 이에 지엄이 이르기를, "뜻은 심히 아름다우나 글이 좀 옹색하다." 하였다. 곧 물러나 번잡함을 삭제하여 네 권으로 만들고 '입의숭현立義崇玄'이라 했으니, 스승이 저술한 '수현분제搜玄分齊'의 뜻을 높이려 한 것이다.

지엄이 의상과 함께 부처님께 나아가 원을 바쳐 불사르면서 부처님의 뜻에 맞는 것은 타지 않기 바란다 하였더니, 불타고 남은 210자를 얻었다. 지엄이 눈물을 머금으며 칭찬하고 게송으로 짓게 하니, 방문을 잠그고 며칠 밤을 새워 30구를 이루었다. 삼관三觀의 깊은 뜻을 총괄하고 십현十玄의 깊은 뜻을 들었던 것이다.

〈법계도〉의 서문에 해당하는 의상의 설명은 이러하다.

"법리에 의지하고 교敎에 근거하여 간략하게 반시槃詩를 지으니, 이름에만 집착하는 무리들은 이름이 없는 진여의 근원으로 돌아오기를 바란다. 시를 읽는 법은 마땅히 중앙의 법法 자로 시작하여 굽고 서린 곳을 따라 불佛 자에 이르러 끝나도록 인장의 길을 따라 읽으라. 54각 210자이다."

이 시의 형식적 이름이 '반시槃詩'임을 밝힌 것이다. 이렇게 보면 이 작품은 칠언의 게송이면서 '반시'라는 한 유형의 시인 셈이다. 시의 일반적 분류로 본다면 칠언고시로서 30구 210자의 장시이다. 아울러 이 시가 도인圖印과 함께하고 있다는 점도 특별한 의미를 갖는다. 시문의 내용과 관계없이 교리적 의미만 있다 하더라도 이러한 교리적 바탕에서 시가 이루어졌다면 시의 내용과 전혀 무관하다 할 수도 없다. 작자는 시가 도장 모양의 인상印相으로 굴

곡된 것은 석가여래의 가르침이 삼종세간三種世間을 융섭하기 때문이라 하였다. 고려의 균여 대사는 시를 표기한 자료인 획(그은 선), 글자, 종이의 세 가지에 나타난 적赤·흑黑·백白의 삼색으로 이 삼종세간을 설명하고 있다. 김시습金時習은 『대승화엄법계도주大乘華嚴法界圖註』에서 이 법계도가 문학으로 우수할 수밖에 없다는 논리를 보다 더 문학적 시각으로 설명하고 있다. (이종찬, 「義湘의 槃詩 一乘法界圖」, 『韓國佛家詩文學史論』, 불광출판사, 1993, 60쪽 참조)

화엄일승법계도 華嚴一乘法界圖

법성은 원융하여 두 모습(二相)이 없으니	法性圓融無二相
제법은 부동하여 본래 고요하고	諸法不動本來寂
이름도 없고 형상도 없고 일체가 끊어져	無名無相絶一切
지혜 깨달음(證智)으로 알 바요 어느 대상 아니다	證智所知非餘境
참 본성은 매우 깊고 극히 미묘해	眞性甚深極微妙
자성에 매이지 않고 인연 따라 이룬다	不守自性隨緣成
하나 가운데 일체 있고 일체 가운데 하나 있으며	一中一切多中一
하나가 곧 일체요 일체가 곧 하나이다	一卽一切多卽一
하나의 티끌 먼지 속에 시방을 포함하니	一微塵中含十方
일체 티끌 중에도 또한 이와 같다	一切塵中亦如是
무량한 먼 겁의 시간 곧 일념의 한 생각이니	無量遠劫卽一念
일념이 곧 무량겁이다	一念卽是無量劫
구 세와 십 세와 서로 맞닿지만	九世十世互相卽
흐트러지지 않아야 구별도 생긴다	仍不雜亂隔別成
처음 발심한 때가 곧 정각이니	初發心時便正覺
생사와 열반이 항상 함께한다	生死涅槃常共和
이리와 사사가 아득히 분별이 없어야	理事冥然無分別
모든 부처 모든 성현 대인의 경계이다	十佛普賢大人境
능히 해인삼매 속에 들어가	能入海印三昧中
여의한 부사의를 번성히 이루어 내면	繁出如意不思議
비의 보배(雨寶)가 중생을 도와 허공을 채우니	雨寶益生滿虛空
중생은 근기 따라 이익 얻는다	衆生隨器得利益
그러므로 행하는 이 법성으로 돌아가	是故行者還本際

망령된 생각 버리지 않고는 될 수 없고	叵息妄想必不得
인연 없는 선한 방편 여의주를 잡아	無緣善巧捉如意
본성의 집 돌아와 분수 따라 자량 얻는다	歸家隨分得資糧
다라니의 다함없는 보배로써	以陀羅尼無盡寶
법계의 실보전實寶殿을 장엄하여	莊嚴法界實寶殿
참다운 경지인 중도의 자리 평안히 앉으니	窮坐實際中道床
처음부터 부동의 법성을 부처라 했지.	舊來不動名爲佛

3
명효明皛의 해인삼매송海印三昧頌

작자作者 명효明皛는 신라 후기의 승려이다. 692년(효소왕 1) 당나라로 가서 진언의 묘의를 터득한 뒤 우리나라에 널리 유포시키기 위해 불수기사佛授記寺에서 『불공견삭다라니경不空羂索陀羅尼經』을 번역해 돌아왔다. 우리나라에 순밀純密 계통의 다라니를 가져온 최초의 사례이다.

해제解題 해인삼매송海印三昧頌 : 『화엄경華嚴經』의 대의를 요약 논술한 글이다. 작자는 다음과 같이 말하고 있다.

"큰 삼매가 있으니 이름이 해인이다. 수행하는 자로 하여금 속히 불퇴不退의 경지에 이르게 하려고 작은 방편을 이용하여 큰 이익을 얻게 했으니, 도인圖印이 품은 중요한 뜻인 게송을 다라니라 한다. 일체『화엄경』의 중요한 뜻을 모두 갖추어 일체 모든 부처의 공덕을 다 포함한다.

한량없는 모래알 같은 법문 모두 이 해인의 삼매 안에 드니, 비유컨대 천하의 모든 물이 다 바다로 들어 어떤 물이라도 받아들이지 않음이 없는 것과, 공중의 일월성신 제천 궁전이 모두 다 큰 바다의 물에 그림자 지는 것과 같다."

여기 인거引據한 게송은 공덕을 찬양하기 위한 발원송과 해인삼매도의 본송, 그리고 끝의 회향송이다. 본송인 〈해인삼매도송〉은 원래 반시槃詩로서 의상義湘의 〈일승법계도一乘法界圖〉와 같이 도인圖印을 따라 읽게 되어 있다. 중앙의 생生 자로 시작하여 열반涅槃으로 마치게 되어 있다. 〈일승법계도〉는 54각으로 210자인데, 이 〈해인삼매도〉는 52각으로 196자 28구이다.

해인삼매송海印三昧頌

발원송發願頌

시방 다하도록	歸命盡十方
법계 중의 삼보에 생명 바쳐 귀의합니다	法界中三寶
내 부처님 은혜 보답하려고	我欲報佛恩
경의 뜻을 간략히 맞춰 풀어서	略演契經義
널리 중생의 무리들에게	普令衆生類
큰 열반의 즐거움 얻게 하렵니다	得大涅槃樂
원컨대 자비로운 가호의 염으로	願慈加護念
나의 근본 서원 충만케 하소서.	滿我本誓願

해인삼매도송海印三昧圖頌

죽고 사는 것과 열반이 다른 곳이 아니고	生死涅槃非異處
번뇌와 보리의 법체도 둘이 없는 것	煩惱菩提體無二
열반이 친하지만 사람들 알지 못하고	涅槃親而無人識
보리도 가까운데 심히 보기가 어렵네	菩提近而甚難見
몸과 마음이 본래 나고 죽음이 없고	身心本來無生滅
일체 모든 법도 역시 이와 같은 것	一切諸法亦如是
남도 없고 멸함도 없고 머물 곳도 없음이	無生無滅無住處
바로 보리 열반의 본체이다	則是菩提涅槃體
지혜로운 이는 하나에서 일체 이해하고	智者一中解一切

일체의 법 중에서 하나를 이해한다	一切法中解於一
한량없는 법이 곧 하나의 법이고	無量法則是一法
하나의 법이 곧 한량없는 법이다	一法則是無量法
하나의 부처 국토 시방 국토에 가득하고	一佛土滿十方刹
하나의 불국토 본 모습도 크지 않다	一刹本形亦不大
하나의 불국토에 시방세계 용납하지만	一佛國容十方界
모든 세계가 거듭거듭 얽히지 않는다	而諸世界不重累
하나의 티끌에 시방 국토를 감싸니	一塵包含十方刹
일체 티끌 속도 모두 이와 같으니라	一切塵中皆如是
한 티끌도 더 넓거나 크지 못하게 함은	不令一塵增曠大
모든 불국토의 본 모습이 항상 그러하게	諸刹本相恒如故
한량없고 수없이 넓고 큰 불국토를	無量無數曠大劫
지혜로운 이 이해함은 일념의 한 생각	智者了知則一念
일념 한 생각이 길고 멀리 늘어남 없고	一念未曾演長遠
긴 시간을 역시 줄여 좁힐 수도 없다	長劫亦不縮成促
두루 시방에 나아가 부처 되기 구하나	遍詣十方求成佛
몸과 마음이 옛날 이룬 부처임을 모른다	不知身心舊成佛
지난날 삶과 죽음 멀리하려 정진하나	往昔精進捨生死
죽고 삶이 곧 열반임을 알지 못하네.	不知生死則涅槃

회향송 廻向頌

불법은 심히 넓고 커서	佛法甚廣大
용량이 빈 허공과 같구나	量同於虛空
내가 이미 풀어낸 뜻은	我已所述義

하나의 털구멍을 분별한 듯	如一毛孔分
풀어낸 모든 공덕을	所述諸功德
널리 중생의 무리에 베풀어	普施衆生類
속히 십지의 자리에 올라	速登十地位
모두가 부처 열매 이루어라.	皆共成佛果

4
혜초慧超의 대승유가금강성해만수실리천비천발대교왕경송大乘瑜伽金剛性海曼殊室利千臂千鉢大教王經頌

작자作者 혜초慧超는 신라 후기의 승려이다. 중국·인도에서 구법하였다. 당나라에 건너가 광주廣州에 와 있던 남인도의 승려 금강삼장金剛三藏의 제자가 되었다가, 그의 권유로 바닷길로 인도의 동해안을 거쳐 서역의 여러 나라를 10년 동안 유람하고 다시 당나라로 돌아왔다. 그때 기록한 여행기가 『왕오천축국전往五天竺國傳』으로, 일부가 남아 있다.

그의 저술로는 『왕오천축국전』 일부, 「대승유가금강성해만수실리천비천발대교왕경서大乘瑜伽金剛性海曼殊室利千臂千鉢大教王經序」 1편과 「하옥녀담기우표賀玉女潭祈雨表」 1편이 전하고 있다.

해제解題 대승유가금강성해만수실리천비천발대교왕경송大乘瑜伽金剛性海曼殊室利千臂千鉢大教王經頌 : 이것은 「대승유가금강성해만수실리천비천발대교왕경서」의 말미에 있는 중송重頌이다.

혜초는 스승인 금강삼장과 함께 740년(당 개원 28)에 이 경전을 번역하고, 몇십 년이 지난 780년(당 건중 1년)에 간행하였는데, 그간의 사정을 서문으로 쓰고 이를 게송으로 읊었다.

『왕오천축국전』에 있는 몇 편의 시와 함께 혜초의 중요한 시라 하겠다.

대승유가금강성해만수실리천비천발대교왕경송
大乘瑜伽金剛性海曼殊室利千臂千鉢大教王經頌

여래의 법성의 몸과	稽首如來法性身
비로자나의 청정하신 몸에 머리 조아립니다	毘盧遮那淸淨體
보신·화신·응신[1]으로 나타나심 허공과 같아	報化應現等如空
반야 지혜 가이없이 자재로이 증득하시다	般若無邊得自在
네 가지 지혜[2] 신통한 응용 은밀히 더하시어	四智神用密加持
지혜 바다 끝이 없이 일체에 두루하시다	慧海無窮遍一切
법계의 진여는 비어서 모습이 없지만	法界眞如空無相
원래 유정물들의 몸이나 성품 안에 있지	本在有情體性裏
성인의 지혜 힘이 알음알이의 종자에 들어	聖智力入識種中
금강처럼 빠르기 몸체와 대등히 같구나	金剛迅疾同等體
여래의 진리 경전을 만수실리[3]에게 부촉하여	如來法經囑曼殊
비밀스러이 유통시켜 막힘이 없다	秘密流通無障礙
만다라[4]로 이마에 부어[5] 직위를 받음이	曼茶灌頂授職位
일체 여래의 마정기이다	一切如來摩頂記

---

1 보신報身·화신化身·응신應身 : 부처의 삼신三身. 보신은 과거의 수행에 의해 공덕을 쌓아 즐기고 있는 완전한 부처님의 모습, 화신은 부처님의 화현한 모습으로 임시로 나타낸 모습, 응신은 중생을 교화하기 위하여 중생과 같은 모습으로 나타나신 부처님의 모습.
2 네 가지 지혜(四智) : 여래의 네 가지 지혜. ① 대원경지大圓鏡智, ② 평등성지平等性智, ③ 묘관찰지妙觀察智, ④ 성소작지成所作智.
3 만수실리曼殊室利 : Manjusri의 음역. 문수보살.
4 만다라曼茶羅 : 신성한 단에 불·보살을 배치한 그림으로 우주의 진리를 나타냄.
5 이마에 부어(灌頂) : 관정灌頂은 머리에 물을 붓는 것. 보살이 최종 직위에 들어갈 때, 모든 부처님의 지혜의 물(智水)을 머리에 부어 법왕의 직위를 받는 것을 의미하기도 함.

수행자와 부처님이 섭입되는 삼밀[6] 찾아 이루어	瑜伽三密志求成
속히 본원에 도달하여 부처 지위에 오르자	速達本源登佛地
천 개의 손을 가진 문수보살의 연화회에서	千臂曼殊蓮華會
금강 지혜의 삼매 경지[7]를 일체에 붙여서	金剛等持付一切
다섯 가지 지혜[8] 잠잠히 통하는 가피의 마음으로	五智潛通加被心
보리 지혜에 이르러 실제임을 증명하자.	出到菩提證實際

---

6 수행자와 부처님이 섭입되는 삼밀(瑜伽三密) : 유가瑜伽는 연결한다는 뜻으로 마음을 다잡는 것. 어떤 목적을 위하여 마음을 다잡고 힘을 집중한다는 뜻. 유가삼밀瑜伽三密은 밀교에서 손에 결인을 하고 입에 진언을 송독하며 뜻으로 본존을 생각하는 삼업三業(三密)이 서로 상응하고, 나아가 부처님의 삼밀이 수행자의 삼밀에 섭입하는 것.

7 삼매 경지(等持) : 등지等持는 마음을 하나의 대상에 머물게 하여 평등하게 계속 유지하는 것. 삼매三昧와 같음.

8 다섯 가지 지혜(五智) : 대일여래大日如來의 지혜를 다섯 종류로 나눈 것. ① 법계체성지法界體性智, ② 대원경지大圓鏡智, ③ 평등성지平等性智, ④ 묘관찰지妙觀察智, ⑤ 성소작지成所作智.

제2부

고려 편

5 최행귀崔行歸의 보현십종원왕송普賢十種願王頌
6 혜심慧諶의 염송설화拈頌說話
7 천인天因의 미타찬게彌陀讚偈 외
8 운묵雲默의 석가여래행적송釋迦如來行蹟頌
9 보우普愚의 태고암가太古庵歌 외
10 혜근慧勤의 완주가翫珠歌 외

5
최행귀崔行歸의 보현십종원왕송普賢十種願王頌

작자作者 최행귀崔行歸는 고려 초기의 학자이다. 자세한 행장은 알 수 없다. 신라 말 고려 초기의 문신이었던 최언위崔彦撝[868(경문왕 8)~944(혜종 1)]의 아들로, 『고려사』「열전」〈최언위〉의 말미에 오월吳越국으로 유학하여 비서랑秘書郎을 지내다 본국으로 돌아와 광종을 섬겨 행신倖臣이 되었다가 연좌 사사되었다 한다.

해제解題 보현십종원왕송普賢十種願王頌 : 이 게송은 균여 대사均如大師(923~973)가 지은 노래인 〈보현십종원왕가普賢十種願王歌〉의 번역시이다. 혁련정赫連挺이 찬한 『균여전』에 수록되어 있다. 『균여전』을 10부문으로 편찬했는데 '칠가행화세분七歌行化世分'에 균여 대사가 노래를 불러 세상을 교화시킨 사실을 수록하였으니, 이것이 현존하는 향가 11수이다.

　이 노래가 워낙 감화력이 큰 것을 널리 알려야 하겠다는 생각으로 당시의 국제학도였던 최행귀가 중국에도 알리기 위하여 국제문학인 한시로 번역한 것이니, 시문학의 갈래로는 게송에 속한다 하겠다. 바로 이것이 우리의 문학이 노래와 시라는 두 갈래로 이어지는 전형적 표본이 된 것이다.

최행귀는 균여 대사와 동시대 인물로 대사를 흠모하여 이 노래의 가치를 알지만, 외국인이 우리 노래를 이해하지 못함이 안타까웠던 것이다. 시로 번역하면서 쓴 서序는 우리 옛 문학을 이해하는 데에 매우 귀중한 자료이다.

"한스러운 것은 우리나라의 여러 학자나 명공들은 중국의 시문을 이해하고 읊을 수 있지만, 저 나라(중국)의 큰 선비나 높은 스님들은 우리 방언의 노래를 이해하지 못한다. 더구나 중국의 글은 조물주의 그물이 펼쳐진 것 같아 우리나라에서도 쉽게 읽히나, 향찰인 우리 말글은 범어를 늘어놓은 것 같아 저 나라에서 알기가 어렵다.

이 노래가 시로 이루어지자 저(중국) 사람들이 다투어 베껴 써서 서쪽으로 보내지니 송나라의 군신들이 보고 감탄하되 '이 사뇌가의 주인은 참 부처가 출세한 것이다' 하고 곧 대사에게 예배하기를 원했다."

여기에서 중국에 유학했던 최행귀의 문학을 보는 국제적 안목이 돋보인다. 한자가 중심이 된 한문학은 동양의 공통문학임을 인식한 셈이다. 우리 문학이 노래로서의 구어口語와 송頌으로서의 문어文語(詩文)라는 이원적二元的 흐름이었음을 다시 강조하게 된다.

보현십종원왕송普賢十種願王頌

예경제불송禮敬諸佛頌

마음으로 붓을 삼아 부처님을 기리옵고　　　以心爲筆畫空王
보고 예배하면 응답은 시방에 두루하리　　　瞻拜唯應遍十方
하나하나 티끌 모든 부처님 국토　　　一一塵塵諸佛國
거듭거듭 국토마다 대중의 존엄한 법당　　　重重刹刹衆尊堂
보고 듣는 제 앎이 다분히 멀다 생각하나　　　見聞自覺多生遠
예배 공경에야 어찌 멀고 긴 시간 사양하랴　　　禮敬寧辭浩劫長
몸과 몸 말과 말 생각의 업까지 겸해　　　身體語言兼意業
모두 다 싫증 없는 이것이 실상의 일.　　　摠無疲厭此爲常

칭찬여래송稱讚如來頌

부처님 법계 두루하여 붉은 단심을 다하여　　　遍於佛界罄丹衷
한 번 나무타불 불러 부처님을 찬양하오니　　　一唱南無讚梵雄
언변의 바다 두루 세 치의 혀에서 가려내고　　　辯海庶生三寸抄
말씀의 샘이 두 입술에서 용솟음을 바란다　　　言泉希涌兩唇中
대각의 부처님 티끌 모래의 화신 드날리고　　　稱揚覺帝塵沙化
의사의 왕으로 국토 휩쓸 바람을 읊습니다　　　頌永醫王刹土風
비록 터럭 끝만 한 덕을 다 말씀 못하여도　　　縱未談窮一毛德
이 마음은 곧바로 허공에 다하기 기대합니다.　　　此心直待盡虛空

광수공양송 廣修供養頌

지성으로 밝게 밝히는 부처님 앞의 등불	至誠明照佛前燈
원컨대 이 향 바구니와 함께 법계 이룩하소서	願此香籠法界興
향은 묘한 봉우리의 구름으로 뭉게뭉게	香似妙峯雲靉靆
기름은 큰 바다의 물로 출렁출렁하소서	油如大海水洪澄
중생 포섭 괴로움을 대신할 마음 간절하고	攝生代苦心常切
남을 이롭게 할 수행의 힘 점점 증대하리	利物修行力漸增
여타의 공양도 이 법공양과 가지런히 하여	餘供取齊斯法供
일천 일만의 다하기 어려운 공양도 풍요하게.	直饒千萬摠難勝

참회업장송 懺悔業障頌

무시의 처음 시간이 시작될 때로부터	自從無始劫初中
탐·진·치 삼독으로 이룬 죄 몇 겹이었나	三毒成來罪幾重
만약 이 악의 인연이 원래 모습 있다면	若此惡緣元有相
허공의 경계를 다한다 하여도 용납 안 돼	盡諸空界不能容
업장을 헤아려 보면 서글픔을 못 이겨	思量業障堪惆悵
붉은 단성을 다하기에 어찌 게을리 하랴	罄竭丹誠豈墯慵
이제 죄업 참회하고 청정 계율 지키려	今願懺除持淨戒
길이 티끌 무젖음 여의어 푸른 솔 같기 원합니다.	永離塵染似靑松

수희공덕송隨喜功德頌

성인 범인 진실 거짓 서로 나누지 말라	聖凡眞妄莫相分
같은 법체로 원래가 넓은 불법 문이기에	同體元來普法門
중생 밖에 원래 여타의 부처 의의 없고	生外本無餘佛義
나의 주변에 어찌 별다른 사람 논의 있나	我邊寧有別人論
세 밝음 삼명[1]을 모으기는 공덕이 많고	三明積集多功德
육취로 닦아 이룸은 적은 선의 뿌리이네	六趣修成少善根
남이 지은 것도 모두가 나의 지음이니	他造盡皆爲自造
모두 기쁘게 따름이 모두 높이는 것이지.	摠堪隨喜摠堪尊

청전법륜송請轉法輪頌

부처님 도 이룬 숫자를 다 펴 말하기 어려우나	佛陁成道數難陳
나의 소원은 모두 다 바른 깨침 인연 나아가기	我願皆趨正覺因
감로의 이슬로 번뇌의 열기를 씻어 없애고	甘露洒消煩惱熱
계율의 향기로 죄의 티끌 먼지 녹여 멸하세	戒香熏滅罪愆塵
착한 벗을 따라 모셔 자비의 감실을 첨배하고	陪隨善友瞻慈室
능력 있는 분 부처 청하여 법바퀴 굴리자	勸請能人轉法輪
비의 보배 항하사계를 두루 적신 뒤에야	雨寶遍沾沙界後
다시 어느 곳인들 미혹한 사람 있으랴.	更於何處有迷人

---

1 삼명三明 : 나한羅漢의 삼명. ① 숙명명宿命明: 자신과 타인의 숙세의 생사 모습을 안다. ② 천안명天眼明: 자신과 타인의 내세의 생사 모습을 안다. ③ 누진명漏盡明: 현재의 괴로운 모습을 알아 일체의 번뇌를 끊는 지혜.

청불주세송請佛住世頌

지극히 미세한 티끌 숫자만 한 성인과 현인들이	極微塵數聖兼賢
이 뜬구름의 삶인 인생 모두 교화할 인연이여	於此浮生畢化緣
열반[2]을 보이려 고요 적멸의 도량으로 돌아가고	欲示泥洹歸寂滅
항하사의 영겁에 경을 청하여 사람 하늘 이롭게	請經沙劫利人天
진여를 담론하는 성대한 회합을 사랑할 만하고	談眞盛會猶堪戀
세속에 막힌 미혹한 군중 참으로 가련하구나	滯俗群迷實可憐
만약 지혜 등불 은은히 사라지려 함 본다면	若見惠燈將隱沒
어찌 단심의 정성 기울여 머무르기 빌지 않으랴.	盍傾丹懇乞淹延

상수불학송常隨佛學頌

이 사바세계의 노사나[3]부처님의 대승보살계로	此娑婆界舍那心
물러남이 없는 수련을 해 온 자취 찾을 만하네	不退修來迹可尋
가죽 종이 뼈의 붓에다 피의 먹을 겸하였고	皮紙骨毫兼血墨
나라의 성안 궁궐 전각에다 동산에 미치기까지	國城宮殿及園林
보리수나무 아래에서 세 덕의 세 점[4]을 이루시고	菩提樹下成三點

---

2 열반(泥洹) : 니원泥洹은 열반涅槃과 같음.
3 사나舍那 : 사나대계舍那大戒. 『범망경梵網經』에서 말한 대승보살계大乘菩薩戒를 말함. 노사나盧舍那부처님이 말한 계율이기 때문이다.
4 세 점(三點) : 삼점三點은 이伊(∴)의 세 점으로 법신法身·반야般若·해탈解脫의 세 덕을 비유함. 『고승전高僧傳』에 "처음 녹야원에서 사제를 말한 처음으로부터 끝내 곡림에 이르기까지 삼점으로 원융의 극치를 삼았다.(始自鹿苑 以四諦爲言 初終至鵠林 以三點爲圓極)"라고 한 구절이 있다.

대중의 모임인 도량에서는 한 소리[5]의 원음을 펴시다	衆會場中演一音
위와 같은 오묘한 인연으로 모두 배움을 따라	如上妙因摠隨學
길이 이 몸으로 하여금 고해의 깊이 벗어나라.	永令身出苦河深

항순중생송恒順衆生頌

도리천의 나무의 왕[6]이 두루 네 들을 향해 번영해	樹王偏向野中榮
일천 가지 일만 종자의 생명을 이롭게 하려 하니	欲利千般萬種生
꽃과 열매는 본시 성인 현인의 본체를 위함이고	花果本爲賢聖體
줄기와 뿌리는 원래 속인 범인의 정신이라네	幹根元是俗凡精
자비의 물결이 만약 영혼 뿌리 흡족히 적시면	慈波若洽靈根潤
깨달음의 길은 의당 실행의 업을 따라 이루리	覺路宜從行業成
항상 중생 따른 가르침 모든 만물 기뻐하니	恒順遍敎群品悅
모든 부처님의 기쁨이 적지 않음을 알겠구나.	可知諸佛喜非輕

보개회향송普皆廻向頌

처음부터 종말까지 이루어진 공덕이	從初至末所成功
되돌아와 영험 가진 일체 속으로 함께하다	廻與含靈一切中

---

5 한 소리(一音) : 일음一音은 석가여래의 설법을 이르는 말.『유마경維摩經』「불국품佛國品」에 "부처님이 한 소리의 원음으로 법을 펴 말하시니 중생은 품류에 따라 각각 해득할 수 있었다.(佛以一音演說法 衆生隨類各得解)"라고 하였다.

6 나무의 왕(樹王) : 수왕樹王은 나무 중의 왕이니, 도리천 하늘 위의 파리질다수波利質多樹라 한다.『법화경』「서품」에 "나라 경계 자연으로 특별히 오묘한 것은 하늘 나무 왕이 꽃을 피웠음이다.(國界自然 殊特妙好 如天樹王其華開敷)"라고 하였다.

모두 평안함을 얻어 고해 바다 여읨을 보고	咸覬得安離苦海
모두가 곧 죄를 소멸시켜 진여 풍모 우러르다	摠斯消罪仰眞風
같은 시각에 다 함께 번뇌 지역을 벗어나서	同時共出煩塵域
다른 몸이지만 모두 법성의 궁전으로 가다	異體咸歸法性宮
내 이 지극한 마음으로 되돌려 바라는 원은	我此至心廻向願
미래 세계를 다하더라도 응당 끝나지 않으리.	盡於來際不應終

총결무진송總結無盡頌

중생의 경계 다하도록 기한을 삼더라도	盡衆生界以爲期
중생의 경계 다함없으나 의지 어찌 옮기랴	生界無窮志豈移
대사의 뜻은 어리석은 자식 꿈 일깨우려 하여	師意要驚迷子夢
불법의 노래가 열 가지 원왕의 말씀 대변하다	法歌能代願王詞
장차 미망의 경계 제거하려 꼭 읊고 외우고	將除妄境須吟誦
진여의 근원으로 돌아가려면 싫어하지 말라	欲返眞源莫厭疲
서로 이어지는 한마음으로 끊임이 없게 해	相續一心無間斷
배움에 따라 보현보살의 자비를 크게 견디라.	大堪隨學普賢慈

6
혜심慧諶의 염송설화拈頌說話

작자作者 혜심慧諶(1178~1234)은 고려 중기의 승려이다. 조계산 수선사修禪社(송광사) 제2세주. 자는 영을永乙, 자호 무의자無衣子. 세속의 성명은 최식崔寔이고, 나주羅州 사람이다. 1201년(신종 4)에 사마시에 합격하여 태학에 입학했다가, 어머니의 병환으로 돌아와 시봉하다 다음 해에 어머니가 작고하니, 평소 동경했던 불문에 귀의하기로 하고, 수선사로 보조 지눌普照知訥을 찾아가 법을 받았다. 1210년(희종 6)에 보조국사가 입적하자 문도들의 청으로 교칙을 받아 법통을 이었다. 승속을 막론하고 가르침을 구하여 모여드는 대중에 절의 경내가 좁자 강종康宗이 증축하게 하였다. 진양공 최우崔瑀가 스님의 소문을 듣고 흠모해 마지않아 서울로 불렀으나, 끝내 나아가지 않으니 두 아들을 보내어 모시도록 하고 모든 생활품을 끊이지 않고 공급하였다. 1234년(고종 21)에 입적하니, 세수 57세요, 법랍이 32년이었다. 이규보李奎報의 찬인 '조계산 제2세 고단속사주지 수선사주 증시진각국사비명曹溪山第二世故斷俗寺住持修禪社主贈諡眞覺國師碑銘'이 있어 행적을 살필 수 있다.

스님의 유집은 『조계진각국사어록曹溪眞覺國師語錄』, 『무의자시집無衣子詩集』, 『금강반야바라밀경찬金剛般若波羅密經贊』, 『구자무불성화간병론狗子無佛性話揀病論』 등이 있다. 이 염송설화는 「진각국사어록보유眞覺國師語錄補遺」에

수록되어 있다.(이종찬, 「慧諶의 실천적 修禪과 문학양상」, 『韓國佛家詩文學史論』, 89쪽 참조)

해제解題 염송설화拈頌說話 : 「진각국사어록보유眞覺國師語錄補遺」 편은 동국대학교에서 편찬한 『한국불교전서』 제6책에 수록된 것이다. 혜심慧諶이 역대의 선문염송禪門拈頌을 수집하여 『선문염송집』을 편찬하였는데, 제자인 각운覺雲이 염송의 설화를 추가하여 『선문염송설화禪門拈頌說話』를 간행하였다. 이때 각운이 스승인 혜심의 염송도 간간이 삽입했던 것이다. 이것을 권상로權相老 선생이 초록한 것을 『한국불교전서』를 간행할 때 보유편으로 전재한 것이다.

각각의 시 해제는 제목의 해설인 각주로 처리한다.

염송설화拈頌說話

저자화猪子話[1]

부처님은 일체의 지혜를 갖추고서	佛具一切智
분명히 돼지를 물으시고는	分明問猪子
저 사람 대답의 장황함 보고	看他支對長
문득 머리 있는 땅으로 드셨네	却入有頭地
부처님 일체의 지혜 갖추시고	佛具一切智
가시밭 속으로 몸을 던지시어	投身荊棘裏
자비를 드리우고 편법 두지 않아	垂慈不着便
꺾어 맞추어 멋 없는 곳으로 들다.	折合歸無味

마니화摩尼話[2]

둥글고 밝은 한 알의 구슬을 받들어 보이니	擎出圓明一顆珠

---

[1] 저자화猪子話 : 이 이야기는 『선문염송禪門拈頌』 고칙 11에 있다. "세존이 하루는 두 사람이 돼지를 들고 지나가는 것을 보고 '그것이 무엇이냐?' 하니, 두 사람이 말하기를 '부처님은 일체의 지혜를 갖추었다면서 돼지도 모르는가?' 하였다. 세존이 이르시되 '모름지기 잘못 물었구나.'(世尊一日 見二人昇猪子過 乃問云者箇是什麼 二人日 佛具一切智 猪子也不識 世尊云也須問過)" 한 것에 대한 염송이다.

[2] 마니화摩尼話 : 이 이야기는 『선문염송』 고칙 12에 있다. "하루는 세존께서 색깔이 있는 마니주를 가지고 오방천왕五方天王들에게 묻되 '이 구슬은 무슨 색깔이냐?' 하니 오방천왕들은 각기 다른 색깔로 말했다. 세존께서 다시 구슬을 소매 속에 숨기고 손을 펴 이르기를 '이 구슬은 무슨 색깔이냐?' 하니 천왕들이 '부처님 손에 구슬이 없는데 어느 곳에 색깔이 있습니까?' 하였다. 세존이 탄식하며 이르기를 '너희들은 미망 전도가 어찌 이리 심한가. 내가 세상 구슬을 가지고 보이면 각기 애써 청청·황황·적적·백백·흑흑으로 말하고, 내가 진주를 가지고 보이면 모두 모른다고 하는구나.' 하니 당시의 오방천왕이 다 도를 깨우쳤다.

사해 바다 물결 없어 달무리가 외롭구나	四溟無浪月輪孤
천왕들의 깨달음은 어찌 이리 더디고 둔해	天王悟去何遲鈍
특별한 보배는 꼭 달마[3] 스님 기다려야 하나.	別寶還須碧眼胡

양구화良久話[4]

대답과 물음이 짧은 시간 사이에도	對問片時間
외도는 바야흐로 순간으로 알았는데	外道方知瞥
크고 작은 늙은 구담씨[5]는	大小老瞿曇
혼미한 자취의 비결 이해 못했네.	不解迷蹤訣

포발화布髮話[6]

| 진흙 가리어도 진흙 또 드러나고 | 掩泥泥又露 |

(世尊一日 示隨色摩尼珠問五方天王 此珠作何色 時五方天王互說異色 世尊復藏珠入袖 却擡手云 此珠作何色 天王云 佛手中無珠 何處有色 世尊歎云 汝何迷倒之甚 吾將世珠示之 便各強說有靑黃赤白黑 吾將眞珠示之 便總不知 時五方天王 悉皆悟道)"

3 달마(碧眼胡) : 벽안호碧眼胡는 달마達磨 대사를 이르는 말. 달마 대사의 눈에 검푸른 빛이 있었다 하여 이르게 된 말로, 일반적으로 지혜로운 스님을 이르는 말이기도 하다.

4 양구화良久話 : 이 이야기는 『선문염송』 고칙 16에 있다. "세존이 외도의 질문에 묻지 않아도 말이 있을 듯 묻지 않으니 말이 없을 듯 한참을 있으니, 외도들이 찬탄하여 이르되 '세존께서 대자대비하여 우리의 미혹된 구름을 걷어 주셔서 우리들이 터득하게 하였다.' 외도들이 간 뒤에 아난이 부처께 여쭙되, '외도들이 무슨 증험이 있어 터득했다 말할 수 있었습니까?' 하니, 부처 말씀하되 '세상의 좋은 말은 채찍의 그림자만 보아도 달린다.' 하였다.(世尊因有外道問 不問有言 不問無言 世尊良久 外道讚嘆云 世尊大慈大悲 開我迷雲 令我得入 外道去後 阿難問佛云 外道有何所證 而言得入 佛言 世良馬見鞭影 而行)"

5 구담씨瞿曇氏 : 석가족의 성씨. 구담瞿曇·감자甘蔗·일종日種·석가釋迦·사이舍夷의 5종의 성씨가 있다.

땅을 가리키니 땅이 도리어 물들다	指地地還汚
더구나 표지를 꽂은 사람은	況有揷標人
좋게도 한바탕의 웃음 마당이네.	好一場笑具

건찰화建刹話[7]

세존이 행차하시다 팔뚝을 드니	世尊因行掉臂
제석은 골에 울리는 메아리 같다	帝釋如谷響應
너희들이 절을 찾아 살피려 하면	若也尋求梵刹
그대 이미 깊은 구렁에 빠짐 알라.	知君已墮深坑

니구화尼拘話[8]

해탈의 길을 알려고 한다면	欲知解脫道

---

[6] 포발화布髮話 : 이 이야기는 『선문염송』 고칙 26에 있다. "세존이 불도를 수행하려고, 머리를 풀고 진흙땅을 덮는 의식을 할 때 꽃을 연등불에게 올렸다. 연등불이 머리 푼 곳을 보고 곧 대중을 물리치고 땅을 가리키며 '이 한 곳에 하나의 사찰을 건립함이 좋겠다.' 하였다. 이때 대중 속에 현우장자가 있어 지적한 곳에 표지를 꽂으면서 '사찰 세움이 이미 끝났다.' 하였다. 이때 모든 하늘이 꽃을 뿌리며 이르되 '저 사람이 큰 지혜가 있다.' 하였다.(世尊因地布髮掩泥 獻花於燃燈 燃燈見布髮處 遂約退衆 乃指地云 此一方地 宜建一刹 時衆中有一賢于長者 持標於指處 揷云 立刹已竟 時諸天 散花讚云 遮子有大智矣)"

[7] 건찰화建刹話 : 이 이야기는 『선문염송』 고칙 27에 있다. "세존이 대중과 함께 행차하시다가, 한 지점을 지적하며 '이 지점이 절을 지을 만하다.' 하였다. 제석천이 한 줄기 풀을 가지고 와서 그 지점에 꽂으면서 이르되, '절의 건축은 이미 끝났습니다.' 하니 세존은 미소지으셨다.(世尊與衆行次 指一片地云 此地宜建梵刹 帝釋將一莖草 揷於地上云 建梵刹已竟 世尊微笑)"

[8] 니구화尼拘話 : 이 이야기는 『선문염송』 고칙 30에 있다. "세존이 이구율수 아래에 있었다. 장사치 두 사람이 묻되, '수레가 지나가는 것을 보았습니까?' 하니, '보지 못했다.' 하였다. '그러면 듣지도 못했습니까?' 하니, '듣지 못했다.' 하였다. '선정에 들었었나요?' 하니, '선정

감각적 근과 대상의 경[9]이 서로 오지 않고	根境不相到
눈과 귀에 보고 들음이 끊기어야 해	眼耳絕見聞
소리와 빛이란 아득히 시끄러운 것.	聲色鬧浩浩

자자화自恣話[10]

세 곳에서 평안히 안거한 문수보살[11]은	三處安居妙吉祥
수없는 국토의 황금빛이 온전히 드러났다	刹塵金色界全彰*
머리만 있고 꼬리가 없는 가섭존자[12]는	有頭無尾鷄峯老
부질없이 선가의 한바탕 웃음거리 야기했다.	空惹禪家笑一場

에 들지 않았다.' 하였다. '졸지 않았나요?' 하니, '졸지 않았다.' 하였다. 장사치들은 감탄하여 이르기를 '좋습니다, 세존이시여. 깨어도 보지 못하는군요.' 하고는 곧 흰 담요 두 벌을 바쳤다.(世尊在尼狗律樹下坐次 有二商人問 還見車過不 曰不見 還聞不 曰不聞 曰禪定不 曰不禪定 曰莫睡眠不 曰不睡眠 商人歎曰 善哉善哉 世尊 覺而不見 遂獻白氎兩段)"

9 감각적 근과 대상의 경(根境) : 근경根境은 감각기관과 그 작용의 대상. 안眼·이耳·비鼻·설舌·신身·의意의 육근六根과 색色·성聲·향香·미味·촉觸·법法의 육진六塵의 경계境界.

10 자자화自恣話 : 이 이야기는 『선문염송』 고칙 33에 있다. "세존께서 자신의 죄과를 들어 타인의 지적을 받는 날에, 문수보살이 세 곳(한 달은 마귀궁전, 한 달은 장자의 집, 한 달은 음녀의 방이니 탐貪·진嗔·치癡의 비유)에서 여름을 지냈음을 말하니, 가섭이 흰 방망이를 들어 내치려고 겨우 방망이를 들었다. 이에 백천만 억의 문수가 보이니 가섭이 신통한 힘을 다해도 방망이를 들 수가 없었다. 세존이 가섭에게 '네가 저 문수를 폄하하려느냐?' 하니 가섭이 대답하지 못했다.(世尊因咨曰 文殊三處過夏 迦葉欲白槌擯出 纔拈槌 乃見百千億文殊 迦葉盡其神力 槌不能擧 世尊問迦葉 汝擬貶那箇文殊 迦葉無對)"

11 문수보살(妙吉祥) : 문수사리文殊師利를 만수실리曼殊室利라 하니, 이를 번역하면 묘길상妙吉祥이다.

* 『한국불교전서韓國佛敎全書』 6책 48쪽의 '邑' 자와 '遂' 자는 『선문염송설화본禪門拈頌說話本』에 '界' 자와 '彰' 자로 되어 있어 그를 따랐다.

12 가섭존자(鷄峯) : 계봉鷄峯은 계족산鷄足山을 말함. 가섭迦葉존자가 계족산에서 입정入定하여 가섭을 계봉이라 함.

일체화一切話[13]

봄이 오면 꽃은 다투어 피고	春至花爭發
가을이 되면 잎은 저절로 진다	秋成葉自零
오뚝히 일 없이 앉아 있으며	兀然*無事坐
거울 속의 형상으로 관여치 않아.	不管鏡**中形

사문화四聞話[14]

바다 하늘은 비고 넓어 달이 바퀴처럼 둥글고	海天空濶月成輪
넓고 넓은 맑은 물결은 은빛으로 번쩍이다	浩浩淸波爛似銀
조각배가 좌우로 자재로움 괴이히 여기지 말라	莫怪扁舟能左右
가는 배의 행선은 조종간 잡은 이에게 있네.	行船由在把梢人

---

[13] 일체화一切話 : 이 이야기는 『선문염송』 고칙 39에 있다. "『화엄경』 게송에 이르기를 '일체의 법이 나는 것도 아니고 일체의 법이 멸하는 것도 아니니 만약 이렇게 이해할 수 있다면 모든 부처가 항시 앞에 나타날 것이다.'라고 하였다.(華嚴經偈云 一切法不生 一切法不滅 若能如是解 諸佛常見前)"

* 원문에 '坐'로 되어 있으나 의미에 맞지 않아 '然'으로 했다.

** 원문에 '鐃'로 되어 있으나 의미에 맞지 않아 '鏡'의 오기로 보았다.

[14] 사문화四聞話 : 이 이야기는 『선문염송집』 고칙 41에 있다. "『열반경』에 이르기를 듣지 못하는 것을 듣고 들리는 것을 듣지 않고 들리는 것 듣고 들리지 않는 것 듣지 않다.(涅槃經云 聞不聞 不聞聞 聞聞 不聞不聞)" 하였다. 이를 "천태天台는 해석하기를 초입자가 도를 증득하고 도를 닦으면 홀연히 버려 소유할 만한 것이 없으니 이름이 '不聞'이요, 참 밝음이 훤히 열려 비추지 않는 곳이 없으니 이름이 '不聞聞'이요, 이러한 열반의 즐거움을 얻어 들을 모습이 없으니 이름이 '聞不聞'이요, 적적해도 항상 부추어 두드림에 따라 곧 응답하기에 이름이 '聞聞'이다.(天台釋云 初入證道修道 忽舍無所可有 名不聞 眞明豁開 無所不照 卽是於聞 故名不聞聞 證得如是大涅槃樂 無所聞相 故名聞不聞 寂而常照 隨扣卽應 故名聞聞)" 하였다.

견견화見見話[15]

원융하게 밝은 달은 빈 공중에 달려 있어	圓明古鏡掛虛空
세월 오래도록 사람 없이 홀로 스스로 비춘다	歲久無人獨自照
원래 맑은 거울로 옛 바탕이 양호하여	本是淸鏡舊質良
지금껏 한가로이 쓸데없는 빛을 버렸구나.	如今去盡閑光耀

집수화執手話[16]

비목선인이 손을 잡았을 때에는	毘目仙人執*手時
시방의 어느 곳에도 따르지 않음이 없다가	十方無處不追隨
돌아와 누운 베개엔 소나무 바람이 있어	歸來一枕松風在
한없이 맑고 시원함을 다만 스스로 안다.	無限淸涼只自知

---

[15] 견견화見見話 : 이 이야기는 『선문염송집』 고칙 51에 있다. 『능엄경楞嚴經』에 이르기를 "보이는 것을 보았을 때에 본 것은 보인 것이 아니니 보인 것은 오히려 본 것을 떠나 보는 것이 따를 수가 없다.(見見之時 見非是見 見猶離見 見不能及)" 하였다.

[16] 집수화執手話 : 이 이야기는 『선문염송집』 고칙 74에 있다. "비목선인이 선재의 손을 잡으니 선재가 곧 자기 자신이 시방의 불국토에 가서 미진수의 모든 부처님들의 처소에서 말할 수 없을 미진의 영겁의 수를 지나는 것을 보았다. 선인이 손을 놓으니 곧 자기 자신이 원래의 곳으로 돌아옴을 보게 되었다.(毗目仙人執善財手 善財卽時自見其身 往十方佛刹微塵諸佛所 乃至不可說不可說微塵劫數 仙人放手 卽見自身還在本處)"

『선문염송설화禪門拈頌說話』에는 "古人有三頌云"이라 하여 이 밖의 두 수가 또 있는데, 수집자인 권상로權相老는 왜 무의자無衣子의 송으로 보았으며, 두 수는 수집을 않고 한 수만을 한 것인지 알 수 없다. 나머지 두 수는 다음과 같다.

　十方齊現一毛端 華藏重重帝網寒 珍重善財何處去 淸宵風撼碧琅玕
　華藏莊嚴世界中 一塵中有幾重重 忽然排出撞眸看 依舊疏簾動曉風

* 원문의 '軌' 자는 '執'의 오자인 듯하다.

호도화好道話[17]

갈 때에는 봄바람이 불어 다하여	去日春風盡
일천 바위의 눈을 쓸어 다하더니	掃盡千岩雪
올 때에는 꽃다운 풀이 푸르러	來時芳草綠*
두견새의 울음이 더욱 간절하구나.	杜鵑啼更切

작무화作舞話[18]

아난은 춤을 보아도 춤을 보지 못했고	阿難見舞未見舞
세존은 춤으로 보되 오히려 춤을 보다	世尊見舞還見舞

---

17 호도화好道話 : 이 이야기는 『선문염송집』 고칙 77에 있다. "월씨국왕月氏國王이 계빈국罽賓國 지야다祇夜多라는 존자가 큰 이름으로 알려져 있다는 말을 듣고 군신과 함께 그 나라에 나아가 예를 드리고 법을 물으려 했다. 왕이 가서 정성으로 예를 마치고 존자에게 설법을 요청하니 존자가 '대왕은 오실 때에도 좋은 길이었으니 이제 갈 때에도 역시 올 때처럼 하라.'(月氏國王聞罽賓國 有一尊者 名祇夜多 孺大名稱 即與群臣徃造彼國 禮見問法 王旣至 修敬已畢 乃請尊者當爲開演 尊者曰 大王來時好道 今去亦如來時)"하였다. 이때 함께 왔다 돌아가는 군신들은 불만이 컸다. 아무것도 들은 것이 없다는 것이다. 이에 월씨국왕은 대신들에게 "경들은 아무것도 못 들었다 하지 말라. 올 때에 좋은 길이었다 함은 내가 지난 세상에서 계를 지키고 공덕을 닦았기 때문에 이제 왕의 종자로 왕위를 누림이요, 갈 때도 역시 그렇게 하라 함은 지금 다시 선을 행하여 내세에도 다시 복을 받으라는 훈계이다." 하니 군신들이 머리 조아려 사례했다.

『선문염송설화』에는 "古人云"이라 하였는데, 무의자의 염송으로 인용하였으니 잘못된 것이 아닌지 모르겠다. 또 끝구로 인용된 "奇哉處處摠持門 堪笑時人笑不徹"은 위 송에 대한 설명으로 이어지는 글인 듯하여 여기서는 제외키로 하였다.

* 원문의 '錄'은 '綠'의 오기인 듯하다.

18 작무화作舞話 : 이 이야기는 『선문염송』 고칙 82에 있다. "아난이 성에 들어갈 때에 한 무리의 악인들이 춤을 추는 것을 보았는데 성을 나올 때는 악인이 모두 무상함을 보았다. (무슨 일일까요, 하고 물었더니) 세존도 성에 들 때 한 무리의 악인이 춤을 추는 것을 보았는데 성을 나갈 때 역시 악인이 춤추는 것을 보았다 하였다.(阿難入城時 見一攢樂人作舞 出城時 摠見樂人無常 世尊入城時見一攢樂人作舞 出城時亦見樂人作舞)"

역시 총림에 많이 모인 참여자들도 　　　　　且問叢林飽衆客
다만 저 기특한 것이 무슨 춤이냐 묻다. 　　只這奇特是何舞

심동화心同話[19]

구름 물 따라 이 가르침을 참방하였으니 　　雲水叅尋訪此宗
십 년을 갈고 갈아 큰 허공이 비었구나 　　十年磨刮太虛空
구구히 힘 다하여 부질없이 옛날 의지해 　　區區力盡空依舊
바야흐로 온갖 일이 원래 같음 알겠다. 　　方知萬事本來同

해탈화解脫話[20]

바람을 맬 수 있나 허공을 잡을 수 있나 　　風可繫空可捉
이 한 물건을 누가 결박할 수 있는가. 　　此一物誰能縛

---

19 심동화心同話 : 이 이야기는 『선문염송』 고칙 87에 있다. "바수밀존자의 게송에 이르되 '마음은 허공의 경계와 같아 허공에 대등한 법을 보인다. 허공을 증명 터득한 때에 옳음도 없고 그름도 없는 법이다.' 하였다.(婆須密尊者偈云 心同虛空界 示等虛空法 證得虛空時 無是無非法)" 『선문염송설화』에는 "古人頌云"이라 하였으니, 무의자의 송으로 본 이유는 미상이다.

20 해탈화解脫話 : 이 이야기는 『선문염송』 고칙 108에 있다. "4조가 3조에게 여쭙되 '원컨대 화상께서는 자비로이 해탈법문을 주시기 바랍니다.' 하니, 3조는 '누가 너를 결박했느냐.' 했다. 4조가 '결박한 사람이 없습니다.' 3조는 '어찌 다시 벗어나기(해탈)를 찾느냐.' 하니, 4조가 말하자마자 크게 깨달았다.(四祖問三祖曰 願和尙慈悲 乞與解脫法門 三祖曰 誰縛汝 四祖曰 無人縛 三祖曰 何更求解脫乎 四祖言下大悟)"

황매화黃梅話[21]

비가 지나간 봄 산은 먹물을 뿌려 놓은 듯하고 　　雨過春山如潑黛
안개에 뜨는 새벽 햇살은 불타는 황금빛이네 　　霞登曉日似燒金
성긴 발을 더디 더디 걷고 맑은 감상에 취하니 　　疎簾捲起酣淸賞
괴상한 새가 날아와 좋은 음악을 보낸다. 　　怪羽飛來送好音

삼환화三喚話[22]

대 울타리 띳집이 시냇가에 닿아 비꼈으니 　　竹籬茅屋趁溪斜
봄은 산마을 곳곳의 꽃에 들었구나 　　春入山村處處花
모양 없음이 태평인데 오히려 모양 있으니 　　無像太平還有像
외로운 연기 이는 곳에 바로 인가가 있다. 　　孤烟起處是人家

21　황매화黃梅話 : 이 이야기는 『선문염송』 고칙 112에 있다. "어떤 스님이 '황매(5조 홍인)의 의지를 어떤 이가 터득했느냐.'고 질문하니, 육조가 '불법을 이해하는 이는 터득했다.' 하였다. 스님이 '화상은 오히려 터득하였는가.' 하니, 육조가 '나도 못 터득했다.' 하였다. 스님이 '화상은 무엇 때문에 터득 못했는가.' 하니, 육조는 '나는 불법을 이해하지 못한다.' 하였다.(六祖因僧問 黃梅意旨什麼人得 祖曰會佛法人得 僧云和尙還得不 祖曰我不得 僧云和尙 爲什麼不得 祖云我不會佛法)"

22　삼환화三喚話 : 이 이야기는 『선문염송』 고칙 130에 있다. "혜충慧忠국사가 하루는 시자를 부르니 시자가 대답했다. 이렇게 세 번 부르니 시자도 세 번 대답했다. 국사 이르되, '내가 장차 너를 저버린다 할 것이니 문득 네가 나를 저버리라.' 하였다.(忠國師 一日喚侍者 侍者 應諾 如是三喚 侍者三應 師曰將謂吾辜負汝 却是汝辜負吾)"

무봉화無縫話[23]

국사가 모양을 보인 짧은 시간 사이에도	國師示樣片時間
꿰맨 자리 흐트러져 아직 완전하지 않았는데	縫罅離披尙未完
하물며 탐원을 초대하여 거듭 깨치라 했으니	況待耽源重注破
깨지고 무너지고 쇠락함 차마 볼 수 없구나.	頹殘零落不堪看

파조화破竈話[24]

저 조왕신 진흙 기와의 합성인데 　　　　　　　彼竈泥瓦合

---

[23] 무봉화無縫話 : 이 이야기는 『선문염송』 고칙 146에 있다. "혜충국사가 숙종황제의 백 년 뒤에 필요한 물건이 무엇이냐는 질문에 노승과 더불어 쌓은 흔적 없는 탑(無縫塔)을 만들자 했다. 황제가 탑의 모양을 물으니, 국사는 한참 있다가 '알았는가.' 한다. 황제가 '알지 못한다.' 한다. 국사가 '내가 법을 부탁한 제자 탐원이 있어 이 일을 알 것이니 조서를 보내어 물어 보시오.' 했다. 국사가 입적한 뒤에 탐원을 청하여 '이 뜻이 무엇이냐.' 하니, 탐원은 '상강 남쪽과 담수의 북쪽에 황금이 가득 충만한 나라가 있는데 그림자 없는 나무 아래 같이할 배가 있고 유리 궁전의 위에는 지식인이 없다.' 하였다.(忠國師因肅宗帝問 百年後 所須何物 師云與老僧 作箇無縫塔 帝曰請師塔樣 師良久云會麽 帝曰不會 師云吾有付法弟子 耽源 却問此事 請詔問之 國師遷化後 帝詔問耽源 此意如何 源云 湘之南潭之北 中有黃金充 一國 無影樹下合同船 瑠璃殿上無知識)"

[24] 파조화破竈話 : 이 이야기는 『선문염송』 고칙 153에 있다. "파조타 화상이 숭산에 거하는데 산언덕에 한 사당이 있어 매우 영험이 있었다. 사당 안에는 오직 조왕신 하나 안치해 두었는데, 원근에서 제사하는 이들이 끊이지 않으니 제물의 살생이 심했다. 대사가 하루는 시자들을 거느리고 사당에 가 주장자로 가리키며 '너는 원래 진흙과 기왓장으로 합성한 것인데 영험이 어디서 오는 것이며 신성함은 어디서 이는 것이냐.' 하고 몇 차례 내리치며 깨지고 무너지라 하니 곧 조왕이 파괴되었다. 조금 있자, 푸른 옷의 한 선인이 나타나 절하며 '나는 본래 이 사당의 조왕신인데 오래도록 업보를 받더니 지금 화상의 무생법의 설법에 힘입어 곧 해탈하여 특히 와서 절을 올립니다.' 한다. 대사가 이르되, '이는 네가 원래 가지고 있는 본성이지 나의 강요된 말이 아니다.' 하니, 조왕신은 재배하고 사라졌다. 그 뒤 대중들이 '우리들은 오래도록 스님을 모셨는데 아직 가르침을 받지 못했는데 조왕신은 무슨 설법을 듣고 곧 해탈을 얻었습니까.' 한다. 대사 이르되, '내가 별다른 도리가 있는 것이 아니다.

어찌 영험 신성함 있다 하는가	云何有聖靈
이 몸은 고름과 피의 모임이니	此身膿血聚
어찌 알음알이나 정이 있다 하나	云何有識情
깨쳐라 깨쳐라 무너져라 무너져라	破也破也 墮也墮也
나의 드러난 알몸으로 되돌리면	還我箇露裸裸
붉은 피 뿌리고 뿌려 잡을 수 없지.	赤灑灑沒可把 咄

재채화栽菜話[25]

뿌리 없는 채소를 채원 가득히 심어	無根菜子滿園栽
밑 없는 광주리에 캐어 담아 오다	無底籃兒採得來
입 없는 선객이 배불리 먹었으니	無口禪和喫得飽
약산 집안 이야기가 가장 기이하구나.	藥山家話最奇哉

다만 저를 향해 이렇게 말했다. 진흙과 기와로 합성되었거늘 영험이 어디서 오며 신성함이 어디서 이느냐 했다. 너희는 왜 예배하지 않느냐.' 하니, 대중이 곧 예배하고 대사는 주장자로 머리를 치며 깨진다 무너진다 하니 대중이 일시에 크게 깨달았다.(破竈墮和尙居崇嶽 山塢有一廟甚靈 中有安一竈 遠近祭祀不歇 烹殺物命甚多 師一日領侍者入廟 以拄杖指云 汝本泥瓦合成 靈從何來 聖從何起 乃敲數下云 破也墮也 其竈便破 須臾有一靑衣峩冠 設拜曰 我本此廟竈神 久受業報 今蒙和尙說無生法 遂得解脫 特來禮謝 師云是汝本有之性 非吾强言 神再拜而沒 後衆曰 某等久侍左右 未蒙示誨 竈神聞說何法 便得解脫 師云我別無道理 只向伊道 泥瓦合成 靈從何來 聖從何起 你等何不禮拜 衆遂作禮 師以拄杖打頭云 破也墮也 大衆一時大悟)"

25 재채화栽菜話 : 이 이야기는 『선문염송』고칙 330에 있다. "약산 선사가 채소원에 들어, 원두가 채소를 재배하고 있는 것을 보고 '채소는 너의 재배를 방해하지 않지만 다만 뿌리를 살리려 하지 말라.' 하니, 원두가 '뿌리를 살리지 않으면 대중이 무엇을 먹습니까.' 한다. 대사는 '너는 오히려 입이 있구나.' 하였다.(藥山入菜園 見園頭栽菜 師云菜則不障汝栽 只是莫敎生根 頭云 莫敎生根 大衆喫什麽 師云汝還有口麽)"

불성화佛性話[26]

아침에 월나라를 떠나서 저녁에 오나라 　　朝辭百越暮三吳
소매 속 푸른 뱀의 등등한 기색도 크다 　　袖裡靑蛇膽氣麤
세 번 낙양에 들어도 사람들 알지 못해 　　三入洛陽人不識
몸을 뒤쳐서 동정호를 날아 지나다. 　　翻身飛過洞庭湖

투렬화鬪劣話[27]

온갖 일이 한 발 물러서 쉬는 것만 못한데 　　萬事無如退步休
평생 백년이 허깨비인 꿈속의 몸이지 　　百年虛幻夢中軀
조주 스님은 호떡으로 내기하려는 것 아냐 　　趙州不是爭胡餠
요는 당시 사람들에게 용렬한 곳 찾게 함이네. 　　要使時人劣處求

---

26 불성화佛性話 : 이 이야기는 『선문염송』 고칙 417에 있다. 조주趙州 스님이 어느 스님의 개에게도 불성이 있느냐 없느냐는 질문에 대답한 내용이다. 여기에 인용된 시는 검술劍術이 뛰어났던 여동빈呂洞賓이 1백 세가 넘은 나이에도 젊은이처럼 행보가 빨랐다 하며 스스로 지은 시가 있어 인용한 내용이니, 무의자無衣子 혜심慧諶의 작이 아니다. 『염송설화拈頌說話』에도 그래서 인용된 것으로 기록되어 있다.

27 투렬화鬪劣話 : 이 이야기는 『선문염송집』 고칙 439에 있다. "조주가 일찍이 시자 문원과 논의를 하는데 용렬한 자가 이기는 것으로 하고, '이기는 이는 호떡을 가져오기로 하자.' 하였다. 문원이 '선생님이 의제를 여십시오.' 화상이 '나는 한 마리 나귀 같다.' 문원이 '저는 나귀 고삐 같습니다.' 화상이 '나는 나귀 똥 같다.' 문원이 '저는 똥 속의 구더기 같습니다.' 화상이 '너는 그 속에서 무엇을 하느냐.' 하니, 문원이 '여름 안거합니다.' 화상이 '떡을 가져오너라.' 하다.(趙州嘗與侍者文遠論議 鬪劣不鬪勝 勝者輸餬餠 遠云請和尙立義 師云我似一頭驢 遠云我似驢紂 師云我似驢糞 遠云我似糞中蟲 師云你在裏許作什麽 遠云過夏 師云把將餠子來)"
　인용의 시는 고인송古人頌이라 하였는데, 여기에 인용한 이유를 알 수 없다.

하필화何必話[28]

햇빛과 그림자는 분명히 풀 끝에 비쳐져	暑影分明影草頭
눈을 뜨고 그림자를 인식하면 곧 흘러가	擡眸認影卽遷流
장대 세워 놓고 중간 기울음 없다 함이	據竿又道無中昃
어찌 아침저녁의 빠름 늦음만 한가.	爭奈朝晡早晚殊

주인공화主人公話[29]

나와 남이 산 아래에서 삼독을 만났고	我人山下逢三毒
역과 순이 길거리에서 팔방 바람 만나다	逆順途中遇八風
의혹과 괴로움 어지러워 제지하기 어려우니	惑苦紛然難制止
의당히 자주자주 주인공을 불러 보자.	也宜頻喚主人公

---

28 하필화何必話 : 『선문염송집』에 흥화興化 선사의 이야기는 고칙 756에서 762까지인데, 이 이야기는 없으니 상고할 길이 없다. 인용문만으로 해석한다.
  "흥화 선사에게 묻는다. '운거 화상이 삼봉암에 거하여 노승이 말을 물어도 대답을 얻지 못했으니, 얻을 수 있겠소 없겠소.' 하니, 흥화 선사가 위 말을 들어 이르되 '운거 화상은 20년에 다만 어찌 꼭 필요하냐(何必)라는 말만 했으나 흥화는 그렇지 않다. 반드시 그렇지 않다(不必) 함과 어떠할까.'(興化間雲居和尙住三峯庵 老僧間伊話 對不得 令道得也未 化擧前話云 雲居二十年 只道得箇何必 興化卽不然 爭如道箇不必)"

29 주인공화主人公話 : 이 이야기의 출처를 『선문염송집』에서 찾지 못했다. 인용문으로 해석한다.
  "서암 화상이 주인공을 길게 불러 놓고는 스스로 '예.'라고 대답하고 '깨어 있다.' 하였다. 그 뒤로는 농담을 받지 않았다. 현사가 이르기를 '이는 정신 영혼을 일등으로 희롱했으니 심히 기괴하구나.' 하고는 스님에게 이르되 '이제 불러도 대답하겠는가.' 하니 대답이 없었다.(瑞嵓和尙長喚主人公 自云諾 惺惺着 他后莫受謾云云 玄沙云 是一等弄精魂 也甚奇怪 謂僧云 今喚應麽 無對)"

7
천인天因의 미타찬게彌陀讚偈 외

작자作者 천인天因(1205~1248)은 고려 중기의 승려이다. 만덕산萬德山 백련사白蓮社의 제2세주. 속성은 박씨朴氏. 1224년(고종 11) 20세에 천태종 만덕산 원묘 요세圓妙了世에게 출가하였다. 이어 수선사의 혜심慧諶에게 가서 조계선의 요령을 얻었다. 다시 만덕산으로 가 요세가 입적하자 백련사 제2세주가 되었다. 1247년(고종 34) 몽골의 침략을 피해 상왕산 법화사法華社에 들었다가 다음 해에 원환圓睆에게 법을 전하고 입적하니, 세수 44세요, 법랍이 24년이었다. 시호는 정명국사靜明國師이다.

『정명국사시집』 3권이 있다 하나 전하지 않고, 『만덕산백련사제이대정명국사후집萬德山白蓮寺第二代靜明國師後集』이 입적 후 1262년에 편집되어 전한다.

해제解題 여기 소개되는 작품들은 『만덕산백련사제이대정명국사후집』에 실려 있는 작품 전체이다. 이 후집에는 〈미타찬게彌陀讚偈〉 1수와 〈묘법연화경찬妙法蓮華經讚〉의 수품별隨品別로 읊은 것이 수록되어 있다. 그러니까 본 후집은 전편이 게송인 셈이다.

미타찬게彌陀讚偈

나는 들으니, 미타의 법성의 몸[1]은	我聞彌陁法性身
태허의 공중과 양이 맞닿아 막힘이 없다시네	量等虛空無罣碍
법성에 의탁하여 존엄의 특별한 상을 나투어	依於法性現尊特
서방에서 움직이지 않아도 항하사계에 두루하네	不動西方徧沙界
이런즉 나의 몸과 마음에서 떠나지 않으시니	是則不離我身心
마음 밖에서 따로이 찾음은 심히 전도되는 일	心外別求甚顛倒
모든 소유로 가지고 있는 상은 다 허망하고	凡所有相皆虛妄
한 근원의 물줄기 맑고 맑아 오고 감이 없다	一源淸淨無來往
마음 청정함이 불토의 청정임을 믿어 알면	信知心淨佛土淨
움직이고 생각함이 이는 즉시 정토에 태어난다	動念卽是生淨土
마음이 물들어 연화세계에 태어나려 한다면	心染欲生蓮華界
마치 모난 나무로 둥근 구멍에 박는 것 같다	如將方木逗圓孔
미타가 옛날 왕자가 되었을 때에는	彌陁昔爲王子時
『법화경』을 거듭 강의하여 빨리 부처가 되었으니	覆講法華疾成佛
오늘의 세계에서 법화와 인연을 맺은 자는	今世結緣法華者
저 친히 듣는 자리에 낳아 점점 더 오묘하구나.	生彼親聞轉最妙

---

1 법성의 몸(法性身) : 법성신法性身은 부처 삼신三身 중의 하나. 부처의 몸은 법성과 같아 시방세계에 두루하여 한량이 없고 가없는 모습이 장엄하여 한량없는 광명과 한량없는 음성으로 시방세계의 한량없는 법신보살을 제도하신다.

묘법연화경찬妙法蓮華經讚

총찬總讚

두루 가득한 경전[2]인	稽首圓滿修多羅
대승의 『묘법연화경』에 머리 조아리노니	大乘妙法蓮華經
황금빛의 입[3] 원만한 소리로 풀어 말씀하시어	金口圓音所演說
본래의 이치 오묘하여 생각 논의하기 어렵다	本有理妙難思議
말과 말씀을 멀리 끊어 오묘한 법이라 칭하니	迥絕言辭稱妙法
본래에 맑고 맑아 연꽃에다 비유했다네	本來淸淨喻蓮花
모든 진여의 실다운 모습 바른 본체가 되고	諸法實相爲正體
평등의 부처 지혜가 오묘한 종지가 된다	平等佛慧爲妙宗
하나하나의 말씀 글귀 진여 세계 두루하니	一一言句徧法界
글자 글자 서로 갖추어 제석천[4] 구슬 같다	字字互具如帝珠
여래의 오묘한 법장은 심히 깊고도 멀어	如來秘藏甚深遠
사십여 년을 열어 보이시지 않고	四十餘年未開示
오래도록 품에 묻다가 이제 드날리시니	久默本懷今乃暢
둘도 없고 셋도 없이 오직 하나의 수레이라	無二無三唯一乘
오묘하구나 이 진리는 심히 드물어서	妙哉此法甚希有
마치 우담발화[5] 꽃이 한때에 피는 것 같다.	如優曇華時一現

---

2 경전(修多羅) : 수다라修多羅는 범어 sutra의 음역. 원래 선線인 끈의 의미로 물건을 매어 흐트러지지 않게 한다는 뜻으로, 부처님의 진리의 가르침을 꿰뚫어 흐트러지지 않게 함이 경전임을 말한다.
3 황금빛의 입(金口) : 부처님의 입을 말함. 부처님의 설법을 비유함.
4 제석천帝釋天 : 제석帝釋. 도리천의 주인.
5 우담발화優曇鉢華 : 3천 년에 한 번 피는 꽃이라 하며, 여래가 출현하고 전륜왕이 출현하면

수품별찬隨品別讚

서품序品

여래께서 항상 영취산에 머무시어	如來常住靈鷲山
백호의 광채[6]가 일만 팔천의 불국토에 비추시니	毫光照萬八千土
하늘 비 네 연꽃[7]이 땅을 여섯 가지로 요동시켜[8]	天雨四花地六動
두 불국토의 가지가지 모습을 나타내 보이다	示現二土種種相
성문 영긱의 사부 대중[9]과 보살들과	聲聞四衆及菩薩
하늘 용 팔부 신중[10]이 다 함께 에워 호위하네	天龍八部共圍繞
법신보살[11]이 영향력을 발휘하여	法身大士作影響
부처님의 형상 소리가 더욱 빛을 날린다	化主形聲愈光揚

핀다고 함.
6 백호의 광채(毫光) : 백호白毫. 여래 삼십이상三十二相의 하나. 눈썹 사이에 백색의 터럭 상이 있어 오른쪽으로 선회하여 마치 한낮의 햇살 같은 광명이 있다. 처음 탄생하실 때에는 5척이었고 성도하실 때에는 1길 5척이었다.
7 네 연꽃(四花) : 법화法華의 여섯 상서 중 비꽃 상서의 네 가지 꽃. ① 만다라화曼陀羅華, ② 마하만다라화摩訶曼陀羅華(크고 작은 흰 연꽃), ③ 만수사화曼殊沙華, ④ 마하만수사화摩訶曼殊沙華(크고 작은 붉은 연꽃).
8 땅을 여섯 가지로 요동시켜(地六動) : 육종진동六種震動. 대지의 진동에 세 가지의 육동六動이 있다. ① 동육시動六時이니 부처님이 입태入胎하실 때, 출태出胎하실 때, 성도成道하실 때, 전법륜轉法輪하실 때, 항마降魔하실 때, 열반涅槃하실 때, ② 동육방動六方이니, 신통력으로 삼천대천세계를 감동시킬 때 여섯 가지 진동이 있었으니, 동용서몰東涌西沒·서용동몰西涌東沒·남용북몰南涌北沒·북용남몰北涌南沒·변용중몰邊涌中沒·중용변몰中涌邊沒. ③ 동육상動六相이니, 동動·기起·용涌·진震·후吼·각覺이다.
9 사부 대중(四衆) : 부처의 사부제자四部弟子. 비구比丘·비구니比丘尼·우바새優婆塞·우바이優婆夷.
10 하늘 용 팔부 신중(天龍八部) : 천룡팔부天龍八部는 팔부의 신중. 천天·용龍·야차夜叉·건달바乾達婆·아수라阿修羅·가루라迦樓羅·긴나라緊那羅·마후라가摩睺羅迦에서 천과 용이 상수上首이기에 대표로 이르는 용어.
11 법신보살(法身大士) : 일분一分의 무명까지도 단절하여 일분의 법성法性을 나타낸 보살이니 초지初地 이상의 보살이다.

목건련¹²과 사리불¹³이 우두머리가 되어	目連鶖子爲上首
다함없는 근기 따른 설법¹⁴으로 등창¹⁵을 없애다	無盡當機癰欲潰
한량없음을 거두어 삼승을 모아 일승으로 하려고¹⁶	欲收無量會歸一
먼저 하나의 법이 한량없음의 무량에서 나옴 설하다	先說一法出無量
미륵보살은 은근히 의문을 발설하고	彌勒慇勤發疑問
문수보살은 옛것을 인용하여 분명히 대답하다	文殊引古答分明
지금의 부처 옛날의 부처 일일이 다 같으니	今佛古佛事皆同
그런 까닭으로 법왕의 법도 이러함 알리라.	故知法王法如是

방편품方便品

부처님이 선정에서 일어나 감탄시킨 방편은	佛從定起歎方便
다만 삼승을 열어 일승으로 나타내심이니	祇爲開三方顯一
삼천 대천의 오묘한 경지를 생각 의론할 수 없고	三千妙境叵思議
오직 부처님만이 이 일을 알 수가 있다	唯佛乃能知是事
볏대·삼대처럼¹⁷ 많은 이승은 오히려 모르고	稻麻二乘猶不識

---

12 목건련(目連) : 마하목건련摩訶目犍連. 사리불舍利弗과 같이 왕사성에 들어 마승馬勝 비구를 만나 부처가 나타남을 듣고 하나의 게송의 법문法門에 홀연 개오開悟하여 불제자가 되니, 두 사람의 제자 2백 명이 함께 불문에 들게 되었다.

13 사리불(鶖子) : 추자鶖子는 사리불舍利弗을 말함. 추로자鶖鷺子라고도 함.

14 근기 따른 설법(當機) : 당기當機는 당기설법當機說法. 중생의 근기에 따라 법을 설한다.

15 등창 : 옹창자전癰瘡刺箭. 오욕이 사람을 해치는 것이 등창(癰)·종기(瘡)·가시(刺)·화살(箭) 같다고 비유되는 말.

16 삼승을 모아 일승으로 하려고 : 회삼귀일會三歸一. 부처님이 『법화경』에서 설한 이전의 삼승의 법이 일승이 되기 위한 방편이었다 함.

17 볏대·삼대처럼(稻麻) : 도마稻麻는 도마죽위稻麻竹葦, 물건의 많음을 비유하는 말. "볏대·삼대·대나무·갈대처럼 시방의 국토에 충만하다.(稻麻竹葦 充滿十方利)" 『법화경』「방편품方便品」.

항하사의 보살들도 역시 믿기 어렵구나	恒沙菩薩亦難信
세 번 멈추고 세 번 청함[18]이 어찌 이리 은근한가	三止三請何殷勤
큰 일의 인연이 어찌 그리 용이하던가	大事因緣豈容易
부처님의 지견이 마음에 쌓여 있거늘	佛之知見蘊在心
다만 이 중생들이 스스로 미혹됨이니라	但是衆生自迷惑
원만한 음성 한 번 펴자 문득 열려 깨치나	圓音一下頓開悟
모든 법은 근본 이래 항상 고요 적멸한 것	諸法本來常寂滅
사람 하늘 작은 선이라도 다 도를 이루니	人天小善皆成道
어쩌면 디구나 한 구절이라노 받아 가진 자랴	何況一句受持者
한 번 열린 이후로는 소홀할 바가 없으니	一開之後無所閒
우리들도 역시 의당 부처 됨을 알리라.	我等亦知當作佛

비유품譬喻品

상등의 근기는 불법의 말씀 이미 깨우쳤지만	上根法說已得悟
중등의 근기는 미혹을 품어 아직 버리지 못하네	中根抱迷猶未遣
거듭된 봉우리 달이 숨어도 부채 들 만하고	重峯月隱可擧扇
바람 자는 태허 공중에도 의당 나무는 흔들려	風息大虛宜動樹
그런고로 비유를 들어 진리를 드러내니	故將譬喻顯眞理
모든 법리 요연히 밝아 모두가 실다운 모습	諸法了然皆實相
삼계[19] 세계의 집 안에 큰 불이 일어나서[20]	三界宅中大火起

---

18 세 번~번 청함(三止三請) : 『법화경』「방편품」의 처음에 심심 오묘한 제법의 실상을 설하려다 멈추시니, 사리불이 대중을 대신하여 설법을 청하였다. 이렇게 세 번 멈추고 세 번 청하여 부처께서 용의를 갖추시고 묘법을 널리 설하셨다. 이를 삼지삼청三止三請이라 한다.
19 삼계三界 : 중생이 왕래하고 거주하는 세 가지의 세계. 욕계欲界·색계色界·무색계無色界.
20 집 안에~불이 일어나서 : 화택유火宅喻. 『법화경』일곱 가지 비유 중의 하나.

사면이 모두 불타 탈출할 길이 없는데	四面俱燒無出路
모든 아들이 무지해서 그 불 속에 있으면	諸子無知猶在中
아비 무슨 마음으로 놀라 구하지 않으랴	長者何心不驚救
먼저 보배의 완상물로 그들의 정에 맞추어	先將珍玩適其情
문 밖에는 양거·녹거·우거의 셋[21]이 있다 하여	謂言門外有三車
탈출하고 나면 바로 이것이 방편임을 알고	出外方知是方便
몸과 마음이 태연하게 알땅에 당도한다	身意泰然當露地
통쾌하구나 아비의 사랑은 편협함이 없어	快哉長者愛無偏
흰 소와 큰 수레[22]를 평등하게 하사하였네.	白牛大車平等賜

신해품信解品

여래께서 불타는 집의 비유를 널리 말씀할 때	如來廣說火宅喻
황금빛 스님의 사자의 외침으로 하시니	金色頭陀師子吼
제령齊領 탐령探領의 이령[23]으로 부처 뜻 이해하고	齊探二領解佛意

---

21 양거·녹거·우거의 셋(三車) : 불 속에 있는 자식들을 구하기 위하여 아버지는 그들이 좋아하는 보배 완구들이 집 밖에 있다 하여 유인해 낸다. 갖가지 양의 수레(羊車), 사슴의 수레(鹿車), 소의 수레(牛車)가 집 밖에 있으니 빨리 나와 놀라 하여 그들을 구제한다.

22 흰 소와 큰 수레(白牛大車) : 『법화경』「비유품」에서 말한 세 수레의 하나. 성문승聲聞乘에는 양거羊車, 연각승緣覺乘에는 녹거鹿車, 보살승菩薩乘에는 우거牛車로 비유하였다. "이때 아버지는 모든 아들에게 각기 큰 수레를 주니, 그 수레가 높고 넓어 모든 보배가 장엄하고 흰 소로 끄니 피부색이 청결하고 형체가 특수하며 큰 근력이 있어 걸음이 평정하면서도 바람같이 빠르더라." 하였다.

23 이령二領 : 『법화경』「신해품信解品」에서 말한 탐령探領과 제령齊領. 사대성문四大聲聞이 자기들의 터득한 이해(領解)를 진술하되, 여래가 출세하기 전의 법신으로 있는 경지로 성문의 기미를 관조한 자를 탐령이라 하니, "궁한 자식이 기뻐하여 일찍이 없었던 진리를 얻어 땅에서 일어나 가난한 동리로 가서 걸식하다." 이상의 글은 이 탐령에 해당한다. 제령은 일명 제교령齊敎領이니, "이때에 아버지가 아들을 유인하려고 방편을 설정하고 은밀히 두 사람을 보내다." 하는 글은 이 제교령에 해당한다.

삼세의 변화 의식을 손바닥을 지적하듯 하시다	三世化儀如指掌
어리석구나, 궁한 자식은 본 집의 성을 버리고	咄哉窮子捨本城
타향으로 유리 전락하여 점점 신랄한 고생이라	流落他鄉轉辛苦
몇 해 동안 아버지는 사방으로 찾았으니	幾年長者四方求
어쩌면 다행히도 문 앞에서 서로 만났지만	何幸門前相會遇
다만 더럽혀진 의지를 도무지 돌리기 어려워	但由鄙志頓難迴
오히려 초가 움막 향해 진흙을 털어내다	猶向草菴除糞土
하루아침에는 아버지 간절한 말씀으로	一朝長者語丁寧
너는 내 아들이고 나는 네 아버지이니	汝是吾子吾是父
먼저 집 안에서 나갈 것을 네 스스로 알면	先所出內汝自知
한없는 집 안의 보배가 다 네 소유라 하니	無盡家珍皆所有
홀연히 모두 얻음이 실은 바람이 아니라	忽然頓得實非望
이 막대한 은혜를 어떻게 갚을 것인가.	莫大之恩何以報

약초유품藥草喻品

큰 땅덩이 대지에 나는 것 몇 가지인지 아나	大地所生知幾種
약의 풀 약초를 강제로 이용 두루 병 치료해	藥草用强偏治病
큰 바다의 용왕 신은 장차 비를 내리고	大海龍神將降雨
번갯불 번쩍번쩍하고 우렛소리 진동한다	電光晃耀雷聲震
하나의 구름이 두루 삼천대천세계 뒤덮고	一雲徧布三千界
하나의 비로 모든 생명의 무리를 두루 적시다	一雨普潤群生類
세 가지 풀 두 가지 나무[24] 다 무젖음 힘입고	三草二木悉蒙潤

---

24 세 가지~가지 나무(三草二木) : 『법화경』 「약초품藥草品」에서 오승五乘의 근기를 비유한

크고 작은 뿌리 줄기 모두 다 무성해지다	大小根莖頓滋茂
법왕 부처님 법의 비가 가없이 적시니	法王法雨潤無邊
법 진리의 종자가 점점 더욱 자라게 돼	令法種子漸增長
원래 근기 본성에 예리 우둔이 있어서	良由根性有利鈍
그 감내 능력 따라 각각 이해할 수 있어	隨其所堪各得解
몇 해의 근면 고행 조화 성숙이 되어서	幾年勤苦爲調熟
우유 버터 기름으로 하나의 맛을 이루리	酥酪醍醐成一味
차별이란 본래 차별이 없음을 믿어 알면	信知差別本無差
마침내 하나의 실다운 경지로 함께 가리.	究竟同歸一實境

수기품授記品

진여 본성은 담연히 맑기 허공과 같아서	法性湛然如虛空
궁극의 근본부터 평등하여 높낮이가 없다	本際平等無高下
어찌 나고 죽음의 터럭 끝만큼도 용납하리	豈容生滅一纖毫
더구나 긴 시간의 자신의 수명이 있겠나	況有劫國身壽量
네 큰 제자들[25]은 근기에 따라 변화하여[26]	四大聲聞是應化
참다운 자리에서 이미 원만 극한 증득하다	眞位久已證圓極
다만 현신으로 드러나 자취는 작지마는	但由示現迹在小
오늘이라도 마음 돌리면 곧 크게 들리라	今日迴心方入大

말. 소약초小藥草·중약초中藥草·상약초上藥草·소수小樹·대수大樹.

[25] 네 큰 제자들(四大聲聞) : 사대제자. 부처님의 제자 중에 사리불舍利弗·목건련目犍連·수보리須菩提·마하가섭摩訶迦葉을 말함.

[26] 근기에 따라 변화하여(應化) : 응應은 응현應現이니 중생의 근기에 대응하여 몸을 나타냄이고, 화化는 부처 인연에 따라 변화함이니, 부처님의 설법으로 변화 나투심이다.

당체 열매야 어느 때 익을지 알지 못해도	未知當果幾時熟
국토의 장엄함이야 다시 어떠하리	國土莊嚴復何似
모름지기 부처 말씀 들어 현전에서 기억하여	須聞金口現前記
결정적으로 다 이해하니 참으로 부처이네	決定了知眞是佛
마치 배고픈 나라에서 왕의 음식을 만나면	如從飢國遇王饍
반드시 왕의 지시에 따라야 감히 먹음과 같다	必須王教乃敢食
종전까지의 의심 후회 홀연 얼음 풀리듯	從前疑悔頓氷釋
일체의 번뇌가 모두 다 맑고 시원해지다.	一切熱惱皆淸凉

화성유품化城喩品

두 번째[27] 비유의 설법 심히 분명하여도	二周法譬甚分明
오히려 하근기에게는 의심 풀리지 않아	尙有下根疑未了
짐짓 지난날의 근본 인연을 이야기하여	故談往昔本因緣
널리 근원적 처음의 마음 펴는 곳 보이다	廣示元初發心處
지난 과거에도 부처 있어 대통[28]이라 불리어	過去有佛號大通
팔천 겁의 긴 시간 차도록 이 경을 말하셨는데	滿八千劫說是經
열여섯의 왕자[29] 있어 설법을 도와 선전하니	有十六子助宣說

---

27 두 번째(二周) : 『법화경』의 설법이 삼주설법三周說法이니, ① 법설주法說周, ② 비유주譬喩周, ③ 인연주因緣周이다. 여기서는 비유주인 2주를 말함이다.
28 대통大通 : 부처의 이름. 대통승지大通勝智의 약칭. 삼천진겁三千塵劫의 옛날 세상에 나투신 부처.
29 열여섯의 왕자(十六子) : 십륙왕자十六王子. 삼천진겁의 옛날 대통승지불大通勝智佛이 있을 때 십륙왕자가 있었는데, 다 출가하여 사미가 되어 부처님에게서 『법화경』을 들었다. 부처가 입정한 뒤에 사미들이 각기 법좌에 올라 다시 『법화경』을 강하였다. 그중의 16번째 사미가 성불하여 지금의 여래가 되었고, 16번째 사미의 설법을 듣는 이들이 지금의 대중들이다. 『법화경』「화성유품化城喩品」.

인연 맺은 사부 대중들이 항하사의 모래 같네	結緣四衆如恒沙
세세 대대로 서로 이어 지금에 이르렀거늘	世世相値至于今
어찌하여 중간에 잊어 오히려 작은 무리 됐나	胡奈中忘還取小
마치 사람들이 원래 보배의 물가를 찾으려다	如人本欲趣寶渚
중간 길에 피곤하고 게을러 돌아오려 함이네	中路疲懈欲退還
인도하는 스승님 방편으로 변화의 성[30]을 세워	導師方便設化城
이미 멈춰 쉬었으니 곧 성을 멸하여 버리고	既止息已卽滅之
다시 길을 나서게 하여 본래 기약에 이르니	更令進道至本期
여기에 이르러야 곧 그 성은 방편화였음 알지.	到此方知城是化

오백제자수기품五百弟子授記品

부루나존자[31]의 명백한 해석은 앵무새의 입부리라	滿慈白晳鸚鵡觜
법을 설한 사람 중에서도 제일이라 일컫는다	說法人中稱第一
능히 한 생각에도 조용히 이해하니	能於一念默然解
오직 부처만이 본래의 소원을 알 수 있지	唯佛能知本所願
안으로 간직하고 밖으로 나타내 법 조화 도우니	內秘外現助法化
그러므로 미래에 성도의 기록을 받았네	故授當來成道記

---

30 변화의 성(化城) : 『법화경』의 「화성유품」에서 화성化城은 일시의 방편으로 성을 설정한 것이니, 소승小乘의 열반처이다. 이 비유의 뜻은 일체 중생이 성불할 수 있는 곳이 보배 장소(寶所)인데, 이 보소에 이르는 길이 멀고 험해 대중들이 가다가 되돌아오려 하기 때문에 도사인 부처님이 편법으로 중간에 성을 설정하여 휴식하게 한 곳이다. 이것이 소승의 열반이고 휴식 후 기력을 회복한 대중들은 대승의 불과를 얻는 보소로 가게 한 것이다.

31 부루나존자(滿慈) : 부루나富樓那의 이름을 의역하여 만자滿慈, 또는 만축자滿祝子라 한다. 부처님 십대제자 중에 설법이 제일이라 한다. 『법화경』 「수기품授記品」에 "부처님이 모든 비구들에게 너희들이 부루나를 보았느냐, 나는 항상 설법하는 사람 중에서 가장 제일이라 한다." 하였다.

천이백의 성도도 역시 경사로이 기뻐해	千二百聖亦慶喜
골고루 차례로 똑같은 칭호를 받았네	轉次受決同一號
그중 오백은 각각 스스로 후회하였으니	其中五百各自悔
에! 애석하게 작은 것 얻고 곧 만족했네	咄哉得小便爲足
가난한 사람이 친구의 집에서 취해 누워	貧人醉臥親友家
옷 속에 밝은 구슬을 채운 것 알지 못하고	不知衣裏繫明珠
홀연 술을 깨어 다른 나라로 노닐면서	忽然醉起遊他國
많은 세월 어렵게 지내며 의식을 구걸타가	辛苦多年覓衣食
하루아침에 옛날의 친구를 만나서는	一朝會遇昔時友
값없는 보배를 밖에서 얻은 것 아니었네.	無價寶珠非外得

수학무학인기품授學無學人記品

금륜태자가 왕궁에 계실 때에	金輪太子在王宮
라후라[32]와 아난[33]이 제자가 되었는데	羅睺阿難爲弟子
아난은 얼굴 모습이 가장 단아 장엄하여	阿難相好最端嚴
눈은 연꽃 같고 얼굴은 달과 같았다	目如蓮華面如月
법왕이 세상에 나시니 시자 되기 구하여	法王出世求爲侍
마치 동쪽 해가 서쪽 벽을 비추는 듯하네	猶如東日照西壁
공왕의 부처 처소에서 함께 발심하여	空王佛所同發心

---

[32] 라후라(羅睺): 석가여래의 아들. 어머니 태중에 6년 있다가 성도하시는 날 밤에 출생했다. 15세에 출가하여 사리불舍利弗이 화상이 되었을 때, 그는 사미였다가 마침내 아라한阿羅漢果를 이루어 부처님 십대제자 중에 밀행密行 제일이 되었다.

[33] 아난阿難: 아난타阿難陀. 석가여래의 사촌 동생. 미남으로 여자들의 유혹을 잘 견뎌 수행을 완수했다. 부처님 제자 중에 다문제일多聞第一이었다.

저가 들음이 많으면 나는 정진한다 하여	彼則多聞我精進
일부러 시자가 되어 능히 받들어 모시니	故爲侍者能奉持
부처님 법 큰 바다가 마음으로 흘러들다	佛法大海流入心
라후라의 밀행을 누가 알 수 있으랴	羅睺密行誰得知
법에 따라 변화 탄생으로 법자가 되다	從法化生爲法子
이천 성문승들의 의지 부드럽고 연해서	二千聲聞意柔軟
고요 적연히 청정하여 먼지 입지 않았네	寂然淸淨不受塵
홀연 별기를 주시는[34] 장엄한 일에	忽聞授記莊嚴事
큰 기쁨이 충만하니 마치 단 이슬 같네.	大喜充滿如甘露

법사품法師品

인연주인 삼주[35]의 바른 설법을 이미 마치시니	三周正說旣云畢
적문[36]의 유통은 바로 여기에서 시작되었네	迹門流通此爲始
한 구절만 받아 가져도 모두가 수기가 되니	一句受持咸與記
열 가지의 공양[37]이 당연히 길잡이가 되었네	十種供養當成道
사악한 세상에 경전 유통은 어려운 일이기에	惡世通經是難事

---

34 별기를 주시는(授記) : 수기授記는 십이부경十二部經의 하나이니, 부처님이 발심한 중생에게 앞으로 부처가 되리라는 별기를 주심.
35 삼주三周 : 앞의 주 27 참조.
36 적문迹門 : 『법화경』의 판별을 본지문本地門과 수적문垂迹門의 2문門으로 판별하는데, 28품品 중 앞의 14품品을 적문의 차서次序 유통이라 한다. 석가여래가 성도한 이후로 법화회의 자리까지 40여 년의 설법에서 삼승법三乘法으로 방편을 삼고 일승법一乘法을 진실로 삼음이다.
37 열 가지의 공양(十種供養) : 『법화경』의 「법사품法師品」에서 십종의 공양을 설하여, 『법화경』을 『십종공양경』이라고도 한다. 10종은 ① 꽃(華), ② 향香, ③ 영락구슬(瓔珞), ④ 향을 갈다(抹香), ⑤ 향을 바르다(塗香), ⑥ 향을 사르다(燒香), ⑦ 수놓은 일산이나 포장(繪盖幢幡), ⑧ 의복, ⑨ 기악妓樂, ⑩ 합장合掌이다.

법사는 모름지기 세 가지 궤도[38]를 갖추어야	法師須具三方軌
대자비로 집을 삼고 인욕으로 옷을 삼고	大慈爲室忍爲衣
일체의 법이 공함으로 법좌를 삼으니	一切法空爲法座
이렇다면 선행의 보살의 길이니	是則善行菩薩道
우물 파다 진흙이 나오면 물 근처임을 안다	鑿井見泥知近水
여래께서는 항상 변화되는 사람을 보내어	如來常遣變化人
역시 청정하고 광명한 육신을 나타낸다	亦現淸淨光明身
공한한 곳[39]에 있으면 호위가 되게 하고	若在空閑作衛護
만약 잊은 것이 있으면 영리하게 통해 준다	若有忘失令通利
이런 사람이 참으로 여래의 사자이니	此人眞是如來使
자신의 이로움 남의 이로움 끝내 게으르지 않다.	自利利他終不倦

견보탑품見寶塔品

다보여래[40]께서 오래도록 멸도하시니	多寶如來久滅度
다보탑[41]이 홀연 땅에서 솟아오르다	寶塔忽然從地涌

---

38 세 가지 궤도(三軌): 삼궤홍경三軌弘經. 『법화경』「법사품」에 부처가 약왕보살藥王菩薩을 대하여 세 가지 궤도로 경을 홍보할 것을 보였으니, 이는 말세에 묘경妙經을 홍통弘通하는 세 가지의 법칙이다. ① 자비실慈悲室이니, 경을 홍보하는(弘經) 사람이 의당 먼저 대자비의 마음에 안주해야 함이다. ② 인욕의忍辱衣이니, 홍경하는 사람이 의당 인욕의 옷을 입어야 함이다. ③ 법공좌法空座이니, 홍경하는 이가 의당 제일의공第一義空의 이치에 머물러야 한다.

39 공한한 곳(空閑): 공한처空閑處. 아란야阿蘭若(Aranya)의 번역. 동리에서 3백 내지 6백 보를 벗어나 한적하여 비구들이 수행할 수 있는 장소.

40 다보여래多寶如來: 부처가 입멸하신 뒤에 본원으로 전신사리全身舍利가 되어 제불이 『법화경』을 설법하면 반드시 그 앞에 출현한다.

41 다보탑(寶塔): 석가여래가 영취산靈鷲山에서 『법화경』의 설법을 다 마치고 나니, 홀연 지하에 안치된 여래의 전신사리의 한 보탑이 공중에서 출현하였다. 탑중에서 소리 내어 석가

탑 속에서 또 큰 음성이 돋아나서	塔中又出大音聲
여래의 통쾌한 설법을 찬탄하도다	讚歎如來快說法
좋구나 좋구나 석가의 글이여	善哉善哉釋迦文
이렇듯 이렇듯이 진실한 실상이구나	如是如是眞實相
먼저 전생을 증명하고 또 후생을 증명하니	先爲證前次證後
신통한 원력은 논의로 헤아릴 수 없네	神通願力難思議
이로 인해 사바세계가 청정으로 변하여	卽此娑婆變淸淨
하늘 사람이 비록 이동해도 원래 이동 없네	天人縱移元不動
시방세계의 분신들이 구름같이 모이어	十方分身共雲集
각기 나무 아래 앉아 사자좌를 하니	各坐樹下師子座
손으로 탑의 문을 열고 황금의 몸 보이고	手開塔戶示金身
몸이 다시 탑 안으로 들어 자리 반이 되니	身入塔中同半座
지금도 원래 나심 아니고 옛날로 멸함 아니니	今本不生昔不滅
법의 본성 바다에는 물결만이 출몰하는 법.	法性海中漚出沒

제바달다[42]품提婆達多品

옛날의 왕은 법리를 중히 여겨 왕위를 버리니	昔王重法捨王位
버리기 어려운 것 버릴 수 있으니 참 대장부	難捨能捨眞丈夫
아사타선인[43]이 설법을 펴서 말하니	阿私仙人爲宣說

가 법화를 증명함을 찬탄하였다.
42 제바달다提婆達多 : 곡반왕斛飯王의 아들, 아난阿難의 형. 여래의 사촌 동생. 법화法華에서 천왕여래天王如來의 수기授記를 받음.
43 아사타선인(阿私仙人) : 아사선인阿私仙人은 아사이阿私夷·아사타阿私陀라고도 하며, 무비無比·단정端正으로 번역됨. 과거세에 석존을 위하여 『법화경』을 설한 사람.

밤낮으로 시종과 공급으로 항시 부지런하다	日夜給侍常殷勤
몸으로 침상 자리가 되어도 오히려 싫어 않고	身爲床座尙不倦
땔감 채취 물 긷기를 어찌 감히 사양하랴	採薪汲水何敢辭
이것이 바로 지난날의 착한 지식인이니	是爲往昔善知識
지금은 악행을 가지고 드날려 변화를 돕다	今將惡行助揚化
선과 악의 극한점은 원래가 하나이니	善惡之極元是一
역리의 실행 순리의 실행은 하늘도 알지 못해	逆行順行天莫測
문수보살 큰 지혜는 바다 같은 대중 교화하고	文殊大智化海衆
여덟 살의 용녀는 돌연히 부처가 되었다네	八歲龍女頓成佛
남녀와 귀하고 천함이 본체의 결정은 없는 것	男女貴賤體無定
형상으로 분별함은 점점 어리석음이 된다	分別形相轉爲癡
둥근 구슬의 한 알은 둥근 인연을 표함이고	圓珠一顆表圓因
맑고 맑은 본원은 막히고 막힘이 없다.	淸淨本源無罣碍

권지품勸持品

여래께서 옛것을 인도하여 뭇 성인을 불러서	如來引古叩衆聖
도를 중히 생을 가벼이 여기는 뜻 더욱 돈독히 해	重道輕生意彌篤
사바[44]의 험악한 세계에는 도를 행하기 어려우니	娑婆惡世難行道
인내하는 힘이 이루어지지 않으면 참으로 두렵다	忍力未成誠可畏
이만 보살[45]들의 큰 인내의 힘이	二萬大士大忍力

---

44 사바娑婆 : 견디고 참는다(堪忍)의 뜻이 있어 인토忍土라고 번역한다. 이 세상에는 중생들이 탐貪·진瞋·치痴 등의 번뇌의 죄업이 있어도 중생들이 참는다(忍) 하여 사바세계娑婆世界라 한다.

45 보살(大士) : 대사大士는 보살菩薩의 통칭. 사士는 일(事)이란 뜻이니, 자리自利와 이타利

능히 이 지방에서 경전 홍보를 서약하고	能於此土誓弘經
오백 팔천 사람이 새로 수기를 얻으니	五百八千新得記
그런 까닭으로 다른 지방에도 널리 유통되다	故於他土廣流通
또 여러 큰 선비들이 부처 뜻에 순응하여	又諸大士順佛意
오탁의 험악 세상에도 설법 펴기 서약하다	五濁惡世誓宣說
도산 장림⁴⁶을 가져와 험악한 입으로 꾸짖어도	刀杖來加惡口罵
욕 참는 인욕 갑옷⁴⁷에 무슨 훼손이 있겠는가	忍辱鎧中何所損
나는 내 몸을 아끼지 않고 다만 도를 아끼니	我不愛身但惜道
크도다 넓은 서약이여 깊이 바다 같구나	大哉弘誓深如海
지금까지 듣고 들음이 이 누구의 은혜인가	至今聞見是誰恩
뼈가 가루 되고 몸 부서져도 다 갚지 못한다.	粉骨碎身未足酬

안락행품安樂行品

부처님이 초심자를 위하여 방법과 길 보이니	佛爲初心示方軌
네 법⁴⁸으로 평안히 거처할 수 있음 말할 만하다	安住四法乃可說

他의 대사大事를 하는 이가 사士라는 것이다.

46 도산 장림(刀杖) : 도장刀杖은 혹 도산 장림刀山杖林이 아닌가. 도산刀山은 도검지산刀劍之山으로 지옥의 험난한 곳을 비유하는 말. 장림杖林은 외도外道들이 죽장竹杖을 가지고 부처님의 신장을 재려 했던 곳. 바라문婆羅門들이 부처의 키가 1장丈 6척尺이라 함을 듣고, 항시 의아하여 대나무가 많은 숲에서 만나, 죽장을 장륙丈六에 맞추어 자르고 부처와 대비하려 하니, 죽장 위에 다시 죽장이 돋고 또 재도 또 지팡이가 돋아 끝내 땅에다 꽂고 말았다 함.

47 인욕 갑옷(忍辱鎧) : 욕을 참으면 일체 외부의 고난을 방어함이 갑옷 같다 하여 비유되는 말. 『법화경』 「권지품勸持品」에 "악귀가 몸에 들어와 꾸짖는 말로 나를 욕하고 훼방해도 우리들은 부처를 공경하고 믿으니 의당 욕을 참는 갑옷 입은 것 같다.(惡鬼入其身 罵言毁辱我 我等敬信佛 當着忍辱鎧)"라는 구절이 있다.

48 네 법(四法) : 법화사법法華四法. ① 모든 부처의 보호와 신념(諸佛護念), ② 모든 덕의 근

몸은 당연히 열 가지 번뇌 어지러움 멀리 여의어	身當遠離十惱亂
항상 고요 한적한 곳에 있어 마음 닦아 수습하네	常處空閑修攝心
입은 항상 대승의 진리 법을 기꺼이 말하고	口常樂說大乘法
다른 사람의 장점 단점을 말하지 아니한다	不說他人長與短
마음은 능히 미워하고 오만함을 놓아 버리고	心能捨離嫉恚慢
역시 진리 법을 경멸 희롱하지 아니한다	亦不輕蔑戲論法
당연히 펴야 할 자비의 마음을 맹세 기원하여	誓願當發慈悲心
말법의 세상에서도 항상 펴서 연설하리라	於末法中常演說
몸 입 생각 소원이 모두 평안 즐거우면	身口意願悉安樂
움직임도 받음도 행할 바도 다 없느니라	無動無受無所行
더구나 이 경전은 상투 속의 구슬[49]과 같으니	何況此經如髻珠
삼세의 여래님들께서도 비밀히 간직한 것	三世如來秘密藏
보배처럼 귀중한 이는 짊어질 수 있으니	珍重是人能荷擔
꿈속에서도 동륜의 자리[50]에 뛰어들리라.	夢中超入銅輪位

종지용출품從地涌出品

적문 중[51]의 세 부분 말씀 이미 마치었으니	迹中三分說已竟

본을 심다(植諸德本), ③ 부처가 되도록 결정된 무리에 들다(入正定趣), ④ 일체 중생을 구제할 마음을 펴냄(發救一切衆生之心).

49 상투 속의 구슬(髻珠) : 계주유髻珠喩.『법화경』「안락행품安樂行品」에서 말한 일곱 가지 비유 중의 하나. 전륜왕轉輪王의 상투(髻) 속 구슬. 전륜왕은 여래의 비유. 상투는 소승, 구슬은 대승을 비유한 것임.

50 동륜의 자리(銅輪位) : 보살菩薩 십주十住의 자리. 보살습종성菩薩習種性의 사람은 동륜왕銅輪王이 되어 이대주二大洲를 교화할 수 있다 하여 십주의 자리를 동륜위銅輪位라 한다.

51 적문 중(迹中) : 앞의 주 36 참조.

바야흐로 본지문을 위하여 가볍게 인용하다	方爲本門成弄引
여래께서 오래 교화된 수명을 나타내고자 하여	如來欲現久遠壽
옛날 시절 교화된 바를 먼저 불러오시다	昔時所化先召致
사천대천의 큰 땅이 모두 진동해서 열리고	三千大地悉震裂
항하사같이 많은 보살들 함께 솟아나다	恒沙菩薩同涌出
거대한 몸 황금빛에 큰 신통력으로	巨身金色大神通
세속 법에 물들지 않으니 연꽃 같도다	不染世法如蓮華
세존 스승 가까이서 적멸의 도량을 이루시고	尊師近成寂滅場
제자들은 오래도록 적광의 불토에 머무르다	弟子久住寂光土
스승 제자 오래고 가까움 지극 현묘 아득하니	師弟久近至玄邈
보처[52]로 성불한 부처에 의혹심을 낳게 하다	致使補處生疑惑
마치 젊고 씩씩하고 외모마저 아름다운 사람이	譬如少壯色美人
백 살 된 사람을 지적하며 아들이라 함과 같다	指百歲人云是子
아버지 어리고 아들 늙음을 세상은 믿지 않지만	父少子老世不信
오묘한 약이 오히려 나이와 힘 되돌림 누가 알랴.	誰知妙藥還年力

여래수량품如來壽量品

세존의 수의 양[53]은 실로 한량이 없으니	世尊壽量實無量
무궁한 진점겁[54]의 전날에 닦아 얻은 것이네	塵點劫前所修得

---

52 보처補處 : 옛날 부처가 이미 멸한 뒤에 부처로 이루어 그곳을 보충補充하는 것. 곧 미래불인 미륵彌勒이 석가여래의 보처불補處佛인 것과 같다.
53 수의 양(壽量) : 여래수량如來壽量. 석가여래께서 아주 오랜 옛날에 성불하셨으니, 그 수의 양은 한량이 없어 불가사의한 것이다.
54 진점겁塵點劫 : 진겁塵劫. 하나의 삼천대천세계의 소유물을 갈아서 먹을 만들어, 하나의 삼천대천세계가 지날 때마다 점 하나를 찍어 그 먹이 다 마를 때까지 지나는 세계를 모두

한 번 넓은 땅에서 솟아 진실임을 증명하시어	一從博地證眞常
세세 대대로 태어남을 보임이 물에 비친 달	世世示生如水月
그러나 일만 물의 그림자 따로따로 밝지만	雖然萬水影分明
만고 세월의 허공에는 오직 하나의 달이지	萬古虛空唯一月
태어남 태어남 아니고 없어짐 없어짐 아니니	非生現生非滅滅
나고 없어지고 없어짐 이미 적멸의 즐거움	生滅滅已寂滅樂
중생들은 모두가 망령된 소견에 떨어져서	衆生皆墮妄見網
있기 드물고 만나기 어려움을 상상하지 못해	不起希有難遭想
목마르듯이 우러러 선한 뿌리 심게 히려고	爲令竭仰種善根
짐짓 방편으로 열반을 보여 주시니	故以方便現涅槃
마치 큰 의사인 대의왕이 약을 두고 가시어	如大醫王留藥去
광기의 자식이 먹고서 병을 치료하듯 하네	狂子服之能治病
애석하구나, 우리들은 스스로 미혹된 소경	哀哉我輩自迷盲
영취산에서 항상 머물러 말씀하심 보지 못하네.	不見靈山常住說

분별공덕품分別功德品

본래의 수명 오래 이루어져 믿기 어려워서	本壽久成難可信
네 번 청해야 비로소 정성 진리 말씀 펴시다	四請方宣誠諦語
하늘 비는 보배의 꽃이고 하늘 북은 울리니	天雨寶華天皷鳴
하늘 사람 요령을 이해하여 모두 기뻐 환희하다	天人領解皆歡喜
기회를 당하여 이익 얻음 다 셀 수가 없으니	當機獲益不可數
가는 먼지 같은 중생들 진리 마음을 펴내다	微塵衆生發道心

갈아서 미세한 먼지(微塵)로 만든 그 먼지가 일겁一劫이 된다.

혹은 남 없는 무생을 증득하고 혹은 들어 가져⁵⁵	或證無生或聞持
막힘 없는 즐거운 말씀 두루 모두 가지다	無碍樂說旋惣持
굴러 물러나지 않는 법 바퀴 청정한 바퀴이니	轉不退輪淸淨輪
이와 같은 보살들 미세한 먼지의 숫자이네	如是菩薩微塵數
더욱 한 평생 보처⁵⁶의 지위에 이르기까지	乃至一生補處位
진리의 도를 더하고 생을 덜함 역시 수없어	增道損生亦無數
재세의 현재 제자 네 신행⁵⁷ 자리 물러남 없고	現在四信位不退
멸후의 미래 제자 다섯 품⁵⁸ 무루⁵⁹에 가깝게 하라	滅後五品近無漏
항상 오묘한 이익 넓어 가없음에 머물러 있어	常住妙益廣無邊
종자 익으면 삼악도를 벗어나 지금도 쉬지 않으리.	種熟脫三今不息

수희공덕품隨喜功德品

호견수⁶⁰가 땅에 솟아 그 싹만도 일백 둘레이고	好堅在地芽百圍

---

55 들어 가져(聞持) : 문지聞持는 가르치는 진리를 들어 기억하고 간직해 잊지 않음, 곧 다라니陀羅尼이다. 『법화경』「분별공덕품分別功德品」에 "보살마하살이 다라니문을 들어 간직하다.(菩薩摩訶薩得聞持陀羅尼門)"라 함이 있다.

56 보처補處 : 앞의 주 52 참조.

57 네 신행(四信) : 사신오품四信五品. 법화法華의 공덕을 「분별공덕품」에서 재세의 제자에게는 사신四信의 공덕을 밝히시고, 멸후滅後의 제자에게는 오품五品의 공덕을 밝히시니, 사신은 ① 일념신해一念信解, ② 약해언취略解言趣, ③ 광위인설廣爲人說, ④ 심신관성深信觀成이다. 오품은 ① 수희품隨喜品, ② 독송품讀誦品, ③ 설법품說法品, ④ 겸행육도품兼行六度品, ⑤ 정행육도품正行六度品이다.

58 다섯 품(五品) : 앞의 주 참조.

59 무루無漏 : 루漏는 번뇌煩惱의 다른 이름. 루는 누설漏泄의 뜻이니, 탐貪·진瞋 등의 번뇌를 밤낮으로 눈 귀의 육근을 통하여 흘러내 멈추지 않음이고, 또는 누락漏落의 의미로 번뇌가 사람들을 삼악도三惡道에 누락(떨어지게)함이다. 무루는 번뇌를 여읨이고, 유루有漏는 번뇌가 있음이다.

60 호견수(好堅) : 호견수好堅은 호견수好堅樹. 이 나무는 땅 속에서 1백 년을 살아, 가지 잎새

가릉빈새[61] 알 속의 울음이 온갖 새보다 뛰어나다	迦陵縠聲勝諸鳥
원만한 이는 한 생각에도 원래 생각이 없어	圓人一念本無念
온통 삼천의 진여 오묘 진리를 모두 갖추었지	頓具三千眞妙理
이제 이 이치를 들으니 사리 따른 기쁨 발하여	今聞此理發隨喜
진리 법계가 훤하게 온전한 전체가 드러난다	法界洞然全體現
마음 부처 중생의 믿음에는 차이 없으니	心佛衆生信無差
나의 경사 남의 경사를 어찌 더 낫다 하랴	慶己慶他何可勝
들음에 따라 가르침으로 옮겨 오십법[62]에 이르니	隨聞轉敎至五十
그 공덕 오히려 큰 보리살타[63] 뛰어넘는다	功德猶超大薩埵
자리를 달리하여 듣게 하니 복이 한량없으니	分座令聽福無量
마땅히 전륜왕의 제석 범천의 자리 얻으리	當得輪王釋梵座
사람들 가서 듣기 권하여 잠시 사이 들어도	勸人往聽須臾聞
곧 다 같이 보살의 곳을 모두 가지리라	卽共惣持菩薩處
최후에 전해 들어도 오히려 이와 같은데	最後傳聞尙如是
하물며 처음부터 들어 곳에 따라 기쁜 자이랴.	何況初聞隨喜者

가 다 갖추어져 돋아난 하루 만에 높이가 2백 길이었다. 돋아나자마자 큰 나무를 구해 자신을 덮어 줄 것을 구하니, 숲의 신이 "세상에는 너보다 큰 나무는 없으니 모든 나무가 너의 그늘에 있다." 하였다.

61 가릉빈새(迦陵) : 가릉迦陵은 가릉빈迦陵頻. 새의 이름. 가릉은 아름다운 소리(美音)의 뜻이다. 이 새는 원래 설산雪山에 사는데 알(縠) 속에서도 울어서 그 소리가 우아하여 듣는 이가 싫증이 나지 않는다.
62 오십법(五十) : 오십五十은 오십법五十法. 대품반야大品般若에서 말한 사념처四念處 37품 품과 그 밖의 열 가지 법을 합한 50법.
63 보리살타(薩埵) : 살타薩埵는 보리살타菩提薩埵의 준말로, 보살과 같음.

법사공덕품法師功德品

첫 품은 인공이라 먼저 양으로 비교했지만	初品因功先校量
이제는 서로 비슷한 과공의 덕을 밝힌다	今明相似果功德
중생의 마음 법 진리가 원래 스스로 오묘하나	衆生心法本自妙
다만 근기의 먼지로 물들어 서로 집착하니	但是根塵染相著
홀연 한 먼지만이라도 쳐 깨치고 나면	忽然打破一塵來
삼천대천의 항하사 경계도 원래 막힘이 없어	大千沙界元無导
이런 사람은 바르게 철륜왕[64]의 자리에 들어	是人正入鐵輪位
육근[65]의 맑고 맑은 청정의 모습을 성취하리니	成就六根淸淨相
하나의 기관에도 모든 활용을 갖출 수 있어	能於一根具諸用
비록 고깃덩이의 육안 가졌어도 불안이라 한다	雖有肉眼名佛眼
다른 다섯 기관의 공덕도 역시 감소됨이 없어	五根功德亦無減
장엄함을 두루 굴려 서로 주고 받아 쓰인다	旋轉莊嚴互受用
혹은 일천이백 공덕[66]이고 혹 팔백 공덕이니	或千二百或八百
축약할 수도 가득하게 또는 동등하게 할 수도 있다	能縮能盈又能等
이런 중에 가는 먼지의 가림도 용납함이 없으니	是中無地容纖翳

---

64 철륜왕(鐵輪): 철륜鐵輪은 철륜왕鐵輪王. 사륜왕四輪王의 하나. 쇠바퀴의 보배를 얻어 남염부제南閻浮提의 한 나라를 다스리는 제왕. 철륜왕은 사람의 수명이 2만 세 때인 지증겁至增劫에 출연한다고 함.

65 육근六根: 안眼·이耳·비鼻·설舌·신身·의意의 여섯 가지 기관器官. 근根은 생겨날 수 있다는 의미. 안근眼根은 빛깔의 경계境界에 상대되어 눈의 알음알이(識)가 생겨난다.

66 일천이백 공덕(千二百): 천이백千二百은 일천이백 공덕一千二百功德. 육근六根 청정淸淨의 공덕이다. 『법화경』「법사공덕품法師功德品」에 "만약 선남자 선여인이 있어 이 『법화경』을 받아 가져 읽거나 외우거나 해설하거나 베껴 쓰면 이 사람은 당연히 8백 눈공덕, 1천2백 귀공덕, 8백 코 공덕, 1천2백 혀 공덕, 8백 몸 공덕, 1천2백 의식 공덕을 얻으리니 이 공덕으로 육근을 장엄히 하여 모두 청정하게 하리라.(若善男子善女人 受持是法華經 若讀若誦 若解說若書寫 是人當得八百眼功德 千二百耳功德 八百鼻功德 千二百舌功德 八百身功德 千二百意功德 以是功德 莊嚴六根 皆令淸淨)"하였다.

마치 맑은 유리가 보배의 달을 머금은 것 같다.　　　　　　　如淨琉璃含寶月

상불경보살품常不輕菩薩品

문 앞의 하나의 길 탄탄한 평지이니	門前一路坦然平
남북과 동서로 그어도 막힘이 없구나	南北東西劃無尋
부처의 본성은 원래 덜거나 더함 없이	佛性元來無損益
일체 중생들은 평등하게 지니고 있네	一切衆生平等有
경솔히 한 생각의 해석을 발하지도 말고	不輕曾發一念解
보는 곳을 따라 다만 맞는 예만 행하라	隨所見處但行禮
스스로 말하되, 나 너를 가벼이 여기지 않아	自言我不輕於汝
너희들이 도를 행하면 당연히 부처 된다 하라	汝等行道當作佛
가사 많은 돌과 기왓장으로 내 몸을 쳐도	假饒瓦石打其身
피해 달아나 오히려 나 가벼이 안 여긴다 해	避走猶言我不輕
믿는 이는 일찍이 감로 이슬의 문을 품고	信者早膺甘露門
훼방하는 이는 오히려 독 북[67] 소리 듣는다	毁者猶聞塗毒鼓
땅에서 자빠지면 땅을 짚고 일어나야 하는 법	因地而倒因地起
이런 모임이 오히려 부처의 교화하는 것이다	此會還爲佛所化
오묘하도다 오묘함을 더욱 품으로 받아들여	妙哉妙益納其懷
금강을 먹듯이 끝내 무너짐이 없게 하라.	如食金剛終不壞

---

67 독 북(毒鼓) : 독 북 소리는 사람을 죽일 수가 있다. 『열반경涅槃經』에서 말하는 불성이 항상 머무는 소리는 중생의 오역五逆·십악十惡을 살해하여 불도佛道에 들게 한다 함이다.

여래신력품如來神力品

평상인의 정서란 유유해서 법을 중히 아니 해	常情悠悠不重法
모름지기 신통력의 변화로 기특한 일 나타내다	須將神變現奇特
여래께서 열 가지 신통한 힘⁶⁸을 나타내기 위해	如來爲現十神力
중생들에게 하나씩 큰 사건으로 나타내 보이다	表示衆生一大事
넓고 긴 혀의 모습이 모든 범천에 이르니	廣長舌相至梵天
정성스런 진리 말씀이 더욱 믿을 만함이요	誠諦之言彌可信
온몸에서 두루 비추는 수없는 광채이니	通身徧放無數光
오래 침묵했던 회포가 이제 이미 드러남이요	久黙之懷今已暢
시방으로 나뉜 분신이 역시 광채를 펴니	十方分身亦放光
한때의 일깨우는 기침이요 손가락을 튕김이라	一時警咳俱彈指
곧바로 부동의 요령을 들어 남에게 보임이니	直示全提付與他
여래의 비밀스런 보장에 남겨 놓음 없구나	如來秘藏無餘蘊
통쾌히 명을 받아 널리 유통시키시니	快然受命廣流通
허공 중에 바람 다니듯 장애 막힘 없다	空裏風行無障导
이분이 머무는 곳이 바로 도량이니	是人所住卽道場
나무 아래나 동산 속에는 응당 탑을 세워야지.	樹下園中應起塔

---

68 열 가지 신통한 힘(十神力) : 부처님이 보이신 열 가지 신통력. ① 토설상吐舌相. 긴 혀가 범천梵天의 세계까지 닿으니, 이는 망령된 말을 하지 않는 것이다. ② 온몸의 털이 빛을 내어 시방十方을 두루 비춤이다. ③ 기침(警咳). 말씀을 하시려고 할 때에 기침으로 통달함을 드러내는 모습이다. ④ 탄지彈指. 기쁨을 따름이다. 천축국의 풍속이 기쁨을 따를 때는 손가락을 튕겼다. ⑤ 지육종동地六種動이니, 음성이 널리 시방세계十方世界에 이르러 땅이 여섯 방향으로 진동함이다.(앞의 주 8 참조) ⑥ 진동으로 인하여 시방세계에 가득 차 있는 중생들이 모여듦이다. ⑦ 공중에서 부르는 소리. 미래에 이 교법이 유통됨을 보임이다. ⑧ 나무석가모니불이라 하여 사바세계에 합장함이다. ⑨ 널리 뿌린 모든 물건이 구름처럼 모여 내려옴이니, 보시바라밀이 미래에 행해짐을 보임이다. ⑩ 시방이 두루 같음이니, 미래의 이치가 하나임을 보임이다.

촉루품囑累品

본지 수적[69] 두 문에서 모든 일 마치었으니	本迹二門能事了
쌍림에 자취 감추실 기약도 멀지 않았구나	晦迹雙林期不久
법왕은 거듭 진실로 기탁한 곳에 존재하여	法王重寄固有在
오른손으로 보살들의 이마를 세 번 만지며[70]	右手三摩菩薩頂
한없는 무량겁 이래로 얻은 법을	無量劫來所得法
오늘 영산에서 바야흐로 부탁 의촉하노니	今日靈山方付囑
나는 중생에게 큰 시주이니	我是衆生大施主
한없는 집 안의 보배를 끝내 아끼지 않으리라	無限家珍終不悋
만약 받아 믿음이 있으면 이 법을 설법하고	若有信受說是法
믿지 않거든 의당 다른 깊은 법으로 설법하라	不信當說餘深法
황금의 입은 정녕 분명히 돌보는 명을 드리우나	金口丁寧垂顧命
붉은 마음 단정으로 어찌 쉽게 받들 수 있으랴	丹心頂荷何容易
세 번 소리를 질러도 소원 생각 없어	三發聲言願不慮
이렇더라도 바야흐로 부처의 은혜에 보답되네	如是方爲報佛恩
나뉜 몸은 이미 흩이지고 탑도 이미 닫혔으니	分身已散塔已閉
천 겁 만 겁에도 만나기 어렵구나.	千劫萬劫難遭遇

---

69 본지 수적(本迹) : 본지문本地門과 수적문垂迹門. 앞의 주 36 참조.
70 세 번 만지며(三摩) : 『법화경』「촉루품囑累品」에 "이때 석가모니께서 법좌에서 일어나 큰 신통력을 나타내어 오른손으로 한량없는 보살마하살들의 이마를 어루만지며 이런 말을 하시니 '내가 한량없는 백천만억 아승지겁에 이 얻기 어려운 아뇩다라삼먁삼보리법을 닦아 얻어 지금 너희들에 부촉하노니 너희들은 응당 일심으로 이 법을 유포하여 널리 이익되게 하라.'(爾時 釋迦牟尼佛 從法座起 現大神通力 以右手摩無量菩薩摩訶薩頂 而作是言 我於無量百千萬億阿僧祇劫 修習難得阿耨多羅三藐三菩提法 今以付囑汝等 汝等宜當一心流布此法 廣令增益)" 함이 있다.

약왕보살본사품藥王菩薩本事品

사바세계의 중생들에게서 사랑 깊음 보아도	娑婆衆生見愛深
누가 도를 중히 여기고 생명을 가벼이 여기나	誰能重道輕其生
그래서 보살들이 원래 행한 일을 이야기하면	故談菩薩本行事
힘써 남을 교화시킨 홍법사이지	而勖化他弘法師
옛날에 희견보살[71]이 괴로운 수행을 이행하여	昔有喜見行苦行
향 기름을 불에다 부어 자신의 몸을 태웠으니	香油灌火然其身
모든 부처가 동시에 선하다 선하다 찬탄하여	諸佛同時讚善哉
이것이 참되게 정진하는 법공양이니라	是眞精進法供養
전생으로 공양한 졸도파보살[72]도	轉生供養窣堵婆
역시 온갖 백복의 장엄한 팔뚝을 불사르다	亦燒百福莊嚴臂
이렇듯 자신을 버려 한없는 겁에서도	如是捨身無量劫
한 구절의 은혜도 갚기가 어렵구나	一句之恩難可報
여래의 열 가지 비유로 널리 드날렸으니	如來十喻廣稱揚
부처 지혜의 헤아릴 양은 가없구나	佛智籌量不得邊
어쩌면 다행히 이 몸은 이 법을 만나서	何幸此身逢此法
마치 목마름에 청량의 우물을 만난 듯.	猶如渴飮淸凉池

묘음보살품妙音菩薩品

보살들 명을 받아 널리『법화경』을 펴니	菩薩受命廣弘經

---

71 희견보살(喜見) : 약왕보살의 전신. 일찍이『법화경』을 공양하기 위하여 몸을 불사른 보살.
72 졸도파보살(窣堵波) : 졸도파대길상보살窣堵波大吉祥菩薩. 미륵보살彌勒菩薩의 딴 이름.

널리 빛과 몸을 드러내 무리 모습에 따르다	普現色身隨類相
어리석은 범부 육신의 눈은 소나 양 같아	凡愚肉眼如牛羊
어찌 큰 성인의 형상을 나눈 교화를 알겠나	豈知大聖分形化
생으로 되돌려 상상의 경시로 받지를 않아	反生輕想不肯受
법으로 마음 물들지 않음 엎어 놓은 동이이네	法不染心如覆盆
여래께서 이를 위해 대인의 모습을 나타내	如來爲放大人相
살 상투[73] 광채의 밝음 동토에도 비추셨다	肉髻光明照東土
묘음보살이 동으로 와 밝은 교계를 받들어	妙音東來奉明誡
조화로 팔만 사천의 보배 연꽃을 만들다	化作八萬寶蓮華
문수보살의 큰 지혜로도 오히려 모르니	文殊大智尙不識
삼매 조화의 일이란 생각하기 어렵구나	三昧化事難思議
한 몸으로 원만히 갖가지 몸을 나타내니	一身圓現種種身
거울 속의 단정 추악한 모습 전후가 없나니	鏡中端醜無前後
비록 사슴 말 여우[74]의 모습이 되더라도	縱爲鹿馬野干形
모두가 이 삼천의 법이 이러하니라.	皆是三千法如是

관세음보살보문품觀世音菩薩普門品

서방의 큰 선비 보살들이 명을 받고 와서	西方大士受命來

---

73 살 상투(肉髻) : 『법화경』 「묘음보살품妙音菩薩品」에 "석가여래께서 육계肉髻와 백호白毫의 두 광채를 동방 8만억 세계에 비추니, 이 나라를 지날 때 나라 이름이 정광장엄淨光莊嚴이고 부처 이름이 정화숙왕지여래淨華宿王智如來이다. 묘음보살이 저 세계에서 8만 4천 보살과 함께 영취산으로 와 칠보 연꽃의 비를 내리고 백천의 음악이 저절로 울리니, 이는 과거세에 묘음보살이 10만 가지의 음악과 8만 4천의 보배 바릿대로 공양한 공덕으로 지금 정화숙왕지불국에 태어난 것이다." 하였다.

74 여우(野干) : 야간野干은 여우.

「보문품」[75]에서 신통력을 드러내 보이다	普門示現神通力
어찌 서른세 가지의 화신[76]뿐이겠는가	豈唯三十三種身
역시 항하사의 모래만큼 무리 따라 변화하네	亦現恒沙隨類化
사바세계 오탁[77]의 고뇌 속에서도	娑婆五濁苦惱中
별달리 구원 제도 있는 중생의 인연이니	別有救度衆生緣
가령 불사르고 물에 떠내려가게 되더라도	假使火燒及水漂
만약 부처 이름 칭찬하는[78] 이는 해탈할 수 있어	若稱名者得解脫
칼이나 형장이 더하지 않고 독도 해치지 못해	刀杖不加毒不害
원한의 도적 물러나고 귀신도 역시 달아난다	寃賊退散鬼亦走
크도다, 대자대비의 큰 원력이여	大哉大悲大願力
항상 중생을 위하여 무외법[79]을 시행하네	恒爲衆生施無畏
여의주 중의 최승자[80] 모든 보배로 비를 내려	如意珠王雨衆寶
생각대로 필요한 것을 다 갖추어 만족해	隨意所須皆具足
사람 하늘 복이 모인 복취해 한량이 없어[81]	人天福聚海無量

---

75 「보문품普門品」: 『법화경』 28품 중의 25품인 「관세음보살보문품觀世音菩薩普門品」이니, 이 1문 중에 일체의 법이 수습해 든다. 관세음보살이 보문普門 원통圓通의 덕을 설해서 「보문품」이라 하니, 서른세 가지의 몸을 드러내어 널리(普) 일체 중생으로 하여금 불도에 원만 융통하게 한다.
76 서른세 가지의 화신(三十三種身): 『법화경』 「보문품」에서 갖가지 몸으로 현신하여 설법한 관음의 서른세 가지 모습. 삼십삼관음三十三觀音.
77 오탁五濁: 혼탁부정混濁不淨한 법의 다섯 가지. 겁탁劫濁・견탁見濁・번뇌탁煩惱濁・중생탁衆生濁・명탁命濁.
78 부처 이름 칭찬하는(稱名): 칭명稱名은 부처 이름을 칭찬함. 모든 부처의 이름을 칭찬할 만하지만 통상적으로 아미타불阿彌陀佛을 칭념稱念한다.
79 무외법(無畏): 무외無畏는 무소외無所畏. 부처가 대중들에게 설법하시매 태연히 두려움 없는 덕이다. 여기에 네 가지가 있어 사무외四無畏라 한다. ① 일체지무소외一切智無所畏, ② 누진무소외漏盡無所畏, ③ 설장도무소외說障道無所畏, ④ 설진고도무소외說盡苦道無所畏.
80 여의주 중의 최승자(如意珠王): 여의주왕如意珠王은 여의주如意珠 중에 가장 뛰어난 것.
81 복취해 한량이 없어(福趣海無量): 복취해무량福趣海無量은 복덕의 모임이 광대한 바다 같음. 관음보살觀音菩薩의 복덕을 찬양하는 용어.

| 곧바로 생각 생각에 필요로 해 의심 내지 말라. | 直須念念勿生疑 |

다라니품陀羅尼品

다라니[82]의 마음 인가 비밀스러 알기 어려우나	摠持心印祕難知
악을 막고 선을 간직함이 바로 그 힘이니라	遮惡持善乃其力
혹은 죄를 멸하게 하고 혹은 병을 고치고	或能滅罪或治病
혹은 다시 마귀 항복 받고 법을 보호 유지하고	或復降魔護持法
악한 세상 경의 홍보 번뇌 방해 많으니	惡世弘經多惱害
모름지기 이 인을 가지고 의지할 힘 삼으라	須將此印爲憑仗
만약 법왕의 힘을 빌려 인간세상에 행하면	如借王威行世間
수행하는 이의 몸과 마음에 비겁 나약 없고	行者身心無怯弱
약왕[83]의 발원 서원을 선전 찬양 시작하여	藥王發誓始宣讚
이에 귀자모신[84]까지도 역시 가호하리라	乃至鬼母亦加護
용과 하늘이 칙령을 받아 모두 잡아 주니	龍天受勅盡扶持
마귀 외도는 듣고서 다 멈춰 항복하네	魔外聞之皆弭伏
만약 법사의 단점을 찾으려 함이 있다면	若有伺求法師短
결정적으로 머리의 칠분은 깨질 것이다[85]	決定頭破作七分

---

82 다라니(摠持) : 총지摠(總)持는 범어 다라니陀羅尼(Dharani)의 번역어. 선을 가져 잃지 않고 악은 일어나지 않게 한다는 뜻.
83 약왕藥王 : 앞의 주 71 참조.
84 귀자모신(鬼母) : 귀모鬼母는 귀자모신鬼子母神. 처음에는 악한 신이었으나 뒤에 부처께 귀의하여 호법신護法神이 되었다.
85 머리의 칠분은 깨질 것이다(頭破七分) : 귀신에게 맞아 머리가 7분이 깨진다. 『법화경』「다라니품陀羅尼品」에 "만약 나의 가르침에 순응하지 않고 설법을 어지럽히는 자는 머리 7분이 깨질 것이다." 함이 있다.

이런 사람의 머무는 곳은 항상 안락하니	是人住處常安樂
백 유순[86] 내내 모든 환난이 없을 것이다.	百由旬內無諸患

묘장엄왕본사품妙莊嚴王本事品

옛날 네 사람이 함께 법을 들으려고	昔有四人同聽法
산중에서 계를 묶어 괴로이 수련 학습해	結契山中苦修習
열흘에 아홉 끼니로 목숨이 실낱같아	十旬九飯命如絲
장차 만리의 구름 같은 마음으로 떨어져	將墜萬里雲霄心
한 사람이 서원을 발하여 세 사람에게 이르되	一人發誓告三人
너희들은 장차 머물러라 나는 가려고 하니	汝等且住吾欲行
여러 해를 구걸하여 공양 보급을 하는데	多年乞匂爲供給
매양 성안에 들어 길을 찾아다니다가	每向城中借路行
홀연 왕의 행차를 만나 잠시 움직이다	忽遇王行俄動□
어찌 생각했으랴 초심 발심 곧 잉태함을[87]	豈慮初心坏未火
살아갈수록 염불에 따라 좋은 보답 받아	生生隨念受勝報
최후의 몸이 바로 오묘 장엄하다	最後身是妙莊嚴
세 사람의 옛 인연을 민망히 생각하여	三人愍念昔因緣
신통력의 변화로 삿된 마음 버리게 하여	爲施神變轉邪心
하루아침에 그림의 떡[88]을 깨쳐 허무니	一朝打破畫餠來
응당 많은 삶에서 선지식인에게 부끄러워.	應愧多生善知識

---

86 유순由旬 : 거리를 재는 단위. 제왕이 하루에 행군하는 거리. 혹 40리 혹은 30리라 한다.
87 곧 잉태함을(坏未火) : 미상. 배坏는 배태胚胎일 수 있고, 미화未火는 불꽃도 아니다라는 뜻으로 유추하여 불똥 튈 순간도 아닌 잠시 동안인가?
88 그림의 떡(畫餠) : 선禪에서 문자의 무용을 비유해서 인용함.

보현보살권발품普賢菩薩勸發品

보현보살의 경계는 원래 정한 방향이 없어	普賢境界本無方
능히 중생을 위하여 나타나 상을 보인다	能爲衆生示來相
홀연 동방의 정묘국으로부터	忽從東方淨妙國
즉시 사바세계의 영취산으로 나아가	卽詣娑婆靈鷲山
대인의 몸 모습은 광대하고 가없으니	大人身相廣無邊
사바세계로 들려 하면 줄여 작게 해야	欲入娑婆促令小
몸 색깔이 단정하여 자주 황금빛이니	身色端然紫金山
터럭의 광채가 달빛처럼 흩어지네	毫光散彩如珂月
조화로 여섯 상아의 백상[89]을 탄 왕이고	化乘六牙白象王
코는 막 피려고 하는 푸른 연꽃 같다네	鼻如欲拆靑蓮華
깊은 마음으로 법을 사랑함 원래 다함없어	深心戀法固未已
최후에는 멀리에서 거듭 청해 설법 듣다	最後遙聞重請說
여래의 네 법[90]을 대략 요강을 들어	如來四法略提網
널리 중생에게 네 가지로 알아[91] 본다	甫示衆生四知見
믿어 알라, 우리들은 듣는 훈습 얻음	信知我等獲聞熏
모두 다 보살의 위엄 있는 신통력임을.	皆是大士威神力

---

89 여섯 상아의 백상(六牙白象) : 보살이 도솔천에서 강하할 때에 육아六牙의 백상白象을 탄다.
90 네 법(四法) : 앞의 주 48 참조.
91 네 가지로 알아(四知) : 사람이 선이나 악의 생각을 낼 때, 네 가지로 곧바로 알게 된다. 천지天知·지지地知·인지人知·자지自知이다. 후한後漢의 양진楊震이 동래태수가 되어 군에 이르렀을 때 그 고을의 왕밀王密이 황금 열 근을 가져와 바치니 받지 않았다. 왕밀이 사람이 없다 하니, 양진은 "하늘이 알고 신이 알고 내가 알고 자네가 안다.(天知神知我知子知)"라고 했다.(『후한서』 「양진전」)

8
운묵雲默의 석가여래행적송釋迦如來行蹟頌

작자作者 운묵雲默은 고려 후기의 승려이다. 자는 무기無寄, 호는 부암浮庵인데, 자세한 행적은 알 수가 없다. 백련사白蓮社 사문沙門 기톨가 쓴 〈석가여래행적송〉 발문에 그의 내력이 간략히 소개되어 있어, 인용하는 것으로 행적을 대신한다.

"부암 장로 무기가 있는데, 일찍이 백련사 제4세 진정국사眞淨國師의 적사嫡嗣인 이안당而安堂에게 나아가 수계 입문하였다. 법명은 운묵雲默이다. 학문이 일가의 문의文義를 통달하여 과거에서 상상과로 급제하고, 굴암사의 주지 직책을 얻어 이름이 높이 알려지게 되었으나, 하루아침에 헌신짝처럼 포기하였다. 이내 금강산, 오대산 등지의 명산승지에 노닐다 마침내 시흥산 탁일암卓一庵에 머물며 경을 외우고 아미타 염불을 하며 불화를 그리고 불경을 서사하는 일로 날을 보내기 20여 년이었다. 여가의 힘을 이용하여 불전이나 조사의 어록을 수집하여 〈본사행적송本師行蹟頌〉 및 주석을 찬술하여 이에 2책을 편성하여 어린이를 계몽하니 복리가 이보다 광대할 수가 없다."

여기서 우리는 운묵의 학문적 소양을 짐작할 수 있다. 곧 자기 독자의 일가를 이룬 작가로서 승과에 장원으로 합격하여 장래가 기대되었으나, 법명이 말해 주듯 묵묵히 독경으로 정진하면서 여가에 이 〈석가여래행적송〉을 지었다. 그는 이 책의 서문에서도 교학을 중시하여 이를 저술한다 하였다.

해제解題 석가여래행적송釋迦如來行蹟頌 : 이 〈석가여래행적송〉은 명실상부하게 불교학의 박물지적 저술이다. 본문의 송시가 5언 210수 840구 4200자의 장편 서사시이고, 주석은 단순한 자구의 주석이 아니라, 여러 경전에서 인용된 부처님의 사적과 교리의 설명을 상·하권으로 편찬한 거질이다. 이런 점에서 우리 문학사상 단일 소재로 이만한 장편시와 폭넓은 양의 주석은 거의 없다. 따라서 우리의 서사시문학에서 단연 첫째의 자리를 차지해야 한다.

단일 소재의 거작이라는 점에서 〈동명왕편東明王篇〉과 대비되나 양적으로 훨씬 능가하고, 장편 거작이면서 주석의 방대함으로는 〈용비어천가龍飛御天歌〉와 대비되나 〈용비어천가〉는 여러 소재의 연작이라는 점에서 이 〈석가여래행적송〉의 단일 소재로서의 문학성을 능가할 수 없다.

여기서는 송시만 번역하면서, 5언절구의 형식에 맞추어 절구체의 4구씩을 1수로 삼아 일련번호를 붙였다. 주석도 원문의 풀이 부분을 많이 참조하였다. 몇 해 전에 이미 이『석가여래행적송』상·하권을 월운月雲 스님이 완역한 것이 있어 많은 참고가 되었음도 아울러 밝혀 둔다.(이종찬,「敍事詩 釋迦如來行蹟頌 고찰」,『韓國 漢文學의 探求』, 이회문화사, 1998, 421쪽 참조)

석가여래행적송 釋迦如來行蹟頌

1
사바[1]세계 안에는   娑婆世界內
삼천대천의 국토가 있어   三千大千國
매 하나하나의 국토에는   每於一一國
각기 하나의 수미[2]산이 있다.   各有一須彌

2
옆에는 일곱 칠산[3] 둘러 있어   旁有七山遶
모두가 칠보로 이루어지다   皆是七寶成
그 가운데에 향수 바다 있어   中各香水海
모든 꽃이 그 안에 가득하다.   衆花滿其中

3
다음으로 짠물 바다 함수해 있어   次有鹹水海
사갈라[4]용왕娑竭羅龍王이 주인이다   娑竭龍爲主
중앙에는 사천하 사대주가 있으니   中有四大洲

---

1 사바娑婆 : 삭가索訶라고도 한다. 한역으로 감인堪忍이라 하니, 이 국토의 중생은 일체의 고뇌를 견디어 참아(堪忍)낸다는 의미이다.
2 수미須彌 : 소미로蘇迷盧라고도 한다. 한역으로 묘고妙高라 하니, 동쪽은 백은白銀, 남쪽은 청유리靑琉璃, 서쪽은 황금黃金, 북쪽은 흑파리黑玻璃로 되어 있어 오묘히(妙) 모든 산보다 높기(高) 때문이다.
3 칠산七山 : 제1은 지쌍산持雙山, 제2는 지축산持軸山, 제3은 담목산擔木山, 제4는 선견산善見山, 제5는 마이산馬耳山, 제6은 상비산象鼻山, 제7은 어자산魚觜山이다.
4 사갈라娑竭羅 : 짠 바다(鹹海)라 번역한다. 살고 있는 곳에 따라 이름이 붙여지는데, 이 바다에는 용이 임금이고 나머지는 다 신하이다.

네 사륜왕四輪王[5]이 다스리는 곳이다. 　　　　　　　　四輪王所治

4

밖에는 철위산이 둘러 있고 　　　　　　　　　　　外有鐵山遶
아래로는 여러 지옥이 나열되어 　　　　　　　　　　下外諸地獄
해와 달과 별들이 　　　　　　　　　　　　　　　　日月與星宿
수미산[6]의 중허리를 회전한다. 　　　　　　　　　　廻轉迷盧半

5

사천왕[7]은 수미산의 중앙에 있고 　　　　　　　　　四王處山腹
도리천[8]은 수미산 정상에 있어서 　　　　　　　　　忉利居其頂
야마천[9]과 도솔타천과 　　　　　　　　　　　　　夜摩兜率陁
화락천[10]과 타화자재천[11]이다. 　　　　　　　　　化樂及他化

6

이 네 하늘이 허공에 머물러 있어 　　　　　　　　　此四天住空

---

[5] 사륜왕四輪王 : 금륜왕金輪王은 인간의 수명이 8만 세일 때 태어나서 네 천하를 통치하고, 은륜왕銀輪王은 인간 수명이 6만 세일 때 태어나서 세 천하를 통치하고, 동륜왕銅輪王은 인간 수명이 4만 세일 때 태어나서 두 천하를 다스리고, 철륜왕鐵輪王은 인간 수명이 2만 세일 때 태어나서 염부제 한 천하만을 통치한다.
[6] 수미산(迷盧) : 미로迷盧는 소미로蘇迷盧, sumeru의 약칭. 수미산을 말함.
[7] 사천왕四天王 : 동쪽에 제두뢰타천왕提頭賴吒天王(持國), 남쪽에 비류륵차천왕毘留勒叉天王(增長), 서쪽에 비류박차천왕毘留博叉天王(廣目)이고, 북쪽에 비사문천왕毘沙門天王(多聞)이다.
[8] 도리천忉利天 : 도리忉利는 33이라 번역된다. 이 하늘은 수미산 꼭대기에 있다. 네 방위마다 각각 여덟 천왕이 있어 32천을 이루고 제석천왕帝釋天王이 중앙에 머무른다.
[9] 야마천夜摩天 : 야마夜摩는 수염마須燄摩라고도 하며 만족을 알다의 지족知足으로 번역된다.
[10] 화락천化樂天 : 인간의 8백 년이 이 하늘의 하루이다.
[11] 타화자재천他化自在天 : 인간의 1천6백 년이 이 하늘의 하루이다.

수명과 복덕이 전보다 배는 는다	壽福轉倍前
이러한 여섯 개의 하늘을	如是六個天
모두 욕계라 이름한다.	俱名爲欲界

7
사선의 열여덟 하늘[12]은	四禪十八天
이미 욕심의 번뇌를 여의었으나	已離欲焦散
아직도 색신의 굴레를 벗지 못하니	猶未出色籠
그러므로 색계라 이름하게 된다.	故名爲色界

8
위에는 사공처천[13]이 있어	上有四空處
안정 복락이 사선천보다 낫고	定樂勝四禪
색신을 여의어 사음[14]만 있어	離色祇四陰
그러므로 무색계라 이름한다.	故名無色界

9
총괄하여 이름을 삼계[15]라 하고	總名爲三界
구별하면 이십오유二十五有[16]라 하니	別則二十五

---

12 사선의 열여덟 하늘(四禪十八天) : 초선初禪에 세 하늘이 있고, 제2선에 세 하늘이 있고, 제3선에도 세 하늘이 있고, 제4선에는 아홉 하늘이 있어 18천이다. 자세한 풀이는 행적송의 원문 풀이에 있다.
13 사공처천四空處天 : 첫째는 공무변처空無邊處인데, 수명은 2만 대겁이고, 둘째는 식무변처識無邊處인데 수명은 4만 대겁이고, 셋째는 무소유처無所有處인데 수명은 6만 대겁이고, 넷째는 비상비비상처非想非非想處인데 수명은 8만 대겁이다.
14 사음四陰 : 수受·상想·행行·식識의 네 가지 음陰.
15 삼계三界 : 욕계欲界·색계色界·무색계無色界.
16 이십오유二十五有 : 4주洲, 4악취惡趣, 6욕천欲天, 범천梵天, 4선천禪天, 4공처천空處天,

이것이 한 나라의 양이고   是爲一國量
한 석가모니의 교화 구역이다.   一釋迦所化

10
이렇게 세어서 일천이 되면   如是數至千
이의 이름이 소천세계小千世界이고   名一小千界
소천세계가 일천이 되면   小千至一千
이의 이름이 중천세계中千世界이다.   名一中千界

11
중천세계가 일천이 되면   中千至一千
이의 이름이 대천세계大千世界이니   名曰大千界
이러한 삼천대천세계三千大千世界에   如是三千國
각기 철위산鐵圍山이 둘러 있다.   各有鐵圍遶

12
이 모든 국토들이   此諸國土等
지륜地輪 위에 펼쳐 있고   柔布地輪上
아래에는 금륜金輪 수륜水輪 풍륜風輪의   下有金水風
삼륜三輪[17]이 차례로 떠받치고 있다.   三輪次第擎

13
세계가 장차 이루어질 때에   世界將成時

무상천無想天, 5나함천那含天이다.
17 삼륜三輪 : 금륜金輪·수륜水輪·풍륜風輪이니, 금륜은 두께가 3억 2만 유순이고, 수륜은 두께가 8억 유순이고, 풍륜은 두께가 16억 유순이다.

범왕천梵王天이 최초로 이루어졌고	梵王最初建
범보천과 범중천과 사욕천과 사공거천의	補衆欲四空
유정(情)과 국토(器)가 차례로 이루어졌다.	情器次第成

14
아래 세계에 풍륜風輪이 일어나니	下界風輪起
부피가 대천세계와 대등하여	量等大千界
위로 퍼지고 곁으로 퍼지면	仰布及傍布
그 형상은 소반과 도리와 같네.	猶如槃橑形

15
광음천光音天[18]에 구름이 퍼져	光音天布雲
풍륜 위를 두루 덮으면	遍覆風輪上
장맛비 수레바퀴만 한 빗방울에	霔大車軸雨
물의 깊이 밑을 헤아릴 수 없네.	水深難可底

16
바람이 쳐서 올라가 금륜이 되고	風擊上成金
나머지는 아래로 수륜이 되어	餘下爲水輪
공중에서 다시 비가 내리면	空中復降雨
물이 금륜 위로 가득 찬다.	水滿金輪上

---

18 광음천光音天: 색계 제2선천禪天의 끝 하늘인데, 이 하늘에는 음성이 끊겨서 말을 하려고 할 때에는 입에서 나오는 청정한 빛(光)으로 말의 요점을 삼는다 해서 얻은 이름.

17
바람이 불어 대지가 이루어지면　　　　　　　　　　風吹成大地
수미산과 모든 산들과　　　　　　　　　　　　　　須彌及衆山
사대주와 강과 바다가　　　　　　　　　　　　　　四洲如河海
전과 같이 다 이루어진다.　　　　　　　　　　　　依舊皆成建

18
이선천二禪天에 복이 다한 이는　　　　　　　　　二禪福盡者
내려와 승금주勝金洲에서 태어나니　　　　　　　下生勝金洲
몸은 거대하고 수명은 한이 없고　　　　　　　　身巨壽無量
날아다니는 빛이 멀리 비춘다.　　　　　　　　　飛行光遠照

19
먹는 것은 지미의 떡(地味餠)과　　　　　　　　　所食地味餠
등넝쿨과 그리고 멥쌀이니　　　　　　　　　　　林藤與粳米
이렇게 모든 뛰어난 맛들도　　　　　　　　　　　此諸勝味等
탐내어 먹다가는 곧 떨어진다.　　　　　　　　　貪食輒隨沒

20
다음으로 향내 나는 벼가 생산돼　　　　　　　　次有香稻生
사람들도 다투어 취해 먹으니　　　　　　　　　人亦爭取食
빛도 소멸되고 신통도 없어져　　　　　　　　　光滅又通亡
남자 여자의 생식기가 갈라져 나와.　　　　　　分生男女根

21
이런 인습된 버릇 때문에　　　　　　　　　　　以其宿習故

서로 어울려 부정을 행하니	相交行不淨
이로부터 자손이 번성하고	從此子孫繁
인민들도 인하여 넉넉해졌다.	人民因富盛

22

점점 삿되어 선하지 않은 일 행하여	漸邪行不善
죽어서 삼악도三惡道[19]에 채워지지만	死充三惡道
악을 두려워하고 모든 선을 닦으면	畏惡修衆善
삼대주三大洲와 육천六天[20]에 태어난다.	生三洲六天

23

오취와 유정(情)과 국토(器)가	五趣情與器
이에서 갖추어져 지어져	於是備作焉
이십 증감겁增減劫을 머무르고	住二十增減
다음으로 괴겁壞劫[21]의 일이 일어나다.	次起壞劫事

24

처음 무간옥無間獄으로부터	始從無間獄
타화자재천他化自在天[22]에 이르기까지	乃至他化天

---

19 삼악도三惡道 : 악업으로 인하여 갈 곳이 셋이니, ① 지옥도地獄道, ② 아귀도餓鬼道, ③ 축생도畜生道이다.
20 육천六天 : 욕계欲界에 육천이 있으니, ① 사왕천四王天, ② 도리천忉利天, ③ 야마천夜摩天, ④ 도솔천兜率天, ⑤ 악변화천樂變化天, ⑥ 타화자재천他化自在天이다.
21 괴겁壞劫 : 사겁四劫의 하나. 삼대천세계가 파괴되는 때를 말함. 이 안에 20소겁小劫이 있으니, 19소겁에 유정의 세간이 파괴되고, 제20소겁에 기세간器世間이 파괴된다.
22 타화자재천他化自在天 : 약칭 타화천他化天. 욕계 6천의 여섯째서 제6천이라고도 함. 쾌락을 위하여 자기의 즐거움으로 변화를 요하는 것이 아니라, 하늘을 내려와서 남의 즐거운 일을 빌려서 자재로이 유희하기 때문에 타화자재他化自在라 한다.

유정을 차례차례 버리고서	有情次第捨
기계의 국토가 이미 다 비면	器界旣俱空

25
이때 일곱 개의 해가 나타나서	尒時七日現
바다는 마르고 바위는 녹아내려	海枯山石融
대지는 함께 불꽃이 휘둘러	大地並炎輝
대천세계가 모두 잿더미가 되네.	大千盡煨燼

26
불꽃이 초선천[23]에서 일어나	火焰聳初禪
세 하늘을 차례로 오르니	三天次第升
모두가 이선천으로 모이면	咸赴二禪中
아래는 비어서 검은 굴 같구나.	下空如黑穴

27
성·주·괴·공成住壞空의 겁이	成住壞空劫
대략 이미 이와 같으니	大略已如是
이 네 겁 중에는	於此四劫中
팔십 차례의 증감겁增減劫[24]이 있다.	八十度增減

---

23 선천禪天 : 색계에 네 겹의 하늘 처소가 있어 각기 수행한 선정에 따라 나타나니, 이 나타남에 따라 선정을 수행하기 때문에 선천이라 한다. 초선천初禪天에서 사선천까지 있다.

24 팔십 차례의 증감겁(八十增減劫) : 성주괴공成住壞空의 사겁四劫이 각기 이십증감二十增減이 있어 팔십증감八十增減이 된다.

28
이것이 한 화겁[25]이 되니 是爲一劫火
일곱 화겁마다 한 수겁이요 七火方一水
일곱 수겁이 다시 일곱 화겁이면 七水更七火
그런 뒤에 한 번의 풍재이다. 然後一風災

29
화재는 땅으로부터 일어나 火災從地起
초선천까지를 무너뜨리고 壞至於初禪
수재는 이선천에서 일어나 水從二禪起
국토(器) 무너뜨리기 소금 녹이듯. 壞器若消鹽

30
풍재는 삼선천에서 일어나 風自三禪起
무너뜨리기 마른 사지처럼 한다 壞若乾支節
사선천에는 밖의 재앙은 없으나 四禪無外災
궁전과 더불어 생겼다 멸했다 하네. 與殿俱生滅

31
화재의 겁은 이루고 무너짐이 잦고 火劫成壞數
수재는 다음이고 풍재는 드무니 水次風大疎
무너지고 나면 다시 이루어져 壞已復還成

---

25 화겁火劫 : 화재火災. 큰 삼재三災의 하나인데, 성成·주住·괴壞·공空의 사겁四劫 중의 하나. 불(火)·바람(風)·물(水)의 삼재가 회전하며 일어나 세계를 탕진시킨다. 일곱 차례의 화재가 있은 뒤에 다시 한 차례의 수재가 있고, 매번 일곱 차례의 수재를 겪을 때마다 곧 한 차례의 화재가 있다. 이 수재를 일곱 번 겪은 뒤에 한 차례의 풍재가 있다.

돌고 돌아 마칠 기약은 없네.	循環無了期

32
풍재가 백 번 되돌아오기까지	風災至百轉
한 아승지겁阿僧祇劫[26]이라 이름하니	名一僧祇劫
이렇듯 한량없는 겁을 지나	如是無量劫
부처님 나타나심 매우 드문 일.	佛出甚希有

33
만약 부처님이 세상에 나투신다면	若佛出於世
반드시 염부제에 오실 것이니	必降閻浮洲
만억의 염부제 안에는	萬億閻浮中
각기 한 부처님이 출생하시네.	各有一佛出

34
도를 이루시거나 법 바퀴 굴리시거나	成道轉法輪
열반으로 드심이 모두 동시이시니	入滅皆同時
이와 같이 천만의 국토에	如是千百億
모두 노사나부처님의 본신이네.	盧舍那本身

35
비유하면 맑은 보름달과 같아	譬如淨滿月
널리 일체의 강물에 나타날 때	普現一切水
그림자는 한없이 많지만	影像雖無量

---

26 아승지겁阿僧祇劫 : 무수겁無數劫. 수없이 많은 시간. 아阿는 무無, 승지僧祇는 수數의 뜻.

본래의 달은 둘인 적이 없다.	本月未曾二

36

이 염부제에	於此閻浮提
나라 있어 가비라[27]이니	有國名迦維
왕의 이름은 정반왕이요	王名是淨飯
왕비의 이름은 마야[28]이시다.	夫人號摩耶

37

주나라 소왕 계축년	周昭癸丑年
칠월 십오일 밤에	七月十五夜
부인께서 상서로운 꿈을 꾸니	夫人感瑞夢
누가 코끼리를 타고 품에 들었다.[29]	人乘象入懷

38

이리하여 막 태기가 있어서	旣而方有娠

---

27 가비라(迦維) : 성의 이름. 가비라성迦比羅城.

28 마야摩耶 : 대환술大幻術(큰 요술쟁이)이라 번역한다. 그가 처음 태어날 때 누구보다도 예뻤기에 사람들이 모두 "이는 인간이 아니라 선화천善化天 사람이 변신한 것이다."라고 하여 환술이라 이름하였는데, 관상인이 보고 "이 아기는 장차 전륜성왕을 낳을 것이다."라고 예언하였다.

29 코끼리를 타고 품에 들었다(乘象入懷) : 『서응경瑞應經』에 다음과 같이 말했다. "보살이 흰 코끼리를 타고 해의 정기를 머리에 이고 도솔천궁을 드니 모든 하늘 무리가 허공 가득히 뒤따르면서 풍악을 울리며 꽃을 뿌렸고 큰 광채가 두루 빛나는 순간 어머니의 태에 들었다. 이때 도솔천의 무리들은 자기들도 인간 세상에 내려가 태어나서 보살이 성불하신 뒤에 설법을 듣겠다고 생각하고는 곧 모든 나라의 왕과 대신과 바라문과 장자 거사 등의 집에 태어나니 무릇 99억이었다. 이때 부인이 잠을 자다가 꿈에서 어떤 사람이 코끼리를 타고 품에 드는 것을 보았다. 꿈에서 깨어나 몸이 무거움을 느끼자 하늘이 바치는 음식이 자연스럽게 이르는지라 인간의 맛난 음식은 더 이상 즐기지 않았다." 이것이 바로 주나라 소왕 즉위 23년 계축癸丑, 기원전 1077년 7월 15일의 일이다.

그 뒤로 하늘 공양을 받아	自後受天供
세상의 모든 맛난 음식도	人間諸勝味
다시는 입술에 적시지 않다.	不復霑脣舌

39
다음 해 갑인년	明年甲寅歲
사월 초파일에	四月初八日
오른쪽 겨드랑이에서 탄생하시니	從右脇誕生
단아 방정한 남자아기였네.	端正好男子

40
태어나실 때 신령 상서로운 일은	生時靈瑞事
말로 갖추어 말할 수 없으니	不可具言說
하늘에서 비 오듯 꽃을 땅에 뿌리고	天雨花散地
용은 물을 뿜어 몸을 씻겼네.	龍噴水浴身

41
태어나시자 연꽃이 발을 받들어	生已蓮承足
사방으로 각각 일곱 발짝을 걷고	四方各七步
두 손으로 하늘 땅을 가리키며	兩手指天地
곧 사자의 목청으로 외치시었네.	卽作獅子吼

42
하늘 위와 하늘 아래에	天上及天下
오직 나 자신만이 존귀한 것이라 하니	唯我爲獨尊
부모나 모든 이들이 이상히 여겨	父母共異之

이름을 실달다悉達多³⁰라 하였네. 命名爲悉達

43

모든 관상인을 불러 점치니 召諸相者占
점쟁이들은 다 아뢰기를 占已皆奏曰
나이 열아홉 살이 되면 年登十九歲
반드시 전륜왕³¹이 된다 하다. 必作轉輪王

44

만약 집을 벗어나시게(出家) 되면 若便出家者
의당 일체의 지혜³² 이루리라 하나 當證一切智
또 한편 향산의 신선이 있어 又有香山仙
예배를 드리고 스스로 슬피 울다. 禮已自悲泣

45

태어나시고 이레 되던 날에 産後第七日
어머니 작고하시어 도리천에 나시니 母沒生忉利
이모인 대애도³³께서 姨母大愛道

---

30 실달다悉達多 : 모두 길하다(頓吉)는 의미로, 태어나는 순간에 모든 길하고 상서로운 일이 다 나타났다는 것이다.
31 전륜왕轉輪王 : 이 왕은 몸에 32상相을 갖추어 즉위할 때에 하늘의 감동으로 보배 바퀴(輪寶)를 얻어 그 바퀴를 돌려 사방을 항복하게 했기 때문에 전륜왕이라 한다.
32 일체의 지혜(一切智) : 일체지一切智는 불지佛智의 이름. 삼지三智의 하나. 이 일체지는 일체종지一切種智에 대해 총체적인 것과 구별하는 것의(總別) 두 의미가 있다. 총체로는 불지와 일체종지가 같고, 구별하게 되면 일체종지는 차별지어 사상事相을 보는 것이고 일체지는 평등계로 보는 공성空性의 지혜이다.
33 대애도大愛道 : 범어로 마하파사파제摩訶波闍波提이다. 그녀는 태자를 젖 먹여 기르면서 몸과 마음을 게을리 하지 않고 태자가 성도한 뒤에 그를 따라 출가하여 "성불하면 일체중

젖을 먹이며 수고로움도 잊다. 乳育忘劬勞

46
일곱 살에 지혜가 남보다 뛰어나서 七歲智過人
모든 예능을 통하지 않음 없으시고 衆藝無不通
열 살에는 힘이 당할 이가 없어 十歲力無敵
코끼리를 던지고 쏠 수도 있었다. 擲象又能射

47
나이 열일곱에 이르자 逮其年十七
부왕이 태자비를 맞으려 하여 父王欲聘妃
석씨네 여인을 모두 모아 놓고 普集諸釋女
만 명 중에서 한 사람을 얻으니 萬選得一人

48
이름을 야수다라耶輸陀羅[34]라 하고 名曰耶輸陀
단정하여 가장 짝할 이가 없었다 端正最無匹
태자는 비록 맞아들였으나 太子雖納之
세속의 마음이 전혀 없었다. 殊無世俗心

49
하루는 아버지 왕에게 여쭙고 一日啓父王
네 성문 밖을 유람하시다가 遊觀四門外

생희견여래一切衆生喜見如來라 하리라."는 수기를 받았다.
34 야수다라耶輸陀羅 : 화색花色(꽃빛)이라 번역한다. 가장 단정한 여자였다. 전생에 꽃 파는 여자 구이瞿夷의 후손이니, 전생의 소원 때문에 금생에도 태자비가 되었다.

행차 길에 네 가지 모습을 보니 行見四種相
이른바 생生·노老·병病·사死이다. 謂生老病死

50
이것을 보고 궁으로 돌아와서는 見此旣還宮
근심에 잠겨 기뻐하지 않으시니 懷憂心不悅
아버지 왕이 크게 이상히 여기어 父王大怪之
그 근심을 풀어 주려고 하였다. 欲解其憂心

51
위해서 온갖 즐거운 일 만드나 爲作諸樂事
끝내 처음 마음을 고치지 않으시고 竟不革初心
다만 스스로 집을 떠나려 하여 但自思出家
이 네 가지 근심을 여의려 하시다. 欲離其四患

52
은근히 아버지께 사뢰되 殷勤白其父
나의 출가를 들어 주시기 원합니다 願聽我出家
왕은 듣고서 눈물을 흘리며 말하되 王聞流淚言
응당 이 생각을 잠재워야 하느니라. 應當息此懷

53
이 근심은 예부터 면하기 어려운데 此患古難免
너는 유독 어찌 미리 걱정하느냐 汝獨何預憂
만약 후사를 둔 뒤라면 若能有後嗣
내가 당연 네 소원을 따르리라. 吾當從汝願

54
태자는 아버지의 말씀에 순종하여	太子順父語
태자비의 배를 가리키며 말하되	指其妃腹言
이로부터 육 년 뒤에는[35]	却後第六年
반드시 아들을 낳을 것이라 하다.	必當生男子

55
아버지 왕은 이 말을 믿지 못하나	父不信斯語
마음으로 더 만류 못할 것 알고	心知不敢留
항상 사방의 군사로 지키게 하고	常令四兵衛
태자비도 잠시도 곁을 떠나지 않게 했다.	妃亦不暫離

56
임신년 이월 초여드렛날	壬申二月八
한밤 사람들이 잠든 시간에	半夜人定時
태자가 차닉車匿[36]에게 명하여	太子命車匿
저 건척揵陟[37]을 데려오라 하시다.	彼揵陟將來

---

35 육 년 뒤에는(後六年): 태자는 출가하고, 그 뒤 6년 만에 야수다라가 과연 아들 하나를 낳았는데 석씨네 모든 원로들은 화를 내면서 죽임으로 다스리려 하였다. 태자비는 불구덩이 앞에 서서 맹세하되, "내가 만일 그릇된 짓을 했다면 자식과 어미가 모두 죽을 것이요, 만일 태자의 유신이라면 하늘은 반드시 증거를 보이소서." 하고는 아기를 안고 불구덩이로 뛰어들었다. 그러자 불구덩이는 연못으로 변하고 연꽃이 솟아 거룩한 몸을 받드니, 이로부터 왕과 대신들은 비로소 의심치 않게 되었다.

36 차닉車匿: 낙욕樂欲이라 번역된다. 부처님이 출가할 때에 말을 몬 사람이다. 뒤에 출가하여 비구가 되니 육군비구六群比丘의 한 사람이다. 고약한 입버릇을 고치지 못하여 악구차닉惡口車匿이라 불렸다. 부처님이 열반하면서 아난에게 부탁하여 묵빈법黙擯法으로 다스려 마침내 증과證果를 이루었다.

37 건척揵陟: 부처님이 출가할 때 탔던 말의 이름.

57
사천왕은 말의 발굽을 받들고　　　　　　　　　　四天捧馬走
제석帝釋과 범왕梵王은 깃발을 들고　　　　　　　釋梵執幡盖
호위하여 북쪽 문을 나서니　　　　　　　　　　　衛持出北門
모든 하늘은 홀연히 숨어 버렸다.　　　　　　　　諸天忽不現

58
행차가 삼 유순[38]에 이르러　　　　　　　　　　行至三由旬
한적한 숲에서 쉬실 때　　　　　　　　　　　　　憩息閑林中
갓과 머리 장식을 차닉에게 주어　　　　　　　　　冠纓付車匿
되돌려 부왕의 처소에 올리라 하다.　　　　　　　廻上父王處

59
칼로 수염과 머리를 자르면서　　　　　　　　　　以劍刓鬚髮
곧 이러한 서원을 발하시니　　　　　　　　　　　卽發如是願
존재하는 모든 중생들도　　　　　　　　　　　　　所有諸衆生
나와 같이 번뇌를 제거하라.　　　　　　　　　　　如我除煩惱

60
사냥꾼이 거처하는 곳으로 가서　　　　　　　　　至於獵師處
태자의 옷을 평민복으로 바꾸시고　　　　　　　　寶衣易布衣
두루 모든 신선의 처소를 돌아　　　　　　　　　　遍詣衆仙所
도 닦는 법을 차례로 물으시다.　　　　　　　　　歷問修道法

---

38 유순由旬 : Yojana. 거리 측정의 단위. 제왕이 하루에 행군하는 거리로, 혹은 40리 혹은 30리라 한다.

61
모두가 해탈의 길이 아니므로 皆非解脫道
저들을 조복하고 떠나시어 調彼而捨去
마침내 니련하[39] 강가에 이르러 竟到尼蓮側
홀로 앉아 생각을 고요히 하시다. 獨坐靜其慮

62
부왕은 소식 듣고 더욱 걱정되어 王聞益憂惱
다섯 사람의 시종을 가려 보내니 擇遣五人侍
하루에 삼씨 한 알을 먹거나 一日食一麻
이레에 보리 한 알을 잡수시다. 七日食一麥

63
세 사람은 고생을 견디지 못하여 三人不耐苦
버리고 문득 다른 곳으로 가고 棄捨便他去
두 사람은 좌우에서 모시어 二人侍左右
육 년 동안 변함없이 모시다. 六年無改心

64
태자는 이런 생각을 하시되 太子作是念
내가 지금 이 괴로운 수행으로 我今行苦行
형체는 마른 나무처럼 야위고 形瘦如枯木
목숨은 실낱처럼 끊기려 하다. 命絲幾欲絶

---

39 니련하(尼蓮) : 강 이름.

65
스스로 굶어 죽음 참 진리 아니니 　　　　　自餓非眞道
나와 남에게 이익됨이 없도다 　　　　　　　無益於己他
내 마땅히 음식을 수용하고 　　　　　　　　我當受飮食
그런 연후에 부처를 이루리라. 　　　　　　　然後方成佛

66
가까이에 소를 기르는 여인이 있어 　　　　近有牧牛女
이에 우유죽을 가져다 바치니 　　　　　　　乃爲施乳糜
태자보살이 받아 드시고 나니 　　　　　　　菩薩旣受之
두 사람도 놀라서 또 도망가다.⁴⁰ 　　　　　二人驚又去

67
계미년 이월 팔일 　　　　　　　　　　　　癸未二月八
홀로 보리수 밑으로 가시어 　　　　　　　　獨詣菩提樹
마군 항복받고 정각正覺 얻으시어 　　　　　　降魔成正覺
한량없는 공덕이 구족케 되다. 　　　　　　　具無量功德

68
이때 이런 생각을 하셨으니 　　　　　　　　爾時作是念
내가 얻은 오묘한 법을 　　　　　　　　　　我所得妙法
의당 넓히고 의당 연설하여 　　　　　　　　當廣應開演

---

40 두 사람도~또 도망가다(二人驚又去) : 정거천의 왕자가 내려와서 숲 밖에서 소를 치는 난타 바라難陀婆羅에게 태자께 우유를 공양하라고 권하였다. 태자가 이 공양을 받자 몸이 윤택하고 광채가 나니, 이를 본 두 사람마저 태자가 근본을 버렸다 하여 버리고 떠났다.(《석가여래행적송》 풀이)

일체 중생에게 이롭고 즐겁게 하리라.　　　　　　　　利樂於一切

69
처음 적멸 도량에 계실 때　　　　　　　　　　　　初在寂滅場
시방의 성현들이 모이니　　　　　　　　　　　　　十方聖賢會
보현보살 문수보살 등과　　　　　　　　　　　　　文殊普賢等
모든 법신보살[41]들이었네.　　　　　　　　　　　法身諸大士

70
그리고 모든 용과 하늘들이　　　　　　　　　　　　及與衆龍天
합장하여 영향중影響衆[42]이 되니　　　　　　　　拱之爲影響
부처님은 노사나신盧舍那身으로 나타나　　　　　　佛現舍那身
홀연히 화엄경으로 설법하시다.　　　　　　　　　　頓說華嚴經

71
이 법은 생각하기 어려운 부사의不思議라　　　　　是法不思議
법계로 본체를 삼으니　　　　　　　　　　　　　　法界以爲體
한 티끌이 시방세계를 함유하고　　　　　　　　　　一塵含十方
찰나의 시간이 삼제[43]를 융섭한다.　　　　　　　刹那攝三際

41　법신보살(法身大士) : 대사大士는 보살이다. 일분一分의 무명無明을 끊고 일분의 법성法性을 나타내는 보살이니, 초지初地 이상의 보살이다.
42　영향중影響衆 : 부처님이 설법하시는 자리에 참가한 대중을 넷으로 나눈 사중四衆 가운데 하나. 사중이란 부처님의 설법을 위해 시기에 따라 집회를 소집하고 상서로운 모습을 만들고 문답 내용을 만드는 것을 담당하는 무리인 발기중發起衆, 교설에 따라 그 이익을 바르게 알고 득하는 무리인 당기중當機衆, 외계의 화토化土에서 와서 부처님의 교화사업을 돕는 무리인 영향중影響衆, 화법을 설하는 자리에 참석하지만 아직 시기가 오지 않아 장차 깨달음을 얻을 인연을 맺고 있는 결연중結緣衆을 말한다. (월운, 『석가여래행적송』 참조)
43　삼제三際 : 삼세三世와 같음. ① 전제前際는 과거, ② 후제後際는 미래, ③ 중제中際는 현재.

72

하나와 많음이 둘이 아니고　　　　　　　　　　一多卽無二
세 법[44]도 차별이 없으니　　　　　　　　　　三法無差別
청정하고 오묘한 법신은　　　　　　　　　　　淸淨妙法身
담담히 모든 일체 응하시다.　　　　　　　　　湛然應一切

73

처음 도의 마음 발하실 때에　　　　　　　　　初發道心時
곧 바른 깨달음의 정각 이룬다 하나　　　　　　卽便成正覺
다시 모든 보살들로 하여금　　　　　　　　　　又令諸大士
각기 오위법五位法[45]을 설하게 하시다.　　　　各談五位法

74

역시 또 선재동자[46]가 있어　　　　　　　　　亦有善財童
여러 선지식에게 두루 참예하여　　　　　　　　歷叅諸善友
각기 묻는 것에 따라서　　　　　　　　　　　　各隨其所問
갖가지 묘한 법을 보이나.　　　　　　　　　　答示種種法

---

44 세 법(三法) : ① 교법敎法: 석가께서 평생을 설하신 십이분교十二分敎, ② 행법行法: 교에 따라 수행하는 사제四諦 십이인연十二因緣 육도六度 등, ③ 증법證法: 수행에 의하여 증득한 결과인 보리菩提와 인연因緣의 두 결과.

45 오위법五位法 : ① 색법色法: 물질적 형태가 있는 것. 또는 물질이 인연이 되어 나는 것, ② 심법心法: 사물을 인식하는 것, ③ 심소법心所法: 심법에 붙어서 나는 것, ④ 불상응법不相應法: 심법에 붙어서 나지 않는 것, ⑤ 무위법無位法: 항상 머물러 있어 인연에서 나지 않는 것.

46 선재동자善財童子 : 각성覺城 동쪽에서 처음으로 문수보살을 만나 법계의 도리를 홀연 깨닫고, 이로부터 53 선지식을 차례로 참예하여 물음에 따라 각기 알고 있는 한 가지씩 법을 대답하는 것을 들었다.

75
이러한 원만교圓滿教[47]는   如是圓滿教
큰 산의 근기라야 감당할 바이니   大山機所擔
소승은 비록 자리에 앉았어도   小雖在其座
마치 귀머거리 벙어리 같다.   猶如聾瘂等

76
비유컨대, 집을 잃은 아들이   譬如喪家子
하루는 집으로 돌아와서는   一日到其舍
아버지의 위엄스런 형세를 보자   見父勢尊嚴
두려워 곧 다른 곳으로 달아나다.   畏懼便他走

77
부처님이 이런 생각을 가지시다   佛卽作是念
만약 일불승一佛乘[48]만 찬성하면   若但讚佛乘
중생들이 믿음으로 수용 못하고   衆生不信受
법을 무너뜨리고 악도로 떨어진다.   破法墮惡道

78
내 차라리 설법을 하지 말고   我寧不說法
빨리 열반에 들겠다 하시다가도   疾入於涅槃
곧 과거의 부처님들께서   尋念過去佛
행하신 방편의 힘을 생각하시다.   所行方便力

---

47 원만교圓滿教 : 대승大乘의 궁극적 실교實教.
48 일불승一佛乘 : 유일하게 성불하는 교법으로, 이는 『화엄경法華經』의 설하는 것이다.

79
내가 지금 터득한 길도	我今所得道
역시 응당 삼승三乘으로 설해야 하니	亦應說三乘
이때 시방의 부처님들이	是時十方佛
모두 나타나 좋다고 찬탄하다.	皆現讚善哉

80
모든 부처님들이 행한 것처럼	如諸佛所行
또한 방편의 사실을 베푸시어	且設方便事
노사나의 진귀한 옷을 벗으시고	脫舍那珍服
장륙신장六身⁴⁹의 때 묻은 옷을 입다.	着丈六垢衣

81
적멸 도량을 뜨지 않으시고	不動寂滅場
녹야원에 노니시며	而遊鹿野苑
먼저 다섯 사람⁵⁰을 위하여	先爲前五人
사제四諦의 법 바퀴 돌리시다.	轉四諦法輪

82
듣고 나자 곧 과위를 이루어	聞已卽成果
세상에는 삼보의 이름이 있고	世有三寶名
이로부터 열두 해 동안	從玆十二年

---

49 장륙신장六身 : 신장이 한 길(丈) 6척尺이니, 이것은 통상 화신불의 몸의 양이다.
50 다섯 사람(五人) : 부처님이 녹야원에 가서 생각하기를 '내가 감로의 법문을 열고자 하는데 누가 먼저 들을꼬.' 하시고 이어 '교진여憍陳如 등 다섯 사람은 모두가 총명하고 또 전생부터 인연이 있으니 먼저 제도하리라.' 하셨다.

사아함경四阿含經[51]을 설하시다. 說四阿含經

83
삼승 근기의 모든 사람들이 諸有三乘人
의지해 수행하여 다 도를 증득하나 依修皆證道
이를 이름하여 반자교半字敎[52]라 하고 是名半字敎
단풍잎으로 애 울음 달랜다네. 黃葉止啼耳

84
마치 아버지가 방편을 베풀어 如父設方便
아들을 시켜 말똥을 치우는데 引子令除糞
하루의 품값을 받는 것으로 止得一日價
곧 스스로 만족히 여김과 같다. 便自以爲足

85
화엄과 아함이 華嚴與阿含
같은 시기로 앞뒤가 없는데 一時無前後
소승은 장륙신불이 小見丈六佛
다만 아함경만 설했다 하네. 但說阿含經

---

51 사아함경四阿含經 : 증일아함增一阿含, 장아함長阿含, 중아함中阿含, 잡아함雜阿含.
52 반자교半字敎 : 반자교와 단풍잎의 두 비유는 『열반경』에서 나온 것이다. "어떤 장자가 어리석은 아들을 가르칠 때, 먼저 반 글자를 가르치고 뒤에 온전한 글자를 가르치면 쉽게 알아듣는 것과 같이, 부처님도 그러하여 근기가 둔한 중생을 위하여는 먼저 작은 법으로 가르쳐서 차츰차츰 큰 법으로 들어가게 한다." 하셨다.
　또 "어린아이가 울기를 그치지 않으니 어머니가 단풍잎을 흔들어 주면 아이는 이것을 돈으로 알고 기뻐하며 멈추듯이 이승二乘도 그러하여 두 가지 열반涅槃(有餘依와 無餘依)을 증득하고는 끝이라 여겨 만족하게 생각한다." 하였다.

86

대승은 노사나불이	大觀舍那佛
항상 화엄경만 설한다 하니	恒說華嚴經
한 부처님의 한 설법음을	一佛一音說
근기로 보는 것이 같지 않네.	機見乃不同

87

비유컨대 다만 하나의 물을	譬如但一水
네 부류가 각기 달리 보는 것[53] 같고	四見各殊異
다섯 방위의 천왕들이	又如五天王
하나의 구슬을 각 색으로 봄[54] 같다네.	見一珠各色

88

부처께서 민망해 하심은 둔한 사람들이	佛憫鈍根人
소승의 삼장교三藏敎를 탐내고 집착하여	貪着小三藏
이것이 구경의 법이라 여기고	謂是究竟法
대승 즐기는 마음 내지 않음이네.	不生樂大心

89

| 대승으로 들어가게 하고자 하여 | 欲令入大乘 |
| 팔 년 동안 방등方等[55]법을 설하시되 | 八載說方等 |

---

53 네 부류가~보는 것(四見各殊異) : 하나의 물을 하늘 무리는 유리로 보고, 사람은 물로 보고, 고기는 집으로 보고, 귀신은 불로 보는 것과 같다.

54 하나의 구슬을~색으로 봄(一珠各色) : 부처님께서 마니주를 다섯 방위의 천왕들에게 보이며 "이 구슬이 무슨 색깔인가?" 하니, 동방의 천왕은 푸르다 하고, 남방의 천왕은 붉다 하고, 서방의 천왕은 희다 하고, 북방의 천왕은 검다 하고, 중앙의 천왕은 누르다 하였다.

55 방등方等 : 방은 방정方正이고 등은 평등平等이다. 중도의 이치가 방정하고 생불은 평등함

편벽됨은 지탄하고 원융함 포상하사	彈偏以褒圓
소승법을 물리치고 대승법을 찬양하다.	斥小而歎大

90
이승二乘의 사람들을 꾸짖으시되	毀訾二乘人
구운 싹이요 썩은 종자 같다	如焦芽敗種
부처 씨알을 끊은 자들이니	是斷佛種者
모든 부처도 교화하기 어렵도다.	諸佛所難化

91
이승二乘들이 이 말씀을 듣고	二乘聞此語
울음이 대천세계를 진동하여	泣動大千界
마음 돌려 소승법을 부끄러워해	廻心恥小法
대승을 사모할 뜻이 우러났네.	而生慕大志

92
마치 아들이 아버지를 두려워 않아[56]	如子不畏父
비록 문으로 드나들기는 하지만	雖出入其門
오히려 나그네의 천인이라 하여	猶謂客賤人
머물러 초암에서 숙식함과 같네.	止宿草庵中

이니, 뜻으로는 방등이 일체 대승경大乘經의 통칭이 된다.
56 아들이 아버지를 두려워 않아(不畏父) : 궁자窮子가 아버지의 집에 와서 똥을 치며 20년을 지냈는데 장자가 "너는 내 아들 같구나." 하였다. 이래서 문 안팎을 출입함에는 어색함이 없었으나 아직 문 밖에서 초막 생활을 하였다 한다. 이승二乘도 그러하여 비록 방등 대승의 법을 들었으나, 그것은 보살들의 법일 뿐 자신들의 몫이 아니라 하면서 소승에서 마음을 돌려 대승으로 향하려 하지 않고 여전히 나한의 경지를 벗어나지 못한다.

93
다음으로 스물두 해를 지나면서　　　　　　　　　次經卄二年
여러 부의 반야경을 설하시니　　　　　　　　　　說諸部般若
모든 법은 모두 청정하여　　　　　　　　　　　　諸法皆淸淨
색과 공은 걸리고 막힘이 없다.　　　　　　　　　色空無罣礙

94
부처님이 법을 설하여 중생 제도하시나　　　　　佛說法度生
설법을 듣는 이도 설하는 이도 없고　　　　　　　而無聞說者
보살이 육도六度[57]의 법을 수행하나　　　　　　　菩薩行六度
제도하는 이도 받는 이도 역시 없구나.　　　　　亦無能所相

95
부처를 빛과 소리로 구한다면　　　　　　　　　　求佛以色聲
이 사람은 삿되고 전도된 자요　　　　　　　　　　是人甚邪倒
법을 관하되 나와 남의 상 여의면　　　　　　　　觀法離人我
이에 이름하여 참 불자라 한다.　　　　　　　　　乃名眞佛子

96
부처께서 이러한 의리로 설하여　　　　　　　　　佛說如是義
공생空生[58]과 신자身子[59]에게 가호하여　　　　　加空生身子

57　육도六度 : 육바라밀六婆羅密. 바라밀을 도度(건너다)로 번역한다. 중생을 죽음의 바다를 건너 열반에 들게 한다는 의미임.
58　공생空生 : 수보리인데, 그가 태어날 때 집안 곳간이 모두 비어 있어서 붙인 이름이다.
59　신자身子 : 사리불인데, 사리舍利는 어머니의 성씨이고 불弗은 아들이라는 뜻이다. 그의 어머니의 몸매(身)가 예뻤기 때문에 천축 사람들이 모두 신자身子라 불렀다.

두루두루 모든 보살들에게 가르쳐	轉教諸菩薩
법보의 장[60]을 알게 하시다.	令知法寶藏

97
보살들이 이 법을 전해 듣고	菩薩聞是法
밤낮으로 부지런히 정진하여	日夜勤精進
부처님의 모든 수기를 받았으니	得受諸佛記
의당 더 위없는 진리 이루리라.	當成無上道

98
저 두 사람은	而彼二人等
비록 남을 위해 설법할 수 있어도	雖能爲他說
나의 분수가 아니라 여기기에	以爲非己分
길이 취하려는 생각이 없구나.	永無希取想

99
마치 궁자가 아버지의 분부를 받아	如子受父勅
모든 보배의 곳간을 알게 하여도	領知諸寶藏
오히려 용렬한 마음을 버리지 못해	猶未捨劣心
한 술의 밥도 취할 생각 없음 같네.	無懷取一喰

100
부처는 중생 근기 익숙히 알아	佛知機已熟
마치 종기가 터지려 하듯이	如癰將欲潰

---

60 법보의 장(法寶藏) : 법보에 한량없는 법재法財를 함축했기 때문에 법보장이라 한다.

오래 침묵했던 속마음을	久默之本懷
바로 드날릴 시기를 당했네.	正當可暢時

101
다음으로 영취산靈鷲山에 이르러	次至靈鷲山
세 갈래[61]로 법화를 설하실 때	三周說法華
방편문(權敎) 열어 참 실교實敎 드러내니[62]	開權顯眞實
셋을 모아 일승으로 돌아가게 하다.[63]	會三歸一乘

102
모든 법은 본래 고요 적멸하나	諸法本寂滅
세상 사이 모습은 항상 머문다 하시어	世間相常住
용녀는 홀연 부처 이루고	龍女頓成佛
성문[64]은 부처님 수기를 받았네	聲聞受佛記

103
하늘 무리 사람 빛 아귀 축생	天人及鬼畜
내지는 장구벌레 풍뎅이까지	乃至蜎蜚類
일체의 마음이 있는 자는	一切有心者

61　세 갈래(三周) : 『법화경』의 설법이 삼주설법三周說法이니, ① 법설주法說周, ② 비유주譬喻周, ③ 인연주因緣周이다.
62　방편문 열어~실교 드러내니(開權顯實) : 사시와 삼교三敎(藏通別)의 방편문을 열어 일불승실상一佛乘實相의 진실을 드러낸 것이다.
63　셋을 모아~돌아가게 하다(會三歸一) : 삼승을 승화시켜 일불승으로 돌아가게 하는 것인데, 천태 지자天台智者 대사가 본과 적의 두 문(本迹二門)으로 해석한 것이 있다.
64　성문聲聞 : 부처님 소승법 중의 제자. 부처님의 성교聲敎를 듣고 사제四諦의 이치를 깨달아 보고 생각하는 의혹을 끊고 열반에 드는 자.

하나도 성불 못하는 이 없다네. 無一不成佛

104
마땅히 알라 부처님의 알음알이가 當知佛知見
중생들의 마음속에 쌓여 있기에 蘊在衆生心
모두 열리고 깨달음에 들어 盡令開悟入
일대사 인연을 원만히 이루게 하다. 一大事圓成

105
아버지는 아들의 마음이 큼을 알고 父知子心大
왕과 일가 겨레를 불러 모아서 命聚王與族
집 안의 보물을 다 부탁해 주어 家珍悉以付
상대하여 함께 즐기게 한 것과 같다. 相對共歡娛

106
적문[65]의 일을 이미 두루 말씀하시고 說迹事已周
본지[66]의 수명을 드러내려고 欲顯本地壽
본지의 권속들을 불러 모아놓고 召致本眷屬
말한 적이 없는 말씀을 설하시다. 說所未曾說

---

[65] 적문迹門 : 『법화경』의 판별을 본지문本地門과 수적문垂迹門의 2문門으로 판별하는데, 28품품 중 앞의 14품을 적문의 차서次序 유통이라 한다. 석가여래가 성도한 이후로 법화회의 자리까지 40여 년의 설법에서 삼승법三乘法으로 방편을 삼고 일승법一乘法을 진실로 삼음이다.

[66] 본지本地 : 드러내지는 화신化身에 대해서 드러날 수 있는 본신本身이 본지가 된다. 오직 부처님의 실상實相 법신法身이 곧 궁극의 본지이다.

107
부처님이 성불하신 이래로 佛從成佛來
한량 없는 아승지겁이라 無量僧祇劫
찰진[67]과 찰진의 수효로도 刹塵刹塵數
그 겁의 수는 이보다 지나친다. 其劫過於是

108
일생보처[68]의 보살들도 一生補處尊
그 한계를 다 궁구하지 못하거늘 尙不窮其限
하물며 그들 밖의 보살들이야 況餘諸薩埵
어찌 작은 분수라도 알 수 있나. 焉能知少分

109
비록 열반에 드셨다 하지만 雖云入涅槃
이도 역시 참으로 멸함이 아니니 是亦非眞滅
마치 의사가 다른 나라로 감은 如醫去他國
미친 자식을 고치기[69] 위함과 같다. 爲治狂子故

---

[67] 찰진刹塵 : 진塵은 미진微塵으로, 찰진은 무수한 국토를 말한다.
[68] 일생보처一生補處 : 단지 한 생애에서만 생사에 구속되고 다음 생애에는 부처가 될 수 있다는 지위. 다음 생에는 부처로 태어나기로 약속된 자리. 보살로서의 최고의 자리를 말함.
[69] 미친 자식을 고치기(治狂子) : 어느 능숙한 의사가 집을 비운 사이 아들들이 독약을 먹었다. 돌아와서 고치려고 약을 주니 아이들이 먹으려 하지 않는다. 의사가 궁리 끝에 "내가 늙어 죽을 날이 멀지 않아 여기에 약을 남겨 두고 다른 나라로 가야 하니 너희들이 찾아 먹어라." 하고는 떠났다. 다시 사람을 집으로 보내어 "너희 아버지가 죽었다."고 알리게 하였다. 이 소식을 접한 아이들은 "이제 아버지도 없는 외로운 몸이 되었으니, 우리가 정신을 차려야 하겠다." 하고는 약을 먹어 병이 나았다.

110

부처님이 수명을 설하실 때에	佛說壽命時
이익을 본 이가 셀 수 없으니	得益者無數
여덟 세계의 티끌 수 같은 대중이	八界微塵衆
모두 다 보리의 마음을 발하였네.	皆發菩提心

111

다시 여러 보살들이 있어	復有諸菩薩
도를 더하고 생사를 던 이가 많고	增道損生多
혹은 삼현三賢의 지위를 증득하고	或證三賢位
혹은 십성十聖[70]의 경지에 오르다.	或登十聖地

112

혹은 금강의 마음[71] 자리에 올라	或入金剛心
대각자의 경지와 이웃하니	隣于大覺地
이러한 승리를 얻는 이는	獲斯勝利者
대천세계의 티끌 수이더라.	大千刹塵數

113

이와 같이 원융 오묘한 법을	如是圓妙法
여러 해 침묵으로 말씀 않다가	多年默不說
오늘 아침에야 열어 펴시니	今朝乃開演

---

70 삼현십성三賢十聖 : 십주十住 · 십행十行 · 십회향十廻向이 삼현三賢이고, 초지初地에서 십지十地에 이르는 이가 십성十聖이다. 현인賢人은 이해를 펴서 의혹을 항복시키는 이이고, 성인聖人은 참 지혜를 발해서 의혹을 끊는 이이다.

71 금강의 마음(金剛心) : 보살의 큰 마음. 견고하여 파괴할 수 없음이 금강과 같다.

마치 왕이 동곳을 풀어 줌 같네.　　　　　　　　　　如王解髻珠

114
이를 원만 중에도 원만이라 하며　　　　　　　　是名圓中圓
역시 또 왕 중에서도 왕이라 하며　　　　　　　　亦爲王中王
우유[72] 중에서도 최상의 맛이고　　　　　　　　　醍醐之上味
모든 병의 좋은 약이라 한다.　　　　　　　　　　衆病之良藥

115
한 생각 사이라도 기쁨을 따르는[73] 이는　　　　一念隨喜者
그 복덕이 한계 지을 수 없다 하시니　　　　　　其福不可限
부처께서 이 경을 설하신 시간이　　　　　　　　佛說是經時
세상의 햇수로는 여덟 돌이었다.　　　　　　　　人間歲八周

116
교화의 인연이 이미 다하고　　　　　　　　　　化緣旣云畢
열반의 시기가 이미 이르니　　　　　　　　　　涅槃時已至
마지막 임신년壬申年　　　　　　　　　　　　　末後壬申歲
이월 십오일이었다.　　　　　　　　　　　　　二月十五日

72　우유(醍醐) : 제호유醍醐喻. 젖이 소에서 나오고, 우유에서 낙酪이 나오고, 낙에서 생소生蘇가 나오고, 생소에서 숙소熟蘇가 나오고, 숙소에서 제호가 나오니, 제호가 최상의 진미이다. 이를 복용하면 모든 병이 낫는다. 부처님도 이와 같다.(『열반경涅槃經』)
73　기쁨을 따르는(隨喜) : 경에서 다음과 같이 말했다. "만일 어떤 사람이 이 경을 듣고 좋아한 끝에 다른 성이나 읍 동리에 가서 자기가 들은 대로 연설하면, 그 사람이 들은 뒤에 역시 좋아하면서 다시 교화하고, 이렇게 거듭거듭 전해서 50번째에 이르든든 그 50번째 사람이 좋아한 공덕도 한량없고 끝없어서 산과 강에다 비유해도 미칠 수가 없다."

117

곧 구시나성의	卽趣拘尸城
사라나무 네 쌍 사이로 가사	娑羅雙樹間
간곡하게 대중들 일깨우고 이르시되	叮嚀誨衆云
내가 지금 열반에 들게 되었다 하시다.	我今當入滅

118

모든 의문 나는 이들은	諸有所疑者
응당 와서 물어보라 하시니	應當來問耳
분부 받고 다투어 자문함을	承勅競諮問
하나하나 풀어 대답하시다.	一一隨決答

119

일체의 하늘 사람 무리들이	一切天人衆
다투어 최후의 공양을 올리나	爭陳最後供
나머지는 다 잠잠히 허락 않고	餘皆默不許
오직 순타[74]의 공양을 받으시다.	唯受純陁供

120

부처님은 말세의 대중들이	佛慮末代衆
법에 끊긴 견해[75]를 일으켜	於法起斷見
지혜의 수명을 요절하게 하고	夭傷其慧命

---

74 순타純陀 : 인명人名. 묘의妙義라 번역된다. 구시나성拘尸那城 공쟁이의 아들. 부처님이 스스로 이 사람의 최후의 공양을 받았다.

75 끊긴 견해(斷見) : 상견常見의 반대. 몸과 마음이 일정한 기한으로 끊긴다(斷)고 보는(見) 것이 단견이고, 반대로 신심이 항상(常) 머물러 사라지지 않는다고 보는(見) 것이 상견이다.

역시 또 법신을 잃을까 염려하시다.　　　　　　　　亦亡失法身

121

다시 세 가지의 방편을 설정하여　　　　　　　　更說三種權
일원실一圓實[76]의 진실을 부축함이　　　　　　　以扶一圓實
일체 중생에 부처 본성 있고　　　　　　　　　　一切有佛性
일체 사물 이치는 항상 머문다 하다.　　　　　　一切法常住

122

백정[77]이었던 광액도　　　　　　　　　　　　　屠兒廣額者
선 자리에서 성불하고　　　　　　　　　　　　　立地頓成佛
오역죄를 지은 아사왕阿闍王[78]도　　　　　　　　五逆阿闍王
죄가 소멸되고 오묘히 증득하다.　　　　　　　　罪滅而妙證

123

이렇게 알라, 열반의 법은　　　　　　　　　　　是知涅槃法
죄나 복에 원래 평등한 것을　　　　　　　　　　罪福本平等
만약 빨리 성불하기를 원하면　　　　　　　　　　若欲疾成佛
응당 이 법을 배워야 한다.　　　　　　　　　　　應須學此法

124

부처께서 이 경을 다 설하시고　　　　　　　　　佛說是經已

---

76 일원실一圓實 : 일승一乘 실상實相의 원돈圓頓이니, 『화엄경華嚴經』의 종지이다.
77 백정(屠兒) : 도아屠兒는 짐승 잡는 백정의 낮춤말이다.
78 아사왕阿闍王 : 아사세왕阿闍世王. 부처님이 살아 계실 때 갈마타국竭摩陀國의 왕사성王舍城을 통치하던 임금.

평생 기한할 수 있는 일 마치시니 　　　　　一朞能事畢
법은 묘길상妙吉祥⁷⁹에게 부탁하시고 　　法付妙吉祥
동쪽을 등지고 오른쪽으로 누우시다. 　　背東右脇臥

125
평안 자상하게 열반에 드시니 　　　　　　安詳入涅槃
마치 섶에 불이 다 타고 꺼지듯 　　　　　如薪盡火滅
세간에 머무시기 칠십구 년이요 　　　　　住世七十九
법회의 설정 삼백여 회였네. 　　　　　　　設會三百餘

126
응신應身⁸⁰은 비록 열반을 보이시나 　　應身雖示滅
진신眞身⁸¹은 원래 항상 머무시니 　　　眞身本常住
마치 달이 맑은 대낮에 타락하여도 　　　　如月墮淸晝
고고한 그림자는 옛 자리에 남음 같다. 　　孤光留古躅

127
이때 대지가 크게 진동하고 　　　　　　　尒時大地震
모든 하늘 꽃비 향기 내리니 　　　　　　　諸天雨香花
일체 사부의 대중들이 　　　　　　　　　　一切四部衆
정신을 잃고 모두 땅에 엎드리다. 　　　　　失心皆躃地

79　묘길상妙吉祥 : 문수보살文殊菩薩. 문수사리文殊師利를 만수실리曼殊室利라 하니, 이를 번역하면 묘길상妙吉祥이다.
80　응신應身 : 중생을 교화하기 위하여 중생과 같은 몸으로 나타난 몸.
81　진신眞身 : 진신불眞身佛. 법보응法報應 삼신三身 중에 법신法身과 보신報身을 합한 것. 진리 및 진리의 작용을 신체로 하고 있는 부처님.

128

마야부인이 하늘에서 내려와 摩耶下天來
다만 황금관 보고 슬피 우니 唯見金棺泣
부처님은 관에서 일어나 佛自棺中起
게송을 설해 위로하시다. 說偈以慰之

129

구시나성의 사람들이 拘尸城中人
관을 옮겨 성으로 들려 하여 移棺欲入城
힘 있는 장사 열여섯 명이 力士十六人
들어도 조금도 움직이지 않다. 捏而無少動

130

관은 저절로 들려 허공으로 올라 棺自擧昇空
성의 사방 문으로 들락날락하여 出入城四門
성을 일곱 바퀴 돌고 나니 遶城七帀下
대중들은 기쁨 슬픔이 교차되다. 大衆交悲喜

131

가섭은 타국에 가 있다가 迦葉在他國
늦게 알아 급히 급히 와서는 晚知急急來
뵈우려 세 번 간청을 하니 欲見懇三請
잠시 두 발꿈치를 내보이시다. 乍現雙趺示

132

장차 사유闍維(다비)를 하려고 하여 將欲闍維時

세 번 불을 펴도 곧 꺼지더니	三加火輒滅
부처님의 삼매의 불이	如來三昧火
가슴에서 나와 스스로 태우시네.	從胸出自焚

133
남겨진 설리라設利羅(사리)⁸² 가	所有設利羅
그 수를 헤아릴 수 없으니	其數不可計
하늘과 용과 인간의 왕들이	天龍及人王
다투어 나누어 각기 탑을 세우다.	爭分各起塔

134
그 후 아육왕阿育王⁸³이 있어서	後有阿育王
곳곳으로 분포하여 금탑을 세우니	分布成金塔
수효가 팔만 사천이나 되어서	數八萬四千
두루 온 천하에 안치하시다.	遍安一天下

135
존자인 대음광大飮光⁸⁴이	尊者大飮光
부처님의 승가리僧伽梨⁸⁵를 받고서	受佛僧伽梨
지금까지 계족산鷄足山에 들어가	今入雞足山
미륵존자를 기다리네.	以待彌勒尊

---

82 설리라設利羅 : 사리舍利라고도 하니, 신골身骨(시신의 유골)이라 번역된다. 다비 후 영골 靈骨을 나누어 부수니 낱알만 한 것이 오색을 갖추었는데 그 수효가 한량이 없었다.
83 아육왕阿育王 : 무우無憂라 번역됨. B.C. 2세기에 전 인도를 통일하고 불교를 보호한 임금.
84 음광飮光 : 가섭迦葉을 번역한 표현.
85 승가리僧伽梨 : 비구 3종 옷의 하나. 중합重合이라는 의미로 쪼개어 다시 합친다는 뜻이며, 복의複衣라 하여 가장 큰 옷이다.

136

시자인 경희慶喜[86] 존자는 　　　　　　　侍者慶喜尊
부처님의 법보장을 받고서 　　　　　　　受佛法寶藏
일천의 나한들과 더불어 　　　　　　　　與一千羅漢
결집하여 세상에 유포시키다. 　　　　　結集流於世

137

이어 스물한 명의 성자[87]와 　　　　　　繼有三七聖
나머지 모든 응진應眞[88]들이 　　　　　　及餘諸應眞
논을 짓고 뜻을 풀이하여 　　　　　　　造論釋其義
점차 널리 선양하였다. 　　　　　　　　轉次廣宣揚

138

이 법이 저 땅에서 유행하다 　　　　　此法行彼土
천여 년이 지난 뒤에 　　　　　　　　　一千餘許載

---

[86] 경희慶喜 : 범어 Ananda의 번역이다. 부처님께서 열반에 드신 뒤에 욕계와 색계의 하늘 무리가 함께 가섭존자에게 와서 절을 하고 "부처님 해가 이미 져서 법의 등불이 꺼지려 하니 존자께서는 대자비로 불법을 세워서 중생들을 이롭고 복되게 하셔야 합니다." 하니, 대가섭이 그들의 청을 받아들여 법장을 결집하고자 천 명의 무학無學들을 칠엽암굴七葉岩窟로 불러 모있는데, 오직 아난만이 결이 다하지 못했다. 그러므로 가섭이 참여하지 못하게 막았다.(〈석가여래행적송〉 풀이)

[87] 스물한 명의 성자(三七聖) : 삼칠성三七聖은 21명의 성자. "음광과 경희가 법장을 결집하여 유통시키다 열반에 들자 상나화수商那和修 등 스물한 명의 성자가 대를 이어 유통시켜 중생들을 이롭게 하셨다. 여러 성자들이 행동하신 사실은 번거로워 다 수록하지 못하고, 여러 분의 명호와 포교하신 햇수만을 간략히 기록한다.(飲光慶喜結藏流世 旣入滅已 商那和修等二十一聖 相繼弘通 利樂群品 諸聖事實 文繁不錄 略標其名 及傳燈年數耳)"(〈석가여래행적송〉 풀이)

[88] 응진應眞 : 아라한阿羅漢의 번역어. 사람 하늘의 공양을 대응하여 받는 진인(應受人天供養之眞人)이란 뜻이다.

동으로 흘러 진단震旦[89]에 이르니	東流至震旦
후한의 명제[90] 때이다.	後漢明帝時

139

법을 가져온 이가 누구인가	賫來者是誰
마등摩藤과 축법란竺法蘭이다	摩藤竺法蘭
임금 신하 선비 서인들이	君臣及士庶
모두 믿고 받아 봉행하였네.	皆信受奉行

140

인하여 백마사白馬寺를 창건하고	因建白馬寺
사리와 경전과 불상을 안치하니	安舍利經像
이 나라의 모든 불탑 사찰이	此土諸塔寺
이로 말미암아 일기 시작하였다.	由玆始興起

141

이때 이 지방에서는	是時於此方
진리의 법이 널리 흥성 분포되어	道法廣興布
오악五嶽의 모든 도사들[91]	五嶽諸道士
육백구십 명이	六百九十人

---

89 진단震旦 : 고대 인도에서 중국을 일컫던 용어.
90 후한의 명제明帝 : 후한 명제 영평永平 3년(서기 60) 경신庚申에, 왕이 꿈을 꾸었는데 키가 1장 6척이고 목에는 햇빛을 두른 황금빛 사람이 대전 앞으로 날아오기에 기꺼이 반겨 맞았다.(〈석가여래행적송〉 풀이)
91 오악의 모든 도사들(五嶽諸道士) : 영평 14년(辛未) 정월 1일, 오악의 여러 도사들이 신년 조례를 하는 차에 서로 명하여 이르되, "천자께서 우리 도가의 법을 버리시고 멀리 오랑캐의 교를 구하시기에 오늘 조회의 모임에 항의합니다." 하며 표를 올리다.(〈석가여래행적송〉 풀이)

142

모두 의론하여 상소하되	僉議上疏云
오랑캐의 신을 믿지 마소서	莫信胡神說
성상께서 이를 믿으시면	聖上若信此
중화의 풍속이 모두 삿되어집니다.	華俗盡歸邪

143

저들과 우리의 법의 참과 거짓을	彼我法眞僞
원컨대, 불을 가져다 시험하소서 하니	願須火試之
황제는 곧 그 말을 인정하고	帝卽領其言
명하여 백마사에 모이게 하시다.	命集白馬寺

144

이때 도사의 무리들이	爾時道士衆
각기 도가 경전을 가지고 와서	各賫道經來
양쪽 단에다 나누어 두게 하니	分置於兩壇
위엄의 거동이 매우 엄숙 정결하다.	威儀甚嚴潔

145

사리와 경전과 그리고 불상은	舍利與經像
도교의 서쪽에 따로 안치하니	別安於道西
도사의 무리가 향을 사르며	道衆爇名香
단을 돌며 울부짖고 이르되	遶壇而泣曰

146

우리 도의 길 흥하고 쇠함이	我道之興替

다만 오늘에 달려 있다 하며　　　　　　但在於今日
하늘을 향해 소원 의지를 펴고　　　　　向天陳願志
곧 불을 붙여 불사르니　　　　　　　　便縱火焚之

147
도교 경전은 모두 재가 되었으나　　　　道經盡爲灰
불교 경전은 완전히 타지 않고　　　　　梵經完不燒
사리는 곧바로 허공으로 올라　　　　　舍利直上空
다섯 빛의 오색 광명을 내었다.　　　　放五色光明

148
빛이 햇빛의 일광을 가리고　　　　　　映蔽白日光
빙빙 도는 것이 일산 덮개 같아　　　　旋還如蓋覆
마등법사는 허공으로 솟아올라　　　　摩藤涌在空
널리 여러 신의 변화 나투다.　　　　　廣現諸神變

149
큰 범음성을 내어　　　　　　　　　　出大梵音聲
부처님의 공덕 바다를 찬탄하고　　　　歎佛功德海
또 출가의 공덕을 설하되　　　　　　又說出家德
모든 선 중에서도 제일이라 하다.　　　諸善中第一

150
황제는 듣고 크게 기뻐하였고　　　　　帝聞大忻悅
모든 의심도 역시 다 재우니　　　　　群疑亦皆息
이때의 모든 대신이나　　　　　　　　爾時諸大臣

높고 낮은 남녀들 중에	尊卑士女等

151

일천삼백 명이	一千三百人
일시에 다 출가하였고	一時俱出家
저들 모든 도사의 무리도	彼諸道士衆
역시 승복하여 출가하였다.	示順伏出家

152

한나라로부터 당나라에 이르기까지	自漢至於唐
패엽貝葉(牒)[92]이 많이 나와서	貝葉多出來
번역하여 책의 부수[93]를 이루니	譯之成部袠
육천여 권수에 이르렀다.	六千有餘軸

153

역대의 모든 제왕들이나	歷代諸帝王
신하 관료의 무리들이	及與臣僚衆
마음을 같이하여 널리 천양하니	同心大弘闡
나라는 태평하고 백성들 평안하다.	國泰亦身安

154

아마도 헐뜯고 비방하는 자는	其有毀謗者

---

92 패엽貝葉: 패다라貝多羅 나무의 잎. 인도 사람들이 이 잎에다 경전을 베꼈으므로 패엽이 불경을 의미하였다. 패貝가 원래 잎이라는 뜻이니, 패다라貝多羅는 다라나무의 잎이다.

93 책의 부수(部袠): 부질部袠. 『한국불교전서』(동국대학교출판부) 제6책 512쪽의 '部袠'나, 월운月雲 역 『석가여래행적송』(동문선)의 '部袠'는 '部袠'의 오기인 듯.

현세에서 문득 재앙을 부르고 現世便招殃
후세의 고통도 응당 크리니 後苦亦應大
뉘우친들 어느 곳에 미치랴. 悔之何所及

155
불법이 세상에 머무는 것이 法住於世間
일만 이천 년이니 一萬二千年
정법正法[94]과 상법像法이 각기 일천 년이고 正像各千歲
말법末法은 일만 년이라. 末法一萬年

156
중간에 오뇌고五牢固로 나뉘니 中分五牢固
각기 오백 년을 지날 때마다 各歷五百年
근기가 점점 변하고 쇠해서 機根漸變移
법도 역시 따라 줄어 멸한다. 法亦隨減滅

157
첫째는 해탈解脫뇌고이니 第一解脫牢
이때의 사람들은 근기가 영리하여 此時人根利
바른 법 만나고 길 얻기도 쉬워서 會正取道易
부처님 세상과 다름이 없다. 與佛世無異

---

[94] 정법正法 : 삼시三時의 하나. 삼시는 정正·상像·말末의 삼시. 부처가 멸하신 후 정법이 행해질 때가 정법正法, 정법 후 사법似法이 행해질 때가 상법像法, 상법의 법이 점점 소멸하는 시기가 말법末法.

158
둘째는 선정禪定뇌고이니	二名禪定牢
사람들의 근기가 조금 용렬하여	人根稍微劣
오래도록 선나禪那를 닦아야	久久習禪那
이에 삼달지三達智[95]를 얻는다.	乃得三達智

159
셋째는 다문多聞뇌고이니	三曰多聞牢
생각 알음알이가 점점 우둔해서	情識漸愚鈍
비록 법을 많이 들어도	雖得多聞法
지혜의 선택이 밝을 수 없다.	慧擇未能明

160
넷째는 탑사塔寺뇌고이니	四稱塔寺牢
사람들은 다투어 탑묘를 세우고	人爭起佛廟
곳곳에 도량을 설치하나	處處設道場
수행 증득하는 이는 만에 하나이다.	修證者萬一

161
다섯째는 투쟁鬪爭뇌고이니	五爲鬪諍牢
다만 모든 법을 다투어 논하나	但諍論諸法
깊고 오밀한 뜻을 이해하지 못해	未了深密義
저는 교만하고 남의 종교는 꾸짖는다.	憍己慊他宗

---

95 삼달지三達智 : 아라한과를 얻은 성자가 갖는다는 과거·현재·미래를 다 아는 지혜. 이는 붓다와 아라한이 얻는 2종의 신통인 삼명三明과 같은 것이다.

162
최후의 오백 년에는 最後五百年
역시 수행 증득한 이가 있지만 亦有修證者
이로부터 후로 만 년에 이르도록 自後至萬年
수행은 많으나 증득하는 이는 없다. 多修無一得

163
이때 태어나는 사람들은 此時所生人
복은 얇고 업장만 짙어서 福薄障濃厚
좋지 못한 일만 많이 하다가 多行不善事
죽어 당연히 악도에 떨어진다. 死當墮惡道

164
비록 교에 의지한 사람이기는 하나 雖是依敎人
마음은 이익 배양에 탐착되어서 其心貪利養
일찍이 한 생각의 믿음도 없으니 曾無一念信
법이 어찌 그 정신에 무젖으랴. 法豈染其神

165
비유컨대 사자 몸 안의 벌레가 譬如獅子蟲
이에 제 살을 먹는 것 같으니 乃自食其肉
불법 안 사람들도 역시 그러하여 法中人亦尒
귀의했다 하면서도 스스로 파탄된다. 依之還自破

166
또한 하늘의 마왕이 있어 又有天魔王

불제자의 형태를 하고서는	作佛弟子形
괴상히 나타나 대중을 의혹시켜	現怪而惑衆
불법을 헐뜯고 마왕 법을 찬미한다.	毁佛讚魔法

167
불법이 마음을 거슬린다 하여	佛法逆其心
버리기를 헌신짝같이 하고	棄之如脫屣
마왕 법은 정에 맞는다 하여	魔法順於情
따르기를 갈증에 음료수처럼 해	從之如渴飮

168
부처님 멸도하신 칠천 년엔	佛滅七千年
사람의 수명이 서른에 머무르고	人壽止三十
이로부터 열 살 되기까지는	從茲到十歲
삼재三災가 차례로 일어난다.	三災次第起

169
기근의 겁(飢劫)에는 모든 곡식이 멸하니	飢劫諸穀滅
어느 곳에서 정성스런 맛을 얻나	何處得精味
사람들 오직 뼈를 삶아 마시니	人唯煎骨飮
주리고 말라 죽는 이 많다네.	飢羸多滅亡

170
질병의 겁(病劫)에는 비인非人[96]이 많아서	病劫非人盛

---

[96] 비인非人 : 불교에서는 인간세상과 대칭되는 용어로 천상계天上界 또는 지옥地獄의 악귀

독을 뿜어내기 맹렬한 불꽃 같으니	吐毒如猛燄
만나는 자마다 곧 운명하게 되니	遇者卽殞命
시체가 온 천하에 두루 가득하다.	屍遍一天下

171
전쟁의 겁(刀劫)에는 사람들 성냄이 많아	刀劫人多恚
잡는 것 따라 모두 무기가 되니	隨執皆成刃
아비 자식 사이에도 서로 해쳐서	父子互相殘
백성들이 모두 없어지게 된다.	人民皆略盡

172
경전과 불상이 비록 세상에 남아도	經像雖存世
높여 받드는 이가 하나도 없고	無一崇奉者
비구들도 세속 행동만 실행하니	比丘行俗行
성인 현인도 역시 나타나지 않다.	聖賢亦不興

173
이때 불상도 저절로 무너지고	爾時像自頹
경전도 모두 용궁으로 가고	經盡歸龍宮
오직 미타불의 교법만 있어	唯有彌陀法
백 년 동안 세상에 남았다.	百年留世間

174
모든 인연 있는 대중을 인도하여	導諸有緣衆

惡鬼 등을 말하게 된다. 곧 천룡팔부天龍八部, 야차夜叉 등.

다 극락의 나라에 태어나게 하니 　　　　　盡生極樂國
이로써 알겠다, 아미타불의 　　　　　　　是知彌陀法
자비 소원이 깊고 간절함을. 　　　　　　悲願最深切

175
애달프다. 우리 중생들은 　　　　　　　咄我等衆生
무시이래로 업장이 짙어서 　　　　　　　無始業障濃
늦게 오탁악세에 태어나 　　　　　　　　晚生濁惡世
법을 들어도 믿음을 내지 못해. 　　　　聞法不生信

176
비록 그러나 역시 기뻐할 일 있으니 　　雖然亦可快
요행히 불법이 타락하기 이전에 　　　　幸及未墜時
사람 몸은 참으로 얻기 어렵고 　　　　　人身固難得
남자로 태어나기도 역시 어렵구나. 　　作男子亦難

177
집을 여의기가 가장 어렵고 　　　　　　出家最甚難
법을 듣기는 어렵고 또 어려운데 　　　　聞法難復難
지금처럼 네 어려움[97]을 얻었으니 　　如今獲四難
이는 진실로 작은 인연이 아니네. 　　　此誠非小緣

178
모든 새로 배우는 이에게 권하노니 　　勸諸新學輩

---

[97] 네 어려움(四難) : 위에서 보인 인신난人身難·작남난作男難·출가난出家難·문법난聞法難.

응당 반기고 경축하는 마음 내고 應生忻慶心
또한, 무상한 이 몸이 又念無常身
마치 번갯불 지나듯 함 생각하라. 猶如石火光

179
우물 마르면 고기는 물이 적고[98] 井枯魚少水
코끼리에 쫓기고 쥐는 등나무 갉아먹어[99] 象逼鼠侵藤
생각생각 사이 목숨이 따라 주는데 念念命隨減
호흡 숨 쉬는 것 어찌 쉬이 보호하랴. 噓吸安容保

180
때때로 삼업三業[100]을 삼가서 時時愼三業
악한 이와 서로 사귀지 말라 莫與惡相交
삼보의 경계와 歸依三寶戒
오계[101]와 팔계[102]에 귀의하라. 五戒與八戒

---

[98] 우물 마르면~물이 적고(井枯魚): 『출요경出曜經』에 "이 날이 지나면, 줄어드는 물속의 고기같이 내 목숨도 줄어들 텐데 무슨 즐거움이 있으리오." 하였다.
[99] 코끼리에 쫓기고~등나무 갉아먹어(象逼鼠侵): 옛날 어떤 사람이 광야를 가다가 사나운 코끼리를 만나 숨을 곳을 찾다가 언덕 아래 우물을 만났다. 곧바로 나무뿌리를 찾아 우물로 숨었는데, 위에는 흑백의 쥐 두 마리가 나무뿌리를 갉아먹고, 우물 사방 가에는 네 마리의 독사가 있어 사람을 물려 하고, 우물 아래에는 세 독룡이 있다. 두려움에 잡고 있는 나무가 흔들려 뿌리가 움직이니, 나무 위의 꿀물 두서너 방울이 입으로 떨어졌다. 이때 나무가 흔들려 벌집을 파괴하여 뭇 벌이 날아 이 사람을 쏘았다. 또 들불이 다가와 나무를 불태우게 되었다.(『빈두로위우타연왕설법경賓頭盧爲優陀延王說法經』)
[100] 삼업三業 : 신업身業·구업口業·의업意業이니, 온갖 죄와 선 중에서 이 삼업으로 짓지 않는 것이 없다. 신업은 살殺·도盜·음淫이고, 구업은 기어綺語·망어妄語·양어兩語·악어惡語이고, 의업은 탐貪·진瞋·치痴이다.
[101] 오계五戒 : 살생殺生, 투도偸盜, 사음邪淫, 망어妄語, 음주飮酒.
[102] 팔계八戒 : 살생殺生, 불여취不與取, 비범행남녀지구합非梵行男女之媾合, 허광어虛誑語, 음주飮酒, 무가관청무가관聽舞歌觀聽, 면좌고상眠坐高床, 식비시식食非時食.(『구사론俱舍論』)

181
십중대계十重大戒[103]와 사십팔경계四十八輕戒[104]와	十重六八輕
나아가 팔만 계까지 귀의하라	乃至八萬戒
비록 모두 견고히 지키지 못해도	雖未具堅持
다만 날마다 외우고 염불만도 좋다.	但可日誦念

182
보시 및 인욕에 평안하기	布施及安忍
정진과 선정 지혜 닦기와	精進修禪智
경전을 읽고 경론을 베껴 쓰기	讀誦書經論
부처 보살에게 예배 염불하기	禮念佛菩薩

183
혹은 부처 법당 짓거나 수리하기	或修營佛廟
혹은 스님 거처를 건조하거나	或造建僧坊
혹은 성인의 초상을 그리고 새기기	或塑畫聖形
혹은 옛 경선이나 불상 보수하기	或修古經像

184
혹은 삼보의 공덕을 노래하거나	或歌詠三寶
혹은 탑전을 쓸고 꽃을 올리거나	或掃塔獻花
혹은 향을 사르고 등을 켜거나	或燒香燃燈

---

[103] 십중대계十重大戒 : 위의 팔계八戒에서 불여취不與取를 불투도不偸盜로 하고, 불착호향도신不着好香塗身과 불득금은보물不得金銀寶物이 추가된다.

[104] 사십팔경계四十八輕戒 : 이 경계의 설명은 〈석가여래행적송〉 원문 풀이에 자세히 열거되었다.

혹은 음악을 연주하여 공양하기	或作樂供養

185
혹은 스승 어버이 봉양하거나	或奉養師親
혹은 세속의 인과 의를 수행하거나	或行世仁義
혹은 노인 공경 어린이 사랑하거나	或敬老慈幼
혹은 모든 유정 중생을 가엾이 여기기	或悲諸有情

186
혹은 남의 선한 일에 따라서 기쁘거나	或隨喜他善
혹은 겸손한 마음과 부드러운 말하기로	或謙心軟語
적의함에 따라 단 하나라도 실행하면	隨宜但行一
역시 의당 부처 도리 이룰 것이다.	亦當成佛道

187
만약 안양安養[105]의 국토에서 태어나기 원하면	若願生安養
공덕에 따라 구련九蓮[106]의 누대에 태어나	隨功生九蓮
특별히 아미타불[107]을 친견하여	得見彌陀佛
법문을 듣고 무생법인無生法忍을 깨달으리라.	聞法悟無生

---

105 안양安養 : 안양국安養國. 극락이라고도 하니, 그 나라의 장엄과 즐거운 일은 비유나 말로 다할 수 없다.(〈석가여래행적송〉 풀이)
106 구련九蓮 : 부처님이 48원으로 정토를 장엄히 꾸미시고 구품연대九品蓮臺를 시설하여 사방의 인연 있는 중생을 인도하시는 곳.
107 아미타阿彌陀 : 무량광無量光 또는 무량수無量壽라 번역하니, 경에서 "부처님의 광명이 무량하여 10만 국토를 비추시고, 부처님의 수명이 무량무변아승지겁無量無邊阿僧祇劫이라." 하였다.

188

그렇지 않더라도 오는 미래세에는	不爾當來世
반드시 자씨존慈氏尊¹⁰⁸의 높은 분 만나	必逢慈氏尊
용화회龍華會의 세 차례 법회에서	龍華三會上
자연스럽게 모두 다 도를 증득하리라.	自然皆證道

189

앞에서 말한 모든 선한 인연들은	向說諸善因
대승 소승을 두루 통한 법이나	俱通大小乘
모든 범부는 근성이 차이가 있으니	凡夫根性異
회향하는 방법도 하나가 아니다.	廻向亦不一

190

혹은 사람 하늘의 쾌락 즐기기 바라고	或望人天樂
혹은 네 가지의 성인¹⁰⁹ 과실 구하니	或求四聖果
비록 선한 수행의 과보이기는 하나	雖是善果報
부처 이루기에는 너무도 더디니라.	成佛大遲緩

191

중간에 한량없는 겁 동안을	中間無量劫
헛된 노력으로 헛되이 고통받으니	徒勞虛受苦

---

108 자씨존慈氏尊:『미륵하생경彌勒下生經』에 다음과 같은 말이 있다. "이 염부제에 시두말翅頭末이라는 성이 있고 그 성안에 큰 바라문의 문중에 묘범妙梵이라는 분이 있었다. 미륵이 그 집에 의탁하여 태어났고, 출가하던 날에 바로 정각正覺을 이루고 용화수龍華樹 아래에 앉으니 국왕과 바라문과 장자와 일체의 백성들이 모두 부처님께 나아가 다 출가하였다."(〈석가여래행적송〉 풀이)

109 네 가지의 성인(四聖) : 성문聲聞, 연각緣覺, 보살菩薩, 불佛의 사계四界.

만약 속히 괴로움을 여의려면 若欲速離苦
응당 대승으로 회향할 일이다. 應廻向大乘

192
지은 바 크고 작은 선행들을 所作大小善
당연히 세 곳[110]으로 회향해야 해 當廻向三處
먼저 사은四恩[111]과 삼유三有[112]와 先四恩三有
법계의 유정 대중에게이다. 及法界有情

193
다음은 부처님 과위와 보리이고 次佛果菩提
최후로는 진여의 실제에게이니 後眞如實際
이와 같이 회향을 한다면 若如是廻向
터럭 같은 선행도 허공과 같네. 毫善等虛空

194
비유컨대, 한 방울의 물을 譬如一滴水
큰 바다에 던지면 投之於大海
바닷물과 한 몸체가 되어서 與海成一體
깊고 넓어 밑도 끝도 없는 것 같다. 深廣無涯底

---

110 세 곳(三處) : 첫째, 지금 닦은 선근으로 일체 중생에게 보시하여지이다 하는 중생회향衆生廻向이고, 둘째, 지금 닦은 공덕이 모두에게 미쳐 함께 불도가 이루어지이다 하는 불과회향佛果廻向이고, 셋째, 지금 닦은 선근이 법성같이 무변無邊하고 허공같이 무진無盡하여지이다 하는 실제회향實際廻向이다.
111 사은四恩 : 국왕은國王恩, 사장은師長恩, 부모은父母恩, 시주은施主恩.
112 삼유三有 : 삼계三界의 다른 이름. 욕유欲有, 색유色有, 무색유無色有.

195
비록 계품戒品에 완전하지 못하거나 雖未完戒品
또한 모든 선을 다 닦지 못했지만 亦未修諸善
다만 대승의 인연 맺은 것만으로도 但結大乘緣
공덕이 나머지 선행보다 곱은 된다. 功倍餘衆善

196
대승의 뜻을 무어라 해야 하나 大乘義云何
모든 법의 참 모습 그것이지 諸法實相是
이 참 모습의 실상을 듣고도 聞此實相理
그 마음 놀라 감동되지 않나. 其心不驚動

197
잠시라도 한 생각 믿음 내면 暫生一念信
복과 덕은 이미 한량이 없으며 福德已無量
인하여 보리의 마음을 내면 因發菩提心
자비와 지혜의 원이 갖춘다네. 已具悲智願

198
곧바로 세간의 안목이 되어서도 卽爲世間眼
의당 하늘 사람 스승이 되니 當作天人師
비록 범부의 지위에 있지만 雖在凡夫地
공은 이과二果의 성인 초월한다. 功超二果聖

199
이런 이가 참 불자라 이름하여 是命眞佛子

모든 부처의 은혜를 갚으니	能報諸佛恩
만약 여래의 방에 들려 하거든	欲入如來室
이 문은 아마도 버려야겠나.	斯門其舍諸

200

항상 아란야에 머물기 좋아하라	常樂住蘭若
그렇지 않으면 대중을 따라 살아도	不然隨衆居
무리 지어 삶에는 입을 꼭 조심하고	群居須愼口
홀로인 곳에서는 반드시 마음 다잡아라.	獨處要防心

201

멀리 고약한 지식들은 여의고	遠離惡知識
마땅히 선한 벗의 가르침을 따르되	當從善友敎
몸에는 가사옷 떠나지 말고	身不離袈裟
음식은 당연히 응기應器[113]로 하라.	食當須應器

202

손에서 경전을 놓지 말고	手不釋黃卷
외가서 보기를 좋아하지 말라	不樂看外書
눈으로 여인을 보지 말고	目不視女人
보더라도 독사처럼 여겨라.	見之猶毒蛇

---

113 응기應器 : 범어 Patra(발다라鉢多羅)의 번역어이다. 부처님 제도에 토기와 무쇠로 만든 것이 좋다 하였고, 그 바탕과 크기와 그 공덕의 우열은 〈육물도六物圖〉에서 인용해 보인 것과 같다. (〈석가여래행적송〉 풀이)

203
병나지 않았으면 낮에 눕지 말고 　　　　　非病晝不臥
눕게 되면 반드시 오른쪽으로 하라 　　　　臥則須右脇
배고프지 않으면 간식을 하지 말고 　　　　非飢不餘食
먹더라도 반드시 양을 조절하라. 　　　　　食則須節量

204
잘 때에 이불 요를 펴지 말고 　　　　　　寢不敷茵蓐
졸더라도 방자히 흐드러지지 말라 　　　　眠亦不放恣
앉을 때에는 서쪽을 등지지 말고 　　　　　坐必不背西
다닐 때에는 다만 땅만을 보라. 　　　　　行時但視地

205
말할 때는 희롱이나 웃음 버리고 　　　　　語常離戲笑
요점만 말하고 대응을 많이 말라 　　　　　取要不應多
시주를 받으면 세 몫으로 나누고[114] 　　　受嚫作三分
모두 받아 화합을 깨지 말아야 한다. 　　　不宜全受破

206
물건 비축을 많이 하여서 　　　　　　　　勿得畜物多
길을 막는 장애의 인연 만들지 말라 　　　以作障道緣
또한 권속의 가족에게 매여서 　　　　　　亦勿繁眷屬
교만 질시 아만의 독을 늘리지 말라. 　　增長憍瞋慢

---

114 시주를 받으면~몫으로 나누고(受嚫三分) : 「비나야毘那耶」에 "만약 비구가 시주의 보시를 받거든 모름지기 세 몫으로 나누어 하나는 삼보께 바치고, 하나는 동행하는 병자에게 주고, 하나는 자기가 사용하라." 하였다.

207
이러한 약간의 일들이	如是若干事
사문에서 먼저 급히 힘쓸 일이니	沙門急先務
진실로 이와 같이 할 수 없다면	苟不能如是
어찌 불제자(浮圖)라 이름하랴.	豈得名浮圖

208
비록 네 가지의 공양¹¹⁵을 받아도	雖受四事供
마치 미끼를 삼킨 물고기처럼 여겨라	猶如吞餌魚
오는 당래세에 꼭 갚아야 할 빚이니	當來必償債
부끄럽고 두렵지 않을 수 있겠나.	得無慙且懼

209
위와 같이 허다한 일들이	如上許多事
경전과 강론에 산재해 있어	散在諸經論
이제 모아 대략 가송으로 이루니	今集成略頌
일대 시교¹¹⁶의 이치가 여기 모였네.	一代義鍾玆

210
마치 바다의 한 방울 물이	如海一滴水
온갖 냇물의 맛을 다 함축하듯이	具含百川味
한 번의 입맛으로 온갖 맛 알듯이	一嘗知衆味
여러 후생들은 가볍고 소홀히 말라.	諸生莫輕忽

---

115 네 가지의 공양(四事供養) : 음식飮食, 의복衣服, 와구臥具, 의약醫藥.
116 일대 시교(一代) : 석가여래가 성도하심으로부터 열반하시기까지의 일대 동안 베푸신 대소승의 여러 가르침.

9
보우普愚의 태고암가太古庵歌 외

작자作者 태고 보우太古普愚(1301~1382)는 고려 후기의 승려이다. 일명 보허普虛, 호는 태고太古, 속성은 홍씨洪氏. 13세(충선왕 5)에 회암사의 광지廣智 선사에게 입문하여 가지산의 법손이 되었다. 그러나 뒤에 광명사에 원융부圓融府를 두고 구산선문의 단일화를 폈으니, 이는 어느 곳에도 결사하지 않고 통합선문을 구축하려 함이었다. 이와 같은 종단의 개혁 의지가 조계종조로 보는 견해를 낳게 했을 것이다. 한편 신돈辛旽을 가승假僧이라고 상소할 수 있는 기백도 불교 그 자체를 정화하려는 진취적 의지였다 할 것이다.

오도의 과정에서도 다른 선사와 달리, 채홍철蔡洪哲의 별장인 전단원에서 무無 자 화두로 오매일여하여 겨울 결제를 마친 다음 해에 활연대오하였다 하니, 왜 하필 채홍철의 별장이었을까. 이는 스님이 남달리 풍수지리에 민감한 탓이었던 듯도 하다. 훗날 한양 천도의 주장과 일맥상통하는 점이기도 하다.

47세 되던 충목왕 3년(1347)에 중국에 건너가 하무산 천호암天湖庵에서 석옥 청공石屋淸珙을 만나, 반달 동안의 문답을 했지만 "늙은 중은 한마디 말도 할 수 없고 장로는 한마디도 들을 수 있는 것이 없으니 이것이 바로 참으로 만나 본 것이오.(老僧無一字可說 長老無一字可聞 是眞相見)"라 하였으니, 서로의 마음으로 전함을 알 수 있다. 이때 〈태고암가太古庵歌〉를 바치니, 석옥이 바로 인가하였다. 이로써 우리나라 임제종의 시조가 되었다. 원제元帝의 청으로 영녕사永寧寺에서 개당하여 교화하다가, 1348년(충목왕 4)에 귀국하였다.

신돈의 비행을 공격하다 1368년(공민왕 17) 속리산에 구금되었다가, 신돈의 사형으로 풀려나 영원사에 머무르다 1382년(우왕 8) 12월 24일 입적하니, 세수 82세요, 법랍이 69년이었다. 저술로는 『태고화상어록太古和尙語錄』이 전한다.(이종찬,「唯心的 普愚의 歌頌」,『韓國佛家詩文學史論』, 193쪽 참조)

해제解題 태고암가太古庵歌 : 『태고화상어록』은 문체에 따른 편찬으로 가歌·음吟·명銘의 한 장과 게송의 장을 따로 분류하였다. 가·음·명에는 4편의 가와 음·명이 각기 1수 수록되어 있다. 많은 편수는 아니지만 가송으로서의 수법이 매우 높다.

이 〈태고암가〉는 삼각산 중흥사重興寺의 동편에 암자를 지어 태고암이라 하고 지은 노래이다. 문인 유창維昌의 기록을 보면 "태고라는 편액을 붙이고 장가를 지었는데 아담한 곡조가 더욱 높아 아는 이가 별로 없고 때때로 소나무 소리만이 화답한다." 하였다. 스님이 석옥 화상을 만나 이 노래를 보이니 더할 수 없이 훌륭한 노래라 하면서 "오래도록 글을 주고받는 일을 사양하여 왔는데, 붓이 춤을 추어서 저절로 말미에 쓰게 된다.(余久絕酬應 管城子忽焉跿跳 不覺書于紙尾 復爲詞)"라 하고 시詩 한 수를 썼다.

석옥 화상은 어찌하여 이런 극찬을 했을까. 태고암의 좁은 공간에도 우주를 담는 넓음이 있고, 그런가 하면 있는 그대로의 조그만 암자에 지나지 않는 태고암임을 반복하여 읊고 있다. 그것은 이 암자에 머물러 있는 주인공의 바람이다. 이 노래의 구성은 암자의 위치와 환경을 말하면서 두루 흘러 쉬지 않는 법리法理로 시작하여, 암자 주인공의 넓지도 좁지도 않은 기량을 말했다. 이어 줄 없는 거문고나 구멍 없는 피리로 비유되는 자연의 음악, 이것이 바로 이 암자의 노래임을 말한다.

이어 둥글 수도 모날 수도 있는 원융한 작자의 기상은 흐름을 따라도 유현幽玄하니 출세간을 다시 벗어나는 종성입범從聖入凡의 보살정신으로 환원한다. 그러나 결국은 '푸른 산은 예처럼 임천을 마주하네(靑山依舊對林泉)'이다. 있는 그대로의 것이다. 옛날의 태고가 아니라 역력히 보이는 오늘의 태고인 것이다.

잡화삼매가雜華三昧歌 : 이 노래는 『화엄경』의 깊은 뜻을 문수보살이나 보현보살이 선양했으니, 이 길을 따라 삼매의 바다에 들라는 것이다. 온갖 꽃 중에서도 가장 큰 이 꽃을 찾아 잘 간직하라는 것이다. 이 꽃은 진秦나라를 피해 무릉도원을 찾았던 꽃과 다르니 잠시라도 떠나지 말고 따르라는 것이다. 곧 시방의 부처님께 공양함이 이 꽃을 간직하는 것이다.

산중자락가山中自樂歌 : 제목 그대로 산속에서의 즐거움을 노래한 것이다. 스스로 즐긴다는 자락自樂이 남은 알지 못한다는 의미를 내포하고 있다. 그러기에 "태고의 늙은 중의 노래 이 한 곡조에는 오히려 무궁한 즐거움이 있다."는 것이다. 스스로 즐기다 보면 세월의 계절 변화도 몰라, 다만 바위꽃이 지고 피는 것을 볼 뿐이라고 결론한다.

백운암가白雲庵歌 : 흰 구름을 암자의 이름으로 정한 이유를 읊은 셈이지만, 흰 구름의 자유자재로움을 찬탄한 내용이다. 결국 이 암자의 주인도 백운처럼 한가로운데, 그 한가로움이 어떠냐 하면, 더위에는 시냇가, 추위에는 불옆, 저 흰 구름 잘라다 옷을 기워 백운루에 한가로이 눕자는 것이다. 배고프면 산나물이 있고, 목마르면 샘물이 있으니.

태고암가 太古庵歌

내가 이 암자에 살아도 나도 알지를 못해	吾住此庵吾莫識
깊고 깊고 조밀하고 조밀해도 옹색함 없다	深深密密無壅塞
하늘 땅을 이고 덮어서 앞뒤 향배가 없고	函蓋乾坤沒向背
동쪽 서쪽이나 남쪽 북쪽에 상주하지 않다	不住東西與南北
구슬 다락 옥 궁전에게도 상대될 수 없으니	珠樓玉殿未爲對
달마의 소실봉[1]의 풍모 규모도 법식이 안 돼	少室風規水不式
팔만 사천[2]의 문을 녹이고 격파하니	爍破八萬四千門
저쪽 구름 밖에 청산이 파랗구나	那邊雲外青山碧
산 위의 흰 구름은 희고 또 희고	山上白雲白又白
산속에 흐르는 물은 흐르고 또 흘러	山中流泉滴又滴
누가 흰 구름의 모습을 이해해 보나	誰人解看白雲容
개었다 비 오니 때로 번개도 친다	晴雨有時如電擊
누가 이 샘의 소리를 이해해 듣는가	誰人解聽此泉聲
일천 구비 일만 구비 흘러 쉬지 않다	千回萬轉流不息
태어나기 전 생각도 이미 거짓인데	念未生時早是訛
다시 입을 열려 하면 낭자하기만 해	更擬開口成狼藉
서리 지나고 비 지나기 몇 봄과 가을이니	經霜經雨幾春秋
무슨 간여할 일[3]이 있어 오늘을 알랴	有甚閑事知今日

---

1 소실봉少室峯 : 소실少室은 숭악嵩岳의 별봉別峯. 초조 달마達摩가 9년 동안 면벽한 곳. 위魏의 효문제孝文帝가 여기에 소림사少林寺를 세웠다.
2 팔만 사천 : 인도의 법에 물건이 많음을 표현할 때 일상적으로 드는 숫자.
3 간여할 일(閑事) : 서로 상관되는 일.

거친 밥 정한 밥을	麤也飡 細也飡
네게 맡겨 사람 사람이 차례차례 먹는다	任儞人人取次喫
운문의 호떡[4]이나 조주의 차[5]가	雲門糊餅趙州茶
어찌 이 암자의 맛없는 밥만 하랴	何似庵中無味食
이러한 것이 옛날 선가의 가풍이니	本來如此舊家風
누가 감히 그대와 기묘 특이함 논하랴	誰敢與君論奇特
하나의 터럭 끝에 있는 태고의 암자	一毫端上太古庵
넓다고 넓음 아니고 좁다고 좁음 아니니	寬非寬兮窄非窄
거듭거듭된 불국토 저 속에 소장되어	重重利土箇中藏
잴 수 없는 기용機用의 길 곧바로 하늘에 닿다	過量機路衝天直
삼세의 여래도 모두 이해하지 못하고	三世如來都不會
역대의 조사들도 벗어날 수가 없다	歷代祖師出不得
어리석고 어리석고 우둔한 주인공아	愚愚訥訥主人公
거꾸로 가고 역으로 시행하여 법칙이 없네	倒行逆施無軌則
청주 땅의 해진 장삼 벗어 버리고	着郤靑州破布衫
등넝쿨 그림자 속에 절벽에 의지하다	藤蘿影裏倚絕壁
눈앞에 법리도 없고 사람도 없이	眼前無法亦無人
아침 저녁으로 부질없이 청산만 대하다	旦暮空對靑山色
올연 일이 없이 이 노래만 부르니	兀然無事謌此曲
서쪽에서 온 음운이 더욱 뚜렷하구나	西來音韻愈端的
온 세계 누가 있어 함께 주고받으랴	徧界有誰同唱和
영산이나 소실에서 부질없이 박자 맞춰	靈山少室謾相拍

---

4 운문의 호떡(雲門糊餅) : 선가禪家 공안公案의 하나. 어느 스님이 운문雲門 화상에게 묻되 어떤 것이 부처나 조사를 뛰어넘음인가 하니, 운문이 대답하되, 호떡(糊餅)이라 한 데서 유래함.
5 조주의 차(趙州茶) : 선가 공안의 하나. 어느 스님이 조주趙州 화상에게 어떤 것이 조사가 서쪽에서 온 뜻인가 하고 물으니, 조주는 차나 마시고 가라(喫茶去) 함에서 유래함.

누가 태고의 줄 없는 거문고를 가지고	誰將太古沒絃琴
이 오늘날에 구멍 없는 젓대[6]로 응할까	應此今時無孔笛

그대 보지 못했나, 태고암 중의 태고의 일을	君不見 太古庵中太古事
다만 그때도 지금처럼 밝기 뚜렷하였다네	只這如今明歷歷
백천 삼매가 그중에 있으니	百千三昧在其中
사물에 이롭고 인연에 응하되 항상 고요하다	利物應緣常寂寂
이 암자는 비단 늙은 중만 사는 것이 아니라	此菴非但老僧居
먼지 모래 같은 불조님들로 같은 풍격이라네	塵沙佛祖同風格

결정적 말을 그대는 의심하지 말라	決定說 君莫疑
슬기로도 알기 어렵고 지식으로 측량 못해	智亦難知識莫測
빛을 돌려 되비춤[7]이 오히려 망망해	回光返照尙茫茫
곧바로 이어 당해도 오히려 자취 막히니	直下承當猶滯跡
나아가 어떠냐 물으면 오히려 큰 착각이네	進問如何還大錯
여여히 움직이지 않음이 거친 바위 같아야	如如不動如頑石

내려놓아라[8] 망령된 생각 하지 말라	放下着 莫妄想
곧바로 이것이 여래의 크게 원만한 깨달음이니	卽是如來大圓覺
몇 겁을 지나도 어찌 문을 나선 적이 있나	歷劫何曾出門戶
잠시 동안 지금의 길에 뒤쳐 정박한 것이니	暫時落泊今時路
이 암자가 원래는 태고암이 아니니라	此菴本非太古名

---

6 구멍 없는 젓대(無孔笛) : 몰현금沒絃琴과 함께 연주할 수 없는 악기로서, 공안公案의 어려움이 손댈 수 없음을 비유하는 용어.

7 빛을 돌려 되비춤(回光反照) : 힘껏 머리를 돌려 곧바로 자신의 마음속 성령性靈을 비추어 보는 비유.

8 내려놓아라(放下着) : 손을 내려서 아래로 놓으라. 착着은 의미 없는 조사.

이에 오늘의 인연으로 태고라 말하니	乃因今日云太古
하나 중에 일체요 많은 것 중에 하나이나	一中一切多中一
하나가 중도가 될 수 없음도 항상 분명하지	一不得中常了了
평방일 수 있고 역시 원형일 수도	能其方 亦其圓
흐름 따라 구르는 곳 모두 아득 현묘해	隨流轉處悉幽玄
그대 만약 나에게 산중의 경계를 묻는다면	君若問我山中境
솔바람 싸늘하고 달은 강에 가득하다고	松風蕭瑟月滿川
도도 닦지 않고 선도 참예 안하며	道不修 禪不叅
수침향도 다 피우고 향로에 연기도 없다	水沈燒盡爐無煙
다만 저렇듯 기세등등 임의대로 지나가니	但伊騰騰恁麼過
어찌 구구하게 그러함을 구할 필요 있으랴	何用區區求其然
뼈에 사무칠 청정 뼈에 사무칠 가난에도	徹骨淸兮徹骨貧
생활의 계획은 극히 먼 위음왕[9] 전에 있었으니	活計自有威音前
한가로우면 크게 태고의 노래를 부르리라	閑來浩唱太古歌
쇠소를 거꾸로 타고 사람 하늘에 노닐어	倒騎鐵牛遊人天
아이들이 눈에 비치면 모두가 재주꾼이라네	兒童觸目盡伎倆
끌어도 되지 않고 한갓 눈꺼풀만 수고롭구나	曳轉不得徒勞眼皮穿
암자 안의 추악 졸렬함이 다만 이러하니	庵中醜拙只如許
하필 꼭 다시 떠들 필요 있을까 알 만하네	可知何必更重宣
삼태산에서 춤을 마치고 돌아간 뒤에도	舞罷三台歸去後
청산도 예전처럼 의구하여 자연 임천 대하다.	靑山依舊對林泉

---

[9] 위음왕(威音) : 위음威音은 위음왕威音王. 옛날 무량 무변 아승지겁에 부처 이름 위음왕여래 威音王如來가 있었다 하여 극히 먼 옛날을 의미함.

잡화삼매가 雜華三昧歌

『대방광불화엄경』은	大方廣佛華嚴經
누구의 말씀이기에 음성이 없는가	是誰言語無音聲
본사 구담[10]의 늙은 지식인이	本師瞿曇老知識
증명한 경계가 거듭거듭 분명하구나	所證境界重重明
넘실대고 출렁이고 웅장함이여!	汪洋乎沖瀜乎雄雄乎
울려 퍼지는 원만한 음성은 우레 번개같이	落落圓音如雷霆
지혜 보리[11]의 도량 중에서 연설을 펴던 날	菩提場中開演日
해인의 삼매 중에 말씀 없는 말씀이었으니	海印定中無說說
듣는 자 전하는 자는 누구인가	聞之傳之者是誰
문수보살이요 보현보살의 큰 분의 혀이니	文殊普賢大人舌
문수 보현 두 보살은	文殊普賢二大士
어느 길을 따라서 이 비결을 들었기에	從何道路聞此訣
깊이깊이 이 삼매의 바다에 들었나	深深入此三昧海
비로자나부처님이 간직한 삼매의 바다이다	毗盧遮那藏身三昧
문수보살 보현보살 어찌 심히도 어리석은가	文殊普賢何甚愚
밖으로 제집 추악 드날려 남에게 알리는 누설	外揚家醜漏人知
애닯고 서글픈 말세의 사람이여	哀哀乎憾憾乎末世人
두어 글줄 찾느라 한갓 정신만 수고로워	尋行數墨徒勞神
들어도 한이 없는 삼매 속의 말씀들은	聞之無限定中說
등 돌려 듣지 않음은 어떠한 인연이며	背之不聞如何因

---

10 구담瞿曇 : 석가족의 성씨.
11 보리菩提 : 부처님의 정각正覺의 지혜. 미혹으로부터 눈뜬 것. 지혜의 작용에 의해 무명無明이 없어진 상태.

이 중의 소식들은 어떠한 부귀인고	此中消息何富貴
일천 꽃 일백 풀은 다투어 봄을 머금는다	千花百草爭含春
뒤에 오는 경을 보는 큰 군자들아	後來看經大君子
보리 삼매의 큰 길엔 나루를 묻지 말라	菩提大路莫問津
휴식할 일, 어찌 하필 남방을 순행하나	休休乎何必巡南方
발밑이 바로 이 보리 지혜의 도량이니	脚下卽是菩提場
그대가 보는 늙은이의 묵연 잠잠한 곳	君看老胡黙然處
말로써 이어 감당할 수 있음이 아니니	不以言語能承當
깊고도 깊고, 조용하고도 조용해	深而深黑而黑
오묘한 활용은 항하의 모래이듯 끝이 없다	妙用恒沙也無極
서글프다, 예나 이제의 임시방편[12]의 소인들	吁嗟乎古今權小人
간단한 곧바로의 지시를 믿을 수 없어	單單直指信不得
한갓 증득도 없는 무지한 이에게 들으니	徒聞未證無智者
이것이 곧 귀머거리 소경이라 이름하여	是卽名爲如聾似啞
보아도 미치지 못하고	見也見不及
들어도 듣지를 못한다	聞也聞不及
이런 무리의 근기를 벗어나게 하려고	如是等機爲之集之出
몽산 화상[13]의 지식은 삼매의 업이라	蒙山知識三昧業
향 사르고 꽃 날리는 깨고 깬 신령의 이로움	燒香散花惺惺靈利
부처께 예배 경의 송독의 깨고 깬 신령의 이로움	禮佛誦經惺惺靈利
이런 일로 인해 깨고 깬 모임에 관을 지어	因此惺惺會作觀
즉석이거나 점차로 삼매의 이치에 성취한다	卽漸成就三昧理
삼매 삼매의 밝음이여	三昧三昧明

---

12 임시방편(權) : 권權은 방편方便의 다른 이름. 잠시 활용하다 끝내 폐지하는 것.
13 몽산蒙山 화상 : 원元나라 때 임제종臨濟宗 양기파楊岐派의 스님. 이름이 덕이德異, 호가 몽산이다. 『몽산화상수심결』이 언해되기도 했다.

비로자나의 법체가 원만히 이루어 나타난다	遮那法體現圓成
좋고도 좋구나 삼매도 많아, 좋고 좋은 삼매	好也好也三昧多 好好也三昧
삼매 삼매 이루어	三昧三昧成
홀연히 화장세계의 바다를 드날리니	頓現華藏世界海
화장세계는 거듭거듭 다함이 없음을	華藏世界重重無盡
내 전에 들은 것을 이제 이에 믿게 되네	我曾聞見今乃信
다니며 놀며 걸으며 보아도	行也遊也踏也看
사바세계의 물 물 산 산이	娑婆世界水水山山
화장세계의 움직이지 않는 존귀함이라	華藏界中不動尊
위로 부모 없음이여 아래로 자손도 없어	上無父兮下無孫
높고 높고 빛나고 빛남이여	陀陀乎爍爍乎
세 근이니 일곱 근이니[14] 삼키고 배앝아도	三七斤吞吐
부처의 법·보·응 삼신[15]에는 입의 흔적이 없다	三身無口痕
달고 쓴 온갖 풀을 씹어 다하며	喫盡甘辛百草頭
항상 언덕 위나 물 흐름의 중앙에 있다네	常在岸上在中流
흐름 중앙에 있는 배는 크기도 커서	中流一葉舟子大
일만 나라의 사람 물건 실어도 막힘 없다	萬邦人物載無导
한산과 습득[16]은 크게 원한적 적수이지만	寒山拾得大冤讐
잠시 사이도 떠나지 않고 서로 길이 따르다	造次弗離長相隨

---

14 세 근이니 일곱 근이니(三七斤) : 미상. 혹 마삼근麻三斤 공안의 인용인가. 송宋나라 때 동산洞山 수초守初 선사가 어느 스님이 무엇이 선인가 하고 물으니 삼씨 세 근(麻三斤)이라 답한 데서 유래. 마삼근은 그 당시 동산의 시선에 비친 사물일 뿐이니, 불법의 진실을 보이되, 주변의 어떤 사물이라도 불법 아님이 없다는 뜻이다.

15 삼신三身 : 부처님의 삼신. 곧 법신法身·보신報身·응신應身.

16 한산寒山과 습득拾得 : 당나라 때의 두 스님. 국청사에 습득이라는 중이 있어, 부엌 잡일을 도맡았는데 항상 스님들이 먹다 남은 음식 쓰레기를 큰 대통에다 담았다가는 한산이 오면 짊어져 보내고는 했다. 한산이 국청사에 오면 광기 어린 행동을 하니 풍광사風狂士라 했다. 한산이 산림에 시를 쓴 것이 많아 『한산집寒山集』으로 세상에 유통된다.

지극히 가까우나 멀어지면 바다에서 다투듯	極親還疎鬪海裏
배를 쳐부셔서 진주 보배를 흩어 버린다	打破舟子散眞珠
물고기 용 새우 게들이 이 보배를 주워서	魚龍蝦蟹得此寶
깊고 깊은 바다 밑에다 모두 거두어 감춘다	深深海底皆藏收
혹은 거닐고 혹은 눕고 혹은 입고 먹는 일이	或行或臥或衣食
이 보배의 덕을 이어 받고도 부끄러움 모르네	承此寶德不知羞
아야 아야 이렇고 이러하니	啊哪啊哪 如是如是
오히려 오늘 사람들 의도적으로 찾을까 두렵다	還恐今人作意求
이 꽃은 시내를 따라 흐르지 않을 것이니[17]	此花不逐溪流出
진나라 사람이 알아 무릉도원에 노닐까 봐	爭識秦人桃源遊
시름 있는 이는 시름 있는 이에게 말하지 말라	愁人莫向愁人說
시름 있는 이에게 말하면 시름이 다시 시름 돼	說向愁人愁復愁
나는 지금 친히 다함이 없는 붓을 이끌어서	我今親提無盡筆
시방의 다함이 없는 부처에게 공양하네요.	供養十方無盡佛

---

17 이 꽃은~않을 것이니 : 축유화逐流花. 진秦나라의 난을 피하여 무릉도원武陵桃源으로 들어간 사람들이 자신들의 평화로움이 세상 사람들에게 알려지기를 꺼려서 봄이 되면 시내에다 그물을 쳐서 복숭아꽃이 아래 세상으로 흘러내리는 것을 막았다.

산중자락가 山中自樂歌

수염도 깎지 않고 머리도 자르지 않아	不剪須 不剪髮
좋게도 생긴 귀신 머리통의 나찰[18]이여	好箇鬼頭羅刹
어리석고 어리석고 못생기기 돌대가리 같고	憨憨癡癡也似石頭
미련하고 미련하고 우둔하기 나무 몽둥이 같다	愚愚魯魯也如木橛
짚신 밟아 다해 조사에게 참예하여서도	踏盡草鞋參祖師
악한 소리 헛된 말을 화살 튕기듯 하여	惡聲虛說如機發
날라리 날라리	囉囉哩哩囉囉
홀로 이 노래를 불러 쉬지를 않도다[19]	獨唱此曲來休歇
대원나라 천자는 성인 중에도 성인이라	大元天子聖中聖
바위 골에 살게 하여 세월을 보내게 하니	賜居岩谷消日月
나와 함께 산중의 즐거움 같이할 이 없어	無人共我山中樂
내 홀로 나의 졸렬함 점점 더함 사랑하다	吾獨憐吾踈轉拙
차라리 물과 돌로 길이 스스로 즐거움 삼지	寧同水石長自樂
세상 사람들과 이 즐거움 알리지 않는다	不與世人知此樂
다만 원컨대 성상의 수명 만만세이어서	但願聖壽萬萬歲
만세에 길이 만세의 쾌락 누리게 되소	萬歲長爲萬歲樂
그런 뒤에 나도 근심 없을 수 있어서	然後可以吾無憂
바위 언덕 시내 구비에서 한적함 달게 여겨	巖阿澗曲甘蕭索
바위 언덕 작은 암자 이 몸을 비호하니	巖隈小庵足庇身
흰 구름에 맡겨서 서로 의지 기탁하다	也任白雲相依托

---

18 나찰羅刹 : 악귀를 총괄하는 명칭이다.
19 쉬지를 않도다(來休歇) : 원문의 '來'는 '未'의 오자가 아닐까 의아스럽다. '未休歇'로 '쉬지 않다'라야 의미가 순조롭기 때문이다.

그대 보지 못하나, 태고의 늙은 중이 한 곡조 노래해	君不見 太古老僧歌一曲
곡조 중에 오히려 무궁한 즐거움 있음을	曲中還有無窮樂
스스로 즐겨 스스로 노래함 무엇 위함인가	自樂自歌何所爲
자연을 즐겨 운명을 알아 하염없는 즐거움	樂天知命無爲樂
어찌하여 스스로 노래하고 또 스스로 즐거운가	胡爲自歌還自樂
나도 무슨 즐거움인지 모르는데	吾亦不知何樂
즐거움 속에 뜻이 있음 그대는 아는가	樂中有意君知否
사람들 비록 날마다 이용해도 찾지 못하나	人雖日用難摸着
도연명은 술에 맞추고 무현금을 탔고	淵明中酒弄無絃
보화 화상[20]은 저자에 들어 목탁을 친다	普化入市搖鈴鐸
포대 화상[21]의 한가한 중은 크게 일도 없어	布袋閑僧大無事
홍진 세상의 술자리에 지게미의 찜질이라	紅塵酒肆熏糟粕
예부터 성현의 즐거움이란 다만 이러한 것	古來聖賢之樂只如此
부질없이 헛이름 남겨 그 울림 얼마나 적적한가	空留虛名聲韻何寂寞
알기 좋아하는 자도 오히려 얻기 어렵거든	知之好者尙難得
하물며 즐거워하고 행하고 작업하는 자이랴	況其樂之行之作
그대 보는가, 태고암 이 속의 즐거움	君看太古此中樂
두타[22]가 취해 춤추니 광풍이 온 골에서 일도다	頭陀醉舞狂風生萬壑
스스로 즐겨 계절이 변천함도 모르고	自樂不知時序遷
다만 바위꽃이 피고 지는 것만 본다.	但看巖花開又落

---

20 보화普化 화상 : 당唐의 승려(?~860). 거처가 일정하지 않고 미친 듯한 말씨와 기이한 행위로 항상 목탁을 치며 "明頭來明頭打 暗頭來暗頭打 四方八面來旋風打 虛空來連架打"라 불러, 이를 '보화사타활普化四打活'이라 한다.
21 포대布袋 화상 : 이름은 계차契此. 당나라의 승려. 항상 지팡이에 포대를 달고 다니며 음식을 빌어 조금 나누어 포대 안에 담고 다닌다 하여 포대 화상이라 하였다.
22 두타頭陀 : 의衣·식食·주住에 얽매이지 않는 수행법. 또는 그런 수행을 하는 승려.

백운암가白雲庵歌

소요산 위에는 흰 구름도 많으니	逍遙山上多白雲
오래도록 소요산 위의 달과 친구가 되다	長伴逍遙山上月
때로는 맑은 바람이 좋은 일도 많아	有時淸風多好事
와서는 다른 산이 더욱 기특 절묘하단다	來報他山更奇絶
흰 구름 무심히 태허 공중에 두루하다가도	白雲無心徧大虛
어쩌면 벌건 화로의 한 점 눈 같은고	其如烘爐一點雪
사방으로 비를 뿌릴 때는 이쪽저쪽 없어	行雨四方無彼此
이곳 이 만물이 모두가 기뻐하는구나	是處是物皆欣悅
찰나 사이 이 산속으로 돌아오면은	刹那歸來此山裏
산 광경엔 빛깔 생기고 물은 목메이네	山光着色水嗚咽
옛 암자 의희함이 안개 사이만 아니고	古菴依俙非霧間
구름에 이은 외길 푸른 이끼 매끄러워	連雲畏道蒼苔滑
좌로 기울고 우로 기울어 멈추다 다시 가	左傾右傾住復行
누가 시자인고 오직 지팡이[23] 하나	誰其侍者唯柳栵
길이 암자 문에 닿으니 동쪽 향해 열리고	路窮菴門向東開
주인 나그네 자리 같이하나 말이 없구나	主賓同會無言說
산은 묵묵부답 물은 잔잔한데	山默默 水潺潺
돌 여인 석녀 떠들고 나무 사람 꾸짖다[24]	石女喧嘩木人咄
급급하게 서쪽에서 온 푸른 눈의 이방인	汲汲西來碧眼胡

---

23 지팡이(柳栵): 나무 이름인데, 이 나무가 지팡이를 만들기에 적합하여 지팡이 또는 선장禪杖으로 대칭된다.
24 돌 여인~사람 꾸짖다: 석녀石女나 목인木人은 다 있을 수 없음의 비유로 쓰이는 예.

이런 뜻을 누설하여 부처 해를 묻었네	漏洩此意埋佛日
전하여 조계의 노숙한 노행자[25] 손에 이르러	傳至曹溪盧老手
또 본래 한 물건이 없다[26] 하기에 이르렀네	又道本來無一物
가소롭게도 예나 이제나 천하의 사람들이	可笑古今天下人
눈썹 하나 아끼지 않고 방이나 할을 하네	不惜眉毛行棒喝
내 이제 장차 어떻게 이제 사람 되어야 하나	我今將何爲今人
봄 가을 겨울 여름 좋은 계절에	春秋冬夏好時節
더우면 시냇가 가고 추우면 화롯가로	熱向溪邊寒向火
한가로이 흰 구름 잘라다 한밤에 엮어	閑截白雲夜半結
피곤이 오면 한가로이 백운의 누대에 누워	困來閑臥白雲樓
소나무 바람 쓸쓸히 그 소리 분명하니	松風蕭蕭聲浙浙
청컨대 그대는 이리 와 남은 나이 보존하소	請君來此保餘年
배고프면 채소 있고 목마르면 샘이 있네.	飢有蔬兮渴有泉

---

25 노숙한 노행자(盧老手) : 노로수盧老手는 육조 혜능慧能의 노숙한 솜씨. 혜능이 5조 홍인弘忍을 찾아가니 5조가 범상치 않음을 알고 방앗간에 가서 쌀을 찧게 하였는데, 주위에서 노행자盧行者라 하였다.

26 본래 한 물건이 없다(本來無一物) : 육조 혜능이 5조 홍인에게서 법을 전해 받을 때, "菩提本無樹 明鏡亦非臺 本來無一物 何處惹塵埃(보리가 원래 나무가 아니고 명경이 역시 누대가 아니니 원래 한 물건도 없는데 어디에서 먼지를 일으키나)"라고 하였다.

10
혜근慧勤의 완주가翫珠歌 외

작자作者 나옹 혜근懶翁慧勤(1320~1376)은 고려 후기의 승려이다. 초명은 원혜元慧, 호는 나옹懶翁, 당호는 강월헌江月軒, 속성은 아씨牙氏이다. 20세 (1339)에 친구의 죽음이 계기가 되어 출가하여 요연了然 선사에게 득도하였다. 1344년(충혜왕 5) 회암사에서 밤낮으로 정진하여 깨달음을 얻었다. 1347년(충목왕 3) 원나라로 가, 인도 스님 지공指空을 만나 법을 들었다. 다시 정자사淨慈寺로 가서 임제의 18대손인 평산 처림平山處林의 법을 얻고 불자拂子를 전수받았다. 1355년(공민왕 4)에 연경으로 돌아와 순제의 명으로 광제사에서 개당하니 황태자가 금란가사와 상아불자를 하사하였다. 다시 법원사로 가 지공의 부촉을 받고 1358년(공민왕 5)에 귀국했다. 1370년 광명사에 머물면서 선교 양종의 승려를 선발하는 공부선工夫選을 관장하였다. 이듬해 왕사가 되어 대조계종 선교도총섭 근수본지 중흥조풍 보국우세 보제존자大曹溪宗禪教都摠攝勤修本智重興祖風報國祐世普濟尊者의 호를 받고 수선사의 주지를 했다.

다시 회암사 주지가 되어 불사를 일으키고 교화를 펴니, 대중이 운집하여 자칫 서민의 본업이 어지러울까 염려한 조정이 멀리 영원사로 옮기게 하였다. 가는 도중에 여주 신륵사에서 병으로 수일을 머물다 입적하니, 1376년(우왕 2)의 일이다. 세수 57세, 법랍 37년이었다.

저술로 『나옹화상어록懶翁和尙語錄』 1권, 『나옹화상가송懶翁和尙歌頌』 1권 이 있다.(이종찬, 「慧勤의 典型的 偈頌」, 『韓國佛家詩文學史論』, 207쪽 참조)

해제解題 〈완주가翫珠歌〉, 〈백납가百衲歌〉, 〈고루가枯髏歌〉이 3편을 '나옹삼가懶翁三歌'라 한다. 노래의 형식은 3 3 7 7 7조의 연작시이다. 이러한 형식의 근원은 당나라 영가 현각永嘉玄覺 선사의 〈증도가證道歌〉에서 비롯된다. 이 노래의 문학성은 당시 이색李穡의 발문인 「나옹삼가후懶翁三歌後」에 잘 드러나 있다. 여기에 번역으로 옮겨 해제를 대신한다.

  구슬이 방위에 따라 빛을 낸다고 하는 것은 사람들의 미혹한 소견이지만 그 맑고 맑은 청정함이 불성의 표현이다. 마른 뼈(枯髏)는 기운이 흩어지고 육신이 부패한 것으로 사람이 남겨 놓은 것이지만 생존했을 때는 불도에 들어 불성을 보았던 것이다. 백 번 꿰맨 장삼(百衲)은 비단을 물리치고 해어진 것을 얽어 살갗을 가리고 추위 더위를 막을 뿐이다. 그러나 이것이 아니면 위의를 장엄하게 하고 대중을 평안히 하여 부처의 길에 들고 부처의 본성을 보게 할 수 없다.
  이 세 노래는 머리와 끝이 서로 상응하고 맥락이 서로 통하니, 후인들에게 보인 것이 깊고도 간절하다. 나옹은 문자생활에 있어 솜씨에 맡겨 초고를 세우는 적이 없이 실다운 이치만을 토해 내어 빛나게 써 내니 운치스러운 언어가 쟁쟁 소리난다. 그러나 세속의 문자에는 깊은 이해가 없지만 그래도 역시 볼 만하다.
  이 세 가지 노래에 이르러서는 마치 두 사람의 솜씨로 이루어져 반드시 정밀한 연구와 깊은 사색으로 지은 것 같다. 그렇지 않다면 어떻게 영가 선사[1]의 구법을 모방했겠는가. 다음날 서역 땅으로 흘러 전하면 의당 칭찬하는 자가 있을 것이다. 제자들이 나에게 발문 쓰기를 청하기에 나는 제목을 뜻풀이하고 또 그 체제를 참고하여 그 요청에 가름하나 정하고 조밀한 깊이는 물고기가 아니기에 어찌 물고기를 알겠는가.

이색李穡은 쓰다

---

1 영가永嘉 선사 : 영가 현각永嘉玄覺 선사. 입적 후 무상대사無相大師로 시호를 내림. 〈증도가證道歌〉를 지었다.

완주가翫珠歌

저 영특한 구슬 극히 영롱하구나	這靈珠 極玲瓏
본체가 항하사계를 두루하나 안과 밖이 비었네	體徧河沙內外空
사람 사람 포대 속에 당당히 있어서	人人俗裏堂堂有
조롱으로 왔다 갔다 조롱하기 끝이 없네.	弄去弄來弄莫窮
혹은 마니주 혹은 영주라 하여	或摩尼 或靈珠
이름 모습은 비록 많으나 본체는 다르지 않다	名相雖多體不殊
광대한 국토나 미진의 세계에도 밝음이 분명해	刹刹塵塵明了了
오히려 밝은 달이 가을 강에 가득한 듯하구나.	還如朗月滿江秋
굶주려도 그대로 목말라도 그대로	飢也他 渴也他
목마름 알고 굶주림 알되 많다 자랑 안 해	知渴知飢不較多
새벽 아침엔 죽이요 재 올릴 땐 밥이요	晨朝喫粥齋時飯
피곤하면 졸음 청하여 어긋남이 없네.	困則打眠也不差
어긋나도 그대로 올발라도 그대로	差也他 正也他
입 열기 수고로움 없이 아미타불 염불	不勞開口念彌陀
평안히 안착할 듯하나 안착할 수 없이	若能着着無能着
세상에 이리저리 존재하는 유정의 중생.[2]	在世縱橫卽薩埵
이는 마음 구슬이라 잡기도 어렵고	此心珠 難把捉

---

[2] 유정有情의 중생衆生 : 살타薩埵는 정정이라 번역되어, 생명이 있는 것의 총칭.

뚜렷하게 영롱한데도 얻기도 어렵구나	宛轉玲瓏難可得
모습 없고 형상 없이 모습 형상 드러내	無相無形現相形
가고 옴이 자취 없어 측량할 수 없다네.	往返無蹤非可測

쫓아도 따르지 못하는데 홀연 절로 오니	追不及 忽自來
잠시 사이 서천에 갔다 별안간 돌아오다	暫到西天瞬目廻
모아 두면 허공도 품 안에 품고	放則虛空爲袍內
거두면 작은 먼지라 열기 어려워.	收則微塵難析開

생각 논의할 수 없는 금강의 몸체를	不思議 體堅剛
석가모니는 제 마음의 왕이라 부른다	牟尼喚作自心王
운용이 끝이 없고 또 다함이 없으니	運用無窮又無盡
사람들은 망령되이 저절로 잊었다 한다.	時人妄作本自忘

본분 명령[3] 이행을 누가 감당하리	正令行 孰當頭
부처 마귀 다 베어 조금도 남기지 않으면	斬盡佛魔不小留
이로부터 온 세계에 남은 물건 없어서	從茲徧界無餘物
핏물 가득한 강과 하수 급히 급히 흐른다.	血滿江河急急流

눈에 안 보이고 귀로 안 들리나	眼不見 耳不聞
보이지 않고 들리지 않음이 참 보고 들음	不見不聞眞見聞
개중에 한 개의 밝은 구슬이 있으니	箇中一箇明珠在
삼키고 토해낼수록 새롭고 또 새로워.	吐去呑來新又新

---

[3] 본분 명령(正令) : 정령正令은 선가禪家에서 교외별전敎外別傳의 본분명령本分命令이니 방이나 할 이외에 한 법도 세울 수 없음.

혹은 마음이라 하고 혹 본성이라 하나　　　　　或名心 或名性
마음 본성이란 원래 인연의 그림자이지　　　　心性元來是緣影
만약 사람이 여기에 곧 의심 없다면　　　　　　若人於此卽無疑
자기의 영특한 광채가 항상 빛나리라.　　　　　自己靈光常囧囧

혹은 도 혹은 선이라 하나　　　　　　　　　　或爲道 或爲禪
선이나 도나 그 유래는 애써 설명된 것이다　　禪道由來是强宣
실은 사고[4]인 니승의 여인이 지은 것임을 알라　實知師姑女人做
한 발짝을 수고 않고서도 그 가에 이른다네.　　不勞擡步到那邊

에! 부처도 없고 마귀도 없으니　　　　　　　　也無佛 也無魔
마귀 부처 뿌리 없으나 눈 속의 꽃이니라　　　魔佛無根眼裏花
항상 날로 이용해도 분명 일이 없는데　　　　　常常日用了無事
영특한 구슬이라 불러 오히려 비난을 받다.　　喚作靈珠也被訶

에! 죽음도 없고 삶도 없으니　　　　　　　　　也無死 也無生
항상 비로자나불의 이마 위를 거닐어서　　　　常踏毗盧頂上行
걸어 오고 거두어 가되 사시 계절을 따라　　　收來放去隨時節
거꾸로 이용 가로로 들어도 골격이 맑다.　　　倒用橫拈骨格淸

에! 머리도 없고 꼬리도 없으나　　　　　　　　也無頭 也無尾
일어나 앉아도 밝고 밝아 항상 떠나지 않다　　起坐明明常不離
힘을 다해 저를 밀어내도 저는 가지 않지만　　盡力趕他他不去

---

4 사고師姑 : 니승尼僧. 비구니의 별칭. 당唐나라 시대에는 비구니를 사고 또는 여화상女和尙이라 했다.

그곳을 찾아 알려 해도 알 수가 없다.　　　　　　　要尋知處不能知

하 하 하 이것이 무슨 물건인고　　　　　　　　　阿呵呵 是何物
일 이 삼 사 오 육 칠　　　　　　　　　　　　　一二三四五六七
자주 가고 곧 와서 끝이 없으니　　　　　　　　　數去翻來無有窮
마하반야바라밀.　　　　　　　　　　　　　　　　摩訶般若波羅蜜

백납[5]가 百衲歌

저 백 번 기운 옷 가장 당연한 것이니 　　　這百衲 最當然
겨울 여름 길이 입어 스스로 편한 대로 놔두다 　　冬夏長被任自便
□□꿰매어서 천 번 만 번 얽혔으니 　　　□□縫來千萬結
거듭거듭 기운 곳에 앞과 뒤가 없구나. 　　　重重補處不後先

어떤 때는 자리 어떤 때는 옷으로 　　　或爲席 或爲衣
계절 따라 시세 따라 용처에 어김이 없다 　　隨節隨時用不違
이로부터 거닐기에 지기로서 만족하니 　　從此上行知己足
가섭[6]의 끼친 자취 지금 시대까지 있다. 　　飮光遺跡在今時

한 잔의 차 일곱 근의 장삼[7] 　　　一椀茶 七斤衫
조주의 늙은이 다만 수고로이 두세 번 들다 　　趙老徒勞擧再三
비록 현묘 아득한 말씀이 있다 하더라도 　　縱有千般玄妙說
우리 집 백 번 꿰맨 장삼만 하랴. 　　　爭似吾家百衲衫

이 장삼 옷 마땅함이 많으니 　　　此衲衣 甚多宜
걸쳐 가고 걸쳐 오기 일일이 마땅하다 　　披去披來事事宜
취한 눈으로 꽃을 보듯 누가 감히 입나 　　醉眼看花誰敢着
깊이 도에 사는 이라야 스스로 가질 수 있지. 　　深居道者自能持

5　백납百衲 : 백납의百衲衣. 깁고 꿰매기를 심히 많이 한 가사 옷.
6　가섭(飮光) : 음광飮光은 가섭의 번역된 이름.
7　한 잔의~근의 장삼 : 선가의 화두 공안. 부처님이 오신 뜻이 무엇이냐 물었을 때 "차나 마시고 가라(喫茶去)" 한 조주趙州나, "삼씨 세 근(麻三斤)"이라 한 동산洞山의 문답에서 온 말.

이 장삼의 나이 얼마인지 아나　　　　　　　　　知此衲 幾春秋
반은 바람에 날아가고 반은 남아 있으니　　　　一半風飛一半留
홀로 띳집 암자에 앉은 서리 달의 밤이면　　　　獨坐茅菴霜月夜
안팎 구분 없이 온전히 머리 뒤집어쓴다.　　　　莫分內外混蒙頭

육신은 바로 가난하나 도는 궁함 없어　　　　　即身貧 道不窮
오묘한 운용 일천 갈래로 다함이 없다네　　　　妙用千般也不窮
남루하게 어리석은 사람이라 비웃지 말라　　　　莫笑鑑縿癡呆漢
일찍이 선지식 참예하여 참 풍격이었다.　　　　曾叅知識續眞風

새털 옷 한 벌 여윈 지팡이 하나　　　　　　　一鶉衣 一瘦筇
천하를 두루 횡행해도 통하지 않음 없다　　　　天下橫行無不通
강호 자연 두루 지나 무엇을 얻었느냐면　　　　歷徧江湖何所得
원래가 다만 가난 곤궁함 배웠을 뿐인걸.　　　　元來只是學貧窮

이득 구하지 않고 이름도 구하지 않아　　　　　不求利 不求名
꿰맨 장삼에 공을 품어 어찌 정 있겠나　　　　　百衲懷空豈有情
바릿대 하나의 생애로 곳에 따라 만족하니　　　一鉢生涯適處足
다만 한 가지 맛으로 남은 여생 보내리.　　　　只將一味過殘生

생애가 만족스러운데 다시 무얼 더 구해　　　　生涯足 更何求
어리석은 이의 분수 밖의 요구 가소롭다　　　　可笑癡人分外求
복이란 전생에서 지었음을 이해 못하고　　　　不會福從前世作
하늘 원망 땅 원망으로 망령되이 구구해.　　　怨天怨地妄區區

달도 기억 없고 햇수도 기억 없이　　　　　　　不記月 不記年

경문도 외우지 않고 좌선도 하지 않아	不誦經文不坐禪
흙빛 얼굴에 잿빛 머리 어리석게도	土面灰頭癡呆呆
오직 하나의 장삼으로 몇 해를 지낸다.	唯將一衲度殘年

고루가 枯髏歌

저 마른 뼈는 몇 천 년이었나　　　　　　　　這枯髏 幾千生
누운 모습 선 형상 망령되이 수고로운 모습　　橫形竪像妄勞形
지금처럼 진흙 구덩이 속에 떨어져 있음은　　如今落在泥坑裏
필시 전생에서 어긋나게 이용된 정 때문이지.　必是前生錯用情

한량없는 세월 본성 우매한 임금　　　　　　無量劫 昧性王
육근으로 치달아 천방지축 내달아　　　　　　六根馳散走靑黃
다만 사랑 탐내 친한 반려로만 알았으니　　　只知貪愛爲親侶
어떻게 머리 돌려 바른 광명의 호위 얻으랴.　那得廻頭護正光

저 마른 뼈 심히도 어리석었지　　　　　　　這枯髏 甚癡頑
저로 인해 지은 악업 만에 만의 사건들　　　因他造惡萬般般
하루아침에 흩어지면 공이요 없음을 아니　　一朝徹見空無有
반 발짝도 옮기지 않아 몸의 추이를 벗어나.　寸步不離脫體寒

당년의 가장 좋았던 시절 등지고　　　　　　背當年 最好時
물결 따라 허덕이며 바람 좇아 나니　　　　　波波役役逐風飛
그대에게 권하노니 일찍 일찍 지금 머리 돌려　勸君早早今廻首
진실의 공을 뛰어 밟아 바른 길로 돌아오라.　蹋着眞空正路歸

혹 모으고 흩어지고 오르고 잠기어　　　　　或聚散 或升沉
저 모양의 이 세계는 마음 평안치 않아　　　他方此界不安心
다만 능히 한 생각으로 빛을 돌려 비추는 곳　但能一念廻光處

완전히 생과 사를 벗어나 뼈에 사무쳐 깊다.	頓脫死生入骨深
뿔이 있거나 뿔이 없거나	有頭角 無頭角
세 가지 악도에서 기어다니어 깨달을 수 있나	三途匍匐豈能覺
홀연 선각자의 가르침을 따라 와서	忽因先覺教訓來
이곳에서 당당히 처음 착각임을 알다.	此處堂堂始知錯
혹 어리석은 사랑 혹 탐낸 욕심	或癡愛 或貪瞋
곳곳에서 혼미하여 망령 먼지를 입고	處處昏迷被妄塵
머리 위의 바람이 남쪽 북쪽으로 날려	頭骨風飄南北走
어느 곳에서 진인을 만날지 알지 못하다.	不知何處見眞人
생전에도 착각 사후에도 착각	生前錯 死後錯
세상 세상 삶과 삶이 또 거듭 착각이니	世世生生又重錯
만약 한 생각에서 삶 없는 무생 이해하면	若能一念了無生
착각의 착각이 원래 끝내는 착각 아니지.	錯錯元來終不錯
큰 것에 집착 작은 것에도 집착	麤也着 細也着
집착 집착으로 오고 와도 원래 못 깨달아	着着來來元不覺
한 번의 외침에 급히 몸을 뒤집어 버리면	驀得一聲急翻身
시계에 가득한 허공으로 치며 떨어지리라.	滿目虛空當撲落
혹은 그른 것 혹은 옳은 것	或在非 或在是
옳고 그른 구덩이에 항상 기쁨과 근심이라	是非坑裏常憂喜
죽은 육신 흰 뼈의 퇴적이	不覺亡身白骨堆
당당함에 이르러도 자재롭지 못함 깨닫지 못해.	到了堂堂不自在

저 마른 뼈 홀연히 깨달아	這枯髏 忽悟來
오랜 세월의 밝지 못한 무명이 바로 재가 되니	廣劫無明當下灰
이로부터 항하사의 모든 부처 조사님이	從此恒沙諸佛祖
백천의 삼매에도 아끼지 않으리라.	百千三昧也不猜
아끼지 않는데 무슨 지나감 있나	也不猜 有何過
헤아리고 논의하는 사이 곧 지나감이 돼	思量擬議便爲過
만약 운용하기를 소반에 구슬 굴리듯 하면	若能運用似盤珠
오랜 세월 겁석[8]도 손가락 튕길 사이 지나가.	劫石徒爲彈指過
법도 없고 부처도 없고	也無法 也無佛
마음도 없고 물건도 없이	也無心兮也無物
이런 경지 이르면 분명 무엇과 같을까	到此酌然似什麽
추울 때는 불을 향해 참나무를 태우는 것.	寒時向火燒柮榾

---

8 겁석劫石 : 반석겁盤石劫. 40리의 돌산이 있는데 장수하는 사람이 백 년에 한 번 와서 이 바위를 옷으로 스쳐 이 바위가 다 닳아 없어지는 겁의 세월. 같은 비유에 개자겁芥子劫이 있다. 40리의 성에 개자씨를 가득 채우고 장수하는 이가 백 년에 한 알씩을 가져가 이 개자씨가 다 없어지는 세월의 겁을 말한다.

제3부

조선 편

11 득통得通의 원각경송圓覺經頌 외
12 김시습金時習의 연경별찬송蓮經別讚頌
13 보우普雨의 중종대왕영혼게송中宗大王迎魂偈頌 외
14 휴정休靜의 동국제산선등직점단게東國諸山禪燈直點壇偈 외
15 유정惟政의 선게禪偈
16 인오印悟의 염송설화송拈頌說話頌
17 성총性聰의 정토찬淨土讚
18 자수子秀의 무경실중게시無竟室中偈詩
19 나식懶湜의 송계대사가송松桂大師歌頌
20 취여取如의 종풍곡宗風曲
21 정조正祖의 어제화산용주사봉불기복게御製花山龍珠寺奉佛祈福偈

11
득통得通의 원각경송圓覺經頌 외

작자作者 함허 득통涵虛得通(1376~1433)은 조선 초의 승려이다. 득통得通은 호, 함허涵虛는 당호. 속명이었을 수이守伊와 속호일 무준無準이 있고, 속성은 유씨劉氏이다. 어려서 성균관에 들어 유교의 학문이 이미 깊어 장래가 촉망된다 하였는데, 21세 되던 해에 성균관의 친구가 죽는 것을 보고 세속의 무상함을 깨달았다. 관악산 의상암에서 출가하고 다음 해(정축, 1397) 무학왕사에게 법요를 들었다. 그 후 여러 곳을 열람하여 법을 닦았다. 갑신년(1404, 태종 4) 다시 회암사로 돌아와 독실에 거하면서 수선하였다. 갑오년(1414, 태종 14)에 연봉사烟峯寺에 이르러 작은 방 하나를 얻어 '함허당涵虛堂'이라 하고 3년 동안 정진하였다.

경자년(1420, 세종 2)에 오대산에 들어 여러 조사님들을 공양하고, 영감암靈鑑庵에서 나옹 화상의 진영에 공양을 드리니 그날 밤 신령한 스님이 나타나 스님의 이름을 이화已和,[1] 호를 득통得通이라 지어 주었다. 다음날 월정사로

---

1 이화己和 : 함허당의 이름을 불교계에서는 '기화己和'라 하는 데 대하여 필자는 의문을 제기하여 '이화己和'라야 할 것 같다는 의견을 제시한 바가 있다.(『涵虛의 文學世界』, 『韓國佛家 詩文學史論』, 불광출판사, 1993, 228쪽) 그 이유는 문인 야부野夫가 쓴 스님의 행장에, 나옹화상이 꿈에 나타나 "그대 이름은 이화己和이고, 호는 득통得通이다." 했다는 것이다. 꿈을

내려와 평생의 수도처로 삼아 정진하니 소문이 원근에 퍼져 대중이 모여들었다. 소문을 들은 세종이 대자어찰大慈御刹에 머물게 하여 선대비들의 천도를 올리게 하고, 종실들이나 부마들까지도 분향하게 하였다. 『어록』에 보이는 여러 군왕 대비를 위한 「선가하어仙駕下語」가 이때의 법어인 듯하다.

신해년(1431, 세종 13)에 희양산 봉암사鳳巖寺로 돌아와 퇴락한 사원을 수리하다가, 다음 다음 해(1433, 세종 15)에 입적하니, 세수 58세요, 법랍이 38년이었다.

저술은 『원각경소圓覺經疏』 3권, 『금강반야경오가설의金剛般若經五家說誼』 1권, 『현정론顯正論』 1권, 『함허당득통화상어록涵虛堂得通和尙語錄』 1권 등이 전하고 있다.(이종찬, 「涵虛의 文學世界」, 『韓國佛家詩文學史論』, 228쪽 참조)

해제解題 『함허당득통화상어록涵虛堂得通和尙語錄』에는 문文 29편, 가찬류歌讚類 11편, 시 88편이 수록되어 있다. 여기에 수록된 송류頌類는 이 가찬류에 수록된 것이다.

깨고 나니 "신기가 상쾌하여 허공에 노니는 것 같다.(身氣淸爽 若得太淸)"했다. 이름의 의미가 '이미(已) 화和했다'라야 원통을 얻었다는 득통得通이라는 호의 뜻과 맞물린다.

원각경송圓覺經頌

심히 깊은 오묘한 법 오묘하여 드러내기 어려우나	甚深妙法妙難宣
조목을 들어 나누어 밝힘이 이미 앞에 나타났으니	擧目分明已現前
만약 한 제목을 이해하고도 한 글자도 없다면	若了一題無一字
경을 보면서 어찌 다시 언어적 내용을 좇을 것인가.	看經何更逐言詮

서분序分

밝은 광명 속에 범인 성인이 녹아들었으니	光明藏裏融凡聖
평등한 법회 중에 교화의 의식을 보이시고	平等會中現化儀
땅을 진동시킬 만한 말씀 한마디도 안하고	不下一言聲振地
하신 말씀 끝내 완전한 기미 드러내지 않다.	發言終不露全機

문수장文殊章

여래께서 인연의 처지 따라 행하심 알려거든	欲識如來因地行
문수보살이 질문한 장을 보아서 취득하라	看取文殊所問章
진리의 법이 공한 것을 이해하면 공도 없으니	了悟法空空亦亡
이로부터 어리석음을 돌려 각황 부처 이룬다.	從此轉愚成覺皇

보현장普賢章

바른 이해 이미 이루었으면 곧 일어나 행하라	正解已成須起行
보현보살이 이런 까닭으로 그 방편을 물었다	普賢所以問其方
허깨비 환상을 여의어 도달해도 여읨이 없어	離幻拂到無所離
이 여읨이 없는 것이 바로 진실한 떳떳함이네.	不可離者是眞常

보안장普眼章

환상을 여의는 가장 우선의 방편을 알려거든	欲知離幻㝡先方
응당 보안장²을 보아 취득해야 할 것이다	也應看取普眼章
몸과 마음 환상에 의지해 정관의 바름 소멸되니	身心幻依正觀滅
맑고 맑음 청정 원만 광명이 부처 경지 나타나.	淸淨圓明佛境現

금강장장金剛藏章

중생 부처 다 의심하면 변하려 해도 안 변해	生佛俱疑變不變
큰 깨달음의 부처 아니면 누가 분변할 수 있나	若非大覺孰能辨
황금 연꽃³ 한 번 외치매 꿈이 바야흐로 깨니	金華一唱夢方醒
구름은 넓은 허공으로 흩어지고 달 둥글게 돋다.	雲散長空月圓現

---

2 보안장普眼章 : 보안普眼은 관세음보살觀世音菩薩이 자비의 눈(眼)으로 일체 중생을 널리(普) 볼 수 있는 것.

3 황금 연꽃(金華) : 금화金華는 금바라화金波羅華의 약칭. 곧 금색金色의 연꽃.

미륵장彌勒章

사랑의 뿌리 이미 사라지면 괴로움의 싹도 죽고　　愛根已滅苦芽燋
대승 소승이 길을 같이해야 성인 숲에 든다　　　　大小同途入聖林
지혜의 달 자비의 꽃이 세 가지 경계[4]를 밝히니　　智月悲花三界朗
중생의 영혼 이로부터 뜨고 가라앉는 세상 면한다.　生靈從此免浮沉

청정혜장淸淨慧章

맑고 맑은 청정의 한 근원이 이미 훤히 뚫리니　　　淸淨一源已豁然
계단과 지위를 밝히려 청컨대 거듭 드러내리라　　　爲明階位請重宣
점차적 정진이 진취의 공부 방편 아님을 알아　　　 知非漸進功方就
진실 허망을 모두 잊어야 해가 하늘에 솟는다.　　　 眞妄都忘日上天

위덕자재장威德自在章

일반적으로 가르침 따르는 방편 한량 없지만　　　一般隨順方無量
고요함·환상·선정 셋이 이 큰 강령이니　　　　　靜幻禪三是大綱
이 세 가지로 다른 길이라 파악하지 말라　　　　莫把此三爲異趣
일천 길이 고향으로 가는 길 아님이 없다.　　　 千途無路匪歸鄕

4　세 가지 경계(三界) : 욕계欲界·색계色界·무색계無色界. 욕계는 음욕淫慾과 식욕食慾으로 대표되는 유정有情으로 머무는 곳. 색계는 물질적 세계, 곧 내 한 몸으로부터 주거의 궁전과 같은 물질의 총칭. 무색계는 욕계·색계를 떠난 오직 마음의 의식으로 선정禪定에 머무는 곳.

변음장辨音章

삼관[5]으로 수행의 길을 빌려 설정하여	三觀假設修行路
단수 복수의 원통으로 스물다섯 가지[6]로 분류하다	單複圓分二十五
꿈속에서 함께 걱정 날은 아직 새지 않아도	夢裏同憂天未曉
깨어나면 여전히 해는 중천에 떠 있다네.	醒來依舊日當午

정업장淨業章

처음에는 깨닫지 못해서 진여 실상을 등져	初因不覺背眞常
인해서 나와 남을 세워서 몇 번이나 애끊었나	仍起我人幾斷腸
네 모습[7]이 구름처럼 걷히고 한 번 참 드러나니	四相雲開一眞露
바다 담담하고 허공 맑으니 일만 상이 빛난다.	海湛空澄萬像彰

보각장普覺章

바른 소견으로 찾아 이어 부처 힘으로 작업하면[8]	正見求承作他作
원한과 친근이 평등하여 어디 간들 마땅치 않나	平等怨親無適莫

---

5 삼관三觀 : 관법觀法을 3종으로 나누어, 순서대로 훌륭한 단계를 두어 자기 종파의 처지에서 관법의 최고로 삼음. 『원각경圓覺經』의 삼관은 지止(사마지奢摩地), 등지等至(삼마발저三摩鉢底), 정정(선나禪那)의 세 종류로 함.
6 스물다섯 가지 : 이십오원통二十五圓通. 25종의 방편으로 원통을 증득하는 것.
7 네 모습(四相) : 사유위四有爲. 생生·주住·이異·멸滅.
8 부처 힘으로 작업하면(他作) : 타작他作은 타력작他力作. 부처의 길에 두 길이 있는데, 하나는 자력自力이니, 자기가 닦는 착한 근기는 자력이고, 둘은 부처의 본원력의 보살핌을 받는 것이 타력他力이니, 여기서는 이 타력작이다.

네 마음이 피어나는 곳이 참으로 밝음이 드러나니	四心發處眞明露
대지 세계의 모든 장님들이 다 함께 눈을 뜨도다.	大地群盲同決膜*

원각장圓覺章

바람 멈춰 물결이 자니 이미 바른 관을 이루니	風停波息已成觀
한계 가득히 방편을 따라 몸은 스스로 평안하다	限滿隨方體自安
구별과 보편을 서로 닦음 비록 길은 다르지만	別徧互修雖異路
부처 경지 나타날 때는 두 갈래가 아니다.	佛境現時無兩般

현선수장賢善首章

이름에 따라 가르침 받들어 다시 수행하려면	依名奉敎復修行
갈림 따라 펴서 드날림이 모든 장님을 포괄해	隨分宣揚刮衆盲
훈습의 종자 많이 돋아야 증득 결과 당하니	熏種多生當證果
하늘 신도 경영이 있는 것을 호위하기 때문.	天神所以衛爲營

총송摠頌

뜻을 이해해 한량 없는 뜻을 거두어 다했으니	了義攝盡無量義
그래서 모든 경전의 청정한 눈이라 이름하다	故號諸經淸淨眼

---

* 원문의 '膜'은 '瞙'의 오식인 듯. 저본인 『한국불교전서』 7권 238쪽에는 '瞙'으로 되어 있다.

혼미한 근기를 밝히 뚫어 깨우침이 원만하니 照徹迷根并覺圓
끝 편에서 눈을 들으니 길고 짧음이 없다. 終篇擧目無長短

절필絶筆

세속 집을 떠날 때 진리 넓힘에 뜻을 두어 出家初志在弘道
나이 쉰다섯이 된 것도 깨닫지 못했네 不覺年登五十五
큰 공[9]이 있어 이 도를 빛낸 것도 없어서 未有膚功光此道
다만 거친 글귀를 가지고 중 됨에 보답하다. 但將荒句報黃老

---

9 큰 공(膚功) : 부공膚功은 부공膚公. 큰 공. 『시경』「소아小雅」〈유월六月〉에 "험윤을 정복하여 큰 공을 아뢰다.(薄伐玁狁 以奏膚公)"라는 구절이 있다. 주에 "膚는 大요 公은 功야라." 하였다.

법화경송法華經頌

법에는 다른 법이 없고 이 한 법인데　　　　法無異法是一法
본체의 색깔이 미세 오묘하여 생각하기 어렵다　體色離微妙難思
성인이나 범인에 있어서 모자람 더함도 없으니　在凡在聖無欠剩
연꽃의 오묘함이 이에서 합당하구나.　　　　蓮華之妙合於斯

서품序品

품은 회포를 드날리려고 하나의 광명을 발하니　欲暢本懷放一光
시방세계에 함께 나타나나 보기에는 아득하네　十方同現見皆茫
만약 보살들이 서로 북치고 노래함이 아니라면　若非大士相敲唱
당시의 모임에 끝내 바쁘고 지루함 풀기 어렵다.　時會終難解蒼皇

방편품方便品

지난날엔 일승을 위하여 여러 방편을 보였으나　昔爲一乘示多方
지금은 방편에 의지하지 않고 곧바로 드날리다　今不依方直擧揚
시방세계와 삼세의 시간이 부처의 알음알이이니　十方三世佛知見
모두가 석가모니의 한 말씀에 나타남으로 향한다.　摠向牟尼一口彰

비유품譬喻品

빛을 보여 입을 열어 대략 강령을 끌어내니　　放光開口略提綱
사십 년 동안 소장했던 일들이 이미 드날린다　　四十年藏事已彰
사리불[10] 혼자만 알고 나머지 헤아리지 못하고　　鶖子獨知餘莫測
다시 불난 집에 비유[11]하여 더욱 드날리게 되다.　　更依火宅爲敷揚

신해품信解品

손가락으로 인해서 달무리를 볼 수가 있듯이　　因指方能見月輪
보배의 장경을 구하지 않아도 자연히 이른다네　　不求寶藏自然臻
뒤집어 옛날의 헤매었던 괴로움을 생각하면　　翻思昔日跉跰苦
슬픔 기쁨이 이제는 저절로 자신에게 있네요.　　悲喜今爲自在身

약초유품藥草喻品

가섭[12]이 해답을 올리니 부처는 칭찬하시며　　飮光呈解佛稱讚
아득한 교화의 참된 자비를 다시 부연 설명하다　　冥化眞慈更敷演
이에 이르러서야 막 참다운 무여 열반을 아니　　到此方知眞滅度
마음 돌이키니 옛날의 소견이 부끄럽구나.　　廻心憋愧昔年見

---

10 사리불(鶖子) : 추자鶖子는 사리불舍利弗을 말함. 추로자鶖鷺子라고도 함.
11 불난 집에 비유(火宅喩) : 『법화경』의 일곱 가지 비유 중 하나.
12 가섭(飮光) : 음광飮光은 가섭迦葉의 번역된 이름.

수기품授記品

대덕 스님 성문 스님의 일만 이천이	大德聲聞萬二千
유독 가섭이 친히 수기함을 환호하니	獨呼飮光親授記
마음 없이 받기 구해도 역시 당연히 얻는데	無心求受亦當得
세 성인들 어찌하여 애써 수기를 구하는가요.	三聖如何强求記

화성유품化城喩品

가련하게도 옛날 길 가던 중의 나그네가	可憐昔日途中客
쉬기 원하는 정이 깊어도 조용하지 못하더니	願息情深未容與
길 인도의 도사 좋은 방편의 인연 아니었다면	不因導師善方便
어려움 없이 보배 장소에 이를 수 있었을까.	爭得無難到寶所

오백수기품五百授記品

부루나[13]의 수기가 세 성인 뒤에 있지만	富那記在三聖後
오백 비구도 복 밭 아님이 없으니	五百無非是福田
차례로 수기 받아 함께 기뻐하였는데	次第記令同歡喜
옷 속의 구슬[14] 비유가 사람 하늘 감동시키다.	衣珠一喩動人天

---

13 부루나富樓那 : 의역하여 만자滿慈, 또는 만축자滿祝子라 한다. 부처님 십대제자 중에 설법이 제일이라 한다. 『법화경』「수기품授記品」에 "부처님이 모든 비구들에게 너희들이 부루나를 보았느냐. 나는 항상 설법하는 사람 중에서 가장 제일이라 한다." 하였다.

14 옷 속의 구슬(衣珠) : 『법화경』 칠유七喩 중의 하나. 불성을 옷 속의 보배 구슬로 비유함. 친

수학무학인기품授學無學人記品

아난과 라후라[15]가 이름이 가장 드날렸어도	阿難羅睺名高顯
구구하게 스스로 진술하는 것을 면하지 못했고	未免區區亦自陳
이로부터 이천 제자 다 수기를 받았으니	從此二千悉蒙記
당시 영취산의 언덕에는 상상컨대 같은 봄이네.	當時靈岳想同春

법사품法師品

자비로이 유화인욕[16]의 마음으로 부처 자리 앉아	慈悲柔忍坐佛座
이에 경을 설하면 사람의 스승이 되기에 적합하니	爾乃說經合人師
이는 부처님의 시키는 바이니 응당 존경 받아	是佛所使應尊敬
오래지 않아 의당 큰 보리 지혜를 이루리라.	不久當成大菩提

구의 집에서 술 취해 자는데 그 집 주인인 친구가 몰래 옷 속에다 구슬을 매달아 주었으나, 이를 모르는 그 친구는 사방으로 걸식하며 그 구슬의 귀중함을 모르고 고생하다가 옛 친구를 만나 그 사실을 비로소 알게 되었다.

15 아난阿難과 라후라羅睺羅 : 아난은 석가여래의 사촌 동생이고, 라후라는 석가여래의 아들.
16 유화인욕(柔忍) : 유인柔忍은 유화인욕의柔和忍辱衣. 부드럽고 온화하고 욕을 참는 마음으로 마음을 삼는 자는 일체 진에瞋恚의 해독을 막는 것이 마치 추위 더위를 막는 옷을 입은 것과 같다. 『법화경』「법사품法師品」에 "선남자 선여인이 여래의 방에 들고 여래의 옷을 입고 여래의 자리에 앉아서 이에 응당 사부대중을 위하여 이 경을 설하라. 여래실은 일체 중생 중의 자비심이고 여래의 옷은 유화인욕의 마음이고 여래의 자리는 일체의 법이 공함이다.(善男子善女人 入如來室 着如來衣 坐如來座 爾乃應爲四衆 廣說此經 如來室者 一切衆生中慈悲心是 如來衣者 柔和忍辱心是 如來座者 一切法空是)"라고 하였다.

견보탑품見寶塔品

경의 뜻도 이미 원만했고 수기도 역시 원만하니	經義已圓記亦圓
홀연 보배의 탑이 춤추는 바로 앞에 나타나다	忽有寶塔踊現前
부처의 분신을 불러 모아 보배 탑을 개설하니	召集分身開寶塔
예와 이제가 함께 모여 사람에게 전하기 권하다.	古今同會勸人傳

제바달다[17]품提婆達多品

왕위를 버리고 부처를 섬긴 것 오묘 법으로 인함이니	捨位事仙因妙法
여자를 바꾸어[18] 부처가 된 것이 다른 이유가 아니니	轉女成佛不由它
영화를 버리고 진리 도를 배움은 참으로 드문 일이고	弃榮學道誠希有
찰나의 순간 부처가 되는 것도 역시 많지 않은 일이지.	刹那成佛亦非多

지품持品

수기를 듣고서 마음이 편한 것은 성문승의 대중이고	聞記安心衆聲聞
굴러도 물러나지 않는 법륜은 여러 보살들이다	轉不退輪諸菩薩
동시 같은 때에 부처께 고백하되 유포되기 원했으니	同時白佛願流布
이로 말미암아 이 경이 전하여 끊어지지 않는다.	由是此經傳不絶

---

17 제바달다提婆達多 : 곡반왕斛飯王의 아들, 아난阿難의 형. 여래의 종제從弟. 법화法華에서 천왕여래天王如來의 수기授記를 받음.
18 여자를 바꾸어(轉女) : 전녀성남轉女成男, 여인은 법기法器가 못되기 때문에 만약 부처가 되려고 하면 반드시 여인의 몸을 바꾸어야 한다. 『구담미경瞿曇彌經』.

안락행품安樂行品

청정의 수행이 자연스러워 사람들이 감화하니	行淨自然人感化
바람 불면 풀이 눕듯이 교화에 어려움이 없구나	風行草偃化無難
법을 설하여 남에게 이로움을 알리려 한다면	欲知說法利人處
원한을 멈추고 당연히 꿈속에서 보라.	休咎當於夢裏看

종지용출품從地涌出品

범인도 높은 스님과 같고 법도 둘이 없거늘	人同高德法無二
어찌하여 다른 지방에서는 특히 허락 않나	胡乃他方不許持
여래께서 마음이 다름이 있다 말하지 말라	莫謂如來心有異
다만 자취 드러내 사람들에게 알리려 함이지.	只要顯迹使人知

여래수량품如來壽量品

가야가섭[19]이 도를 이루고 본 것을 드러내는데	伽耶成道現所見
항하 중생을 교화한다 함에 곧 의심 있었으니	謂化沙衆却成疑
보살들이 일찍이 질문함이 없었더라면	不有大士曾發問
오랜 후의 부처 됨을 누가 있어 알겠는가.	久遠成佛有誰知

---

19 가야가섭伽耶迦葉: 지난날에 불을 섬기는 사화외도事火外道로서 2백의 대중을 거느리고 가야성伽耶城에 살았는데, 부처님이 가서 교화하여 사도邪道를 버리고 정도正道로 돌아와 나한도羅漢道를 얻고, 본래 살던 성으로 이름하였다.

분별공덕품 分別功德品

수명의 무량을 들어 이해함도 수없이 많아	聞說壽量解無數
부처께서 이해함에 따라 각기 칭찬 격양하다	佛隨其解各稱揚
하나의 품목만 들어도 공이 오히려 뛰어난데	但聞一品功猶勝
널리 공과 덕을 견지하면 그 덕 헤아릴 수 있나.	廣持功德其可量

수희공덕품 隨喜功德品

경을 듣고 기쁨을 따름이 쉰에 이르러도	聞經隨喜至五十
법의 맛이 정신 무젖음 상상컨대 깊지 못하나	法味滋神想未深
부처 알아 저를 찬양함이 공은 역시 뛰어나	知佛讚它功亦勝
경을 드러낸 오묘한 이득이 사람 마음 감동시켜.	顯經妙利感人心

법사공덕품 法師功德品

다섯 가지 덕이 갖추어져 능히 규범이 되니	五種功備堪爲範
이로부터 육천 가지 덕이 이에 이룬다	從玆六千德乃成
근원 경계 물색 마음이 함께 지혜 그림자이니	根境色心俱智影
지혜 밝으면 그런 까닭으로 그림자도 다 밝다.	智明所以影皆明

상불경품常不輕品

참다운 경전은 모습이 없으니 모습은 참이 아냐　　　眞經無相相非眞
오묘한 수행엔 내가 없으나 내가 묘행은 아니야　　　妙行無我我非妙
경에는 모습 없음 유지하고 행엔 내가 없으니　　　　經持無相行無我
저 경멸하지 않음[20] 배우면 천 년은 젊어진다.　　　學彼不輕千載少

여래신력품如來神力品

혀는 범천 하늘로 오르고 육신은 광채를 펴내니　　　舌至梵天身放光
큰 기침 소리 손가락 튕길 사이 시방세계 들리다　　　謦欬彈指聞十方
이와 같이 찬양으로 견지해 찬양 끝이 없으니　　　　如是讚持讚無極
그러므로 경전의 덕은 넓어 끝없음 알겠구나.　　　　故知經德浩無疆

촉루품囑累品

부처님 세 번 이마 어루만지고 스님 세 번 고백은　　佛三摩頂僧三白
유통 포덕을 하기 위하여 지시하심이 정녕하시네　　爲令流布示叮嚀
지금에 와서 누가 이 은혜 보답하는 자인가　　　　　如今誰是報恩者
보답하려거든 의당 이 경전 하나 널리 펴시게.　　　　欲報當弘此一經

---

20 경멸하지 않음(不輕) : 남을 경멸하지 않음. 불경지행不輕之行. 남을 경멸하지 않는 비구의 수행을 본받아 길 가는 사람에게도 예배하며 부르되, "나는 감히 경멸 오만하지 못해 너희들이 모두 부처가 되어야 하기에.(我不敢輕慢 汝等皆當作佛)"라 한다.

약왕본사품藥王本事品

전에는 육신을 불사르고 뒤에는 팔뚝을 태우니	前然一身後然臂
이러함이 다 오묘한 연경 경전의 인연일세	如是皆因妙蓮經
이 경이 다른 경전보다 최고 수승한 것이니	經勝餘經寂高勝
그러므로 우리 부처께서 정중히 부촉하심 알라.	故知吾佛囑叮嚀

묘음보살[21]품妙音菩薩品

음악을 올리고 바릿대 받드는 뜻 어디에 있는가	獻樂奉鉢志在何
묘한 말씀 오묘 실행이 오묘한 도를 넓히려 함이네	妙音妙行弘妙道
오늘에는 과연 신통력이 있을 수 있어서	今日果能有神力
보응 따라 교화되는 사물 넓은 은혜[22]를 뛰어넘다.	隨應化物蹨洪造

관세음보문품觀世音普門品

보응에 따라 변화함이 묘음보살과 동등하고	隨應變化等妙音
원만 보응에는 방편이 없어 저보다도 뛰어나다	圓應無方蹨於彼

---

21 묘음보살妙音菩薩 : 『법화경』「묘음보살품妙音菩薩品」에 "석가여래께서 육계肉髻와 백호白毫의 두 광채를 동방 팔만억세계에 비추니, 이 나라를 지날 때 나라 이름이 정광장엄淨光莊嚴이고 부처 이름이 정화숙왕지여래淨華宿王智如來이다. 묘음보살이 저 세계에서 8만 4천 보살과 함께 영취산으로 와 칠보 연꽃의 비를 내리고 백천의 음악이 저절로 울리니, 이는 과거세에 묘음보살이 10만 가지의 음악과 8만 4천의 보배 바릿대로 공양한 공덕으로 지금 정화숙왕지불국에 태어난 것이다." 하였다.

22 넓은 은혜(洪造) : 홍조洪造는 홍은洪恩과 같음.

만약 다함없는 질문을 바란 적이 없다면 若非無盡曾發問
누가 이 큰 보살의 무외[23]의 보시를 알겠는가. 誰知大士無畏施

다라니품陀羅尼品

수행이 오묘 원만에 이르러 이미 십분 이루어지면 行至妙圓已十成
다시 넓은 보호에 의하여 역시 기울어짐 없도다 更依弘護亦無傾
가장 사랑스럽구나, 주문 외고 경을 홍보하는 보살 寂憐說呪弘經士
신령한 주술 신령한 은공은 아마도 가볍지 않구나. 神呪神功也不輕

묘장엄품妙莊嚴品

오묘하고 원만히 사특함 돌리는 일 일상 일이 되나 妙圓轉邪一般化
그중에도 사도에 집착된 이 전화하기 더욱 어렵다네 於中邪着轉尤難
굴려 변해 정법으로 오기는 넓은 보호에 의지하니 轉令歸正依弘護
넓은 보호 공덕 능력은 이에 향해서 살펴보아라. 弘護功能向此看

보현권발품普賢勸發品

처음에 오묘 공덕에 의지해 믿음을 내었다면 初依妙德令生信

---

[23] 무외無畏 : 무소외無所畏. 부처가 대중들에게 설법하시매 태연히 두려움 없는 덕이다. 여기에 네 가지가 있어 사무외四無畏라 한다. ① 일체지무소외一切智無所畏, ② 누진무소외漏盡無所畏, ③ 설장도무소외說障道無所畏, ④ 설진고도무소외說盡苦道無所畏.

분명히 사도의 전화에는 공덕이 이미 이루어져 明至轉邪德已成
여기에 앉아서도 오히려 위로 향할 도 헐릴까 봐 坐此猶虧向上道
보현보살이 일상의 수행을 보인 까닭이 있다네. 普賢所以示常行

총송總頌

근기와 경계[24]를 벗어나지 않고 오묘한 법을 밝히며 不外根塵明妙法
생과 사멸을 여의지 않고 진리의 상도를 보이니 不離生滅示眞常
이를 이해하면 영산의 수기를 터득할 수가 있는데 了此可得靈山記
어찌 용화세계[25]를 기다려 다시 더 들어 나타내랴. 何待龍華更擧揚

일대교적一代敎迹

새벽 해가 처음 올라 높은 봉우리에 비치어도 曉日初昇照高峯
허다히 많은 바위 굴은 아직도 어둠이 가물가물 幾多嵒壑尙矇矇
낮은 산 깊은 골이 점점 다 밝으면 殘山幽谷漸皆朗
그 당년의 크고 작음이 다 개인 하늘이라네. 當年洪纖共晴空

---

24 근기와 경계(根塵) : 안眼 · 이耳 · 비鼻 · 설舌 · 신身 · 의意의 육근六根과 이 육근이 상대하는 색계色界의 육진六塵 · 육경六境.
25 용화세계(龍華) : 용화龍華는 용화회龍華會. 미륵보살彌勒菩薩이 지금은 도솔천에 있다가 5억 7천만 년을 지나면 이 불국토에 출세하여 용화수龍華樹 아래에서 법회를 연다 함.

12
김시습金時習의 연경별찬송蓮經別讚頌

작자作者 김시습金時習(1435~1493)의 자는 열경悅卿, 호는 매월당梅月堂·동봉東峯·청한자淸寒子·설잠雪岑이다. 생육신의 한 사람. 3세부터 시문을 이해하여 신동이라는 칭호를 얻었다. 1455년(세조 1) 삼각산 중흥사에서 공부하다가 세조가 왕위를 찬탈했다는 소식을 듣고 공부하던 서책을 모두 불사르고 이름을 설잠이라 고치고 불문에 들어 사방을 유람하였다. 이와 같이 사회제도에 반항하는 듯한 행적으로 인해 제도 밖의 사람이라는 방외인方外人으로 인식되나, 이는 오히려 세대를 바로 진정시키려는 주관을 가진 자유인이었다 함이 옳을 것이다. 필자는 율곡栗谷 이이李珥가 『김시습전』에서 규정한 '심유적불心儒跡佛'은 오히려 비유비불非儒非佛을 넘어 바로 진유진불眞儒眞佛이라는 결론을 내린 적이 있다.(이종찬, 「梅月堂 金時習의 문학세계」, 『韓國漢文學의 探究』, 131쪽 참조)

해제解題 연경별찬송蓮經別讚頌 : 「연경별찬」에서 찬문의 말미에 시로 읊은 개별의 게송이다. 「연경별찬」의 구체적 명칭은 「묘법연화경별찬妙法蓮華經別讚」이다. 작자는 서문에서 "옛날 천태산의 지자 대사智者大師 지의智顗가 『묘법연화경』의 현의玄義와 문구文句를 지어 후학들에게 보였고, 고려의 체관諦觀이 『천태사교의天台四敎義』를 저술하여 따로 종취宗趣를 세워 선禪에 귀속시켰다. 근래의 학자들이 이를 강론하면서 교敎 중의 여러 구절로만 담론하고 선가의 종지로 인도하지 못한다."라고 하여 이를 각 장에서 찬문으로 경의 뜻을 알리고, 말미에 게송을 읊은 것이다.

연경별찬송 蓮經別讚頌

거양종승송 擧揚宗乘頌

이러한 오묘한 법 이미 펴신 적이 있으니	如是妙法已曾宣
왕궁으로 내리시기 전에 역력히 밝히셨네	未降王宮明歷歷
아난[1]이 결집[2]해서 억지로 이름을 지었고	阿難結集强安名
구마라집[3]은 부질없이 번역하였지	鳩摩羅什漫飜譯
나는 이제 불경을 찬송하여 즐거이 듣게 하니	我今讚唄令樂聞
너희 모든 이에게 맡겨 법을 들을 수 있게 하다	任你諸人能聽法
불법은 다만 견디어 보호함을 임무 삼아야	佛法只在堪保任
곧바로 이어 받들어 의혹을 내지 말아라.	直下承當莫生惑

칠축대의송 七軸大意頌

구름은 일천 산의 새벽에 일고	雲起千山曉
바람은 일만 나무의 가을에 높다	風高萬木秋

---

1 아난阿難 : 석가여래의 사촌 동생.
2 결집結集 : 부처님이 멸도하신 뒤에 여러 제자들이 모여 이견異見이나 사설邪說을 방지하고, 불타의 설법을 암송하여 각자 들은 바가 확실한 것을 결합結合하고 집성集成시킨 것.
3 구마라집鳩摩羅什 : 아버지가 원래 천축天竺 사람인데 출가하여 구자국龜玆國에 이르러 국왕의 매씨와 결혼하여 구마라집을 낳았다. 어머니가 출가하여 득도하니 구마라집도 일곱 살에 어머니를 따라 출가하여 서역의 여러 곳을 돌며 모든 전적에 익숙했다. 진왕秦王 부견苻堅이 여광呂光을 시켜 구자를 정벌하니 여광이 구마라집을 데리고 장안으로 오게 되었다. 국사國師로 예우하여 경전 380여 권을 번역하였다. 죽을 때 유언하기를 "나의 번역에 오류가 없으면 다비한 뒤에 혀는 타지 않으리라." 했는데, 오직 혀만이 재로 변하지 않았다.

바위 머리 성 아래에 정박하니 　　　　　　　　　　石頭城下泊
물결이 고기 낚는 배를 치다. 　　　　　　　　　　浪打釣魚舟

서품송序品頌

영취산 속에 꽃이 흐드러지게 피고 　　　　　　　靈鷲山中花正開
만년 동안 마른 뿌리에 푸른 매화 자란다 　　　　萬年枯莖長靑梅
봄 경색이 지금 바야흐로 좋다 말하지 말라 　　　莫言春色今方好
지난해에 다 핀 것을 손수 스스로 심은 것. 　　　開了前年手自栽

방편품송方便品頌

부처님[4]은 묵묵히 말 없이 방편을 밝히는데 　　象王默默開方便
사리불[5]은 거듭거듭 게송의 말씀을 청하고 있네 　鶖子重重請偈言
오래도록 침묵한 회포 이제 비로소 펼쳐내니 　　久默本懷今始暢
권교 실교를 온전히 이끌어 다 흔들어 풀다. 　　全提權實盡掀飜

4　부처님(象王) : 상왕象王은 상중지왕象中之王. 부처님을 비유하는 말. 부처님에게는 80가지의 좋은 상이 있는데, 가고 머무름은 코끼리왕(象王)과 같고, 걸음걸이는 오리왕(鵝王)과 같고, 몸가짐은 사자왕獅子王과 같다. 『법원주림法苑珠林』.

5　사리불(鶖子) : 추자鶖子는 사리불舍利弗을 말함. 추로자鶖鷺子라고도 함.

비유품송譬喩品頌

기둥 뿌리 대들보 석가래가 반은 기울었고	柱根樑棟半欹斜
연기 불꽃이 서로 끓어서 괴로움 더할 수 없네	烟焰相煎苦莫加
아버지의 수레 하나가 본래의 소망을 뛰어넘어	長者一車超本望
이로부터 불난 집[6]이 바로 연꽃이었음을 알다.	從知火宅是蓮花

신해품송信解品頌

가련하구나 유랑의 아들 타향으로 나그네 되어	可憐遊子客他鄕
하늘 가를 분주히 뛰어다니다 세월만 길었네	奔走天涯歲月長
한 번 왕성에 들어서 자신의 아버지를 찾고서	一入王城尋我父
바야흐로 옛날이 실로 이어 합당했음을 알다.	方知疇昔實承當

약초유품송藥草喩品頌

위 근기들은 들으면 믿어 의심이 없지만	上根聽了信無疑
중하 근기는 듣고도 반드시 스스로 비하해	中下聞之必自卑
이것은 용왕이 크고 작음의 부족함이 아니라	不是龍王歉大小
상·중·하 민초의 풀이 사사로이 자신 이룸이다.	上中下草自成私

---

6 불난 집(火宅喩): 『법화경』 일곱 가지 비유 중의 하나. 불 속에 있는 자식들을 구하기 위하여 아버지는 그들이 좋아하는 보배 완구들이 집 밖에 있다 하여 유인해 낸다. 세 가지인 양의 수레(羊車), 사슴의 수레(鹿車), 소의 수레(牛車)가 집 밖에 있으니 빨리 나와 놀라 하여 그들을 구제한다.

수기품송授記品頌

자취를 드러낸 성문승은 수행이 이미 순수하여 　現迹聲聞行已純
우연히 지금 결과와 인연이 참임을 알았네 　　偶然今識果圓眞
청컨대 그대 복숭아 일천 그루를 심으면 　　　請君栽培桃千樹
곧바로 동풍을 만나 저절로 봄이 있다네. 　　　直得東風自有春

화성유품송化城喩品頌

고향이 멀고 멀어 변두리 가로 막혀 있어 　　故鄕遼夐隔邊陲
물길 넘치고 산도 아득해 길은 점점 어긋나다 　水闊山遙路轉差
마침 인도하는 스승의 임시 변화한 곳을 얻어 　會得導師權化處
바야흐로 보배로운 장소가 옮긴 적 없음 알다. 　方知寶所不曾移

오백제자수기품송五百弟子授記品頌

옷 속에 밝은 구슬[7]을 간직한 줄 모르고서 　　不知衣裡裹明珠
타향으로 분주히 내닫다 세월만 지나가다 　　　奔走他鄕歲月逾
오늘 저녁 취봉에서 고향 친구 만나니 　　　　　今夕鷲峰逢故友
의연하게 여전히 밝은 해가 동쪽에서 솟다. 　　依然杲日出東隅

7　옷 속에 밝은 구슬(衣裹珠) : 의주衣珠. 『법화경』 칠유七喩 중의 하나. 불성을 옷 속의 보배 구슬로 비유함. 친구의 집에서 술 취해 자는데 그 집 주인인 친구가 몰래 옷 속에다 구슬을 매달아 주었으나, 이를 모르는 그 친구는 사방으로 걸식하며 그 구슬의 귀중함을 모르고 고생하다가 옛 친구를 만나 그 사실을 비로소 알게 되었다.

수학무학인기품송授學無學人記品頌

삼주[8]의 오묘한 설법은 근기에 따른 말씀이나	三周妙法隨根說
특별한 땅의 봄바람은 길고 짧음이 없는 법이네	特地春風無短長
늦은 가지에도 오히려 이슬 맺음을 볼 수 있다면	看取晚枝猶帶露
만리의 가르침에 따라 모두가 향기 나는 것을.	從敎萬里盡馨香

법사품송法師品頌

봉황새 머금은 붉은 조서의 임금님 누대 앞에	鳳啣丹詔御樓前
일만 집 일천 가정마다 모두 오묘한 전달이네	萬戶千門盡妙傳
한 법 원만하여 원근의 멀고 가까움 두루하나	一法圓該無遠近
황제의 힘으로도 능히 다 펴지 못함을 알겠네.	才知帝力未能宣

견보탑품송見寶塔品頌

보배 탑이 열리어 일만 법이 융화하니	寶塔開來萬法融
사람 사람 물건 물건이 모두 원만 회통하도다	頭頭物物盡圓通
앞에 드러난 말씀 들어서 온몸이 존재하니	現前說聽全身在
소나무 삼나무에 십리의 바람을 보아 알라.	看取松杉十里風

---

8 삼주三周 : 『법화경』의 설법이 삼주설법三周說法이니, ① 법설주法說周, ② 비유주譬喩周, ③ 인연주因緣周이다.

제바달다[9]품송 提婆達多品頌

제바달다가 친히 영산의 수기를 받고	達多親授靈山記
용녀는 친히 큰 바다의 베풂을 전하다	龍女親傳大海宣
착하다 악하다 높다 낮다 말할 필요 없이	善惡尊卑不須說
밝고 밝은 해는 바로 하늘에 닿아 있다.	杲杲白日正當天

권지품송 勸持品頌

구름은 가을 하늘에 걷히고 달은 못에 인 찍어	雲捲秋空月印潭
특별한 곳이라서 어찌 잔소리가 필요한가요	何須特地說喃喃
지금까지 베푼 교화 어찌 물은 적 있는가	至今宣化何曾問
꽃은 비단 같고 물은 쪽빛 같은 것을.	花似紈羅水似藍

도 중히 여기고 생을 경시해 몸 아끼지 않으니	重道輕生不愛身
지금까지 바로 계속하는 이 이 어느 사람인가	即今似續是何人
법회 중의 삼승을 그 당시도 견지했으니	會中三乘持當世
뼈에 새겨도 어떻게 이 은혜 갚을 것인가.	銘骨如何報此恩

안락행품송 安樂行品頌

경전을 견지함 흐린 세상엔 심히 어려우니	持經濁世甚爲難

---

9 제바달다提婆達多 : 곡반왕斛飯王의 아들. 아난阿難의 형. 여래의 종제從弟. 법화法華에서 천왕여래天王如來의 수기授記를 받음.

네 법[10]이 두루 넓혀져야 이에 평안해져 四法徧弘乃可安
자비 지혜 쌍으로 수행함 온전히 짊어지고 悲智雙修全荷擔
가로 세로 나고 들어서 크게 이유 없다네. 縱橫出入大無端

종지용출품송從地涌出品頌

적멸도량[11]의 어린 아비[12]는 얼굴이 구슬 같고 寂場少父顔如玉
정적광조[13]의 늙은 아이는 머리칼이 눈 같구나 寂光老兒髮似雪
나가고 머무름이 멀지 않아도 교화 더욱 많아 出處不遠化彌多
신선의 솥에는 오히려 신선 약 있음 누가 아나. 誰知神鼎還丹藥

여래수량품송如來壽量品頌

여래의 수명의 양은 광활하여 잡을 수가 없고 如來壽量曠無攀
다만 중생을 위하여 옛 얼굴을 바꾸신다 只爲衆生換舊顔
알 수 없구나 자비로운 존상이 곧 가셔서 未識慈尊須急去
당당히 항상 옛날의 영취산에 계신지. 堂堂常在古靈山

---

10 네 법(四法) : 보살 수행의 4법. ① 불사보리심不捨菩提心, ② 불사선지식不捨善知識, ③ 불사감인애락不捨堪忍愛樂, ④ 불사아련야不捨阿練若(정적수행처)
11 적멸도량(寂場) : 적량寂場은 적멸도량寂滅道場.
12 어린 아비 : 어린 아비(少父)와 늙은 아이(老兒). 어린이를 어른으로 보고 늙은이를 아이로 보는, 믿지 않는 망상을 비유한 말.
13 정적광조(寂光) : 적적은 진리의 정적靜寂함이고, 광광은 진지眞智의 밝은 비춤이다.

분별공덕품송 分別功德品頌

위에는 육계의 상투[14]요 아래로는 연화대 자리	上有髻子下蓮臺
이마 위에는 소반처럼 도는 흰 기운[15]이 열리다	頂上盤旋白氣開
만약 참다운 진여 실상 저러함을 이해한다면	若了眞常這介是
다른 곳에서 거듭 배회할 필요가 없겠다.	不須他處重徘徊

한결같이 말씀한 진여실상의 오묘한 이치로	一說眞常微妙理
불국토의 많은 어린 이들 각기 본원으로 가다	刹塵兒子各還源
만약 오는 세상을 믿고 해득할 수 있다면	若能信解當來世
사람 하늘을 견뎌 수용해 지존에게 우러르리.	堪受人天仰至尊

수희공덕품송 隨喜功德品頌

보시 열반[16] 무수[17]의 칠보 공덕이라도	檀度僧祇七寶功
오히려 화살을 위로 하여 허공을 쏘는 듯하네	還如仰箭射虛空
이 경을 잠시라도 들어 원만한 전환을 겸하면	此經暫聽兼圓轉

---

14 육계肉髻의 상투 :『법화경』「묘음보살품妙音菩薩品」에 "석가여래께서 육계肉髻와 백호白毫의 두 광채를 동방 팔만억 세계에 비추니, 이 나라를 지날 때 나라 이름이 정광장엄淨光莊嚴이고 부처 이름이 정화숙왕지여래淨華宿王智如來이다. 묘음보살이 저 세계에서 8만 4천 보살과 함께 영취산으로 와 칠보 연꽃의 비를 내리고 백천의 음악이 저절로 울리니, 이는 과거세에 묘음보살이 10만 가지의 음악과 8만 4천의 보배 바릿대로 공양한 공덕으로 지금 정화숙왕지불국에 태어난 것이다."라고 하였다.
15 흰 기운(白氣) : 백호白毫. 앞의 주 참조.
16 보시 열반(檀度) : 육도六度의 하나. 단바라밀檀婆羅蜜이니, 단檀은 보시의 뜻이고, 바라밀은 건너다(度)의 뜻이다. 보시의 나눔이 생사를 넘어 열반에 이르는 하나의 수행법이다.
17 무수(僧祇) : 승기僧祇는 많은 숫자이니, 아승기阿僧祇는 무수無數·무량無量.

보답이 항하의 모래보다 많아 오묘 무궁하구나.   報勝河沙妙莫窮

법사공덕품송法師功德品頌

경을 견지하는 공덕으로 만약 베풀어 날리면   持經功德若宣揚
바다의 먹물 먼지의 붓으로도 쉽게 잴 수 없어   海墨塵毫未易量
부모님이 낳아 주신 청정히 맑은 몸이   父母所生淸淨體
시방 항하사 세계에 두루 원만 화창하리.   十方沙界遍圓彰

상불경보살품송常不輕菩薩品頌

경솔치 않았던 옛날에 잘 정하게 간직하여   不輕昔年善精持
두루 수기한 모든 중생들 너와 내가 없었지   遍記群生無物我
능히 꾸지람 욕을 참아 오랜 세월 수행하면   能忍罵辱曠劫修
빨리 보리를 얻어 진리의 과보를 이루리라.   疾得菩提成道果

여래신력품송如來神力品頌

사바세계에 유통시키려고 해서   娑婆世界欲流通
크게 밝은 빛을 발하여 허공에 두루하다   大放光明遍大空
여덟 자[18]를 타개하여 너에게 분부하노니   八字打開分付汝

---

[18] 여덟 자 : 설산팔자雪山八字. 생멸生滅·멸이滅已·적멸寂滅·위락爲樂의 8자를 말함.

당당한 오묘 진리는 예나 이제나 같다. 堂堂妙法古今同

촉루품송囑累品頌

홍법 부탁한 영취산의 미묘한 법은 囑累靈峰微妙法
마땅히 알라 교화 권고로 큰 은혜 보답함을 當知勸化報鴻恩
방편 앞의 지혜 본체로 원만한 수행을 하여도 權前智體行圓行
대지의 산과 강이 모두가 응신의 드러남이지. 大地山河皆應身

약왕보살본사품송藥王菩薩本事品頌

약왕보살 몸을 불태워 두 팔뚝 태우니 藥王燒身然兩臂
분명히 나타내어 수행인에게 보이다 分明標格示行人
만일 이와 같이 법을 정진해 가진다면 若能如是精持法
이것이 바로 부처 은혜 보답함 되리라. 是則名爲報佛恩

묘음보살품송妙音菩薩品頌

오묘한 말씀이 원래 광엄국[19]에서 왔으니 妙音來自光嚴國
삼매의 신통함이 고금에 드물구나 三昧神通罕古今

---

19 광엄국光嚴國 : 범어의 Vaisali(비사리毘舍離)를 번역하여 광엄光嚴이라 한다. 중인도에 있는 지명으로 석존이 이곳에 계실 때 『약사경』, 『유마경』을 설하셨다.

큰 지혜 문수보살도 오히려 헤아리지 못해   大智文殊猶莫測
뚜렷한 빛이 노파의 마음을 뚫어 드러내.   的然光闡老婆心

관세음보살보문품송 觀世音菩薩普門品頌

보타암[20]의 관음보살께 머리 조아리오니   稽首寶陀岩上士
오묘한 연꽃의 원만 수행 현묘함이 무궁하다   妙蓮圓行妙無窮
관음보살의 참다운 오묘한 노래 들으려 하면   欲識觀音眞妙唱
가을 깊자 새로운 기러기 구름 속에 들다.   秋深新雁入雲中

다라니품송 陀羅尼品頌

오묘한 진리는 원래 이름 모습이 없으니   妙法本無名與相
허공 중에 누가 감히 온전한 기밀을 드러내   空中誰敢露全機
한 소리 마음 도장이 흘러 유통하는 곳에   一聲心印流通處
하늘 마귀 외도들이 돌아오는 곳 곧 깨다.   直破天魔外道歸

묘장엄왕본사품송 妙莊嚴王本事品頌

일승의 오묘한 진리 연꽃처럼 청정해   一乘妙法淨如蓮
곳곳마다 사심 돌려 법 배를 운행하다   處處回邪駕法舡

---

20 보타암寶陀巖 : 관음보살觀音菩薩이 머무는 곳. 보타락가산寶陀洛迦山을 말함.

만약 사랑 인연이 그물 벗기 어려움 아니면	若非愛緣難出網
그대 보리라 두 아들이 묶임에서 구제됨을.	君看二子濟纏綿

보현보살권발품송普賢菩薩勸發品頌

보현보살의 일승 소원 두루 유통되어	普賢乘願遍流通
대지의 산과 강이 현묘한 본체로 융화해	大地山河妙體融
보살님의 참다운 청정 경계 알려 한다면	欲識大人眞淨界
산은 높고 바다 넓음이 예나 이제 똑같다.	山高海闊古今同

법설송法說頌

하나의 광채 동으로 팔천 불국토에 비치어	一光東照八千土
대지의 산과 강이 돋는 해처럼 밝구나	大地山河如杲日
이것이 곧 여래의 미묘한 설법이니	卽是如來微妙說
굳이 밖을 향하여 헛되이 찾지 말라.	不須向外謾尋覓

유설송喩說頌

중근기 하근기는 많이 들어도 다분히 믿지 않아	中下多聞多不信
가로 세로 이리 저리 방편으로 물고기 그물 펴듯	縱橫方便攏魚蝦
그대 보았지, 아버지의 마음은 기울지 않아	君看長者心無儻
장엄한 하나의 큰 수레[21]로 균등히 나눠 주다.	等賜莊嚴一大車

---

[21] 큰 수레(大車):『법화경』일곱 가지 비유 중의 하나에, 불 속에 있는 자식들을 구하기 위하여 아버지는 그들이 좋아하는 보배 완구들이 집 밖에 있다 하여 유인해 낸다. 세 가지인 양의 수레(羊車), 사슴의 수레(鹿車), 소의 수레(牛車)가 집 밖에 있으니 빨리 나와 놀라 하여 그들을 구제한다.

지원송智圓頌

모든 부처님의 지혜는 측량하기가 어려우니	諸佛智慧難測量
하나의 권교와 하나의 실교[22]가 서로 유대된다	一權一實相兼帶
문수보살[23] 사리불[24]이 펴서 드날리기 도우니	吉祥鶖子助宣揚
확연히 항하사 세계 비춰 안팎이 없구나.	廓照沙界無內外

행원송行圓頌

육신 언어 의식 자비 모두 다 거두어 다하여	身語意悲俱攝盡
영취산의 큰 일이 널리 유통 선전되었구나	靈山大事廣流宣
모든 부처의 본 마음은 저러한 것이니	諸佛本懷這介是
저런 갖가지 모습 의지하면 곧 원만해진다.	依他樣子卽能圓

구원송俱圓頌

이렇듯이 끝나고 이렇듯이 시작되어	如是而終如是始
인연의 근본 종말은 모두 이러한 것이니	因緣本末盡如如
삼천의 법계가 원만 융통 다하면	三千法界圓融盡
미워함 기뻐함 두루 원만해 수레 같이한다.	嗔喜偏圓共一車

유통송流通頌

이렇게 유통하여 다함이 없는 뜻은	如是流通無盡意
항하사 세계 끌어안음으로 논의를 삼자	籠羅沙界若爲論

---

22 하나의 권교와 하나의 실교(一權一實) : 한 시기에 적당한 법이 권權이고, 끝내 변하지 않는 법을 실實이라 함. 여래가 적당한 지혜로 처음에 연 삼승三乘의 가르침이 권교權敎이고, 뒤에 일승一乘의 가르침을 보인 것이 실교實敎이다.

23 문수보살(吉祥) : 길상吉祥은 문수보살文殊菩薩. 문수사리文殊師利를 만수실리曼殊室利라 하니, 이를 번역하면 묘길상妙吉祥이다.

24 사리불(鶖子) : 추자鶖子는 사리불舍利弗을 말함. 추로자鶖鷺子라고도 함.

여여한 이 법은 예와 지금이 없으니   如如此法無今古
어찌 다시 영산에서 세존에게 물으랴.   何復靈山問世尊

13
보우普雨의 중종대왕영혼게송中宗大王迎魂偈頌 외

작자作者 보우普雨(1515~1565)의 호는 허응당虛應堂·나암懶庵이다. 16세에 마하연에서 참선과 경학에 몰두하였다. 1548년(명종 3) 명종의 어머니인 문정왕후의 신임으로 봉은사 주지가 되었으며, 1550년(명종 5) 문정왕후의 도움으로 선교양종을 부활시켜 봉은사를 선종, 봉선사를 교종의 종찰로 정하였다. 1551년(명종 6) 선종판사가 되어 3백여 사찰을 국가의 공인 사찰로 하고, 도첩제에 따라 4천여 명의 승려를 선발하였다. 1565년(명종 20) 문정왕후가 작고하자 유림들의 거센 항의와 배불로 인해 제주도로 유배되어 목사의 장형으로 입적하였다.

저서로『허응당집虛應堂集』3권,『나암잡저懶庵雜著』1권,『수월도량공화불사여환빈주몽중문답水月道場空花佛事如幻賓主夢中問答』1권,『권념요록勸念要錄』1권이 있다.(이종찬,「虛應의 詩」,『韓國佛家詩文學史論』, 250쪽 참조)

해제解題 다음의 게송은 중종과 인종 및 대비들의 영혼식迎魂式에서 올린 게송들이다.『수월도량공화불사여환빈주몽중문답』의 부록으로 유통된 것이다. 여기서 조선조 사회가 불교를 배척했다 하지만, 종중의 여러 의식적 행사에는 오히려 불교에 깊이 의지했음을 알게 된다.

중종대왕영혼게송 中宗大王迎魂偈頌

황금 요령 높이 떨치는 두서너 소리에　　　　　金鈴高振兩三聲
특별한 곳 신선 영혼 눈이 활연히 열리다　　　　特地仙靈眼豁開
원컨대, 불법이 더해 주는 가지력을 이어서　　　願承佛法加持力
속히 용의 영정을 펼치어 내려 보이소서.　　　　速布龍旌示下來

진령게 振鈴偈

이런 요령을 떨쳐서 거듭 불러 청하오니　　　　以此振鈴伸召請
중종대왕님께서는 곧 알아들으시겠지요　　　　中宗大王便聞知
원컨대, 삼보의 힘으로 더하심 이어서　　　　　願承三寶力加持
오늘 이 시간 오셔서 이 법회에 납시오소서.　　今日今時來赴會

헌다송 獻茶頌

차가 곧 이 마음이요 마음이 곧 차이니　　　　　茶卽是心心卽茶
차를 떠나서는 참 마음 드러낼 곳 없네요　　　　離茶無地露眞心
만약 이런 가운데 한잔을 맛보신다면　　　　　　若向此中嘗一椀
사물이 마음에서 우러나지 않음 없음을 잘 알리라.　了知無物不自心

예불게송禮佛偈頌

널리 시방 일체의 부처님께 예배합니다　　　　　普禮十方一切佛
널리 시방 일체의 법에 예배합니다　　　　　　　普禮十方一切法
널리 시방 일체의 스님께 예배합니다.　　　　　　普禮十方一切僧

인종대왕영혼송仁宗大王迎魂頌

구불구불[1] 향기 연기 박산[2] 향로에서 이니　　篆篆香煙起博山
법신 몸의 참 면목이 단서 없이도 드러나네　　　法身眞面露無端
만약 저 속에서 활연히 눈을 뜨시더라도　　　　若向箇中開豁眼
죽고 삶이 사람들의 희롱을 받은 적이 없네.　　　死生曾不被人謾

---

1 구불구불(篆篆) : 전전篆篆은 향이 타면서 피어 오르는 연기가 마치 전서篆書처럼 구불구불한 모양. 전연篆煙이라 함.
2 박산博山 : 박산로博山爐의 약칭. 향로 뚜껑의 형상을 전설로 전하는 바닷속의 명산인 박산처럼 조성해서 얻은 이름. 일설에 진秦 소왕昭王이 천신天神과 여기서 도박賭博을 했다 해서 얻은 이름이라 한다. 당唐 이백李白의 〈양반아楊叛兒〉에 "박산 향로 안 침수향의 불꽃, 두 줄기 연기 한 가닥이 신선 안개 능가해(博山爐中沈香火 雙煙一氣凌紫霞)"라는 구절이 있다.

제대왕영혼식諸大王迎魂式

헌다송獻茶頌

이 한잔의 차[3]를 기탁하오니	托此一椀茶
조주 스님이 진작 보이시었습니다	趙州曾示人
차를 마시면 일미의 선[4]이니	茶含一味禪
영혼이여 한잔 맛보시기 권합니다.	勸靈嘗一嘗

제왕후영혼식諸王后迎魂式

헌다송獻茶頌

오미 다섯 맛의 향기 차 황금 잔에 올리어	五味香茶酌金罍
옛날 그 당년의 조주 스님 회포를 표합니다	聊表當年趙州懷
혹 성왕후 자비 베풀어 한잔 맛보시면	倘垂聖慈嘗一椀
하늘 본성 마음 달이 특별히 열리리이다.	性天心月特地開

---

3 한잔의 차 : 조주다趙州茶. 선가禪家 공안公案의 하나. 어느 스님이 조주趙州 화상에게 어떤 것이 조사가 서쪽에서 온 뜻인가 하고 물으니 조주는 차나 마시고 가라(喫茶去)고 한 것에서 유래함.

4 일미의 선(一味禪) : 수선修禪의 단계에서 점진적인 선을 이를 때, 돈오頓悟 돈입頓入의 선을 말함.

제공주영혼식諸公主迎魂式

헌다송獻茶頌

한 조각 마음은 한잔의 차에 있고	一片心在一椀茶
한잔의 차는 한 조각의 마음이네	一椀茶是一片心
조주 스님의 그 당일의 일을 알려 하면	欲識趙州當日事
바라건대, 청정한 잔에 한번 맛보소서.	冀須淸酌俯一嘗

선종판사화상영혼송禪宗判事和尙迎魂頌

한잔의 청정한 차가 바로 자신의 마음이니	一椀淸茶是自心
조주 스님이 상대 스님에게 따라드린 적 있지요	趙州曾向衲僧斟
응당 화상께서 번거로운 열기 있음 알겠으나	應知和尙多煩熱
이 맑고 시원한 차로 목마른 회포 위로하시오.	聊把淸凉慰渴襟

14
휴정休靜의
동국제산선등직점단게東國諸山禪燈直點壇偈 외

작자作者 청허 휴정淸虛休靜(1520~1604)의 자는 현응玄應, 호는 청허淸虛·서산西山이다. 속성은 최씨이고, 평남 안주 출신이다. 9세에 어머니를 여의고 10세에 아버지를 여의어, 안주목사 이사증李思贈의 양자로 상경하여 성균관에서 공부했다. 15세에 지리산으로 들어가 숭인에게서 교리를 터득하고 부용 영관芙蓉靈觀을 전법사로 모셨다. 1552년 부활된 승과에 급제하여 뒷날 선교양종판사가 되었다. 보우 대사의 뒤를 이어 봉은사의 주지가 되었다. 1589년(선조 22) 정여립의 난에 무고를 당해 옥고를 치르기도 하였으나, 선조는 그의 의연한 인품에 감탄하여 오히려 묵죽의 시화를 직접 그려 하사하기도 하였다.

1592년(선조 25) 임진왜란이 일어나자 왕명에 의하여 팔도십육종도총섭八道十六宗都摠攝이 되어 승병 5천여 명을 결집시켜 서울 수복에 공을 세웠다. 환도하여 늙음을 이유로 제자인 유정惟政과 처영處英에게 총섭의 임무를 부탁하고 은퇴했다. 1604년(선조 37) 세수 85세, 법랍 70년으로 묘향산 원적암에서 입적하였다. 저술로『선가귀감禪家龜鑑』1권,『삼가귀감三家龜鑑』1권,『선교석禪教釋』1권,『설선의說禪儀』1권,『심법요초心法要抄』1권,『청허당집

淸虛堂集』7권 1책 등이 있다.(이종찬, 「淸虛의 詩」, 『韓國佛家詩文學史論』, 271쪽 참조)

해제解題 동국제산선등직점단게東國諸山禪燈直點壇偈 : 우리나라의 역대 조사님들에게 공양을 드리면서 올린 게송이다. 고려 말의 석옥 청공石屋淸珙 선사에서 청허 휴정淸虛休靜까지에게 올린 것이니, 여기에는 작자에 대한 의문이 있을 수밖에 없다. 청허 휴정이 찬한 것으로 여기는 『설선의說禪儀』(『한국불교전서』 7책)의 부록에 편집되어 있어 휴정의 찬으로 단정했으나, 이 헌공송 안에 청허 휴정에게 올리는 헌공송도 있기 때문이다. 찬자가 자신에게 헌공을 한다는 것은 논리상 맞지 않는다. 『한국불교전서』를 편찬할 때에도 편찬자의 이름은 발문에 의하여 삽입했다 했는데, 발문은 청허의 제자인 해안 중관海眼中觀(1567~?)이 1631년에 쓰고 있다. 이 발문에서도 내용의 체계에 대해 의아해하면서 "큰 스승께서 평상시에 한 쪽만 보았더라도 아무 교정이 없이 오기가 있게 했겠는가.(大老師時順間 若有窺一斑者 其可木舌含羞 魚魯亥豕之爲乎)"라고 하였으니, 이는 문인들이 뒷날 기술한 것이 아닌가 여겨진다.

선왕선후조종열위단先王先后祖宗列位壇 : 조선 왕조의 선대 추존왕 목조穆祖, 익조翼祖, 도조度祖, 환조桓祖와 태조太祖로부터 선조宣祖에 이르는 역대의 왕과 왕비에게 공양을 올리며 영혼을 영접하는 가송歌頌이니, 배불排佛로 국시를 삼았던 조선 왕조가 궁중의 의식에서는 오히려 불교적 의식이 더 두드러졌던 점을 이해하기에 좋은 자료이다. 아울러 산 자와 죽은 자의 거리를 좁혀 주는 문학적 수사를 이해하기에도 좋은 본보기일 것이다.

동국제산선등직점단게 東國諸山禪燈直點壇偈

소청송 召請頌

이렇게 요령을 떨쳐서 거듭 소청하오니	以此振鈴伸召請
모든 산의 선사 화상이여 알아들으시기 바랍니다	諸山禪榻願聞知
바라건대, 이 요령의 소리 강과 산에 떨치는	願此鈴聲振山川
오늘 밤 이 시각에 오셔서 법회에 납시지요.	今夜今時來赴會

석옥청공대선사헌공송 石屋淸珙大禪師獻供頌

황금 바늘을 가진 손님이 봄바람에 의지해	金針持客倚春風
비단으로 하늘 호수와 바다 동쪽에 수놓다	繡出天湖與海東
세상 밖의 연기 안개 지붕 위에 피어오르고	世外烟霞生屋上
인간 세상 해 달의 세월 병 안[1]에서 보내네	人間日月費壺中
바위 앞의 바위 호랑이는 문화의 범이고	嵓前石虎同文虎
바릿대로 내린 용은 의를 함께하는 용이네	鉢下降龍共義龍
한 줄기 맑은 향불 사람들은 모르고서	一線淸香人不識
벌과 나비를 불러 허공을 어지럽힌다 하네.	引他蜂蝶亂虛空

---

1 병 안(壺中) : 호중천壺中天. 전설에 동한東漢의 비장방費長房이 시장의 관리가 되었는데, 시장 안에서 약을 파는 한 노인이 가게 가에 병을 달아매 놓고는 장이 파하면 그 병 안으로 들어간다. 비장방이 보통 사람이 아닌 것으로 알고 다음날 가서 함께 병 안으로 들어가니, 화려한 옥당에다 좋은 음식이 차려져 있어 잘 먹고 나왔다. 『후한서後漢書』「방술전方術傳」〈비장방費長房〉.

태고보우선사헌공송 太古普愚禪師獻供頌

영취산 꽃 가지의 한 떨기 바람이	靈鷲花枝一陣風
호주 땅 휩쓸더니 또 하늘 동쪽이네요	湖州剗地又天東
강이 파란 물결[2]을 흔드니 기미 먼저 움직이고	江搖鴨綠機先動
버들이 누런 빛[3] 조롱하나 아직 봄 중간은 아냐	柳弄鵝黃意未中
바로 추운 바위에 호랑이 울음으로 됨이 좋고	正好寒巖成嘯虎
마른 고목이 용의 노래를 불러오면 어떨까 아나	爭知枯木換吟龍
사랑스럽구나 소설산[4]에서 마음 전하는 곳에	可憐小雪傳心處
향은 바다 꽃으로 이르나 방장실은 비었네.	香到海花方丈空

환암혼수선사헌공송 幻庵混修禪師獻供頌

스님[5]은 하늘 땅을 덮는 안목이 있으시니	阿師有眼盖乾坤
마주하는 사람은 도가 저절로 존재함을 안다	對面人知道自存
물 멈춘 듯한 마음 말이나 침묵이 따로 없고	止水澄心非語黙
끊긴 구름 물결 자취를 또 어찌 논의할 것인가	斷雲浪迹又何論
현릉[6]의 기틀 아래 실타래[7] 같은 임금 밀지이고	玄陵幾下絲綸旨
태조가 새로 적시어 주신 비 이슬의 은혜이네	太祖新霑雨露恩

---

2 파란 물결(鴨綠) : 물빛이 오리 머리의 진한 녹색임을 비유함.
3 누런 빛(鵝黃) : 담황색淡黃色. 오리 새끼의 노란 털빛을 상징함.
4 소설산小雪山 : 태고암太古庵이 있는 산 이름. 소설산 태고암 보우 선사普愚禪師이다.
5 스님(阿師) : 아사阿師는 스님. 아阿는 발어사發語辭에 불과함.
6 현릉玄陵 : 고려 공민왕恭愍王의 능호陵號.
7 실타래(絲綸) : 왕의 말씀. "왕의 말씀은 실과 같아서 풀려나옴이 실타래와 같다.(王言如絲 其出如綸)"라고 함에서 유래. 『예기禮記』.

그믐을 밝히려는 암자 방장실 밖에는 宴晦庵中方丈外
해마다 구월의 달이 문 안을 엿본다. 年年九月月窺門

귀곡각운선사헌공송 龜谷覺雲禪師獻供頌

전령사[8]는 일이 많아 곡령 머리[9]에서 오는데 遽人多事鵠頭來
동자는 사립문 시비를 열려고도 하지 않는다 童子柴扉且莫開
두 거리의 적통을 이은 것도 생각한 적이 없고 承統兩街曾不意
왕사의 인장 하나도 원래 맺으려 함이 아니다 王師一印本非媒
얻었어도 호랑이 꼬리이니 마음에 없는 새이고 得之虎尾無心乙
잃어도 거북이의 저장이니 길이 도의 잉태이네 失亦龜藏長道胎
숭인문 아래 관리의 제지를 웃음으로 들으니 笑聽崇仁門下吏
통금 소리가 어찌 꼭 우레처럼 움직이랴. 禁聲何必動如雷

정심선사헌공송 正心禪師獻供頌

당년의 불법을 위촉받은 신하이니 當年佛法囑王臣
우리 종문을 뒤집어 몇 차례 굽히고 폈나 翻覆吾宗幾屈伸
두려운 말이 궁문에서 나니 마음 좋지 않고 畏語出門懷不好
왕의 부름[10] 산골에 들어도 덕으로 이웃 아니네 鳴騶入谷德非隣

---

8 전령사(遽人) : 거인遽人은 역사驛使, 역졸驛卒.
9 곡령鵠嶺 머리 : 곡령은 개성의 송악산松嶽山을 말함.
10 왕의 부름(鳴騶) : 명추鳴騶는 현자를 불러들이는 사신의 말. 공치규孔稚珪의 「북산이문北山移文」에 "우는 말의 사자가 골에 들어 왕의 조서가 이르니 몸은 달려가고 넋이 빠져 지조

동쪽이 솟아 오히려 서쪽이 침몰하게 되더라도	儘敎東涌還西沒
결코 남쪽 노인이 북극성에 숨는 일 없게 해	遮莫南翁藏北辰
빌려 묻건대, 산 앞의 명예 이욕의 손님이여	借問山前名利客
사내 남아가 몇이나 장부일 것인가.	男兒幾箇丈夫人

벽송지엄선사헌공송 碧松智嚴禪師獻供頌

한혈마[11]라 교만해도 오히려 헛된 이름일 수 있으니	馬驕朱汗尙虛名
마음이 비어 차례로 이루는 것만 하겠는가	爭似心空及第成
뼈에 사무치게 세 번 꿰맨 입은 말 함정을 뛰어넘고	徹骨三緘超語穽
취모검[12]의 한 자루 칼은 마음의 전쟁을 해결한다	吹毛一柄解心兵
친구의 조문[13]에 항상 갈림길[14]에 헤매는 이 보니	驢鳴每見羊腸客
마조 도일[15] 선사가 누가 용의 자식 낳을 줄 알아	馬祖誰知龍子生
청평에서 아무 일 없는 세월 향하지 않고	不向淸平無事日
위험을 잡고 난리를 평정하여 마귀 성을 격파하다.	扶危定亂破魔城

변하고 정신이 혼동되다.(及其鳴驢入谷 鶴書赴隴 形馳魂散 志變神動)"라는 구절이 있다.
11 한혈마(朱汗): 대완大宛에 천마天馬의 종자 한혈마汗血馬가 있는데, 하루에 천리를 달리면 앞다리에서 땀이 핏빛으로 흐른다 하여 한혈마라 하고, 이를 주한朱汗이라 한다.
12 취모검吹毛劍: 털을 불어도 자를 만한 예리한 칼.
13 친구의 조문(驢鳴): 유의경劉義慶의 『세설신어世說新語』「상유상游傷游」에 "왕중선이 나귀 울음을 좋아하였다 이미 죽으매 문제가 상에 가서 같이 간 이들에게 왕중선이 나귀 울음을 좋아했으니 각기 한 소리를 내어 보내자 하여 조객들이 다 나귀 울음을 했다.(王仲宣好驢鳴 旣葬 文帝臨其喪 顧與同遊日 王好驢鳴 可各作一聲而送之 赴客皆一作驢鳴)"라고 하여, '여명일성驢鳴一聲'이 친구를 애도하는 말이 되었다.
14 갈림길(羊腸): 양장羊腸은 양의 창자로 굽이와 갈래가 많다. 배우는 이들이 방법이 너무 많아 자신의 갈 길을 잊는다는 비유로 쓰이곤 한다.
15 마조 도일馬祖道一: 강서江西 도일 선사道一禪師. 남악 회양南嶽懷讓의 법사法嗣. 육조 혜능慧能이 회양에게 이르되, "이 뒤의 불법은 너의 주변에서 난 망아지가 천하인을 밟아 죽일 것이다." 했는데, 그 뒤로 도일의 법사가 천하에 포진했다. 그래서 마조馬祖라 했다.

부용영관선사헌공송 芙蓉靈觀禪師獻供頌

유불선 삼교는 마치 세 발의 솥과 같으며	三敎猶如三足鼎
구장과 칠요[16]도 역시 의술의 방법이다	九章七曜又醫方
지술가의 청오[17] 정통한 술법은 모두 숙련자[18]이고	靑烏精術皆游刃
백마사[19]와의 기이한 인연도 잘 준비해 두었네	白馬奇函好備嘗
변화 무상한[20] 영특한 유생도 강석을 같이하고	變豹英儒同講席
정성 기울이는[21] 스님들은 승당에 가득하구나	傾葵衲子滿僧堂
보배의 산[22] 아래에서는 누구나 빈 손이라 해도	寶山之下誰空手
구슬을 많이 가지고 도량에 앉아 있을 것이다.	多作瑚璉坐道場

경성일선선사헌공송 敬聖一禪禪師獻供頌

섣달의 달은 밝은 구슬이 한 알로서 차갑다가	臘月明珠一顆寒

---

16 구장九章과 칠요七曜 : 구장은 고대 제왕의 복식에 수놓은 아홉 가지의 문양. 칠요는 일日·월月과 금金·목木·수水·화火·토土이다.
17 청오靑烏 : 고대 전설 속의 지리학자(堪輿家).
18 숙련자(遊刃) : 어떤 백정(庖丁)이 문혜군文惠君을 위해 소를 잡으며 말했다. "지금 제가 칼을 잡은 지가 19년이고 잡은 소가 수천 마리입니다. 칼은 막 숫돌에서 간 것 같은데 저 소의 굴절 마디에는 틈새가 있고 칼에는 두께가 없습니다. 그러니 자유로이 놀리는 칼날은 반드시 여유가 있습니다." 하였다.(『장자莊子』「양생주養生主」) 그 뒤로 '유인遊刃'이 사물 관찰에 투철하거나 기예技藝에 정숙하여 자유로이 운용하는 이의 비유가 된다.
19 백마사白馬寺 : 중국 최초의 사원寺院.
20 변화 무상한(變豹) : 변표變豹는 표변豹變. 표범의 문양처럼 색깔의 변화가 많음. 행동이 잘 변하거나 권세에 붙닫는 이의 비유.
21 정성 기울이는(傾葵) : 경규傾葵는 해바라기가 태양에 기우는 것으로, 충성의 비유로 쓰임.
22 보배의 산(寶山) : 보배가 쌓여 있는 산. 『지도론智度論』에 "믿음은 사람에게 손이 있음과 같으니 보배 산에 들어가면 스스로 취할 수 있지만, 만약 손이 없으면 자신의 소유로 할 수가 없다.(信爲手 如人有手 入寶山中 自在能取 若無手 不能有所有)"라고 하였다.

봄바람의 구십구일은 다섯 번 둥글둥글하네	春風九九五團團
배회하던 달이 유리의 궁전으로 들고	徘徊月入瑠璃殿
뚜렷한 산은 푸른 옥의 소반을 흔든다	宛轉山搖碧玉盤
헛되이 갔다가 실되이 옴은 허비하지 않음과 같고	虛往實歸猶不費
장난삼아 왔다 품고 가는 것도 역시 간여할 바 아냐	弄來懷去亦無干
사랑스럽게도 한 번 종교를 드날리기로 하면	可憐一向揚宗教
온 지방의 자손들이 풀 속에서 보듯 쉬울 것이다.	掃地兒孫草裡看

청허휴정헌공송 清虛休靜獻供頌

백억 년이 돌아와도 다하지 않는 등불을	百億年歸不盡燈
누가 나누어서 동방의 승려에게 주었는가	阿誰分付與東僧
신선 삼산의 점 하나 서쪽에서 온 불꽃이고	三山一點西來焰
사해 천하 외로운 마음 북쪽으로 향한 귀의	四海孤心北面憑
동구 아래 창과 깃발은 물리치는 북소리이고	洞下鎗旗休退鼓
변방을 구제하는 창과 갑옷을 누가 먼저 올랐나	濟邊戈甲孰先登
흰 구름도 쌓였다 흩어지는 청허의 사원엔	白雲堆散淸虛院
때로 이는 바람 소리 스님 담소[23]의 위엄이네.	時有風聲謦欬稜

별파이종존숙헌공송 別派異種尊宿獻供頌

영겁의 저 밖에도 여러 산에 범궁이 있으니	劫外諸山有梵宮

---

[23] 스님 담소(謦欬): 경해謦欬는 경해謦咳. 담소談笑로 차용되는 용어.

꽃을 들어 대지에 가득히 맑은 바람 보내다	拈花匝地送淸風
유사[24] 땅에 달이 밝으나 사람들 지적할 줄 모르고	流沙月白人忘指
총령[25]에 구름 개이니 귀신이 늙은이를 끌어가다	葱嶺雲開鬼引翁
붓으로 던진 봉우리 소나무엔 수염 촉각 생기고	擲筆峯松生鬚角
두타산의 바윗돌이 다시 영롱히 밝구나	頭陀巖石更玲瓏
향을 사르는 마음 사랑 만년 가기 환호하니	香焚心字呼於萬
곳곳의 선승님들 역시 다하지 않는다.	處處禪僧亦匪躬

인예향욕引詣香浴

내가 지금 모든 존숙들에게 관욕시키노니	我今灌浴諸尊宿
청정한 지혜 공덕이 장엄하게 모이소서	淨智功德莊嚴聚
오탁의 혼탁한 세상에서 때를 벗게 하니	五濁惡世令離垢
의당 가섭[26]의 황금빛 몸을 증득하리이다.	當證飮光金色身

헌좌진언獻座眞言

내가 지금 이 한잔의 차를 가지고서	今我持此一椀茶
다함없는 감로의 맛으로 변화시키어	變成無盡甘露味
모든 산의 모든 어른들께 받들어 드리니	奉獻諸山諸尊宿
자비를 버리지 마시고 애처로이 받아 주세요.	不捨慈悲哀納受

---

24 유사流沙 : 서역西域 지구를 가리키는 말.
25 총령葱嶺 : 파밀고원의 큰 산맥.
26 가섭(飮光) : 음광飮光은 가섭迦葉의 번역된 이름.

선왕선후조종열위단先王先后祖宗列位壇

소청송召請頌

이렇게 요령을 흔들어 거듭 불러 청하오니	以此振鈴伸召請
선왕님 선왕후님들 널리 들어 알아주소서	先王先后普聞知
원컨대 삼보의 힘으로 가호 보지하셔서	願承三寶力加持
오늘 밤 지금 시간에 오시어 법회에 납시오.	今夜今時來赴會

관세음보살소청송觀世音菩薩召請頌

보타산 위의 유리 세계에	寶陀山上琉璃界
정법명왕께서 도량에 앉으시다	正法明王坐道場
가시기도 봄바람 같아 일만 꽃이 피고	去若春風開萬卉
오시기 가을 달 같아 일천 강에 인 찍으시다	來如秋月印千江
잠시 동안 다리[27]라 칭하는 인자 모습 오묘하고	乍稱多利慈容妙
때로는 길상이라 불러 자비 소원 길다	時號吉祥悲願長
타는 번뇌의 세상은 괴로움 외치기도 어려운데	熱惱人間雖叫苦
큰 의사의 왕께서 오시니 모두가 맑고 시원해.	大醫王到盡清涼

---

27 다리多利 : 관세음보살의 화신.

목조익조도조환조대왕왕후김씨김씨박씨최씨헌공송
穆祖翼祖度祖桓祖大王王后金氏金氏朴氏崔氏獻供頌

남쪽 끝 완산 풍패의 시골에	南極完山豊沛鄕
고조 증조 목조 익조가 이에 오르내리다	高曾穆翼乃翶翔
양주에서는 관음굴에 가서 기도하였으니	襄州往禱觀音窟
도조가 오시는 거동은 나비가 바쁜 모습	度祖來儀胡蝶忙
학과 같이 그늘에 있어 아들과 함께 어울리고	如鶴在陰同子和
기린처럼 노니는 성인은 함께 창성해지다	似麟游聖共歸昌
나라가 새로 일어나면 신령한 스님이 있으니	國之興也神僧在
어찌 시끄러이 시초를 이야기하랴.	何用紛紛爲濫觴

태조대왕헌공송 太祖大王獻供頌

송악산의 소나무 말라 왕조 기운이 끝나고	鵠嶺松枯王氣終
인왕산의 산 빛은 울울창창하구나	仁王山色鬱蔥蔥
귀신이 고려 말의 높은 이의 집을 엿보더니	鬼窺麗季高名宅
하늘이 영웅을 낳는 제일의 공이었네	天産英雄第一功
서쪽 북쪽에서 한 쌍의 화살 전함 듣지 못하고	西北未聞傳雙箭
동쪽 남쪽에서는 다시 활을 댕길 일 없어지다	東南無復事張弓
황금 가지 백옥 잎에 웅장한 춘나무의 수명이니	金枝玉葉莊椿壽
만세 소리 길이 경복궁에서 불려진다.	萬歲長呼景福宮

신의왕후한씨헌공송神懿王后韓氏獻供頌

신성한 왕후 사록[28]의 정기를 나눈 상서로움이	聖后分祥沙麓精
도산[29]의 수양 덕성[30]으로 석태가 태어나시다	塗山毓德石胎生
함원전 안에는 쉬파리가 지나는 소리였고	含元殿裡蒼蠅過
사정전 가에는 아직 닭이 운 것이 아니다[31]	思政堂邊鷄未鳴
수를 남산과 나란히 하려는 교태가 길하고	坪壽南山交泰吉
햇빛이 북극과 고르게 될 원형리정의 정도이네	均暉北極利亨貞
일화문 밖에는 새로운 양류 버들이니	日華門外新楊柳
유선형의 꾀꼬리 태평가 부르는 것을 자주 듣네.	煩聽流鶯唱太平

정종정안왕후헌공송定宗定安王后獻供頌

군왕의 일이란 어려운 것 다만 한 해뿐이었으니	王業艱難祗一朞

---

28 사록沙麓 : 사록沙鹿이라고도 함. 옛날 산 이름. 『후한서後漢書』 「원후전元后傳」에 "춘추春秋시대 진晉나라에 사관이 있었는데 사록이 무너지면 이것이 곧 음기가 양기의 영웅이 되는 것으로 흙과 불이 상승 작용하는 기상이니 단언컨대 645년 후에 성녀聖女가 일어날 것이다.(春秋晉國有史官 以爲沙麓崩 乃陰爲陽雄 土火相乘之象 斷言六百四十五年后 宜有聖女之興)"라고 하였다. 인하여 '사록'이 왕비를 칭송하는 말이 되었다.
29 도산塗山 : 전하는 이야기에 하夏나라의 우왕禹王이 도산에서 여인을 얻어 하나라가 흥하게 되었다 함. 이 도산에서 제후들이 회합하여 하나라를 창업하게 되었다.
30 수양 덕성(毓德) : 육덕毓德은 수양修養의 덕성德性.
31 함원전 안에는~것이 아니다 : 이 두 구는 『시경』 「제풍齊風」 〈계명鷄鳴〉 장을 인용하여 왕비가 임금을 내조하는 덕성을 은유한 것이다. 〈계명〉에 "닭이 이미 울었습니다. 조정에 이미 신하들 차 있습니다. 닭이 운 것이 아니고 쉬파리의 소리였지요.(鷄旣鳴矣 朝旣盈矣 匪鷄則鳴 蒼蠅之聲)"라고 하였다. 이는 왕비가 임금을 조회에 일찍 참여하도록 권하는 말이다. '닭이 벌써 울었고 신하들은 조회하려 이미 궁정에 차 있습니다.' 하면서 쉬파리가 지나는 소리를 멀리서 닭의 울음 소리가 들린다 하여 임금을 깨우는 것이다. 앞의 시는 이 내용을 담은 것이다.

뜬구름 같은 부와 귀는 또 어디로 갔나	浮雲富貴又何之
가정의 법이나 가지고 신선 과일[32]이나 추천했으면	好將家法推梨棗
산 꽃을 향하여 자규의 울음은 한탄하지 않았겠지	不向山花恨子規
때 맞춰 잘 오는 비에는 항아리가 우스워지고	時雨到來甕可笑
아침 햇살이 돋으면 횃불이 무슨 필요가 있나	朝暉出矣爛何爲
되돌려 이십 년 전의 일을 생각하면	還思二十年前事
마음이라 누가 말하나 둘 다 기구한 것을.	心亦誰言兩屈奇

태종대왕헌공송 太宗大王獻供頌

높은 산악이 아름다워 길상의 상서로움 빚어내	雉嶽娟娟釀吉祥
자연스러이 감화되어 높은 사랑[33] 조정을 맡았네	自然而化典巖廊
일천 관청의 새벽 해에 구름 안개 뒤섞이고	千官曉日雲霞雜
삼각산에 가을이 공허하니 창 칼이 빛났구나	三角秋空劍戟光
은은한 번개 우레처럼 몰아오는 호령이었고	隱隱雷霆驅號令
밝고 밝은 북두칠성은 문장 제도로 빛났네	昭昭星斗煥文章
동쪽 왜인도 조공으로 오니 전란도 멈췄으니	扶桑入貢兵塵熄
밭 갈고 우물 파[34] 희희낙락 즐거움 끝 없었네.	耕鑿熙熙樂未央

---

32 신선 과일(棗梨) : 조리조리棗梨는 교리화조交梨火棗. 도교에서 말하는 선과仙果. 배는 겉이 파랗고 속이 희어(外蒼內白) 오행五行의 금金과 목木이 함께(交互)한다는 뜻으로 '교리交梨'라 하고, 대추는 맛은 달고 겉은 적색이기에 양陽이니, 양토陽土의 생물이란 뜻으로 화조火棗라 한다.
33 높은 사랑(巖廊) : 암랑巖廊은 높은 누대의 회랑을 이르는 말로 조정의 의미로 전용된다.
34 밭 갈고 우물 파(耕鑿) : 요순堯舜시대의 평화로운 정치를 대변하는 노래에 〈격양가擊壤歌〉가 있는데, 그 핵심적 가사가 "밭 갈아 먹고 우물 파 마시는데 임금님의 위력이 나에게 무엇이 있느냐.(耕田而食 鑿井而飮 帝力何有於我哉)"이다.

원경왕후헌공송元敬王后獻供頌

조용하고 정숙 한적하게 궁궐[35] 안을 다스리니	幽閑貞靜御椒房
슬하에서 셋째가 왕으로 태어나신[36] 아드님이네[37]	膝下三王載弄璋
한 기운으로 이은 가지이니 비록 각기 다 귀하나	同氣連枝雖各貴
사람 마음이나 하늘 운명은 내려오는 곳이 있다	人心天命在歸降
파리가 백옥 침상에 나니 닭의 울음이라 경계하고[38]	蠅飛玉寢驚鷄唱
동호[39] 물 시계에 여운이 가물거려 달빛을 바라본다	韻耿銅壺望月光
인품의 단아 방직으로 내려옴이 중궁 곤전의 규범[40]이니	方直由來眞壼範
다시 무슨 일이 있어 담 안[41]의 시끄러움을 이야기하랴.	更何有事起蕭墻

세종대왕헌공송世宗大王獻供頌

인자와 효도로 태자궁[42]에서 온갖 일 근심 없었고	仁孝春坊百不憂

---

35 궁궐(椒房): 초방椒房은 황후가 거처하는 궁전으로, 후비가 거처하는 궁실을 일컫게 되었다.
36 셋째가 왕으로 태어나신(三王): 셋째 아드님이 세종대왕이어서 한 말이다.
37 아드님이네(弄璋):『시경』「소아小雅」〈사간斯干〉에 "이에 남자가 태어나니 침상에 눕히고 바지를 입히고 구슬로 희롱하도다.(乃生男子 載寢之牀 載衣之裳 載弄之璋)"라고 하여, '농장弄璋'이 생남생男을 이르는 말이 되었다.
38 파리가 백옥~울음이라 경계하고: 승비계창蠅飛鷄唱은 왕비가 왕을 일깨우기 위하여, 쉬파리가 나는 소리를 멀리서 새벽 닭이 우는 소리이니 기상하여 조회에 나아가라 권고하는 것. 왕후의 내조內助. 앞의 주 31 참조.
39 동호銅壺: 고대에 동으로 병 모양을 한 물시계. 담아 놓은 물이 다 새 나오면 밤중이니, 이 시는 그 시간을 상징한 것인 듯.
40 중궁 곤전의 규범(壼範): 곤壼은 원래 궁전 안의 길을 말한다. 그래서 궁중 여인을 지칭하게 되었다. 곤범壼範은 이렇듯 왕비의 규범에서 일반 여인의 규범으로 말하게 된다.
41 담 안(蕭牆): 소장蕭牆은 고대 궁정 내부의 작은 담. 내부內部라는 의미로 인용한다. 밖으로 알려지지 않은 집안의 일.
42 태자궁(春坊): 춘방春坊은 태자의 궁전. 또는 태자궁에 있는 관리를 말함.

의관 용의는 동원공 기리계⁴³를 따라 역시 놀았네	衣冠園綺亦從遊
부처님의 꿈이 기원정사에 기탁하던 밤이고	金人夢托祇園夜
백마사의 경전⁴⁴ 서적은 패엽⁴⁵의 가을이라	白馬經書貝葉秋
성 위의 붉은 구름이 상서로운 기운을 올리고	城上赤雲呈瑞氣
눈썹 사이의 누른 빛이 백성의 노래를 듣다⁴⁶	眉間黃色聽民謳
배 주고 대추 사양하는⁴⁷ 하염 없는 도가 정치는	推梨讓棗無爲治
이것은 지난 왕실에서 물려준 경륜이다.	此是前王貽厥猷

소헌왕후헌공송 昭憲王后獻供頌

하나의 푸른 용이 자손⁴⁸ 여덟 용을 낳으시니	一靑龍耳八龍生
어찌 고양⁴⁹의 마을 위를 걸을 뿐이겠는가	奚啻高陽里上行
물러나 있다 하여 어찌 두려운 말이 많을 것인가	雌伏何爲多懼說
때 만나 날면 의당 각기 승평세계를 누리는 것을	雄飛當各享昇平
산초 바람⁵⁰ 대궐로 부니 황금 가지 울창하여	椒風吹闕金枝鬱
인자한 이슬 궁중에 드리워 백옥 잎이 번영하네	慈露垂宮玉葉榮

---

43 동원공 기리계(園綺) : 원기園綺는 진秦나라를 피하여 숨었던 상산사호商山四皓의 동원공 東園公과 기리계綺里季를 함께 이름.
44 백마사의 경전 : 한漢의 명제明帝 때에 마등축법란摩騰竺法蘭이 서역으로부터 백마에다 경전을 싣고 와서 백마시白馬寺를 시었으니, 이것이 승사僧寺의 시초이다.
45 패엽貝葉 : 패다라貝多羅의 잎인데, 인도 사람들은 이 잎에다 경문을 썼다.
46 눈썹 사이의~노래를 듣다 : 당唐 한유韓愈의 〈언성만차봉증부사마시랑급풍리원외鄖城晩次奉贈副使馬侍郎及馮李員外〉 시에 "城上赤雲呈勝氣 眉間黃色見歸期"라는 구절이 있다.
47 배 주고 대추 사양하는(推梨讓棗) : 선가의 과일. 앞의 주 32 참조.
48 자손(耳) : 이耳는 이손耳孫으로 자손을 의미함. 소헌왕후의 소생이 8남 2녀이다.
49 고양高陽 : 전욱顓頊이 천하를 소유하게 된 곳이다. 『초사楚辭』〈이소離騷〉에 "황제는 고양의 후손이며 짐의 아버지가 백용이네.(帝高陽之苗裔兮 朕皇考曰伯庸)"라는 구절이 있다.
50 산초 바람(椒風) : 초풍椒風은 궁전의 이름. 황후의 궁전을 초풍이라 했다.

| 나머지 여운이 산 집에도 이르지 않음 없으니 | 餘漸山家無處着 |
| 시종의 환관[51]이 와서 반승에게 알리는 소리이네. | 中涓來報飯僧聲 |

문종대왕현덕왕후헌공송文宗大王顯德王后獻供頌

여덟 대군의 항렬에서 첫째이신 분이니	八大君行第一人
짐을 짊어지고 길 앞의 나무 섶을 열 능력이 있지	可能負荷柝前薪
선왕께서 효령대군의 집으로 어소를 옮기시니	先王移御孝寧第
두 의사는 조용히 그 의술은 진실하지 못하다네	二竪潛言醫未眞
선서[52]는 정성된 감응을 속이지 않으나	善逝不欺誠感應
신미 스님[53]은 이로부터 정신이 피곤해졌네	眉師自是困精神
가장 가련스러움은, 고명하실 때 잔 속의 달이	最憐顧命盃中月
헛되이 광명을 흩날려 사육신으로 들었음이네.	虛散光明入六臣

세조대왕정희왕후헌공송世祖大王貞熹王后獻供頌

신령한 그릇은 원래 스스로 돌아올 곳이 있으니	神器由來自有歸
참다운 용은 혹 뛰거나 못에 있거나 날거나 하지	眞龍或躍在淵飛
은혜 원숭이에게도 미치니 왕의 경륜이 출렁이고	恩推狖狘絲綸渙
수레는 산 바위까지도 구르니 비 이슬이 아련해	車轍山巖雨露霏

---

51 시종의 환관(中涓) : 중연中涓은 고대에 임금에게 친근한 시종관. 환관宦官.
52 선서善逝 : 수가타須伽陀의 번역된 이름. 오고 감이 자재로운 덕을 가졌기 때문이다.
53 신미 스님(眉師) : 신미信眉(혜각존자慧覺尊者)일 듯하다. 간경도감에서 여러 경전을 언해했다.

높은 대궐 중궁 궁전에는 뜨거운 번뇌 불어내고 魏闕椒風吹熱惱
요임금 하늘 부처 해가 추위 미세한 곳도 비추다 堯天佛日照寒微
교화에 보답하려는 노상의 누런 먼지의 나그네가 報教路上黃塵客
시끄러이 수고롭게 옳고 그름 노래할 일이 없네요. 擾擾無勞歌是非

예종장순왕후안순왕후헌공송睿宗章順王后安順王后獻供頌

가련하게도 인간 세상은 망아지 틈새 지나듯 빨라 可憐人世白駒邊
황하수 맑히려 시도하려면 다시 또 몇 해일까 圖出河淸復幾年
영화로이 천추를 축수하였지만 끝내 결실 못하고 華祝千秋終不實
높이 만세를 부르짖었지만 마침내 편치 않았네 嵩呼萬歲竟無便
근심이 기나라인 기국에 침범[54] 돌에 애서 반년이고[55] 憂侵杞國朞强半
사광의 단장[56]이나 소문의 거문고엔 이미 줄이 끊겼네[57] 枝策昭文已斷絃
장례의 무덤[58] 일이 이루니 돌아가심[59]이 빨랐으니 窀穸事來弓號早

---

54 기국에 침범: 우침기국憂侵杞國은 기우杞憂. 기杞나라 사람이 하늘이 무너질까 걱정을 했다 하여, 쓸데없는 걱정을 기우라 한다. 여기서는 새로 등극한 예종睿宗이 단명할까 하고 헛걱정을 했다는 의미이다.

55 돌에 애서 반년이고(朞半): 예종이 무자년(1478) 9월 7일에 즉위하여 다음 해 기축년 11월 28일 승하했으니 겨우 1년 3개월의 재위 기간을 말함이다.

56 사광의 단장(枝策): 『장자』 「제물론齊物論」에 "소문이 거문고 타는 것이나, 사광의 지팡이 장단이나, 혜자가 책상에 걸터 앉은 대화, 이 세 사람은 기미를 아는구나.(昭文之鼓琴也 師曠之枝策也 惠子之據梧也 三者之知幾乎)"라는 구절이 있다.

57 거문고엔 이미 줄이 끊겼네(斷絃): 단현斷絃은 부부의 죽음으로 인한 이별을 말함. 예종의 비 장순왕후가 경진년(1460, 세조 6)에 세자빈으로 책봉되어 다음 해 12월에 승하했음을 말함.

58 장례의 무덤(窀穸): 둔석窀穸은 매장埋葬. 무덤.

59 돌아가심(弓號): 궁호弓號는 호궁號弓. 전설에 황제黃帝가 수산首山의 동을 캐서 종을 주조하는데, 종이 완성되자 용이 황제를 맞아 하늘로 올랐다. 후궁으로 같이 오른 자는 70여 인인데 나머지 신하는 오르지 못하자, 용의 수염을 당기니 수염이 뽑히면서 황제의 활(弓)

풍수의 지사들[60]은 모름지기 수하는 산천을 살피게 되네.　　　靑烏須視壽山川

덕종소혜왕후헌공송德宗昭惠王后獻供頌

신라 시대에는 갈문왕[61]이란 추존의 임금이 있었으니　　　新羅時有葛文王
구원의 저승에서라도 기쁨이 크게 함이었다네　　　欲使九原歡喜長
사마의 말 추존의 봉호를 청하여 머리 조아려 절하고　　　駟請追封拜稽首
봉황은 은총의 조서를 머금고 푸른 하늘을 난다　　　鳳卿恩詔飛穹蒼
큰 복으로 도우니[62] 소목[63]의 반열이고　　　介以景福班昭穆
제사를 돕는 제후들[64]은 효도 생각하는 당일세　　　相維辟公思孝堂
해마다 구월의 회복하는 길일에　　　年年九月蘇之吉
한잔의 상락주[65] 술은 향기 아닌 향기일세.　　　一樽桑落非馨香

이 떨어졌다. 백성들이 활을 안고 울부짖었다(號). 그래서 임금의 죽음을 '호궁'이라 한다.

60　풍수의 지사들(靑烏) : 청오靑烏는 청오자靑烏子. 전설에 고대의 풍수지리風水地理 술사術士. 감여가堪輿家.

61　갈문왕葛文王 : 신라 시대에 왕실에서 추봉하던 왕명. 그 범위는 다른 계통에서 왕위를 계승한 생부生父, 장인, 외조부, 모제母弟, 여성의 배우자 등.

62　큰 복으로 도우니(介以景福) : 『시경』「주송周頌」〈잠潛〉에 "제사로써 하고 제향으로써 하니 큰 복으로 돕는다.(以享以祀 以介景福)"라고 하여, 겨울 봄에 드리는 제사의 의식을 노래하였다.

63　소목昭穆 : 종묘나 사당의 신주를 배열하는 순서. 시조始祖가 중앙에 있고, 이하의 부자父子(할아버지 아버지)가 서로 좌우로 자리를 잡는다. 왼쪽이 소昭이고 오른쪽이 목穆이다.

64　제사를 돕는 제후들(相維辟公) : 『시경』「주송周頌」〈옹雍〉에 "제사를 도우려 화열한 안색으로 와서 멈추는 모습도 엄숙히 제사를 돕는 제후들에게 천자의 모습 화목하도다.(有來雝雝 至止肅肅 相維辟公 天子穆穆)"라고 하였다. 이는 무왕武王이 문왕文王을 제사할 때에 여러 나라의 제후들이 와서 돕는 화열 엄숙한 모습을 읊은 시이다.

65　상락주桑落酒 : 옛날 좋은 술의 이름. 10월 뽕잎이 질 때의 술맛은 봄 술과 같다 해서 얻은 이름.

성종공혜왕후정현왕후헌공송 成宗恭惠王后貞顯王后獻供頌

창덕궁 동쪽 창경궁에서	昌德宮東昌慶宮
매양 새해 설을 당하면 삼궁을 하례하네	每當新正賀三宮
준경각은 교룡 머리[66] 기둥의 달을 대하고	遵經閣對螭頭月
명정루에는 치미 지붕의 바람이 통한다	明政樓通雉尾風
상서 기운이 하늘에 이으니 패물 소리 울리고	瑞氣連空環佩響
상서 구름이 어탑에 둘리니 곤룡포 온화롭다	祥雲遶榻袞衣融
분수 모르는 이[67] 은혜 입어[68] 전쟁[69]이 멈추니	拒轍食葚氈裘息
설교를 들은 항하사의 도량에는 모두 활을 걸다	聽說沙場盡掛弓

중종장경왕후문정왕후헌공송 中宗章敬王后文定王后獻供頌

문정전 인양전 궁전 집도 깊은데	文政仁陽殿宇深
무슨 마음으로 선대 업 이을 집[70]을 저버리리요	何心辜負肯堂心

---

66 교룡 머리(螭頭): 이두螭頭는 이수螭首. 고대에 제기, 비석 머리, 기둥 궁전 계단 등에 새긴 교룡(螭)의 머리.
67 분수 모르는 이(拒轍): 버마재비가 달려오는 수레바퀴를 물리치려는 어리석음. 제 힘을 모르고 날뛰는 비유.
68 은혜 입어(食葚): 식심食葚은 남의 은혜를 입음의 비유. 『시경』「노송魯頌」〈반수泮水〉에 "펄럭대며 나는 저 독수리여 반궁의 숲에 모였구나. 우리 뽕나무 오디를 먹고 우리의 좋은 소리를 품어라.(翩彼飛鴞 集于泮林 食我桑黮 懷我好音)"라는 구절이 있다. 울음 소리가 고약한 독수리가 오디를 먹고 좋은 소리를 가지듯이 사람의 은혜를 입어 좋아짐을 비유함. 원문의 '黮'은 '葚'과 같다.
69 전쟁(氈裘): 전구氈裘는 북방민족의 전투복.
70 선대 업 이을 집(肯堂): 긍당肯堂은 긍당긍구肯堂肯構. 『서경』「대고大誥」에 "만약 집 지을 것을 삼고한다면 이미 지난 아버지 법이 다했으니 그 아들이 이에 집을 지으려 않거늘 더구나 구성까지 하겠나.(若考作室 旣底法 厥子乃弗肯堂 矧肯構)"라고 하여, '긍당긍구'는 자식이 아버지의 업을 잘 계승함을 말한다.

책상 앞에 비록 실이나 삼의 직물용이 있어도	牀前雖有絲麻用
뜰 밖에서 띠풀 같은 것[71]도 금한 적이 없다네	庭外曾無菅蒯禁
운각사의 종소리는 망량[72]의 귀신을 몰아내고	圓覺寺鍾驅罔兩
인왕산 빛은 사기의 침입을 막아 주다	仁王山色辟氛祲
긴장 완화가 다시 펴는 경장 솜씨에 있지 않으니	緊緩不在更張手
삼십구 년[73]이 하나의 거문고 조율 같았네.	三十九年如一琴

인종대왕인성왕후헌공송仁宗大王仁聖王后獻供頌

오복 가운데 가장 첫째가 수인데	五福之中初曰壽
제왕으로 등극하고서 어찌 그리 단명하셨나요[74]	帝王登極奈夭何
일천 잔의 술을 석 잔으로 다해 일어났고	千盃酒盡三盃興
일만 년의 산을 일 년을 불러 지나갔네	萬歲山呼一歲過
불볕더위 잠시 멈추더니 불 우산이 날고	庚暑暫停飛火傘
가을바람 처음부터 은하수를 진동시키려네	商風初欲動星河
장수[75]의 꿈이 선원전에 끊기니	九齡夢斷璿源殿

---

71 띠풀 같은 것(菅蒯) : 『좌전左傳』「성공成公 9년」에 "비록 실과 삼의 좋은 직물감이 있어도 띠풀 같은 풀도 버림이 없다.(雖有絲麻 無棄菅蒯)"라고 하였다. 사마絲麻는 직물의 귀한 물건이고, 관괴菅蒯는 띠풀 같은 미천한 물건의 비유이다.
72 망량罔兩 : 망량魍魎. 삿된 귀신.
73 삼십구 년三十九年 : 중종의 재위 연수가 39년이다.
74 어찌 그리 단명하셨나요(奈夭何) : 인종은 겨우 8개월 동안 재위하였다.
75 장수(九齡) : 구령九齡은 90세. 주周나라의 문왕文王이 아들 무왕武王에게 "네가 무슨 꿈을 꾸었느냐?" 하니 무왕이 "황제인 아버지와 제가 아홉 살(齡)입니다." 하다. 문왕이 "너는 무어라 여기느냐?" 하니, 무왕이 "서방에 아홉 나라가 있다 하니 군왕께서 끝내 어루만지리이다." 하다. 문왕이 "아니다. 연령이란 이(齒)를 말한다. 나는 백이고 너는 90이다." 하더니 문왕은 97세에 무왕은 93세에 임종했다. 이후로 구령을 장수의 의미로 인용한다.

상여의 끈[76] 왕의 영구차[77] 돌아가는 것인가.　　　　　蜃紼龍輀歸去呵

명종대왕인순왕후헌공송明宗大王仁順王后獻供頌

왕조의 조종 일은 종래로 계승 감당이 부지런해야　　　祖業從來負荷勤
새벽에 옷 입고 어두워야 식사하는[78] 잦은 시찰로　　　宵衣旰食察斤斤
석달의 한 해 봄을 사흘만 꽃 구경의 함화전이고　　　　三春三日含花殿
스물하고도 두 해[79]의 명철했던 군주이시네　　　　　二十二年明哲君
장수 임명[80]의 여러 해에 오히려 나라 진정되고　　　　推轂幾時還鎭靜
찾아오는 이[81]에게서 왕성한 선비의 문장을 보다　　　曳裾多見盛儒文
아름다운 기운이 면면히 이어지는 곳을 알려 하거든　　欲知佳氣綿綿處
강릉[82]의 일일 날마다의 구름을 보라.　　　　　　　　看取康陵日日雲

선조대왕의인왕후헌공송宣祖大王懿仁王后獻供頌

비운 태평 서로 이음은 스스로 불러오는 이치이니　　　否泰相承理自招

76　상여의 끈(蜃紼) : 상여의 영구차를 신거蜃車라 하니, 신불蜃紼은 상여를 얽은 끈.
77　영구차(龍輀) : 천자의 관을 실은 차.
78　새벽에 옷~어두워야 식사하는(宵衣旰食) : 날이 새기 전에 일어나 옷 입고, 날이 어두워야 식사한다. 비상한 근무를 형용하여 군왕이 정사에 부지런함에 많이 인용된다.
79　스물하고도 두 해 : 명종의 재위 연수.
80　장수 임명(推轂) : 추곡推轂은 차를 밀어 전진시킴. 고대에 군왕이 장수를 임명할 때의 예우 의식으로, 장수 임명의 예로 인용됨.
81　찾아 오는 이(曳裾) : 예거曳裾는 예거왕문曳裾王門. 권세가의 집 앞에서 옷깃을 걷어 올리다. 권세 있는 왕후의 문전 식객食客을 이르는 말.
82　강릉康陵 : 명종의 능호陵號.

군왕은 하루에도 은도군[83]의 위병을 어루만져야 하네	君王一日按銀刀
오경 새벽의 북 나팔 소리 그 소리 비장하고	五更鼓角聲悲壯
세 골짜기의 은하수 그림자가 동요하였네	三峽星河影動搖
백성이란 철 늦게 우는 매미로 이리 저리 떠돌고[84]	民物鳴蟬隨汎梗
신료들의 이별 자리에는 가을 회오리바람이 인다	臣僚別燕起秋飆
하늘 의지하여 긴 휘파람으로 긴 칼을 타니[85]	倚天長嘯彈長劍
동해의 색동옷에 얼굴을 혁신하다 사라진다[86]	東海斑衣革面消

인예향욕因詣香浴

내가 이제 이 향수의 욕탕 물로	我今以此香湯水
선왕과 선왕후의 영위에 관욕합니다	灌浴先王先后位
몸과 마음 씻어서 청정하게 하고	身心洗滌令淸淨
진여 공적하고 항상 즐거움 고향으로 드시오.	證入眞空常樂鄕

---

83 은도군(銀刀) : 은도군銀刀는 은도군銀刀軍. 당唐의 왕지흥王智興이 창건한, 궁궐을 호위하는 군사.
84 이리 저리 떠돌고(汎梗) : 범경汎梗은 이리 저리 떠다님의 비유로 쓰임. 『전국책戰國策』「제책삼齊策三」에 "흙으로 빚은 사람(土偶人)과 복숭아나무로 깎은 사람(桃梗)이 서로 말다툼을 했다. 도경桃梗이 토우土偶에게 '너는 서안西岸의 흙이다. 8월에 비가 내리면 너는 흘러갈 것이다.' 하니 토우가 '그렇지 않다. 나는 서안의 흙이니까 다시 서안으로 가지만, 너는 동국東國의 복숭아나무다. 깎아서 너를 사람으로 만들었으니 비가 오면 너는 어디로 갈지 알 수 없다." 하여 범경汎梗을 표박漂泊의 비유로 쓴다.
85 긴 칼을 타니(彈長劍) : 탄검彈劍은 탄협彈鋏. 어렵게 살아 벼슬을 구하는 마음을 이르는 말. 제齊나라에 풍훤馮諼이라는 이가 있었는데, 맹상군孟嘗君이 나그네 대접을 잘한다는 말을 듣고 찾아갔다. 맹상군이 잘하는 것이 무엇이냐 물으매, 아무 능력이 없다 하여, 그저 먹고 지내게 했다. 하루는 칼(鋏)을 치면서(彈) "긴 칼을 가지고 왔는데 반찬은 고기가 없다." 하고, 또 "긴 칼을 가지고 왔는데 수레가 없다." 하여, 수레도 주었으나, 끝내는 "긴 칼을 가지고 왔는데 집이 없구나." 하여, 그가 노모가 있는 것을 알고 그에게 집을 주었다 한다. 그래서 탄협이 가난을 벗기 위해 벼슬을 구하는 고사가 되었다. (『전국책戰國策』)
86 동해의 색동옷에~혁신하다 사라진다 : 이 구는 사명당의 대일 전란 수습을 연상해서 한 말인 듯.

15
유정惟政의 선게禪偈

작자作者 사명당四溟堂 유정惟政(1544~1610)의 자는 이환離幻, 호는 송운松雲·사명당이다. 속가의 이름은 임응규任應奎. 13세에 유촌柳村 황여헌黃汝獻에게서 공부하다가 직지사의 신묵信黙 화상에게 출가하였다. 1561년(명종 16)에 승과에 합격하여 당시의 큰 선비들과 교류하게 되었다. 1575년(선조 8) 묘향산의 청허 대사에게 입문하여 법을 얻었다.

1592년(선조 25) 임진왜란이 일어나자, 스승 휴정의 궐기로 의승을 모아 관동지방의 적을 물리치는 데 큰 공을 세웠다. 평양성 탈환이나 울산 서생포의 전공 등이 전란을 진정하는 데에 큰 힘이 되었다. 적장 가등청정加藤淸正의 진영을 드나들며 두 나라 정세의 담론으로 화해를 조성하는 데에도 큰 역할을 하였다. 전란 후 수신사로 일본에 가서 그들을 감화시켜 포로가 된 동포 3천5백여 명을 데려오기도 하였다.

1610년(광해군 2) 세수 67세, 법랍 54년으로 입적하였다. 저술로 『사명당대사집四溟堂大師集』 7권과 『분충서난록奮忠紓難錄』 등이 있다. (이종찬, 「四溟의 靖難詩」, 『韓國佛家詩文學史論』, 305쪽 참조)

해제解題 『사명당대사집』은 7권으로 편집되어 있다. 여기에 선집한 게송은 편목을 '선게禪偈'라 하여 권5에 수록하였다. 대부분이 동도同道 후학들에게 수창한 것으로 일종의 수증시酬贈詩 형태이나, 그 내용이 교리를 담은 것이어서 유집을 편찬할 때도 권을 달리하여 독립시킨 것이다.

선게禪偈

증부휴자贈浮休子

가르침 이외에 별달리 전하는 것[1]이 참 소식이니	別傳敎外眞消息
전일하고 아름다우려면 곧 옛날 장부로 돌아가야 해	專美須還古丈夫
뒷날 오백 년 뒤에 누가 이를 이을 것인가	後五百年誰繼此
꽃을 든[2] 하나의 법맥이 한탄하며 떨어진다.	拈花一脈落嗚呼

증영운장로贈靈雲長老

일천 마귀 만 가지 어려움도 환상같이 보고	千魔萬難看如幻
직선은 여울 머리에서 되돌려 가는 배[3]와 같다	直似灘頭捩轉船
금강석과 밤 가시를 삼켜 넘겨야	呑透金剛幷栗棘

---

1 가르침 이외에~전하는 것(別傳敎外) : 별전교외別傳敎外는 교외별전敎外別傳. 선종에서 보다 위로 향하는(向上) 공부. 문자를 설정하지 않고 말로도 논리를 세우지 않으며 곧바로 불조佛祖의 마음 도장을 전하는 것이다. 이것이 바로 가르침 안의 참으로 전하는 것이다. 달마達磨의 『오성론悟性論』에 "곧바로 사람 마음을 지적하여 본성을 보고서 부처를 이루려면 가르침 밖의 별다른 전함이니 문자를 세우지 말라.(直指人心 見性成佛 敎外別傳 不立文字)" 하였다.
2 꽃을 든(拈花) : 염화拈花는 염화미소拈花微笑. 『연등회요燃燈會要』「석가모니불장釋迦牟尼佛章」에 "세존이 영산회에 있을 때, 꽃을 들어 대중에게 보이니 대중은 다 잠잠하게 있는데 오직 가섭만이 환하게 미소를 지었다. 세존이 '내가 정법안장正法眼藏과 열반묘심涅槃妙心을 가졌는데, 실지의 모습에 모습이 없는 미묘한 법의 문이니, 문자로 세울 수 없는 가르침 밖의 별달리 전함이다. 마하가섭摩訶迦葉에게 전한다.'고 말했다." 하였다.
3 되돌려 가는 배(捩轉船) : 거센 여울 앞에 당도한 배는 되돌려 가야 할 것이니 곡선曲線인데, 여기서는 직선直線으로 인용되었다. 이 또한 선의 논리로서의 역설법逆說法이다.

바야흐로 부모에게서 태어나기 전을 알 것이다. 　　　方知父母未生前

수이공구어酬李公求語

매달린 언덕 깎은 절벽에 정박할 곳도 없으나 　　懸崖峭壁無棲泊
목숨을 버리고 형체도 잊어 전진해 의심 않다 　　捨命忘形進不疑
다시 칼날 끝을 향하여 한번 뒤집어 굴러야 　　　更向劍鋒翻一轉
비로소 공겁 그 이전의 시간을 알 것이다. 　　　　始知空劫已前時

청학동추좌靑鶴洞秋坐

서풍의 가을바람 불어와 비도 처음 개이니 　　　西風吹動雨初歇
만리의 먼 하늘에 조각구름도 없구나 　　　　　萬里長空無片雲
빈 방에 혼자 앉아[4] 뭇 묘리를 관하노라니 　　 虛室尸居觀衆妙
하늘 향기 계수나무 열매 분분히 떨어지다. 　　 天香桂子落紛紛

새련선자구어賽蓮禪子求語

호손자[5]의 원숭이를 죽이려 하거든 　　　　　　欲殺胡孫子

---
4 혼자 앉아(尸居) : 시거尸居는 시동尸童처럼 산다. 시동은 옛날 조상의 제사를 지낼 때, 신주 대신 집안의 어린 아기를 그 자리에 앉혀 조상신이 기탁하게 한 것이다. 조용히 자리만을 지키는 비유로 인용된다.
5 호손자胡孫子 : 원숭이의 형상이 오랑캐 같다 해서 원숭이를 호손자라 함.

장차 물빛 암소[6]를 조련시켜라 　　　　　　　　　將調水牯牛
먼저 무슨 채찍으로 해야 할까 　　　　　　　　　先從何似策
의당히 취모검[7]의 칼을 잡아라. 　　　　　　　　宜把吹毛頭

증한장로贈閑長老

옷 속의 마니주 구슬은 여전히 존재하니 　　　　　衣下摩尼依舊在
헛되이 거울 머리에서 인식할 필요 없다 　　　　　不須虛認鏡中頭
몸을 번득여 곧바로 고향 동산에 이르면 　　　　　翻身直到故園裏
한번 아버지 어머니 보자 비로소 쉬겠네. 　　　　一見爺孃方始休

증연장로贈蓮長老

쇠 문이 굳게 잠기어 갈 길이 없으니 　　　　　　鐵關牢鎖無行路
서쪽 치고 동쪽 두드려 열기를 바라네 　　　　　　西擊東敲要打開
갑자기 땅이 폭발하며 의심 뭉치 깨지니 　　　　　倐然爆地疑團破
하늘 놀라고 땅도 진동하게 취해 오다. 　　　　　管取驚天動地來

---

6 물빛 암소(水牯牛) : 조주趙州가 남전南泉에게 묻기를 "유유를 안 사람이 죽은 뒤에 어디로 갑니까?" 하니, 남전이 "산 앞의 시주하는 집에 한 마리의 수고우가 되어 가리라." 하였다. 수水는 소의 색깔이고 고우牯牛는 암소이다.
7 취모검吹毛劍 : 털을 불어도 자를 만한 예리한 칼.

증동법사환고향 贈同法師還故鄕

손에는 천태의 마디 없는 지팡이 짚고	手把天台無節杖
표연히 가서 북쪽으로 노는 몸이 되다	飄然去作北遊身
오천축국[8]의 하나의 법 전해 가지는 자	五天一法傳持者
숲 아래에 오직 너 한 사람임만 알겠구나.	林下唯知汝一人

증원사미구송 贈圓沙彌求頌

온갖 진리 법이 원래 허공 속의 꽃인데	萬法由來空裏花
어찌 바닷속의 모래 계산함이 옳으랴	豈宜徒算海中沙
다만 쇠벽이나 은의 산을 뚫되	但從鐵壁銀山透
어떻게 하나 또는 어찌해야 하나 묻지 마.	不問如何又若何

증두류운선자 贈頭流雲禪子

원숭이를 요절내려 하면 절차 조목 없어	拗折胡孫無節目
세 가지를 높이 바릿대 주머니에 걸고 자라	三條高掛鉢囊眠
누가 와서 이러쿵저러쿵 하면[9]	有人來說之乎者
웃으며 진흙소 바다 연기로 들었다[10] 하라.	笑答泥牛入海烟

---

8 오천축국(五天) : 오천五天은 오천축국五天竺國.
9 이러쿵저러쿵 하면(說之乎者) : '之乎者'는 일반적으로 어조사로 쓰이는 글자.
10 진흙소 바다 연기로 들었다(泥牛入海烟) : 『경덕전등록景德傳燈錄』「담주용산화상潭州龍山和尙」에 "동산洞山이 화상에게 물되 '무슨 도리를 보았기에 이 산에서 사느냐?' 하니, 화상

증해형贈海兄

부모가 어버이 아니라면 누가 절친할 수 있나	父母非親誰可切
눈 먼 거북이 절름발이 자라 가장 가련하구나	盲龜跛鼈最堪憐
곧바로 맹렬하게 영웅을 따라 가니	直須猛烈英雄去
한번 격파해서 바다 밑의 불꽃을 볼 것이다.	一擊方看海底烟

증법란사贈法蘭師

일만 의문이 모두가 하나의 의문 덩어리로 되니	萬疑都就一疑團
의문이 오고 가다가 그 의문이 저절로 보이게 돼	疑去疑來疑自看
모름지기 용을 잡고 봉을 타격하는 솜씨로	須是拏龍打鳳手
주먹 하나로 강철의 성문을 쳐 무너뜨리라.	一拳拳倒鐵城關

일위도강一葦渡江

보리달마[11]가 십만 리 동쪽으로 왔으나	齠䶦來東十萬里
양의 무제와 맞지 않아 강서로 건너가다	梁王不契渡江西
구 년 동안 말없이 무슨 일을 이루었나	九年無語成何事
부질없이 자손들에게 특별난 곳 헤매게 해.	空使兒孫特地迷

이 '나는 두 마리 진흙소가 싸우며 바다로 드는 것을 보았는데 곧바로 지금까지 소식이 없다.'" 하였다. 그 후로 '니우입해泥牛入海'가 한 번 가고 소식이 없음으로 인용된다.

11 보리달마(齠䶦) : 언우齠䶦는 달마達摩. 언齠은 드러난 어금니를 말하고, 우䶦는 충치를 말하는데, 이것이 변하여 달마를 지칭하게 되었다.

증일대사贈日大師

단필의 말과 창 하나로 깃발도 세우지 않고 匹馬單鎗不立旗
일천 의문이 모두 하나의 의단[12]으로 의혹돼 千疑都就一疑疑
마치 늙은 쥐가 소의 뿔로 들어간 것과 같아 猶如老鼠入牛角
여기에서야 바야흐로 전도 단절을 알 것이다. 到此方知倒斷時

증대의장로贈大義長老

장부가 장차 죽고 삶에 대적하려고 한다면 丈夫將欲敵生死
의심 덩어리를 곧바로 잘라 의심의 뜻을 잡아 徑截疑團著意疑
여기에 이르러 만약 무슨 상념이 일게 되면 到此若生些子念
머리 돌릴 사이 새매가 신라 시대로 간다. 轉頭鷂子過新羅

증수법사贈琇法師

공겁의 이전 시대에는 바람 달이 맑아서 空劫前時風月淸
소리 없고 냄새 없고 도 형상도 없더니 無聲無臭又無形
구름 일고 비가 되어 하늘을 기울였지만 興雲作雨傾天去
공왕의 옛 나라 성을 무너뜨리지 말아라. 莫墮空王故國城

---

12 하나의 의단 : 원문의 '一疑疑'는 '一段疑'가 아닐까 의심된다. 하나(一段)의 의심이라 함이 옳지 않을까.

증정응선자贈正凝禪子

이 일은 예로부터 칼날을 희롱하는 것이니	此事從來弄劍刃
희롱하려면 반드시 칼 끝 범할까 조심해야	弄來須愼犯鋒鋩
지루한 의심으로 생각 헤아림 길로 떨어지면	遲疑若墮思量路
외로이 어미 아비 저버리고 고향과 막히리.	孤負爺孃隔故鄕

뜬구름 인생 죽고 삶이 번개보다 빠르니	浮生存沒速流電
바구니 속에 일찍이 집착된 분망 벗어라	脫却籠頭早著忙
강철 절벽 저쪽에서 떨쳐 한번 구르면	鐵壁那邊翻一轉
이때라야 바야흐로 본가 고향으로 간다.	此時方得到家鄕

수연참학酬衍叅學

도인의 눈은 원래가 이쪽 저쪽이 없으니	道眼從來無彼此
망주[13]나 오석산[14]이나 한결같이 푸른 하늘	望州烏石一靑空
방파[15]의 온갖 풀을 모름지기 보아 취하되	龐婆百草須看取
동쪽 서쪽의 형상 그릇 속에 떨어지지 말라.	莫墮東西形器中

---

13 망주望州 : 미상.
14 오석산烏石山 : 중국의 민산閩山, 도덕산道德山이라고도 함.
15 방파龐婆 : 미상.

증응도자贈膺道者

팔팔한 원기가 마치 뛰어오르듯 하니	元元正氣若騰騫
토해내고 삼킬 때마다 바다 산이 흔들려	吐去吞來海嶽掀
당 종교의 끝 구절을 쳐서 깨치면	打破當宗末後句
바람 박차고 구만 리를 나는[16] 고니새이네.	扶搖九萬北溟鵾

조주 스님 강아지 이야기[17] 전전긍긍 조심스러이	趙州狗子戰兢兢
의심하고 의심하다가도 또 이어 받드는 듯	疑去疑來又若承
칠통[18]을 다음 해에 땅에 던져 깨치고 나면	漆桶他年爆地破
거의 토끼 잡는 늙은 독수리 같겠구나.	庶同搏兎老蒼鷹

증혜응선자贈惠凝禪子

처음에는 육근 육진의 뜻을 살펴 관하다가	初觀夢夢根塵意
뒤에는 오도의 문에 들어 다시 채찍을 잡다	後入重關更著鞭
곧바로 허공에다 분가루 되어 가다가	直得虛空成粉去
일천 길 바다 밑에 연기 이는 것을 본다.	千尋海底看生烟

범인 녹여 성인으로 단련함에 망치를 싫어하고	鎔凡鍛聖惡鉗鎚

---

16 바람 박차고~리를 나는(扶搖九萬) : 부요扶搖는 박차고 오르다. 『장자』「소요유逍遙遊」에 "회오리바람을 박차고 오르기를 9만 리를 한다.(搏扶搖羊角而上者 九萬里)"라는 구절이 있다.
17 조주 스님 강아지 이야기(趙州狗子) : 구자불성狗子佛性. 조주무자공안趙州無字公案. 어느 스님이 조주에게 개에게도 불성이 있느냐 했을 때 '없다(無)' 하였고, 어느 스님이 똑같은 질문을 했을 때는 '있다(有)' 하였다.
18 칠통漆桶 : 분별하는 안목이 없는 이의 비유.

큰 화로[19]의 녹는 눈을 지난 것이 또 몇 번인가	歷盡鴻爐又幾時
문득 물빛 암소[20]의 코뚜레 끈을 잡았다가	却把水牯牛鼻索
끌고 오고 놓아 보내기 스스로 평안하게 하다.	牽來放去自怡怡

증순장로贈淳長老

조주 스님의 동쪽 사원 천 년의 잣나무[21]가	趙州東院千秋栢
곧바로 당시 사람의 바른 눈을 띄워 오다	直示當人正眼來
참여하여 구하기 이른 시각부터 범을 결박하듯	叅究早時如縛虎
비척거리며 먼지 속 내달음 간절히 기피한다.	跉跰切忌走塵埃

많은 시간을 미혹된 바퀴 굴린 일 생각하면	追思浩劫迷輪事
하늘 가를 유리 전락함이 또 몇 번이었나	流落天涯又幾時
저의 집에 무진장으로 저장되었음을 터득하면	領得自家無盡藏
바릿대를 가지고 가난한 아이 본받을 필요 없지.	不須持鉢效貧兒

바른 조종의 소식은 자미가 없는 것이니	正宗消息沒滋味
어떻게 할까 하거나 어찌해야 할 필요 없어	不用如何又若何
은의 산이나 강철의 벽을 쳐부수고 가면	打破銀山鐵壁去
이때가 바로 죽고 사는 항하를 건너는 때.	此時方渡死生河

---

19 큰 화로(鴻爐) : 홍로鴻爐는 홍로洪爐와 같음. 홍로점설洪爐點雪의 줄임. 불 벌건 화로에 눈 한 점은 순식간에 사라지니, 진리의 이해를 홀연히 이루는 비유로도 쓰임.
20 물빛 암소(水牯牛) : 앞의 주 6 참조.
21 천 년의 잣나무 : 조주천추백趙州千秋栢. 조주백수자趙州栢樹子의 공안이 있다. "어느 스님이 조주에게 '어떤 것이 조사가 서쪽에서 온 뜻입니까?' 하고 물으니, 조주가 '뜰 앞의 잣나무다.' 하였다.(僧問如何是祖師西來意 趙州云 庭前柏樹子)"

증묵산인贈默山人

참선에는 많은 말이 필요가 없으니	叅禪不用多言語
다만 일상성 속에 침묵으로 살피라	只在尋常默自看
조주의 무자[22] 화두를 잊어 버리면	趙州無字如忘却
비록 말없는 입이라 하여도 나는 상관 안 해.	雖口無言我不干

우리 스승은 천축국의 황금 신선[23] 부처이시니	我師天竺金仙氏
곧바로 절룩거리며 고향 동산으로 오게 하다	直使玲跰返故園
이로부터 돌아오지 않아도 돌아올 수 있으니	自是不歸歸便得
달에는 푸른 계수나무 있어 원숭이 우네.	月臨靑桂有啼猿

야좌희제夜坐戱題

한가히 앉았으면 나의 일이 될 수 없으니	閑坐則爲非我事
원래 계단 있는 길의 높고 낮음이 아니야	本無階級路高低
금까마귀[24] 해가 한밤에 하늘 바다로 통하니	金烏夜半通天海
홀로 선상에 기대어 새벽 닭을 듣도다.	獨倚繩床聽曉鷄

옛 부처는 차가운 서리로 드러낸 칼날이면서	古佛寒霜露刃劒
원래부터 잡을 수 있는 자루가 없다	從來沒柄可提撕

---

22 조주趙州의 무자無字 : 조주무자공안趙州無字公案. 앞의 주 17 참조.
23 황금 신선(金仙) : 부처를 말함. 송宋의 휘종徽宗이 조서로 부처를 대각금선大覺金仙이라 하라 했다.
24 금까마귀(金烏) : 신화에서 태양에는 세 발 달린 까마귀가 있다 함.

맑은 광채가 번쩍번쩍 천지를 통하여   淸光爍爍通天地
일백 일천의 요괴들 일정한 거처 없다.   百怪千妖無定棲

증지호선백贈智湖禪伯

조계로 계통이 내려와 백 대의 손자이니   係出曹溪百代孫
행장 차려 가는 곳마다 사슴이 무리 짓다   行裝隨處鹿爲群
옆 사람들은 헛되이 세월 보낸다 말 말라   傍人莫道虛消日
차를 다리고 한가하면 흰 구름을 본다.   煮茗餘閑看白雲

서울 낙양에서 탕혜휴[25]와 서로 만나서   京洛相逢湯惠休
이별 이래의 소식으로 몇 가을 봄이었나 묻다   別來消息問春秋
아침이 개이면 또 하늘 가로 가는 이가 되나   朝晴又作天涯去
우리의 삶에는 오히려 매이지 않은 배를 웃다.   還笑吾生不繫舟

증일주선자贈一珠禪子

양 가는 길에 지름길이 많다[26] 하여   羊去多岐路

---

25 탕혜휴湯惠休 : 원 이름은 탕휴湯休. 혜휴惠休는 승명僧名. 남조南朝 송宋의 승려로 시문을 잘하여 세조가 환속하게 하여 양주종사揚州從事로 삼았다.
26 지름길이 많다(多岐路) : 『열자列子』 「설부說符」에 양자楊子가 양을 잃은 사람이 양을 찾으러 나갔다가 지름길이 많아 찾지 못하고 왔다는 말을 듣고, "큰 길은 지름길이 많아 양을 잃고, 배우는 이는 방법이 많아 삶을 손상시킨다.(大道以多岐亡羊 學者以多方喪生)"라고 했다. 다기망양多岐亡羊.

부질없이 묵자²⁷를 슬프게 했다네	空令墨子悲
거울 속의 머리가 옳지 않으니	鏡中頭不是
드러난 것과 더불어 따르지 말라	勿與演相隨

이미 황금 부처 되려 했다면	旣作金仙子
세운 의지가 무너지게 말라	無令立志虧
너의 구슬은 의당 네가 보니	爾珠宜自看
부처 되기 그리 많은 시간 아냐.	成佛不多時

증영진贈靈眞

혜능²⁸은 남종의 자손인데	盧老南宗子
천추에 너 한 사람이구나	千秋汝一人
신령 등대 마음 대낮도 비추니	靈臺照白日
어느 곳에서 먼지 일겠느냐.	何處有生塵

---

27 묵자墨子 : 양자楊子의 잘못인 듯. 앞 주 참조. 묵자는 흰 실이 물듦을 싫어했으니, 착한 본성이 악한 환경에 오염됨을 경계했다. 묵비사염墨悲絲染.
28 혜능(盧老) : 노로盧老는 육조 혜능慧能, 속성이 노盧씨이다. 5조 홍인弘忍의 제자로 신수神秀는 북쪽에서 선풍을 날려 북종北宗이라 하고, 혜능은 남쪽에서 융성하여 남종南宗이라 한다.

재일본在日本 유왜지신농상백초화상有倭持神農嘗百草畫像 구찬 서지求讚書之

사람 몸통에 머리는 소이나[29]	人身牛首
만물을 열어 준 큰 성인인데	開物之大聖
사람 얼굴에 마음이 짐승이면	人面獸心
이를 무슨 성품이라 해야 하나	乃謂之何性
라라라	喇喇
푸르고 푸른 손 안의 풀은	靑靑手中草
만고의 세월 인류를 위했네.	萬古爲蒼生

---

[29] 사람 몸통에 머리는 소이나(人身牛首) : 신농神農이 사람의 육신에 머리는 소 모양이었다 함.

16
인오印悟의 염송설화송拈頌說話頌

작자作者 청매 인오靑梅印悟(1548~1623)의 자는 묵계默契, 호는 청매이다. 청허 휴정淸虛休靜의 문인. 항시 청허를 시봉하다가, 1592년 임진왜란이 일어나자 청허의 휘하에서 승병장으로 3년 동안 참전하여 전공을 많이 세웠다. 그 뒤 여러 곳에 참여하다가 부안의 월명암月明庵을 짓고 수행하였다. 1617년(광해군 9) 왕명에 의하여, 벽계 정심碧溪淨心, 벽송 지엄碧松智嚴, 부용 영관芙蓉靈觀, 부휴 선수浮休善修 등의 초상화를 그려 조사당에 모시고 제문을 지었다. 1623년(인조 1)에 입적하였다. 유집으로 『청매집靑梅集』 2권이 전한다.(이종찬, 「靑梅의 頌古詩」, 『韓國佛家詩文學史論』, 328쪽 참조)

해제解題 『청매집靑梅集』은 상·하 2권으로 되어 있는데, 상권의 시 148편은 다 염송시拈頌詩이다. 선문에서 공안公案이나 화두話頭로 전해지는 고칙古則을 시로 나타낸 것이다. 우리나라 불가 시문학의 통시적 역사에서 고칙을 이렇게 많이 읊은 스님은 별로 없다. 그런 면에서 청매 스님은 염송시의 대가라 하여야 할 것이다.

편역을 하면서 고칙의 유래에 대해 되도록 설명하려고 시도하였지만, 제대로 전달이 될는지 매우 조심스럽다. 작자가 제목 아래에 고칙의 유래를 설명한 것은 번역으로 대신하였고, 없는 것은 편역자가 고칙의 번호와 함께 설명하였다.

언우[1]내동 齾齱來東[2]

양 무제가 대사에게 묻되 "짐이 일생 동안 절을 짓고 스님을 공양했으니 무슨 공덕이 있겠습니까?" 하니, 대사는 "둘 다 공덕이 없습니다." 하였다. 또 묻되 "어떤 것이 성자가 보는 제일의 진실입니까?" 하니, 대사는 "훤히 툭 트여 성자가 없습니다." 하였다. 또 묻되 "짐을 대하고 있는 이는 누구요?" 하니, "모릅니다." 하였다.(梁武帝問師曰 朕一生造寺供僧 有何功德 師曰 竝無功德 又問 如何是聖諦第一義 師曰 廓然無聖 又曰 對朕者誰 曰 不識)

첫 말씀은 서리 기운이 궁정을 쳐서 벌겋고	初言霜氣打宮紅
끝에서는 번개 불빛이 푸른 허공에 번쩍인다	末後雷光閃碧空
갈대 잎으로 건너옴[3]도 바람의 힘을 입지 않고	蘆波不因風力在
용의 배가 밤에 건너오며 꿈만 거듭거듭 했지.	龍舟夜渡夢重重

소림단비 少林斷臂[4]

서리 칼날을 한번 휘두르니 봄바람이 잘리어	一揮霜刃斬春風

---

1 언우齾齱 : 달마達磨. 언齾은 드러난 어금니를 말하고, 우齱는 충치를 말하는데, 이것이 변하여 달마를 지칭하게 되었다. 원문에 '齱'가 '齒'로 된 것은 잘못된 것인 듯.
2 언우내동齾齱來東 : 『선문염송』 고칙 98에 있다.
3 갈대 잎으로 건너옴 : 달마가 양무제梁武帝의 대통大通 원년(527)에 중국으로 와 무제와 설법을 하다가 그가 큰 그릇이 아님을 보고, 양나라를 떠나 장강을 건너 위魏의 낙양洛陽으로 갈 때에 갈대 잎을 따서 배로 삼아 강을 건넜다. 노엽달마蘆葉達磨.
4 소림단비少林斷臂 : 혜가慧可가 소림사少林寺에서 눈 속에 앉아 달마에게 가르침을 청하나 허락하지 않자, 왼팔을 잘라 의지를 보여 허락을 받고 크게 깨달아 제2조가 되었다.

눈이 가득한 빈 뜰에 지는 잎이 진홍빛일세	雪滿空庭落葉紅
저 속에서 옳고 그름은 바로 분변되었으니	這裏是非才辨了
반 바퀴의 차가운 달이 서쪽 봉에 눕는다.	半輪寒月枕西峯

삼조풍양三祖風恙[5]

3조 승찬 대사가 2조 혜가에게 "제자의 몸에 풍병이 들었으니 선생님께서 죄를 참회시켜 주십시오." 하니, 2조는 "죄를 가지고 오면 너에게 참회하게 하마." 하였다. 3조가 "죄를 다 찾아도 찾을 수 없습니다." 하니, 2조는 "죄의 참회가 다 되었다." 하였다.(師問二祖曰 弟子身纏風恙 乞師懺罪 祖曰 罪將來 與汝懺 師曰 覓罪了 不可得 祖曰 懺罪竟 云云)

진흙에서 자빠지면 진흙을 짚고 일어나듯이	因泥而倒從泥起
병과 약이 원래가 하나의 몸에서 오는 것이다	病藥由來在一身
고갯마루 뜬구름은 바람이 쓸어 다하면	嶺上浮雲風掃盡
파릇파릇 아득히 다시는 먼지가 없는 법.	蒼蒼落落更無塵

사조해탈四祖解脫[6]

4조 도신 대사가 3조 승찬에게 "비옵건대 해탈의 방법을 일러 주소서." 하

---

5 삼조풍양三祖風恙:『선문염송』고칙 105에 있다.

니, 3조는 "너를 얽어맨 사람이 없다." 하였다. 4조는 말씀이 끝나자 바로 크게 깨달았다.(師問三祖曰 乞與解脫法 祖曰 無人縛汝 師言下大悟)

아득하고 아득한 땅덩이는 중앙 변방이 없는데	茫茫堪輿絶中邊
폭으로 찢고 콩 쪽으로 갈라 어찌 하늘 원망해	幅裂豆分豈怨天
그물을 통과한 물고기는 다시 물에 막히나	透網錦鱗還滯水
붕새 만리로 치고 날 때는 어깨 한번 흔들어.	鵬搏萬里一搖肩

오조답성五祖答姓[7]

5조 홍인 대사의 동자 시절에 4조가 묻기를 "네 성이 무엇이냐?" 하니, 대사는 "부처의 본성입니다." 하였다. 4조가 "성이 없느냐?" 하니, 대사가 "본성이 공이기 때문입니다." 하였다.(師作童子時 四祖問 汝何姓 師曰 佛性 祖曰 無姓乎 師曰 性空故)

동일한 부처 본성이기에 법으로 취함이 없고	同一性故法無取
다른 모습을 여의었기에 법으로 버림이 없다	絶異相故法無舍
힘을 다해 높은 소리로 불러도 대답 없으니	盡力高聲喚不應
북두칠성과 남쪽 천하를 종요로이 보라.	要看北斗南天下

---

6 사조해탈四祖解脫 : 『선문염송』 고칙 108에 있다.
7 오조답성五祖答姓 : 『선문염송』 고칙 109에 있다.

쟁풍번동[8]爭風幡動[9]

물건이 허공에 있어 흔들림은 이치가 그러한 것	物在空搖理固然
바람과 깃발이 서로 만난 것이 좋은 인연이지	風幡相遇好因緣
눈먼 망아지[10]는 온전한 기미 드러남 모르고	瞎驢不識全機露
부질없이 혜능[11]의 눈의 잣나무 단단함 괴롭히다.	惱殺盧生雪栢堅

신주이주新州理舟[12]

육조 혜능 대사가 "내가 신주로 갈 것이니, 속히 배를 수리하라." 하다.(師云 我向新州 速理舟楫云云)

신주로 가려고 함은 교화의 인연이 다함이니	欲往新州畢化緣
안개 물결 자연에 머리 돌려 생각 의연하다	烟波回首思依然

---

8 풍번동風幡動 : 인종印宗 법사가 법성사에서 『열반경』을 강하였다. 어느 날 우연히 행랑에 갔다가 두 중이 찰간의 깃발(刹幡) 나부끼는 것을 보고 하나는 바람이 움직인다 하고 하나는 깃발이 움직인다 하여 결말이 나지 않자, 혜능이 바람도 깃발도 아니요 움직이는 건 제 마음이다 함을 보고 기이히 여겼다.
9 쟁풍번동爭風幡動 : 『선문염송』 고칙 110에 있다.
10 눈먼 망아지(瞎驢) : 지극히 어리석은 이의 비유.
11 혜능(盧生) : 노생盧生은 육조 혜능慧能. 속성이 노盧씨이다.
12 신주이주新州理舟 : 『선문염송』 고칙 115에 있다. 육조가 하루는 문인들에게 이르기를 "내가 신주로 가려고 하니 너희는 속히 배를 수리하라." 하였다. 문인이 "스님이 이로부터 가시면 언제 오십니까?" 하니, 대사는 "낙엽은 뿌리로 돌아가고 올 때는 말이 없다." 하였다.(六祖一日 謂門人曰 吾欲歸新州 汝等速理舟楫 門人曰 師從此去 早晚却廻 祖曰 落葉歸根 來時無口) 신주는 육조의 아버지 고향이다.

| 뿌리로 돌아온단 말 이해하는 사람이 없으니 | 歸根一語無人會 |
| 오고 감에 부질없이 만 리의 배를 수리하네. | 往復空修萬里船 |

궁희개배宮姬揩背[13]

혜안慧安 국사가 신수 대사와 함께 무후의 궁중으로 불려들어가 목욕하던 차에 무후가 궁녀를 시켜 등을 밀게 했다.(安國師與神秀大士 入武后宮中浴次 后使宮姬揩背)

물가의 아지랑이 살결 산란한 부용인데	水邊烟膩亂芙蓉
장락궁[14]에 종소리도 잠잠한 밤은 바로 한밤중	長樂鍾沈夜正中
황금 자물쇠 백옥의 문도 전혀 무관하도록	金鎖玉扃都不管
바람 엄하고 서리 무거워 길은 통하지 않다.	風嚴霜重路難通

대유복발大庾覆鉢[15]

| 대유령으로 자취를 뒤쫓으니 새는 놀라서 날고 | 追蹤庾嶺鳥驚飛 |

---

13 궁희개배宮姬揩背 : 『선문염송』 고칙 116에 있다.
14 장락궁(長樂) : 장락長樂은 장락궁長樂宮, 장락전長樂殿. 서한西漢의 궁전의 하나. 태후의 거처였다.
15 대유복발大庾覆鉢 : 『선문염송』 고칙 117에 있다. 몽산 도명 선사가 육조 혜능이 이미 5조의 의발을 전수받고 떠난 것을 알고 뜻을 같이하는 몇 사람과 뒤쫓았다. 대유령에 이르러 혜능이 선사가 오는 것을 보고 곧 의발을 바위 위에 던지고는 "이 옷은 믿음의 표시이니

너에게 가져가도록 맡긴다니 일 이미 잘못 되나	任你將歸事已非
좋게도 원한 허물을 오히려 특별히 묵살하니	好箇寃尤還特殺
봄바람의 은혜란 옳고 그름의 기미를 가리지 않아.	春恩不擇是非機

집시팔년執侍八年

조계산의 외길을 물어도 알리는 없으니	曹溪一路問無媒
홀로 스스로 쓸쓸히 어떻게든 왔다네	獨自悽悽只麽來
물 긷고 나무하고 수고로운 하루인데	汲水負薪勞二四
가르침 따라 불 속에서 세 발 자라 낚다.	從敎火裏釣黃能
(能의 독음이 '래'이니 세 발 자라이다.)	(音來三足鼈也)

일숙조계一宿曹溪[16]

| 선상을 세 번 돌 때 탁연히 뛰어났으니 | 繞床三匝卓然時 |
| 팔만 삼천[17]의 몸가짐이 곧바로 시행됐네 | 八萬三千直下施 |

힘으로 다툴 만하겠는가. 그대 마음대로 가져가라." 하였다. 선사가 곧 들어올리나 산처럼 끄떡도 하지 않았다.(蒙山道明禪師 因趁盧行者 至大庾嶺 行者見師至 卽擲衣鉢於石上云 此衣表信 可力爭耶 任君將去 師遂擧之 如山不動)

16 일숙조계一宿曹溪 : 조계산에서 하룻밤을 자다. 영가 현각永嘉玄覺 선사를 '일숙각一宿覺'이라 한다. 현각 선사가 조계산에 가서 육조와의 대화에서 의기가 투합되어 육조가 "좋구나 좋아 잠시 하룻밤만 자고 가라.(善哉善哉 少留一宿)" 했다 하여 일숙각이 현각 선사를 이르는 말이 되었다.

17 팔만 삼천 : 현각玄覺 선사가 육조에게 갔을 때, 육조가 이르기를 "대체로 사문은 삼천의

| 한 맥으로 큰 작가의 말 밖의 뜻을 | 一脈大家言外旨 |
| 부질없이 읊는 산 아래 아는 이 없지. | 浪吟山下沒人知 |

국사삼환國師三喚[18]

자주 장로를 부르면 하늘 기밀이 누설되지만	頻呼長老天機漏
스승에게 세 번 대답하여 낚시 걸려 올라오다	三諾阿師上鉤來
흐르는 물에 지는 꽃으로 봄 일은 가니	流水落花春事去
자고새는 들 당나무에 있어 슬피 우네요.	鷓鴣啼在野棠哀

여릉미가廬陵米價[19]

청원에게 어느 스님이 "어떤 것이 불법입니까?" 물으니, 대사는 "여릉의 쌀값이 얼마이더냐?" 했다.(淸源因僧問 如何是佛法 師云 廬陵米作麽價)

| 전방에 들어 많이 얻는 것은 자신의 자산이나 | 入鄽多得以資身 |

몸가짐과 팔만의 세부 행동을 갖추었는데, 대덕은 어디서 왔느냐?(夫沙門者具三千威儀 八萬細行 大德自何方而來)" 하였다.
[18] 국사삼환國師三喚 : 『선문염송』 고칙 130에 있다. 서경 혜충국사가 하루는 시자를 불렀다. 시자가 대답했다. 이렇게 세 번 불렀고 시자는 세 번 대답했다. 국사 이르기를 "장차 내가 너를 저버린다 해야 할까, 아니면 네가 나를 저버릴 것인가?" 하였다.(忠國師 一日喚侍者 侍者應諾 如是三喚 侍者三應 師日 將謂吾辜負汝耶 却是汝辜負吾)
[19] 여릉미가廬陵米價 : 『선문염송』 고칙 148에 있다.

온 집안이 힘써 어렵게 노력하는 것만 못해	不若渾家力作辛
청원 노인의 빗댄 말을 모름지기 착안하라	源老寓言須著眼
페르시아[20]인이라도 정직한 마음 보기 어렵다.	波斯難見直心人

청중염경請衆念經[21]

하택 신회 대사 이르되, "대중들이여 고향 소식에 부모가 모두 돌아가셨다 하니 나를 위하여 마하반야바라밀을 염해 주오." 하다.(荷澤大士云 大衆 鄕信 到 父母俱喪 爲我念摩訶般若波羅密)

마하반야바라밀로 선망 부모 천도하려 하니	摩訶般若薦先亡
찾은 칼이 앞에 있어 숨어 감추지 않다	尋劍當頭不隱藏
변방 기러기 한 소리에 가을 소식 빠르니	塞雁一聲秋信早
일만 집은 달밤 이용 옷 다듬이 바쁘네.	萬家乘月擣衣忙

조신득탈竈神得脫[22]

파조타 화상이 신사에 이르러 지팡이로 주방 귀신을 치면서 "영혼은 어디서

---

20 페르시아(波斯) : 파사波斯는 지금의 이란. 진귀한 보배가 많이 생산되어 상업이 뛰어났다. 파사는 보배의 별칭으로도 쓰이고, 파사안波斯眼이라 하면 장사에 경험이 많아 물건의 진위眞僞를 구별하는 안목으로 인용되기도 한다.
21 청중염경請衆念經 : 『선문염송』 고칙 152에 있다.
22 조신득탈竈神得脫 : 『선문염송』 고칙 153에 나오는 이야기이다. 파조 화상이 숭산에 거하는

오며 정령은 어디로 가는가?" 하며 쳐부셨더니, 다음 날 청의동자가 와서 사례하다.(破竈墮和尙 到神祠 以杖打神竈曰 靈從何來 聖從何去 卽打破 次日 靑衣神來謝云云)

쇠잔한 잔 식은 산적 산처럼 쌓여 있으니	殘盃冷炙積如山
화와 복이란 기회 따라 세상 순리대로이다	禍福從機順世間
한번 스님의 선가 방망이 맞은 뒤로는	一中衲僧禪棒後
귀신 사당은 낭자했고 새 공중으로 돌아오다.	神祠浪藉鳥空還

서강완월西江翫月[23]

마조가 세 사람과 달을 구경하던 차에 이르되 "바로 이런 때를 당하면 어

데 산 언덕에 한 사당이 있어 매우 영험이 있었다. 사당 안에는 오직 조왕신 하나 안치해 두었는데 원근에서 제사하는 이들이 끊이지 않으니 제물의 살생이 심했다. 대사가 하루는 시자들을 거느리고 사당에 가 주장자로 가리켜며 "너는 원래 진흙과 기왓장으로 합성한 것인데 영험이 어디서 오는 것이며 신성함은 어디서 이는 것이냐?" 하고 몇 차례 내리치며 깨지고 무너지라 하니 곧 주왕이 파괴되었다. 조금 있자, 푸른 옷의 한 선인이 나타나 절하며 "나는 본래 이 사당의 조왕신인데 오래도록 업보를 받더니 지금 화상의 무생법의 설법에 힘입어 곧 해탈하여 특히 와서 절을 올립니다." 한다. 대사가 이르되, "이는 네가 원래 가지고 있는 본성이지 나의 강요된 말이 아니다." 하니, 조왕신이 재배하고 사라지다. 그 뒤 대중들이 "우리들은 오래도록 스님을 모셨지만 이직 가르침을 빚지 못했는데 조왕신은 무슨 설법을 듣고 곧 해탈을 얻었습니까?" 한다. 대사 이르되, "내가 별다른 도리가 있는 것이 아니다. 다만 저를 향해 이렇게 말했다. 진흙과 기와로 합성되었거늘 영험이 어디서 오며 신성함은 어디서 이느냐 했다. 너희는 왜 예배하지 않느냐?" 하니, 대중이 곧 예배하고 대사는 주장자로 머리를 치며 깨진다 무너진다 하니 대중이 일시에 크게 깨닫다.(破竈墮和尙居崇嶽 山塢有一廟甚靈 中有安一竈 遠近祭祀不歇 烹殺物命甚多 師一日領侍者入廟 以拄杖指云 汝本泥瓦合成 靈從何來 聖從何起 乃敲數下云 破也墮也 其竈便破 須臾有一靑衣峨冠 設拜曰 我本此廟竈神 久受業報 今蒙和尙說無生法 遂得解脫 特來禮謝 師云是汝本有之性 非吾强言 神再拜而沒 後衆曰 某等久侍左右 未蒙示誨 竈神聞說何法 便得解脫 師云我別無道理 只向伊道 泥瓦合成 靈從何來 聖從何起 你等何不禮拜 衆遂作禮 師以拄杖打頭云 破也墮也 大衆一時大悟)

떠한가." 하니 지장은 "바로 공양하기가 좋습니다." 하고, 회해는 "바로 수행하기가 좋습니다." 하니, 보원은 소매를 뿌리치고 갔다. 마조 선사 이르되, "경은 지장에게 들어갔고, 선은 회해로 돌아갔고, 보원은 사물 밖으로 뛰어넘었다."[24] 하였다.(馬祖與三子 翫月次云 正伊麼時如何 智藏曰 正好供養 懷海曰 正好修行 普願拂袖去 師云 經入藏 禪歸海 願超物外云云)

수고로이 세 안목을 가지고 애써 차등 배제하여	勞將三眼强差排
애오라지 강서 마조의 피곤한 뼈 속을 위로하다	聊慰江西困徹骸
즐겨 중추 한가위 보름 달밤에	肯敎中秋三五夜
취한 노래 즐거운 술로 대중과 함께 어울리게 해.	醉歌歡酒衆同諧

문종기합文宗嗜蛤[25]

당의 문종 황제가 조개를 즐겼다. 하루는 반찬 중에 조개가 꽉 다물고 열리지 않는 놈이 있었다. 황제가 향을 피우고 기도하니, 곧 모든 형상을 갖춘 보살이 나타났다. 황제가 천하의 사원을 수리하여 관음상을 세우게 하였다.(唐帝嗜蛤 一日御饌中 有劈不張者 帝燒香禱之 俄有菩薩具相現 帝勅修天下寺院 立觀音像)

옥 수저를 대려 하나 다물고 열리지 않으니	玉筯方垂劈不張

---

23 서강완월西江翫月 : 『선문염송』 고칙 157에 있다.
24 뛰어넘었다 : 원문은 '招'이나 『선문염송』에는 '超'로 되어 있으니, 그것이 옳을 듯하다.
25 문종기합文宗嗜蛤 : 『선문염송』 고칙 176에 있다. 이는 종남산終南山 유정惟政 선사와의 이야기이다.

스스로 의혹이 일어 부질없이 향을 피웠네	自生疑惑謾燒香
서글프게도 잡아다 강 밑에 던지지 않고서	堪嗟不把投江底
온 세계에 부질없이 도량을 짓게 하였구나.	遍界空敎作道場

강음노상江陰路上[26]

백장 선사가 처음 참예하여 이르기를(百丈初參云云)

나는 오리에게 기탁한 말에 함께 유유 아득하니	托言飛鴨共悠悠
산은 저절로 푸릇푸릇 물은 저절로 흐른다	山自蒼蒼水自流
달밤의 갈대밭에서 찾을 길 없다 하지 말라	休道月蘆無處覓
지금까지 얼룩무늬의 깃털은 푸른 강에 떠 있다.	至今斑羽碧江浮

비심비불非心非佛[27]

복숭아꽃 오얏꽃 꽃다이 일색의 봄빛인데	桃李芳非一色春

---

26 강음노상江陰路上 : 『선문염송』 고칙 177에 있다. 백장 회해百丈懷海 선사가 마조馬祖 대사를 수행하던 차에, 들오리가 날아가는 것을 보고 마조가 "저것이 무엇이냐?" 하니, 회해 선사가 "들오리입니다." 했다. 마조가 "어디로 가느냐?" 하니, 회해 선사가 "날아갔습니다." 하니, 마조가 선사의 코를 비틀었다. 선사가 고통을 참는 소리를 하니, 마조가 "어찌 날아간 적이 있느냐?" 했다.(百丈懷海禪師 隨馬祖行次 見野鴨飛過 祖云是什麽 師云野鴨子 祖云什麽處飛去耶 師云飛過去也 祖扭師鼻頭 師作忍痛聲 祖云何曾飛過去)

27 비심비불非心非佛 : 『선문염송』 고칙 159에 있다. 마조馬祖에게 어느 스님이 묻되, "화상은

남쪽 집은 웃음 웃고 북쪽 집은 찡그린다	南家解笑北家嚬
양귀비는 쇠창 아래에서 옥처럼 부서지는데	楊妃玉碎金戈下
옆에는 머리 돌리고 이 드러내 웃는 이 있다.	傍有回頭啓齒人

즉심즉불卽心卽佛[28]

봄 강 천 리에 파란 안개 흐르니	春江千里碧烟流
물고기 깊이 잠기고 오리는 떠 있구나	魚卽深沈鴨卽浮
서시[29]가 한번 도심을 지난 후로는	西子一從都下過
일천 문 옆에서는 이야기가 멈추지 않네.	千門傍見話難休

일구흡강一口吸江[30]

| 처음에는 음정[31]이 맞아 오히려 들을 만하더니 | 初成角徵猶堪聽 |

무엇 때문에 마음이 곧 부처라 합니까?" 하니, 대사 이르되 "어린 아기 울음 그치게 하기 위해서다." 했다. 스님이 "울음 그칠 때는 어떻게 하죠?" 하니, 대사는 "마음도 아니고 부처도 아니다." 하였다.(馬祖因僧問 和向爲什麽說卽心卽佛 師云爲止小兒啼 僧云啼止時如何 師云非心非佛)

28 즉심즉불卽心卽佛 : 앞의 주 참조.
29 서시 : 월越의 미녀 서시西施. 자색이 너무 아름다워, 그녀가 가슴이 아파 찡그리면 이웃 여인들은 그것이 아름답다 여겨 눈을 찡그렸다 함. 효빈效嚬.
30 일구흡강一口吸江 : 『선문염송』 고칙 161에 나오는 이야기이다. 마조는 방 거사龐居士가 "일만 법과 친구가 되지 않는 이는 어떠한 사람입니까?" 하고 묻자 "네가 한 입으로 서강의 물을 다 마시는 것을 기다려 말하리라." 하니, 거사는 말을 마치자마자 이해하였다.(馬祖因龐居士問 不與萬法爲侶者 是什麽人 師云 待汝一口吸盡西江水 卽向汝道 居士言下領解)

특별한 가락을 옆으로 부니 운이 맞지 않네 別調橫吹韻不儔
뼈 없는 무쇠소가 바다로 투신해 들어 無骨鐵牛投入海
고삐 풀려 마음대로 하니 늙은 용의 수심일세. 解牽如意老龍愁

일월면불日月面佛[32]

대사(마조)가 불안해 하니 원주가 묻되, "높으신 몸이 어떠하십니까?" 하니, 대사는 "일면불 월면불"이라 하다.(師不安 院主問 尊位若何 師曰 日面佛月面佛)

깊은 궁중에 자물쇠 잠겨 봄바람이 늦으나 深宮垂鐎春風晚
그 속의 옥 같은 사람은 옛날 정 그대로이네 中有玉人依舊情
게을리 바느질거리 놓고서 북당에 올라서 懶放線針登北閣
놀이로 매실을 가지고는 황금 목걸이 치다. 戲將梅子打金䮚

삼근이냥三斤二兩[33]

정경이 와서 참예하니 마조가 묻되, "어느 곳에서 왔는가?" 하니, "현산에서 왔습니다." 하였다. 마조가 "산의 무게가 얼마더냐?" 하니, "3근 2냥입니다." 하다. 마조가 "무게가 크구나." 하니, "저울이 손에 있습니다." 하다. 마

---

31 음정(角徵) : 각치角徵는 오음五音인 궁宮·상商·각角·치徵·우羽의 하나.
32 일월면불日月面佛 : 일면불월면불日面佛月面佛.『선문염송』고칙 169에 나오는 이야기이다.
33 삼근이냥三斤二兩 :『선문염송』고칙 166에 나오는 이야기이다.

조는 껄껄 웃었다.(定慶來叅 祖問曰 從何處來 曰峴山來 祖曰山重多少 曰三斤二兩 祖曰重大多 曰秤尺在手 祖呵呵大笑)

세 근 두 냥은 별다른 음계의 오음³⁴이고	三斤二兩別宮商
한번 껄껄 웃음은 좋은 화살과 칼날	一笑呵呵好箭鋒
하늘 밖의 여러 봉우리 사람 가지 못하나	天外數峯人不到
해마다 가을빛에 비단이 진홍색 띠운다.	年年秋色錦浮紅

공좌불상식共坐不相識[35]

어느 스님이 광징 선사에게 묻되 "어떤 것이 본래 사람입니까?" 하니, 광징 선사가 이르기를(僧問廣澄 如何是本來人 澄云云)

하루에 만 리를 돌아도 다만 달릴 수 있을 뿐인데	日回萬里徒能走
사늘히 암자 안에 앉아서 새는 꽃을 휴대했다	冷坐庵中鳥帶花
길이 낙양에 들어도 사람들 알지 못하니	長入洛陽人不識
해 저물녘 가을 풀에 청동 낙타[36]를 올라타다.	黃昏秋草跨銅駝

---

34 오음(宮商) : 궁상宮商은 궁음宮音과 상음商音. 오음五音의 음계.

35 공좌불상식共坐不相識 : 『선문염송』 고칙 171에 나오는 이야기이다. 대동 광징 선사가 어느 스님이 "어떤 것이 본래 사람입니까?" 하고 묻자, "함께 앉았어도 서로 모르느니라." 하였다. 스님이 "그렇다면 절하고 가겠습니다." 하니, 선사는 "몰래 수심 어린 창자를 서사하여 누구를 주겠느냐?" 했다. (澧州 大同廣澄禪師 因僧問如何是本來人 師云 共坐不相識 僧云 伊麼則禮拜去也 師云 暗寫愁腸寄阿誰)

36 청동 낙타(銅駝) : 동타銅駝는 동으로 주조한 낙타. 궁문이나 침전 앞에 많이 세운다.

성남초색城南草色

국사가 자린 공봉에게 묻되 "어디서 왔느냐?" 하니, 공봉이 "성남에서 왔습니다." 했다. 대사가 "성남의 풀은 무슨 빛이더냐?" 하니, "황색입디다." 하였다.(國師問紫鱗供奉 從何來 奉曰城南來 師曰城南草什麼色 曰黃色云)

구름도 다한 성 남쪽의 풀빛은 황색인데	雲盡城南草色黃
강물과 하늘은 허공 벽색으로 다 가을빛이네	水天虛碧共秋光
동정호의 달밤의 배는 구름 꿈으로 돌아가니	洞庭月舸歸雲夢
뱃사공의 생각이 그리 좋지 않음 알겠네.	知是篙人意不良

파모개두把茅盖頭[37]

강아지 처음 짓는 것 손님 왔음을 알리고	狗子初狺知客到
고양이 겨우 달아나자 닭의 울음을 듣다	猫兒才走聽鷄飛
문 앞에 길이 있지만 꽃다운 풀로 희미하니	門前有路迷芳草
들고남에 어찌 이슬 옷 적심을 알겠는가.	出入何知露濕衣

---

37 파모개두把茅盖頭 : 띠풀로 초가를 짓는 이가 지붕을 머리 위로 삼는 것은 비바람을 가리기 위해서 하는 것이다. 삶에 가장 기본적 절실함을 비유함이다. 『전등록傳燈錄』에 운거가 동산에게 묻되 "어떤 것이 조사가 서쪽에서 오신 뜻입니까?" 하니, 대사 이르되 "모범적 스승은 앞으로 띠풀로 지붕을 이을 것이다."라고 하였다.(雲居問洞山 如何是祖師西來意 師曰闍梨向後有一把茅盖頭)

지해종도知解宗徒[38]

많은 아들을 둔 할아비 할미는 생각도 많아서	多男翁姑多思慮
나귀 일을 방금 치르고 나면 말 일이 뒤따른다	驢事方行馬事隨
만약 한나라 황제의 한 생각을 돌리려 하면	若教漢皇回一念
소양궁[39]에 화를 기르는 것 이것만 못하다.	昭陽養禍不如斯

백장곡소百丈哭笑[40]

(백장이) 마조와 함께 산행을 하고 내려가다가 백장 대사가 통곡하니, 친구들이 묻되 "부모를 생각해서냐?" 하니, "고향은 생각함이 없지 않느냐?" 하다. "없는데 무슨 이유냐?" 하니, 대사는 "큰스님에게 물어라." 한다. 친구들이 마조에게 물으니, 마조는 "그에게 물어라." 하여 지시대로 하니, 대사는 껄껄 웃었다.(與馬祖 山行而下 師大哭 友問曰 憶父母耶 曰無思古鄉耶 曰無何以耶 師曰問取大師 友問祖 祖曰問渠 友如教 師呵呵大笑)

백 가지 천 가지 기예 오락이 기쁨 어려움 아우르니	百千伎樂歡難泣
항하의 모래 숫자인 아수라장에 싸움이 짝이 없다	沙數修羅鬪不侔

---

38 지해종도知解宗徒 : 다만 많은 지식과 많은 해득으로 으뜸을 삼는 무리. 『육조단경六祖壇經』에 "네가 앞으로 나아감에 있어 띠풀로 지붕을 이을 수 있을 것인데, 다만 저 지식과 해득으로 으뜸을 삼는 무리가 될 것이다.(汝向去有把茅蓋頭 也只成知解宗徒)"라고 하였다.
39 소양궁(昭陽) : 소양昭陽은 한漢의 궁전 이름. 일반적으로 후비가 거처하는 궁전을 이르게 됨.
40 백장곡소百丈哭笑 : 『선문염송』 고칙 179에 나오는 이야기이다.

| 기쁘다는 말 슬프다는 말 누가 이해 터득할 수 있나 | 言喜言悲誰解得 |
| 한마디 울음의 새 기러기는 가을 강을 지나간다. | 一聲新雁過秋江 |

권석卷席[41]

마조가 자리에 오르니 백장 스님이 자리를 걷었다. 마조가 자리에서 내려오니 백장이 방장으로 따라가다.(馬祖昇座 師卷席 祖下座 歸方丈)

긴 돛폭 일백 자에는 높은 바람이 일고	長帆百尺起高風
다섯 발 되는 요를 양 옆에다 걸었구나	五把工橈掛兩傍
손뼉 맞는 적수들이 천리를 함께 저으니	敵手共搖千里遠
백사장 머리 아이들 시선은 아득하기만.	沙頭稚子眼茫茫

이롱삼일耳聾三日[42]

| 금강의 한 번의 외침 할에 못을 뽑기가 급하고 | 金剛一喝抽釘急 |

---

41 권석卷席 : 『선문염송』 고칙 178에 나오는 이야기이다.
42 이롱삼일耳聾三日 : 『선문염송』 고칙 181에 나오는 이야기이다. 백장 선사가 다시 마조에게 참예하니, 마조가 불자를 세웠다. 선사가 "이것을 가지고 이용하실 것입니까, 이것을 버리고 이용하실 것입니까?" 하니, 마조가 불자를 이전 장소에 걸어 두었다. 선사가 한참 있으니, 마조가 "네가 이후로는 두 조각의 가죽을 열어서 무엇으로 사람들을 위할 것이냐?" 하니, 선사가 불자를 가져다 세웠다. 마조가 "이것을 가지고 이용할 것인가, 이것을 버리고 이용할 것인가?" 하여, 선사도 이전의 장소에다 불자를 걸었더니, 마조가 곧 할로 외쳐

대낮 햇살의 푸른 하늘에 번개 그림자 빠르다	白日靑天電影忙
머리 돌려 문 밖의 길을 찾을 겨를도 없이	無暇轉頭關外路
기러기 가을빛을 걸치고 형양⁴³을 지나가다.	雁拖秋色過衡陽

착답야호錯答野狐[44]

백장의 법회에 어느 노인이 날마다 와서 법문을 들었다. 선사가 "누구냐?" 물으니까, 노인이 "나는 비바시부처부터 진작 이 산에 살았습니다. 어느 학인이 묻기를 '큰 수행인도 오히려 인과에 떨어지느냐' 하기에, '인과에 떨어지지 않는다' 했더니 오백 년 동안 들여우의 몸이 되었습니다." 한다. 백장 선사가 "네가 나에게 물어라." 하니, 노인은 전과 같이 물었다. 선사가 "인과에 어둡지 말라." 하니 노인이 활연히 깨닫고는 "나를 죽은 스님의 예로 보내 달라." 하고는 예배하고 갔다.(百丈會下 有老人 日來聽法 師問誰 人曰我於毗婆尸佛時 曾住此山 有學人問 大修行人還落因果耶無 吾曰不落因果 五百生作野狐身 師曰 你問我 人如前問 師曰不昧因果 人豁悟曰 送我亡僧例 禮謝而去)

잘못 범한 조문의 문장이 만 리를 흘려보내어	誤犯條章萬里流
십 년의 사막 변방에서 거친 언덕 지키었구나	十年沙塞守荒丘
은총 입어 문득 강남의 길로 내리니	承恩却下江南路

선사는 곧바로 3일 동안 귀가 멀었다.(百丈再參馬祖 祖竪起拂子 師云卽此用 離此用 祖掛拂子於舊處 師良久 祖云你已後 開兩片皮 將何爲人 師遂取拂子竪起 祖云 卽此用 離此用 師亦掛拂子於舊處 祖便喝 師直得三日聾)

43 형양衡陽: 형양안단衡陽雁斷. 형양에 회안봉回雁峰이 있는데, 전설에 기러기가 이 봉우리에 이르면 지나지를 못한다 해서, '형양안단'은 소식이 끊김을 말한다.
44 착답야호錯答野狐: 『선문염송』 고칙 184에 나오는 이야기이다.

| 붉은 여뀌 누런 국화가 한결같은 가을일세. | 紅蓼黃花一樣秋 |

염관거불鹽官擧拂[45]

염관 제안鹽官齊安 선사가 화엄 좌주에게 묻되 "화엄에는 몇 가지 법계가 있는가?" 하니, 좌주가 "간략하면 네 가지이고 넓히면 거듭거듭 다함이 없는 법계입니다." 하니, 선사가 주장자를 세우며 "저것은 몇 가지 법계로 수습되느냐?" 하니, 좌주는 말이 없었다.(師問華嚴座主云 華嚴幾種法界 主曰略則四種 廣則重重無盡法界 師拈柱杖云 者介幾種法界收 主無語)

거듭거듭 인연 일으킴이 나의 소유가 되니	重重緣起爲吾有
바로 모래바람을 잡아서 두 눈에 장애가 일다	政把風沙碍兩眸
옥주 한 번 휘둘러 마음의 눈 착각을 몰아내면	玉麈一揮心眼錯
음릉에서 잃은 길[46]을 초강으로 흘러 내려가리라.	陰陵失道楚江流

약산주산藥山住山

약산 유엄惟儼 선사가 좌선하는데 마조가 묻되 "너는 여기 앉아서 무엇하느냐?" 하니, 약산이 "피부가 다 떨어져 나가고 오직 하나의 진실만 남았습

---
45 염관거불鹽官擧拂 : 『선문염송』고칙 201에 나오는 이야기이다
46 음릉에서 잃은 길(陰陵失道) : 음릉陰陵은 춘추시대 초楚의 고을인데, 항우項羽가 패하고 길을 잃은 곳이다.

니다." 마조는 "의당히 배를 만들어라." 하여 약산은 이로부터 산에 머물렀다.(師坐禪次 馬祖問 子在此作什麼 山云 皮膚脫落盡 唯一眞實在 祖云 宜作舟舡 山由是住山)

게을리 꽃다운 풀에 거닐음도 말할 것이 못되니	懶行芳草且非論
꽃 봄을 귀히 여기지 않아 낮에도 문을 닫았다	不貴花春晝掩門
만약 피부가 모두 다 벗겨져 버린다면	若得皮膚俱脫落
깨진 솥으로 깊은 구름에 앉은들 무엇이 해로워.	破鐺何害坐深雲

남전참묘南泉斬猫[47]

두 당두들이 고양이를 가지고 다투거늘, 선사(남전 보원南泉普願)가 잡아 가지고 "이야기가 합당하면 살려주고 이야기가 합당치 않으면 죽이리라." 하나, 두 당두가 말이 없자 선사가 잘라 버렸다. 조주가 짚신을 이고 나아가니 선사는 "네가 만약 있었더라면 구해질 수 있었겠구나." 했다.(兩堂頭爭猫 師把曰 道得卽活 道不得卽殺 兩堂無語 師斬之 趙州戴鞋而出 師云 汝若在救得云云)

바르게 강령 제기를 그 형세 번개처럼 하여서	正令全提勢若雷
죄 없는 고양이[48]가 하늘 재앙을 만났구나	花奴無辜遇天災
그렇지만 조주가 처음부터 있었더라면	雖然趙子當初在
눈 칼날을 높이 휘둘러도 손 들지 못했을 것.	雪刃高揮手不擡

---

47 남전참묘南泉斬猫:『선문염송』고칙 207에 있다.
48 고양이(花奴): 화노花奴는 고양이를 말한다.

남전정화南泉庭花[49]

　육궁 대부가 남전 선사에게 "하늘 땅이 나와 같은 뿌리이고 만물이 나와 한 몸이라[50] 함이 심히 기괴합니다." 하니, 선사가 뜰의 꽃을 가리키며 "이 시대 사람들이 이 꽃을 보면 꿈과 비슷할 터인데." 하였다. (陸亘大夫謂師曰 天地與我同根 萬物與我一體云云 也甚奇怪 師指庭花云 時人見此花 如夢相似)

한 몸이요 같은 뿌리라 이미 기미를 발로하여	一體同根已發機
붉은 꽃 푸른 잎이 함께 의의 아련하구나	紅花綠葉共依依
두어 가지가 봄 지난 뒤에도 향기 남아 있어	數枝春後殘香在
노란 나비에게 빌려줘 하룻밤 묵고 가게 하다.	借與黃蛾一宿歸

녹색 비단 진홍 비단이 저녁 햇살을 받아	綠羅紅錦帶斜暉
저 좋은 자연 조직을 아는 이가 드물구나	好箇機關識者稀
굳이 바라밀[51]의 황금색을 들 필요 없었으니	不必鉢羅金色擧
만 년의 소식을 다시 의희 아련하게 히였구니.	萬年消息再依稀

49　남전정화南泉庭花:『선문염송』고칙 209에 나오는 이야기이다.
50　하늘 땅이~한 몸이라 : 이 두 구는 조 법사肇法師가『무명론無明論』에서 한 말이다.
51　바라밀(鉢羅) : 바라밀波羅蜜, 생사生死의 혼미한 이곳(此岸)에서 열반 해탈의 저곳(彼岸)에 이르다.

전석작불鐫石作佛[52]

육긍 대부가 남전 선사에게 "제자의 집에 한 조각의 돌이 있는데 어떤 것은 서 있고 어떤 것은 누워 있습니다. 새겨 부처를 얻을 수 있을까요?" 했다. 선사는 "얻을 수 있지." 했고, 또 묻되 "얻을 수 없습니까?" 하니, 선사는 "얻을 수 없다." 하였다.(陸亘大夫問師曰 弟子家有一片石 或立或臥 鐫作佛得否 曰得 不得否 曰不得)

몇 년래로 황제를 등에 업고 공적인 일을 행하여	年來負帝立行公
저울이나 자가 서로 기울어 손 안에 있구료	秤尺相傾在手中
홀로 태평곡을 부르며 산 밖으로 가니	獨唱太平山外去
창경새 위로 아래로 날아 길 동쪽 서쪽이네.	鶬鶊上下路西東

반산유시盤山遊市[53]

(반산 보적盤山寶積 선사가 보았다.) 고기를 사는 이가 포주에게 "정한 것을 한 조각 잘라 오라." 하니, 포주가 "관리여, 어느 곳은 부정한 것인가요?" 했다. 선사가 듣고 크게 깨달았다.(買肉者謂屠者曰 精底割一片來 屠者曰 長史何處不精底 師聞大悟)

---

52 전석작불鐫石作佛:『선문염송』고칙 212에 나오는 이야기이다.
53 반산유시盤山遊市:『선문염송』고칙 248에 나오는 이야기이다.

천고의 영특한 봉우리의 별 아기 하나가　　　　　　千古靈峯一星兒
흘러 떨어져 푸줏간에 있음을 누가 아나　　　　　　誰知流落在鮑肆
아침에 저잣거리 가서 얼마냐고 다투고　　　　　　朝行市裏爭多少
또 진홍빛 옷을 입고 조정54에 거닌다.　　　　　　又着紅衣步玉墀

귀종참사歸宗斬蛇55

(귀종 지상歸宗智常) 선사가 풀을 매던 차에 어느 손님이 이르자 선사가 뱀을 잘랐다. 손님이 "오래도록 귀종을 바라왔는데 다만 거친 행동의 사문만 보았네." 하였다. 선사는 "내가 거칠으냐 네가 거칠으냐." 하더라.(師刬草次 有客至 師斬蛇 客曰久嚮歸宗 只見箇麤行沙門 師曰我麤你麤云云)

사문의 큰 경계는 첫 조목을 상실하는 것인데　　　沙門大戒失初條
천하의 속가 선비들은 착오된 비교가 많구나　　　天下布衣錯較多
붉은 거북이56 한 번 닫혀 만고에 유전되기도　　　赤眼一關流萬古
황금 사자57 위엄 떨쳐 차가운 안개에 외친다.　　　金毛威振吼寒霞

54　조정(玉墀) : 옥지玉墀는 궁전 앞의 돌 계단, 조정을 뜻함.
55　귀종참사歸宗斬蛇 : 『선문염송』 고칙 255에 나오는 이야기이다.
56　붉은 거북이(赤眼) : 적안赤眼은 거북이의 별칭이라 하나, 본 시에서는 의미가 불확실하다.
57　황금 사자(金毛) : 금모金毛는 금모사자金毛獅子. 문수보살이 탔다 함.

삼개현재三介現在[58]

스님이 (귀종 지상) 선사에게 물었다. "어떤 것이 불법입니까?" 선사가 다리를 들어 보이니, 스님은 소송하였다.(僧問師 如何是佛法 師擧脚示之 僧爭訟)

촉목보리[59]는 누구를 지적함인가	觸目菩提指的誰
한 봄의 복숭아 오얏이 이리저리 어지럽구나	一春桃李亂參差
가련하게도 좌주는 소송을 일으키어	可憐座主興爭訟
하루살이가 쇠망치에 항거하는 듯하구나.	也似蜉蝣拒鐵槌

매자이숙梅子已熟(대매산 법상大梅山法常)[60]

마조 대사가 항상 마음이 곧 부처라 했는데, 마음도 아니고 부처도 아니라고도 한다는 말을 선사(매산 법상)가 듣고는 "저 늙은이가 사람들을 의혹되고 혼란되게 하여 끝나는 날이 없구나. 나는 마음이 곧 부처다." 하였다. 마조가 이 말을 듣고는 "대중아, 매실이 이미 익었구나." 하였다.(馬大師常日 卽心卽佛 師後聞非心非佛日 這老漢惑亂人 未有了日 我卽心卽佛 祖聞日 大衆 梅子熟也)

---

58 삼개현재三介現在 : 『선문염송』 고칙 258에 나오는 이야기이다. 귀종 선사에게 좌주가 물었다. "어떤 것이 촉목보리입니까?" 하니, 선사가 발 하나를 들고는 "알겠느냐?" 하니, 좌주는 "알지 못했습니다." 했다. 선사는 "세 개가 여기 있으니 하나를 임의로 선택 취득하라." 했다. 좌주가 노하여 소송을 일으켜 판결하게 하다.(歸宗因座主問 如何是矚目菩提 師翹一足日 會麽 主日不會 師日三箇現在 一任選取 主奴興訟遭判)
59 촉목보리囑目菩提 : 눈에 접촉되는 것 일체가 보리菩提(깨달음)라는 뜻.
60 매자이숙梅子已熟 : 『선문염송』 고칙 265에 나오는 이야기이다.

여러 해 동안 매실이 오래도록 황량하더니	積年梅子久荒凉
서리 내리고 서풍이 부니 꼭지까지 누렇구나	霜落金風徹蔕黃
억지로 방 거사가 백 번을 씹어[61] 먹으라는 말이	强被龐翁百雜碎
비록 방외의 가르침이나 맑은 향이 전파되네.	從敎方外播淸香

석공진록石鞏趁鹿[62]

석공 혜장慧藏 선사가 (사냥꾼이었을 때) 마조암 앞으로 사슴을 쫓게 되었다. 마조가 "너는 한 번 쏠 때에 화살이 몇 개냐?" 하니, "한 개입니다." 하였다. 마조가 "나는 한 무리를 쏜다." 하였다. 선사가 "피차에 산 생명인데 어떻게 한 무리를 쏩니까?" 하니, 마조는 "그렇다면 너는 어찌 너 자신을 쏘지 못하느냐?" 하니, 선사는 듣자마자 깨달았다.(師趁鹿於馬祖庵前 祖曰汝一發射幾介 曰一介 祖曰我射一群 曰彼此生命 何射一群 祖曰 然則汝何不自射 師聞大悟)

아지랑이 나무가 희미하여 자취 보이지 않는데	烟樹希夷不見蹤
남으로 왔다 북으로 갔나 산 노인에게 물었다	來南去北問山翁
스스로 어느 곳에도 손 쓸 곳이 없음 안다면	自知無處能容手
한 줄기 가을 바람 온 세계에 두루 같으니라.	一陣秋風遍界同

---

61 백 번을 씹어(百雜碎) : 세세히 물건을 부수다. 『전등록』「대매장大梅章」에 "방 거사가 대매 법상 화상에게 '오래도록 대매산에 있다 함을 들었는데 알 수 없소만 매실이 익었는가 안 익었는가?' 하니, 법상 선사가 '어디부터 입부리를 대야 하느냐.' 하였다. 거사가 '백 번이라도 부숴라.' 하니, 선사가 손을 펴면서 '나에게 씨를 돌려 주라.' 하니 거사는 말이 없었다.(龐居士因問 大梅常和尙 久聞大梅 未審梅子熟也未也 師云 何處着觜 居士云 百雜碎 師展手云 還我核子來 居士無語)"라고 하였다.
62 석공진록石鞏趁鹿 : 『선문염송』 고칙 277에 나오는 이야기이다.

금우작무金牛作舞[63]

금우 화상이 마조 대사의 밑에서 밥 짓는 이가 되었는데 매양 아침이면 밥통을 가지고 승당 앞으로 와서는 외치되, "보살은 밥 먹으러 오라." 하며 껄껄 웃었다.(師於馬祖下 作飯頭 每朝將飯桶 來僧堂前叫曰 菩薩子喫飯來 呵呵大笑)

밥을 광주리 안에 담아 흰 은이 쌓였는데	飯盛籮裏白銀堆
손뼉 치며 껄껄 웃어 바릿대 열기 재촉한다	拍手呵呵展鉢催
일 없이 밥이나 먹는 중[64] 다투어 입을 벌리니	粥飯衲僧爭下口
설친다고 꼭 신 매실을 기억할 필요야 없지.	拔屣非必憶醋梅

서당답유西堂答有[65]

어느 세속 선비가 서당 지장西堂智藏 선사에게 묻되, "천당과 지옥은 있습니까, 없습니까?" 하니, 선사가 "있다." 했다. 선비가 "경산徑山은 없다 합니다." 한다. 선사가 "너는 아내와 자식이 있는가?" 하니, "있습니다." 하였다. 선사가 "경산은 처자가 있느냐?" 하니, 선비가 "없습니다." 하였다. 선사는 "경산이 천당 지옥이 없다 하면 곧 터득한 것이다." 하니 선비가 예를 올리고 가다.(有一俗士問師曰 天堂地獄有不 師曰有 士曰徑山云無 師曰汝有妻子乎 士曰有 師曰徑山有妻子乎 士曰無 師曰徑山無天獄卽得 士禮謝而去)

---

63 금우작무金牛作舞 : 『선문염송』 고칙 281에 나오는 이야기이다.
64 일 없이~먹는 중(粥飯衲僧) : 죽반승粥飯僧. 죽이나 밥이나 먹고 일정한 일이 없는 중.
65 서당답유西堂答有 : 『선문염송』 고칙 289에 나오는 이야기이다.

큰 박통은 형상이 없이 하나의 큰 허공이니	大朴無形一大空
소리 없고 냄새 없이 있다 없다의 그 중간	無聲無臭有無中
봄바람에 어느 곳이나 꽃 안 피는 데 없고	春風何處無花發
서리 뿌리면 가을 산은 잎이 저절로 붉다.	霜灑秋山葉自紅

일입서산一入西山[66]

서산 양西山亮 좌주가 마조 대사의 처소에서 깨달음을 얻은 뒤에 한 번 서산으로 들어가 아득히 소식이 없다.(亮座主在馬祖處發悟後 一入西山杳無消息)

곧바로 서산으로 들어가 소식을 끊고	直入西山絶消息
밭 한 떼기[67] 푸른 채소 구름 기대어 재배하다	一庙靑菜倚雲栽
용이 사해로 돌아가니 졸음 오히려 평온하고	龍歸四海眠猶穩
학은 삼천대천으로 가서 그림자도 오지 않다.	鶴去三天影不回

오설회두五洩回頭[68]

오설 영묵五洩靈黙 선사가 석두 희천石頭希遷의 처소에 이르러, "말 한마디

---

66 일입서산一入西山:『선문염송』고칙 290에 나오는 이야기이다.
67 떼기(庙): 원문의 '庙'는 '廟'와 동일한 자이니 의미가 통하지 않으나, 혹 묘전廟田의 줄인 말일까.
68 오설회두五洩回頭:『선문염송』고칙 293에 나오는 이야기이다.

로 서로 맞으면 머무르고 아니면 가겠다." 했다. 석두가 "좌주여," 하고 부르니 선사가 머리를 돌렸다. 석두가 "이것이 뭐일꼬?" 하니 선사가 깨우침이 있었다.(師到石頭處云 一言相契卽住 否卽去 頭呼云 座主 師回首 頭云是什麼 師有省)

불렀다고 머리 돌림은 일이 심히 거칠지만	呼喚回頭事甚麁
옛 사람은 이 중에 길이 있다 말하네	古人云是在中途
저의 비천한 실망[69] 보고 자비심 간절하여	看他落草悲心切
마른 채소를 가져다가 배고픈 이 구했네.	能以枯蔬救餓夫

부배무잉浮盃無剩[70]

능행파가 부배 화상에게 묻되 "힘을 다해도 터득할 수 없다는 언구는 누구에게 분부한 건가요?" 하니, 부배 화상은 "부배는 남은 말이 없다." 하였다. 능행파 이르되, "저것은 죽은 선에 의지한 대답이다." 하였다.(凌行婆問師云 盡力道不得底句 分付阿誰 師云浮盃無剩語 婆曰這倚死禪和云)

부배 화상의 당일에는 단란한 정을 꺼리어	浮盃當日忌團圝
능행파의 모든 이야기를 좋아하지 않았다	不喜凌婆搖百舌
말 많은 선과 알다리의 수행은	多口禪和赤脚行
문득 사나운 범에게 머리 뿔 나게 함이네.	却敎猛虎頭生角

---

69 비천한 실망(落草) : 낙초落草는 하천인으로 떨어졌다는 의미. 일반적으로는 산림에 숨어 현실 정치와는 적대관계를 이룬다는 의미로 쓰임.
70 부배무잉浮盃無剩 : 『선문염송』 고칙 294에 나오는 이야기이다.

오구삼방烏臼三棒[71]

처음에 쏜 하나의 화살이 삼중의 포위를 푸니　　　　初行一箭解三圍
백전노장의 장군도 문득 지휘를 포기하였네　　　　　百戰將軍拋却麾
곳곳의 책상머리에 일말의 여운을 남기어　　　　　　處處床頭留一抹
오구의 엄한 호령이 고금의 규범이 되었네.　　　　　烏臼嚴令古今規

유관호산惟寬好山[72]

흥선사興善寺 유관惟寬 선사에게 어느 스님이 "어떤 것이 도입니까?" 하니, 선사는 "크게 산을 좋아한다." 하였다. 스님이 "도를 물었는데 어찌 산을 말합니까?" 하였다. 선사는 "너는 산을 보면서 어떻게 도에 통달하느냐." 하였다.(僧問如何是道 師云大好山 僧曰問道何謂山 師云汝觀山 何能達道)

완전한 새 새끼는 분별 없이도 천리를 쫓지만　　　　完雛無分追千里
발 저는 토끼 능력 있어도 지름길을 빼앗을까　　　　跛兎而能徑奪伊
도를 물으니 산이라 대답함 참으로 좋아함이니　　　問道答山眞大好
흰 구름 깊은 곳을 누가 엿볼 수 있겠는가.　　　　　白雲深處孰能窺

71　오구삼방烏臼三棒: 『선문염송』 고칙 297에 나오는 이야기이다. 오구烏臼 화상이 정주定州 화상의 법회에서 온 스님에게 정주의 법과 도는 어떠냐고 묻자 스님이 별로 다름이 없더라 하니, 다름이 없다면 다시 그리 가라 하면서 방棒을 내리친 일이 있다.
72　유관호산惟寬好山: 『선문염송』 고칙 299에 나오는 이야기이다.

화림시자花林侍者[73]

배상국 휴가 화림 선각 선사에게 묻되 "시자가 없습니까?" 하니 선사는 "있다." 하였다. (裵相國問師 無侍者乎 師曰有)

화림의 동굴 아래 대공과 소공[74]이	花林洞下大小空
아침 저녁으로 모시어 들어 걱정 없는 생각	侍聽朝昏意不忡
진여 청정의 세계 안에는 숨고 드러남 없으나	眞淨界中無隱顯
가을 강에 파랑이 일어남은 서녘 바람이 있기에.	秋江起浪在西風

방옹사구龐翁四句[75]

나방 나비의 속눈썹이 삼천 개로 나열되어도	蟭螟眼睫列三千

---

[73] 화림시자花林侍者 : 『선문염송』 고칙 302에 나오는 이야기이다. 화림 선각 선사에게 배휴가 찾아와 묻되 "선사에게도 오히려 시자가 있습니까?" 하였다. 선사가 "한 둘은 있다." 배휴가 "어느 곳에 있습니까?" 하니, 선사가 이에 "큰 허공(大空)아 작은 허공(小空)아." 하고 부르니, 호랑이 두 마리가 암자 뒤에서 나왔다. 배휴가 보고 놀라니, 선사가 두 호랑이에게 "손님이 있으니 물러가라." 하매 호랑이들이 으르렁거리며 물러갔다. 배휴가 "스님은 무슨 행업을 지었기에 감화시킴이 이러합니까?" 하니 선사가 구슬 두어 개를 들어보이며 "알겠는가?" 하니 배휴는 "모르겠습니다." 하였다. 스님은 "산승은 항상 관음보살을 염송한다." 하였다. (華林善覺禪師因裵休訪之問曰 師還有侍者否 師云有一兩个 休云在什麽處 師乃喚大空小空 時二虎自庵後而出 休覩之驚怖 師語二虎曰 有客且去 二虎哮吼而去 休問曰 師作何行業 感得如斯 師舉起數珠云 會麽 休曰不會 師曰山僧常念觀音)

[74] 대공과 소공(大小空) : 앞의 주 참조.

[75] 방옹사구龐翁四句 : 『선문염송』 고칙 308에 나오는 이야기이다. 방 거사와 백령이 문답한 4구이다. 방 거사에게 백령이 묻되, "남악(석두 희천)이 터득한 구를 오히려 남에게 주었는

해 뜨면 밭 갈고 김매고 해 지면 들어 잔다	日出耕耘日入眠
월계수에 그림자도 차니 처음 꿈이 깨어나	月桂影寒初破夢
금방에 이름이 불리어 밤에 하늘에 조회하다.	呼名金榜夜朝天

매조끽박賣笊喫撲[76]

방 거사가 딸 영조와 다리 밑을 가다가 이마를 부딪쳤다. 영조도 역시 아버지 옆에 함께 눕게 되었다. 거사가 "무엇하느냐?" 하니 영조가 "서로 부축한다." 하였다. 거사가 "보는 사람이 없어 다행이다." 하였다.(士與女子靈照 行橋下 喫顚 照亦父邊竝臥 士曰作麼 照曰相扶 士云 賴有無人見)

늙은 아비 부딪치고 딸도 함께 자빠지니	老爺喫撲女同顚
자고로 성인의 집에는 자애 효도가 온전한 것	自古聖家慈孝全
만약 그때에 어떤 놈을 만났더라면	若也當時逢箇漢
한 삽으로 두 선사를 묻어 버릴 뻔했네.	一鍬埋却兩頭禪

가?" 하니, 방 거사가 "역시 주었다." 하였다. 백령이 "누구에게 주었는가?" 하니, 거사는 자신의 가슴을 가리키며 "방공."이라 했다. 백령이 "바로 이것이 오묘한 덕이 공에서 남이니 찬탄해도 미칠 수 없다." 하였다. 거사가 문득 "스님도 터득한 구를 오히려 남에게 준 적이 있는가?" 백령이 "역시 남에게 준 적이 있다." 거사가 "누구에게 주었는가?" 하니, 백령이 삿갓 쓰고 곧 갔다. 거사가 "길을 잘 살펴 가시오." 하니 백령은 일거에 머리도 돌리지 않았다.(龐居士因百靈問 南嶽得力底句 還曾擧似人否 士云亦曾擧似人 靈云擧似阿誰 士自點胸云龐公 靈云直是妙德空生 也讚嘆不及 士却問阿師得力底句 還曾擧似人否 靈云亦曾擧似人 士云擧似阿誰 靈戴笠子便行 士云善爲道路 靈一去更不回首)

[76] 매조끽박賣笊喫撲: 『선문염송』 고칙 316에 나오는 이야기이다.

황벽소립黃檗小笠[77]

황벽 희운黃檗希運 선사가 길을 떠나게 되자, 남전南泉이 "큰 몸에 야자 잎의 삿갓이오." 하니, 선사는 "삼천대천세계가 저 속에 있습니다." 하니, 남전은 "옳소." 하고, 선사는 길을 떠났다.(師臨行 南泉曰 大身椰子笠 師云 三千世界盡在這裏 泉吽 師着行)

해진 야자 모자가 삼천대천세계를 덮었으니	破帽椰子盖三千
오는 것이 어떠하기에 가는 것도 그러한가	來者伊麽去者然
도로에서 서로 만나면 모두가 눈인사이니	道路相逢皆以目
기러기 가을 소식 가지고 강 하늘을 지난다.	鴻將秋信過江天

단하잔초丹霞剗草[78]

석두 희천石頭希遷 선사가 하루는 모두에게 풀을 깎으라 청하니, 단하 천연丹霞天然은 머리를 씻고 칼을 가지고 석두 선사에게 나아갔다. 석두 선사가 웃으며 삭발해 주고 계를 설하나 단하 선사는 귀를 막고 달아났다. 뒤에 마조馬祖 선사에게 가서 성경[79]을 탔다 한다.(石頭一日 普請剗草 師洗頭 就刀於頭 頭笑而削之說戒 師掩耳而走 後至馬祖處 騎聖頸云云)

---

77 황벽소립黃檗小笠 : 『선문염송』 고칙 392에 나오는 이야기이다.
78 단하잔초丹霞剗草 : 『선문염송』 고칙 320에 나오는 이야기이다.
79 성경聖頸 : 미상. 『선문염송』에는 기성승항騎聖僧項으로 되어 있으니, 둘 다 미상이다.

귀를 막고 급한 별을 타고[80] 갔다 곧 돌아왔으니	掩耳騎頸去却回
석두의 깊은 길엔 파란 이끼만이 어지럽구나	石頭深路亂蒼苔
보호 받는 절에서 다리 길게 펴지 못하고서	不從保社舒長脚
넓은 물길 높은 산으로 갔다가 또 왔는가.	濶水高山去又來

천황쾌쾌 天皇快快[81]

천황 도오天皇道悟 선사가 평상시에 항상 '쾌활 쾌활'이라 하더니, 임종할 때는 '괴롭다 괴롭다' 하였다. 원주가 그 까닭을 물으니, 선사는 "당시도 옳았고 지금도 옳다." 하였다. 원주는 말이 없었다.(師常曰 快快 臨終曰 苦苦 院主問其故 師曰當時是 今時是 主無語)

학을 타고 하늘에 오른다 하여 어찌 유쾌하며	駕鶴昇天何快快
사슬에 얽혀 지옥[82]에 들어도 괴로움이 아니다	鏷鉤入玉非苦苦
가련하게도 귀공자가 꽃을 애석히 여기는 마음이	可憐公了惜花心
넉넉지 못한 염라대왕[83]의 포악에 고루 통하지 못함이여.	調達不饒閻老暴

---

80 별을 타고(騎頸) : 미상. 경경은 별의 이름이다. 칠성七星의 하나로 급한 일을 맡은 별이라 하니, 혹 이 별을 탔다는 의미인지 미상이다.
81 천황쾌쾌天皇快快 : 『선문염송』 고칙 351에 나오는 이야기이다.
82 지옥 : 원문은 '玉'. 『한국불교전서』 제8책, 133쪽의 '玉'은 혹 '獄'의 오기가 아닌지.
83 염라대왕(閻老) : 『선문염송』의 원전에 "술을 가져와 나와 마시고 고기도 가져와 나와 먹자. 그래야 염라왕이 나를 데려갈 것이다.(把酒來與我喫 將肉來與我喫 閻老子來取我也)"라고 하였다.

태전수주太顚數珠[84]

한유(韓愈)가 조주 태전潮州太顚 선사에게 나이가 얼마냐고 물으니, 선사는 구슬을 들어 세고 있다. 한유가 수좌에게 물으니, 수좌는 이를 세 번 두드린다. 한유가 또 선사에게 구슬을 들어 센 뜻을 물으니, 선사도 이를 세 번 두드렸다. 한유가 "종래로 불법이 둘이 아니네요." 하니, 선사가 "무슨 말이냐?" 하였다. 한유가 "수좌도 역시 그럽디다." 하니, 선사가 수좌를 불러 "그랬느냐?" 하니, 수좌가 "그랬습니다." 하였다. 선사는 곧바로 수좌를 세 번 때렸다.(韓文公問師年多少 師擧數珠 公問首座 座叩齒三下 公又問師 擧數珠意 師叩齒三下 公云 從來佛法不二 師云何也 公云首座亦然 師喚首座問是否 座云是 師卽打首座三下)

나이 얼마냐에 구슬을 들어 세었으니	多少行年擧數珠
한문 공이 꼭 나이를 빗댈 필요 없었지	文公未必擬春秋
일반적으로 이를 두드림이 그러한 것인데	一般叩齒伊麽打
그에게 가르침이 앞 자리 드러냈다 누가 믿나.	誰信敎渠出一頭

위산발화潙山撥火[85]

백장百丈 선사가 위산潙山 선사에게 화롯불을 헤집게 하다.(百丈使師撥火云云)

---

84 태전수주太顚數珠:『선문염송』고칙 352에 나오는 이야기이다.
85 위산발화潙山撥火:『선문염송』고칙 355에 나오는 이야기이다. 위산 영우潙山靈祐 선사가 하루는 백장 회해百丈懷海를 모시고 섰는데, 백장 선사가 "누구냐?" 하니 선사가 "영우입니다." 하였다. 백장이 "네가 화로를 헤쳐 보라. 불이 있느냐 없느냐?" 하였다. 선사가 헤치며

좋은 일은 홀로 행하는 것 아냐 누구냐 물었으니	令不單行借問誰
소나무 작은 울림 소리 내어도 바람 되어 온다	松生微韻爲風來
별빛만 한 작은 불에 남은 이야기 없겠지만	一星小火無餘說
죽 때 알리는 판자 소리에 새벽 달이 재촉하다.	粥板聲從曉月催

고령회사古靈誨師[86]

원 스승(고령 선사가 백장에게 깨우침을 받고 원래의 절로 되돌아갔을 때)이 경전을 전독하는데, 벌이 창문의 종이를 뚫고 나가려 하니, 고령 선사가 "공의(빈) 문을 나가려 하지 않고 창에다 부딪기만 하니 어리석기도 하구나." 하니 원 스승이 책을 덮다.(本師轉經時 紙蜂投窓 師云空門不肯出 投窓也多痴 本師置卷)

바람이 불면 수면에 물결이 처음 일고	風來水面皺初發
새 날아가면 모래 표면에 글씨가 생긴다	鳥去沙腮篆字生
좋게도 머리 돌려 국집을 깨친 뒤에도	好是回頭局破後
부질없이 썩은 도끼 자루[87]로 산 아래 걷다.	空携爛柯下山行

"불이 없습니다." 하니 백장이 몸소 깊이 헤쳐 작은 불을 얻어 들어 보이면서 "이것이 불이 아니냐?" 하니 선사가 깨달음을 얻고 예배 사례하였다. 백장이 "이것은 잠시의 지름길일 뿐이다. 경에 이르기를 '불성의 뜻을 알려고 하거든 당연히 시절의 인연을 살피라' 하였으니, 시절이 이르면 이치는 저절로 드러난다." 하였다.(潙山靈祐禪師 一日侍立百丈 丈問誰 師曰靈祐 丈云汝撥爐中有火否 師撥云無火 丈躬深撥得小火 擧以示之云 此不是火 師發悟禮 謝 丈云此乃暫時岐路耳 經云欲識佛性義 當觀時節因緣 時節若至 其理自彰)

86 고령회사古靈誨師:『선문염송』고칙 403에 나오는 이야기이다.
87 썩은 도끼 자루(爛柯):진晉나라 때 왕질王質이 벌목하다가 동자 여러 명이 바둑을 두는 것을 구경하게 되었는데, 동자가 대추씨 같은 것을 주워 먹고 난 뒤로 배고픔을 모르게 되었다. 조금 시간이 지났다 생각될 때 동자가 왜 안 가느냐 하여 도끼 자루를 보니 이미 다 썩어 버렸더라. 고향으로 돌아오니 당시 사람들은 하나도 없었다. 임방任昉의『술이기述異

구성유무狗性有無[88]

조주趙州

없다 말했다 있다 말했다 헛되이 입을 여니	言無言有虛開口
초나라 개 오나라 소가 눈 달에 놀랐구나	楚犬吳牛雪月驚
한 잎의 우물 오동나무에 가을 소식이 빠르나	一葉井梧秋信早
양지 언덕엔 오히려 풀이 파릇파릇하구나.	南坡猶自草靑靑

정전백수庭前栢樹[89]

서리 달은 능릉하여 어찌할 수 없지만	霜月凌凌不奈何

記』. 그 후로 '난가爛柯'가 세월의 무상과 사람살이의 변천을 말하게 되었다.

[88] 구성유무狗性有無 : 『선문염송』 고칙 417에 나오는 이야기이다. 구성狗性은 불성佛性이라 했어야 옳지 않았을까. 원래 질문이 개에게도 불성이 있는가 없는가(狗子還有佛性也無)였기에 의문을 달아 본다. 조주 종심에게 어느 스님이 "개에게도 오히려 불성이 있습니까, 없습니까?" 하니, 선사는 "있다." 하였다. 스님이 "이미 있다 했다면 문득 쳐서 저 가죽 푸대 속에 넣습니까?" 하였다. 선사는 "저것을 알기 때문에 고의로 범한 것이다." 했다. 또 어느 스님이 묻되 "개에게도 오히려 불성이 있습니까, 없습니까?" 하니, 선사는 "없다." 하였다. 스님이 "일체의 중생이 다 불성이 있다 하면서 개에게는 무엇 때문에 없다 합니까?" 한다. 선사는 "업식이 있기 때문이다." 하였다.(趙州因僧問 狗子還有佛性也無 師云有 僧云 旣有 爲什麼却撞入者个皮袋 師云 爲他知而故犯 又有僧問 狗子還有佛性也無 師云無 僧云 一切衆生皆有佛性 狗子爲什麼無 師云爲伊有業識在)

[89] 정전백수庭前栢樹 : 『선문염송』 고칙 421에 나오는 이야기이다. 조주에게 어느 스님이 묻되, "어떤 것이 조사가 서쪽에서 오신 뜻입니까?" 하니, 선사가 "뜰 앞의 잣나무이다." 하였다. 스님이 "화상은 경계를 가지고 사람에게 보이지 마십시오." 하니, 선사는 "나는 경계를 가지고 사람에게 보인 것이 없다." 한다. 스님이 "어떤 것이 조사가 서쪽에서 오신 뜻입

조주 사람은 일도 많아 산하를 움직인다	趙人多事動山河
지는 나뭇잎은 쓸쓸히 내리게 맡겨 두지	任他落木蕭蕭下
부질없이 가을바람에 힘을 더 싣게 하나.	空使秋風力更多

죽파세발粥罷洗鉢[90]

어느 스님이 가르침을 구하니까 조주 선사는 "죽을 먹었느냐?" 한다. 스님이 "먹었습니다." 하니, 선사는 "발우를 씻고 가라." 하였다. 스님이 크게 깨달았다.(有僧求指示 師云喫了也未 僧云喫 師云洗鉢去 僧大悟)

하늘이 영악함을 냈기에 오래도록 쓸쓸타가	天生獰惡久悽悽
언덕 길에 서로 만나 손을 잠시 잡았구나	陌路相逢手暫携
초나라 구슬이 세 번의 형벌 인연 없었으면[91]	楚璧不因三度刖
형산의 남쪽 언덕엔 풀만이 다부룩할 것을.	荊山南畔草萋萋

니까?" 하니, 선사는 "뜰 앞의 잣나무이다." 하였다.(趙州因僧問 如何是祖師西來意 師云 庭前栢樹子 僧云 和尙莫將境示人 師云 我不將境示人 僧云 如何是祖師西來意 師云 庭前栢樹子)

90 죽파세발粥罷洗鉢 : 『선문염송』 고칙 429에 나오는 이야기이다.
91 초나라 구슬이~인연 없었으면(楚璧不因三度刖) : 초벽楚璧은 화씨벽和氏璧. 월형은 발을 자르는 형벌. 초나라의 변화卞和가 산에서 벽옥璧玉을 얻어 여왕厲王에게 헌납하였다. 감정사가 보고 돌이라 하니 왕을 속였다 하여 발을 잘랐다. 무왕武王이 즉위하니 또 옥을 헌납하나 또 돌이라 하여 발을 잘랐다. 문왕文王이 즉위하여 또 그 옥을 헌납하였고, 옥인을 시켜 다듬어 보배를 얻으니 '화씨벽'이라 하게 되었다. 『한비자韓非子』「화씨和氏」.

대규구화大叫救火[92]

조주 선사가 (남전의 문하에 있을 때) 불 당번이 되었다. 하루는 크게 외치며 "불을 구하라, 불을 구하라." 하며 문을 닫고 들어가 버렸다. 남전 선사가 열쇠를 가져다 주니 선사는 문을 열고 나왔다.(師作爐頭 一日大叫曰 救火救火 卽閉門而入 泉將鑰匙與師 師開門)

불을 들어 병사를 불러도 적은 오지 않으니	擧火徵兵賊不來
많은 말 많은 웃음이 어려움을 면했구나	多言多笑免難哉
집안 풍모를 끝내 추하게 할 수가 없어서	家風不可終成醜
열쇠로 오히려 저에게 문을 급히 열게 하다.	鑰匙還他殢使開

유마유마有麽有麽[93]

선사가 한 암주에게 찾아가 이르되, "있는가, 있는가?" 하니, 암주는 주먹을 세우다.(師訪一庵主云 有麽有麽 主竪起拳頭)

---

[92] 대규구화大叫救火 : 『선문염송』 고칙 422에 나오는 이야기이다.
[93] 유마유마有麽有麽 : 『선문염송』 고칙 436에 나오는 이야기이다. 조주 선사가 어느 암자 주인을 찾아가 "있는가, 있는가?" 하니 암주 주먹을 세우다. 선사가 "물이 얕아서 배를 댈 곳이 없다." 하고는 곧 갔다. 또 어느 암자를 찾아가 역시 "있는가, 있는가?" 하니 그 암주도 주먹을 세웠다. 선사는 "놓을 수도 있고 빼앗을 수도 있구나. 살릴 수도 있고 죽일 수도 있구나." 하면서 예배하고 갔다.(趙州訪一菴主 便云有麽有麽 菴主竪起拳頭 師云 水淺不是泊船處 便去 又訪一菴主 亦云有麽有麽 菴主亦竪起拳頭 師云 能縱能奪 能殺能活 禮拜而去)

유현덕의 무쇠 투구는 가을 번개에 번득이고	劉玄鐵冑飜秋電
조조[94]의 무쇠 창은 저녁 구름을 격파한다	孟德金戈擊暮雲
배 한 척 함께 흔들려 바람 다시 급한데	一舸竝搖風更急
밝은 달 어느 곳에는 사립문을 닫는다.	月明何處掩蓬門

책장탐수策杖探水[95]

수유 화상이 당에 오르자 조주 선사가 지팡이를 짚고 발걸음을 쫓으니, 수유가 "무엇 하십니까?" 하매, 선사는 "물을 찾는다." 하였다. 수유 화상이 "그 속에는 한 방울도 없습니다." 하니, 선사는 지팡이로 벽을 두드리고 내려갔다.(茱萸上堂 師策杖逐步 萸云作麼 師云探水 萸云這裏一滴也無 師以杖靠壁下去)

여룡의 넓은 바다에는 그림자도 잠기지만	驪龍滄海影沈沈
여윈 학의 붉은 목은 반도 잠기지 않는다	瘦鶴紅頸半不沈
흙을 파도[96] 한 방울도 메울 사람이 없는데	捧土無人填一滴
허공의 밝음은 멀리 몇 천 길로 떨어지다.	空明搖落幾千尋

---

94 조조(孟德) : 맹덕孟德은 조조曹操의 자.
95 책장탐수策杖探水 : 『선문염송』 고칙 424에 나오는 이야기이다.
96 흙을 파도(捧土) : 동한東漢 때 주부朱浮가 대장군으로 북방의 평정을 책임졌는데, 어양漁陽 태수太守가 항명하니 주부가 "지금 천하가 몇 리이며, 여러 고을에 성이 몇이냐? 어찌하여 구구한 어양을 가지고 천자와 원한을 맺느냐? 이는 강가 사람들이 흙을 파서(捧土) 맹진孟津을 메우려는 것과 같아 다분히 분수를 모르는 짓이다." 하였다. 이후로 '봉토捧土'는 제 힘을 가늠 못함에 비유된다.

예불끽봉禮佛喫捧[97]

문원이 부처에게 예배하는데, 조주 선사가 때렸다. 문원은 "어찌 좋은 일이 아니겠습니까?" 하니, 선사는 "좋은 일도 없는 것만 못하다." 하였다.(文遠禮佛 師打之 遠云 豈不是好事耶 師云 好事不如無)

부처에게 예 올리는 이와 부처를 때리는 이여	禮佛人兮打佛人
밝음이 오면 어둠은 가니 누가 친하고 누가 먼가	明來暗去孰疎親
밝은 달 누대 위에서 구슬 비파를 타니	月明樓上彈瑤瑟
옆에 통수 부는 이 있어 곡이 더 새롭구나.	傍有吹簫曲更新

사십이시使十二時[98]

큰 호수 삼만 육천 이랑에	太湖三萬六千頃
저 물결 중심엔 달이 기울지 않는다	那介波心月不傾
백 년을 바위 아래 평안히 앉았으니	宴坐百年岩下石
하늘 꽃 어지러이 날아도 소리 안 들려.	天花亂落聽無聲

---

[97] 예불끽봉禮佛喫捧 : 『선문염송』 고칙 454에 나오는 이야기이다.
[98] 사십이시使十二時 : 『선문염송』 고칙 425에 나오는 이야기이다. 어느 스님이 조주 선사에게 묻되, "12시 중에 어떻게 마음을 써야 합니까?" 하니, 선사가 "네가 12시간의 피동이 되어라." 하였다. "늙은 중이 12시간을 부릴 수 있습니다." 하니 "너는 몇 시를 물었느냐?" 하였다.(趙州因僧問 十二時中如何用心 師云 你被十二時使 老僧使得十二時 你問那箇時)

봉인권다逢人勸茶[99]

갈라신선[100]의 한 방울 물이 염부제에 넘치니	竭羅一滴漲閻浮
뗏목을 띄워서 시장 안에서 구할 필요 없네	不必浮梁市井求
비록 재물의 보시에 너와 나의 피차 없지만	雖曰施財無彼此
칼날 만난 맨손은 그런 적 없음이 한스럽다.	臨鋒赤手恨未曾

청주포삼靑州布衫[101]

추운 소나무 바위 아래 서늘한 중은	寒松石下冷淡僧
삼동 겨울에도 입어 본 적 없음이 한인데	得被三冬恨未曾
이로부터 백 년 동안 구름 물 속에서	從此百年雲水裡
기름 뿌려 불을 끄기[102] 자주 하기 어려워.	潑油救火數難勝

---

99 봉인권다逢人勸茶: 『선문염송』 고칙 411에 나오는 이야기이다. 조주가 어느 스님에게 묻되, "여기 온 적이 있느냐?" 하니, 스님은 "온 적이 있습니다." 한다. 선사는 "차 마시고 가라." 하였다. 또 스님에게 묻되, "여기 온 적이 있느냐?" 하니, 스님이 "온 적이 없습니다." 하니, 선사는 "차 마시고 가라." 한다. 원주가 묻되, "무엇을 위하여 온 적이 있어도 차 마시고 가라 하시고, 온 적이 없다 하여도 차 마시고 가라 하십니까?" 하였다. 선사가 원주를 부르자 원주 대답하니, 선사는 "차 마시고 가라." 하였다.(趙州問僧 曾到此間否 僧云曾到 師云 喫茶去 又問僧 曾到此間否 僧云不曾到 師云 喫茶去 院主問 爲什麽 曾到也敎伊喫茶去 不曾到也敎伊喫茶去 師召院主 主應諾 師云 喫茶去)

100 갈라신선(竭羅): 갈라竭羅는 갈라가竭羅伽. 옛 신선의 이름.

101 청주포삼靑州布衫: 『선문염송』 고칙 408에 나오는 이야기이다. 어느 스님이 조주 선사에게 "일만 법이 하나로 돌아간다 하니 하나는 어디로 돌아갑니까?" 하니, 선사는 "내가 청주에 있을 때 한 벌의 장삼을 지었는데 무게가 7근이더라." 하였다.(趙州因僧問 萬法歸一 一歸何處 師云 我在靑州 作一領布衫 重七斤)

102 기름 뿌려 불을 끄기(潑油救火): 방법이 서툴러 일에 도움이 안 될 뿐만 아니라 사태를

장사완월長沙翫月[103]

　장사 경잠長沙景岑 선사가 앙산 혜적仰山惠寂 선사와 달을 구경하던 차에 앙산이 이르되, "사람마다 저것을 다 가져도 다 쓸 수 없네." 하니, 장사가 앙산을 넘어뜨렸다. 앙산은 곧바로 "늙은 호랑이[104] 같구나." 하였다.(與仰山翫月次 山云 人人盡有者介 却是用不得 師踏倒仰山 山云 直似介大蟲)

곧바로 약진하는 재주 자랑 누가 이기고 질까	驀直呈才誰勝負
생생한 꽃과 눈 달이 양기의 봄이 되었네	生花雪月作陽春
풍류 놀이 겨우 파하자 달은 지려고 하여	風流纔罷月欲落
저절로 먼 닭이 있어 새벽임을 알리네.	自有遠鷄來報晨

황학루제黃鶴樓題[105]

　장사 경잠 선사에게 어느 수재가 불경을 보다가 묻되, "백천의 모든 부처가 다만 이름만 있으니 어느 국토에 계셔서 중생을 교화합니까?" 하였다. 선사는 "황학루 시[106]를 최호가 지은 뒤로 수재도 역시 지었는가?" 하니 "없습

　　더 악화시킴의 비유.
103 장사완월長沙翫月:『선문염송』고칙 489에 나오는 이야기이다.
104 늙은 호랑이(大蟲) : 대충大蟲은 노호老虎. 늙은 호랑이.
105 황학루제黃鶴樓題:『선문염송』고칙 492에 나오는 이야기이다.
106 황학루黃鶴樓 시詩 : 최호崔顥의 황학루 시가 고금의 절창이라 일러진다. "昔人已乘黃鶴去 此地空餘黃鶴樓 黃鶴一去不復返 白雲千載空悠悠 晴川歷歷漢陽樹 芳草萋萋鸚鵡洲 日暮鄉關何處是 烟波江上使人愁" 이백李白이 이 시에 대해 "眼前有景不能道 崔顥題詩在上

니다." 하자, 선사는 "일 없을 때 한 편을 지어라." 했다.(長沙因秀才 看佛名經 問曰 百千諸佛但有其名 居何國土化生耶 師云 黃鶴樓崔顥題後 秀才亦題不 才曰無 師云 無事時題一篇

천고의 영웅들을 다 헤아릴 수 없지만	千古英雄不可量
장적 왕건 이백 두보도 양을 잃었구나	張王李杜盡亡羊
가없는 바람 달이 누대에 가득하니	無邊風月滿樓上
꼭 최호의 여덟 줄 시만이 아니지.	不必崔郞短八行

감지설죽甘贄設粥[107]

감지 행자甘贄行者가 죽을 끓여 놓고 남전 화상을 청하여 경을 염하게 하니, 남전이 강석을 펴고 이르되, "대중아, 이리의 종놈이나 흰 암소가 되겠느냐?" 하고, 경을 염하는 자들이 예배하고 간 뒤에 남전이 곧 솥을 깨치다.(行者設粥 請南泉念經 泉白槌云 大衆爲狸奴白牯 念經者拜去後 泉打破鎗子)

죽을 진설하여 스님 공양 세상에 드문 일인데	設粥供僧世所稀
경을 염하는 것은 어쩌면 많이 어긋나는 일일세	念經無乃事多違
안개 강 삼월에 꽃이 지는 비에	烟江三月落花雨
돛대 하나 옆으로 흔들며 천 리로 돌아오다.	一棹橫搖千里歸

頭"라 하였다.
107 감지설죽甘贄設粥 : 『선문염송』 고칙 505에 나오는 이야기이다.

기림목검祇林木劒[108]

선사(호남湖南 기림 화상祇林和尙)가 열두 해 동안 항상 목검을 사용해 왔다. 오는 사람을 보면 마귀가 왔다 마귀가 왔다 하며 두 번 휘두른 뒤 방장으로 들어가다.(師嘗用木劒十二年來 見人來曰 魔來也 魔來也 揮數下入方丈)

네 변방의 오랑캐들이 우리 집을 손상시켜	四塞蠻夷喪我家
난간에 기대어 〈후정화〉[109]의 노래를 불러 다하다	凭欄彈盡後庭花
맨손으로 비린 연기를 쓸기가 어렵다 생각하여	思難赤手腥烟掃
나무 칼을 가져다 날로 머무는 창을 당해 내다.	木劒將當駐日戈

지통순당智通巡堂[110]

선사(오대산五臺山 지통智通)가 귀종(귀종사歸宗寺 법상法常) 선사의 법회에 있었다. 하루는 밤에 당을 순행하면서 홀연 외치기를 "나는 이미 크게 깨달았다." 하였다. 귀종이 선사를 불러 "무엇이냐?" 하니, 선사는 "비구니는 원래 여자가 된 것이다." 하였다.(師在歸宗會下 行巡堂叫云 大悟大悟 宗召師問什麼 師曰 師姑元是女人做)

심검당 안에서 꿈이 처음 깊을 때에	尋劍堂中夢熟初

---

108 기림목검祇林木劒:『선문염송』고칙 509에 나오는 이야기이다.
109 〈후정화後庭花〉: 악부樂府 가곡歌曲의 명칭.
110 지통순당智通巡堂:『선문염송』고칙 510에 나오는 이야기이다.

외마디 소리 외치는 이 빠른 천둥 같구나	一聲人語疾雷如
왕가 풍교 당을 휩쓸어 품은 근심 오라더니	王風委地懷憂久
두 번 나아가 겨우 만나서 박수 쳐야 하나.	再造才逢手拍歟

양수고문良遂敲門[111]

마곡(보철寶徹 선사)이 풀을 베고 있을 때 선사(수주壽州 양수良遂)가 찾아와 뵈니, 마곡은 돌아보지도 않고 방장으로 들어갔다. 선사가 뒤를 따라가 문을 두드리니, 마곡이 "누구냐?" 했다. 선사는 이름을 말하자마자 크게 깨달았다.(麻谷鋤草次 師來見谷 不顧入方丈 師隨後敲門 谷云 阿誰 師才稱名 豁然大悟)

눈 마주치고 마음으로 알아 좋게도 왔건만	目擊心知好箇來
오히려 호미 가지고 등한하게 되돌아가네	猶將鋤子等閑回
큰 바다 물결 조용해 깊이는 일천 길인데	鴻濛浪靜深千丈
농어를 낚시로 잡는 것이 나에게 있는가.	釣得鱸魚在我哉

보화등공普化登空[112]

임제가 관을 만들어 주니 선사(진주鎭州 보화普化)가 둘러메고 사대문 안을

---

111 양수고문良遂敲門:『선문염송』고칙 511에 나오는 이야기이다.
112 보화등공普化登空:『선문염송』고칙 516에 나오는 이야기이다.

노닐다가 관에 들어 허공으로 올라 온몸이 벗어나다.(臨濟作棺輿之 師擔遊四
門 入棺登空 全身脫去)

철저한 작가로서 서리 잣나무보다 견고하여	徹底作家堅雪栢
천리를 통한 산성[113]으로 부평초 인생을 배우다	通天散聖學浮萍
걸인으로 일상의 옷[114]에다 방울 달고 가서	乞人直裰懸鈴去
네 번째의 대문 머리에 달은 새벽 오경이네.	第四門頭月五更

운암농사雲巖弄獅[115]

약산(약산 유엄藥山惟儼) 선사가 운암(운암 담성雲巖曇晟) 선사에게 "네가 사자를 희롱한다 들었는데 몇 번이나 해냈느냐?" 하니, "여섯 번 해냈습니다." 하였다. 약산은 "한 번 해냈다." 했다. (뒤에 위산에게 가니) 위산(위산 영우潙山靈祐)이 운암 선사에게 묻되, "너는 항상 희롱하느냐, 때로 두었다 하느냐?" 하니, "두는 때도 있습니다." 하였다. 위산이 "사자가 어디 있는가?" 하니, 선사는 "두었다, 두었다." 했다.(藥山問師 聞汝弄師子 幾介出 曰六出 山云一出 潙山問師云 汝常弄耶 有置時耶 曰有置時 山云 獅在甚處 師云 置也置也)

알머리로 들어 희롱하기 염부제를 두루하니	蒙頭拈弄遍閻浮
바다 건너고 산 넘어 몇 번의 가을이었나	越海踰山度幾秋
혹은 철위산 아래에 걸터 앉으면	或踞鐵圍山下石

---

113 산성散聖 : 산선散仙. 얽매이지 않는 자유인에게 비유.
114 일상의 옷(直裰) : 직철直裰은 옛날 집에서 입는 평상복, 또는 도포.
115 운암농사雲巖弄獅:『선문염송』고칙 521에 나오는 이야기이다.

나왕[116]은 머리카락 서고 야차[117]는 수심이라네.　　　羅王毛竪夜叉愁

덕성복주德誠覆舟[118]

덕성(화정華亭 선자 덕성船子德誠) 선사는 화정에서 뱃사공으로 여러 해 있다가 협산을 만나 이야기하고서는 작별하고 (배를 엎어 버리고 산으로) 갔다.(師嘗作華亭船子 有多年 逢夾山話別而去)

십 년의 안개 강에 부질없이 낚시를 드리나	十載煙江空下釣
백구와의 언약이 아니었음을 누가 아나	誰知非是白鷗期
석두 화상[119]의 한 유파로 끊긴 줄[120] 잇고서는	石頭一派鸞膠續
외로운 배 엎어 놓고 가되 쫓지 못하네.	覆却孤舟去莫追
한 줄기 맑은 강물 천 리를 흐르니	一帶淸江千里流
조각배 표류 정박으로 오래 유유하네	扁舟飄泊久悠悠
오제야[121]의 한 곡조 사람 만나 부르니	啼烏一曲逢人唱
저녁에 가을 구름에 들어 머리 돌리지 않네.	暮入秋雲不轉頭

---

116 나왕羅王 : 나찰왕羅刹王. 나찰羅刹은 포악暴惡 외구畏懼로 번역된다.
117 야차夜叉 : 귀신의 이름. 식인귀食人鬼라고도 함.
118 덕성복주德誠覆舟 :『선문염송』고칙 534에 나오는 이야기이다.
119 석두石頭 화상 : 남악南嶽 희천希遷 선사. 석두 선사의 사법嗣法이 약산 유엄藥山惟儼이고, 선자 덕성船子德誠이 약산의 사법이다.
120 끊긴 줄(鸞膠) : 서해 중에 봉린주鳳麟洲가 있어 신선들이 많다. 봉의 입부리와 기린의 뿔을 섞어 아교를 만들어 끊긴 활줄을 잇는다 한다.
121 오제야(啼烏) : 제오啼烏는 오제오啼, 오제야인烏啼夜引의 금곡琴曲의 이름.

구지수지俱胝竪指[122]

(무주 구화산 구지 화상)이 임종하면서 "내가 하늘 용의 손가락 하나의 선을 얻어 일생을 사용해도 다하지 않았다." 하며 말을 마치자 입멸했다.(師臨終日 吾得天龍一指頭禪 一生用不盡 言訖而滅)

있는 곳에서 인연을 만나면 손가락 끝을 세우니	在處逢緣竪指端
파란 하늘은 바다 같고 칼날 빛은 싸늘하구나	碧天如海劍光寒
장안 일만 리에 집 소식이 없으니	長安萬里無家信
가을 꿈은 부질없이 옥문관[123]으로 돌아오다.	秋夢空回到玉關

관계원두灌溪園頭[124]

관계 지한灌溪志閑 선사가 말산의 요연了然에게 있으면서 묻되, "어떤 것이 말산인가?" 하니, 말산이 "이마를 드러내지 않다." 하다. 지한 선사가 "말산의 주인인가?" 하니, "남녀의 상이 아니다." 한다. 지한 선사가 "어찌하여 변해 가지 않는가?" 하니, 말산은 "귀신이 아닌데 무엇을 변하겠나." 하니, 지한 선사는 원두 노릇을 3년 했다.(師在末山下 問如何是末山 山曰不露頂 師云末山主 山云 非男女相 師云 何不變去 山云 不是鬼神 變介什麽 師作園頭三年)

---

122 구지수지俱胝竪指 : 『선문염송』 고칙 552에 나오는 이야기이다.
123 옥문관玉門關 : 국경 문의 이름. 한漢의 무제武帝 때 세움. 서역의 옥이 여기를 통하여 수입되기 때문에 얻은 이름.
124 관계원두灌溪園頭 : 『선문염송』 고칙 552에 나오는 이야기이다.

드러나지 않은 봉우리 앞에 남은 말이 많고	不露峯前多剩語
부처[125]의 문 밖에서 또 머뭇거리다	象王門外且趑趄
곡조 높아도 〈삼대〉[126]의 춤을 잘 못하니	曲高不善三臺舞
곧 호미 자루 잡고서 채소밭으로 가다.	却把鋤頭下菜畬

앙산소석가仰山小釋迦[127]

허공을 날아온 스님이 알현하자, 앙산仰山 혜적 통지慧寂通智 선사가 "어디에서 왔느냐?" 하니, 스님은 "새벽에 서천을 떠났습니다." 하였다. "왜 늦었는가?" 하니, "산도 유람하고 물도 구경하였습니다." 했다. 선사는 "신령으로 통하면 곧 터득할 것이고, 불법은 이 늙은 중에게 물어야 비로소 터득할 것이다." 하였다. 스님은 절하면서 "내가 문수보살을 위해서 왔다가 작은 석가[128]를 보았구나." 하고는 허공을 올라 날아가다.(飛空僧謁 師云甚處來 僧曰晨離西天 師曰何遲耶 曰遊山翫水 曰神通卽得 佛法須問老僧始得 僧拜曰 吾爲禮文殊來 却見小釋迦 騰空而去)

새벽에 서천을 떠났다면서 어째서 더디다 말했나	晨離西天說何遲
피차가 서로 몸으로 통하니 추위에 소름이 돋다	彼此通身寒出粟
번뇌의 악취[129]를 떨쳐 버려 풀린 얼굴 위로하나	彈盡蘺蘭慰解顔

---

125 부처(象王) : 상왕象王은 코끼리 중의 왕이니 부처를 비유하는 말.
126 〈삼대三臺〉 : 악부가곡樂府歌曲의 이름.
127 앙산소석가仰山小釋迦 : 『선문염송』 고칙 569에 나오는 이야기이다.
128 작은 석가(小釋迦) : 아난阿難이 법장法藏을 결집할 때에, 석가와 다름이 없어서 '소석가小釋迦'라 했으니, 여기서는 선사가 아난의 응신應身이라는 이야기이다. 『염송설화』.
129 번뇌의 악취(蘺蘭) : 이란蘺蘭은 이란伊爛인 듯. 이란은 꽃은 좋으나 악취가 심하여, 불교

그중에는 자그마한 어긋남이 오히려 있구나.　　　　　其中些子猶差忒

원주파경袁州破鏡[130]

위산 영우潙山靈祐 선사가 거울을 보내니, 앙산 혜적 통지慧寂通智 선사가 받아서 대중에게 보이며 "이것이 위산의 것인가, 앙산의 것인가?" 하였다. 대중이 말이 없자 선사는 거울을 깨쳤다.(潙山送鏡 師接示衆云 是潙山底 仰山底 衆無語 師破之)

정령이 왕[131]에게 있으니 의지 흔들리지 않아서	政令當陽志不移
하염없음으로 활용함이 작가의 규범이 되네	無之爲用作家規
아홉 번 이룬[132] 특별한 가락도 아는 이 없으니	九成別調無人會
구름 비 봉우리[133]의 누대에 눈길 보내는 때이지.	雲雨烽臺眼送時

　　 에서 이란은 번뇌煩惱로, 전단향旃檀香은 보리菩提로 비유된다.
130　원주파경袁州破鏡 : 원주袁州는 앙산仰山 혜적 통지慧寂通智 선사를 말한다. 『선문염송』 고칙의 567에서 598까지가 앙산의 설화인데, 이런 내용이 없으니, 그 출전은 미상이다. 앙산이 위산潙山의 사법嗣法으로 고칙에 두 사람의 문답 내용이 매우 많으나, 이 이야기는 보이지 않는다.
131　왕(當陽) : 임금은 남쪽을 향하여 나라를 다스린다 하여, 태양의 상징으로 당양當陽이 임금을 이른다. 또 불가에서 부처님은 성인 중의 성인이요, 왕 중의 왕으로 여겨 당양이 부처를 이르기도 한다.
132　아홉 번 이룬(九成) : 순舜임금의 음악인 〈소소簫韶〉를 말한다. "소소의 음악이 아홉 곡을 이루니 봉황도 와서 거동한다.(簫韶九成 鳳凰來儀)"라 칭송하였다. 그래서 오묘한 선악仙樂을 이르기도 한다.
133　구름 비 봉우리(雲雨峰) : 운우雲雨는 초楚의 양왕襄王이 당고唐高의 누관樓觀에서 놀 때, 아침 비와 저녁 구름이 무산 선녀의 나들이로 옛 선왕과 즐겼다는 이야기를 나누었던 고사로, 남녀의 즐거움을 말한다. 『한국불교전서』 권8, 135쪽의 '烽'은 '峰'의 오자인 듯.

지근도화志勤桃花[134]

울타리 밑의 마른 가지에 한 떨기 꽃이 피니	籬下枯枝一朶開
꽃 구경하는 귀공자가 처음으로 머리 돌리다	賞花公子首初回
봄바람 곳곳에 진홍빛 꽃 일천 나무인데	春風處處紅千樹
어떤 신선[135] 손수 스스로 재배한 것인가.	那箇劉郞手自栽

일찍이 요임금 뜰에서 사물을 이롭게 한 씨로	曾作堯階利物仁
도연명의 토속적 울타리[136]에서 천진함 길렀나	陶公土楷養天眞
수벌이 한번 빨아 정영의 영기도 다하여	雄蜂一咂精英盡
쓸쓸한 빈 꽃으로 시선 가득한 봄이었네.	怊悵空花滿眼春

향엄격죽香嚴擊竹[137]

용이 노래하니 마른 나무도 오히려 사는 기쁨이고	龍吟枯木猶生喜

---

134 지근도화志勤桃花:『선문염송』고칙 590에 나오는 이야기이다. 복주福州 영운 지근靈雲志勤(위산潙山의 사법嗣法) 선사가 위산에게 있다가 복숭아꽃을 보고 도를 깨우쳤다. 게송을 읊었으니, "삼십 년 동안 칼을 찾던 나그네가 몇 차례나 지는 잎이었으며 몇 차례나 가지를 폈는가. 한 번 복숭아 꽃을 봄으로부터는 곧바로 지금에 이르러 다시 의아하지 않다." 하여 위산에게 드리니, 위산이 "인연 따라 깨달았으니 길이 물러나거나 잃지 말고 잘 스스로 간직하라." 하였다. (福州靈雲志勤禪師在潙山 因見桃花悟道 有偈曰 三十年來尋劍客 幾回落葉幾抽枝 自從一見桃花後 直至如今更不疑 擧似潙山 山云 從緣悟達 永無退失 善自護持)

135 신선(劉郞): 유랑劉郞은 동한東漢의 유신劉晨. 전하는 말에, 유신과 원조阮肇가 천태산天台山에 들어 약을 캐다가 선녀의 초청을 받아 반년을 머물다가 돌아오니 집에는 이미 7대손이 있었다 한다.

136 토속적 울타리(土楷): 미상.

죽은 뼈에서 빛이 돋아나니 앎이 점점 깊어진다	髑髏生光識轉幽
부서져 내리는 한 소리에 허공이 무너지니	磊落一聲空粉碎
달빛 물결 일천 리에 외로운 배를 띄우다.	月波千里放孤舟

조륙십방遭六十棒[138]

임제臨濟[139]

남에게 이끌려 낚시를 잡고 용문을 나섰더니	因人携釣動龍門
나는 번개 달리는 우레에 바다 산이 어둡구나	飛電奔雷海岳昏
사나운 짐승 가는 곳에 인연 또한 험하더니	惡獸所歸緣且險
다시 비바람을 만나 산 구름으로 되돌아와.	更逢風雨返山雲

---

137 향엄격죽香嚴擊竹:『선문염송』고칙 597에 나오는 이야기이다. 등주鄧州 향엄 지한香嚴智閑(위산潙山의 사법嗣法) 선사가 날리는 기왓장이 대나무에 부딪쳐 나는 소리를 듣고 홀연히 깨달았다. 이에 게송을 읊되, "한 번 치매 아는 것을 잊었으니 다시는 수양을 빌어 다스릴 수 없네. 움직임의 몸가짐 옛 길을 드날려 초연히 쓸쓸한 기회에 떨어지지 말자. 곳곳에 자취는 없어 소리와 색깔 밖의 위의 거동인가. 모든 지방 도를 통달한 분들이 다 같이 상상의 근기라 말하네." 하였다. 위산이 듣고는 "이 사람은 통했구나." 하였다.(鄧州 香嚴閑智禪師 因颺瓦擊竹作聲 忽然省悟 乃有頌云 一擊忘所知 更不假修治 動容揚古路 不墮悄然機 處處無縱跡 聲色外威儀 諸方達道者 咸言上上機 潙山聞得日 此子徹也)

138 육십방六十棒:『선문염송』고칙 614에 나오는 이야기이다. 임제 선사가 대중에게 이르되, "내가 선생님의 처소에 있으면서 불법의 뚜렷한 큰 뜻을 물으니 세 번에 60번의 방망이를 맞아 마른 풀 가지 비슷했다. 지금에 다시 한번 맞을 생각이 있으니 누가 할 수 있겠느냐?" 하니, 한 스님이 대중 속에서 나오며 "내가 하리이다." 한다. 선사가 방을 들어 스님에게 주니 스님이 받자, 선사가 곧 때렸다.(臨濟示衆云 我於先師處 三度問佛法的的大義 三度喫六十棒 如蒿枝子拂相似 如今更思一頓喫 誰爲吾下手 時有僧出衆云 某甲下手 師拈棒與僧 僧擬接 師便打)

139 임제臨濟: 진주鎭州 임제 의현臨濟義玄 선사. 홍주洪州 황벽산黃蘗山 희운希運 선사의 사법嗣法.『선문염송』고칙 607~635에 있다.

활매活埋[140]

황벽(황벽 희운黃蘗希運, 임제의 스승) 선사를 임제 선사가 밀어 넘어뜨리니, 황벽이 유나(절의 사무를 관장하는 집사자)를 불러 "유나야, 나를 부축하라." 하였다. 유나가 황벽 선사를 일으키며 "화상은 어찌하여 저 바람난 이의 무례함을 받아 줍니까?" 하였다. 선사는 호미 자루를 땅에 세우면서 "여러분들은 모두 화장하고 나는 산 채로 묻어라." 하였다.(黃蘗被師推倒 蘗喚維那 維那救我 那扶起云 和尙爲什麼 被這風漢無禮云云 師钁地云 諸方皆火葬 我活埋)

조개와 황새가 서로 버티면 함께 피곤을 느껴	蚌鷸相持共喫疲
고기잡이 어부는 한가롭게 그들을 잡아간다	漁人閑把去迤逶
붉은 깃발이 동쪽 서쪽 언덕에 함께 날리면	紅旗竝拂東西岸
판단이나 포획은 원래 작자만이 안다.	撞搦由來作者知

할갈喝[141]

부서져 내리는 차가운 소리에 대낮이 어둡고	磊落寒聲白日昏

---

140 활매活埋 : 『선문염송』 고칙 608에 나오는 이야기이다.
141 할갈喝 : 『선문염송』 고칙 618에 나오는 이야기이다. 임제가 어느 스님에게 묻되, "어느 곳에서 왔는가?" 하니, 스님이 곧 할을 한다. 선사가 곧 인사하고 앉아 스님이 논의를 하려 하니, 선사는 곧 때렸다. 또 한 스님이 오는 것을 보고는 선사가 불자를 세우니 스님은 예배를 했고, 선사는 곧 때렸다. 또 한 스님이 오는 것을 보고는 곧 불자를 세웠으나 스님이 돌아다보지도 않자 선사가 곧 때렸다.(臨濟問僧 什麼處來 僧便喝 師便揖坐 僧擬議 師便打 又見一僧來 師竪起拂子 僧禮拜 師便打 又見一僧來 便擧起拂子 僧不顧 師便打)

바늘 끝 머리 위에서 하늘 땅을 희롱한다	針鋒頭上弄乾坤
꽃을 들고 빙그레 웃음에 집엔 첫 초상인데	拈花微笑家初喪
다시 허공을 잡아 두 조각으로 가르고 있네.	更把虛空作兩分

우 又¹⁴²

풀처럼 우매하니 천하의 잎이 쓸쓸하고	草昧天下葉蕭蕭
사해의 나는 먼지 검은 모피 옷에 가득하구나	四海飛塵滿黑貂
장차 즐겁게도 초나라 아이 팔척 칼 휘두르면	且喜楚兒揮尺八
한나라 왕가의 사백 명은 같이 아침 식사하네.	漢家四百食同朝

우활매 又活埋¹⁴³

여섯 마리 말은 조절해도 정은 통제 못하고	六馬可調情不制

---

142 이 내용은 『선문염송』 고칙 619에 나오는 이야기이다. 임제가 당에 오르자 스님이 나와 예배하니, 임제가 곧 할을 했다. 스님은 "저 늙은 화상은 머리를 더듬지 말라." 하니, 선사는 "어느 곳에 떨어져 있느냐?" 하고, 스님은 곧 할을 했다. 또 스님이 묻되 "어떤 것이 불법의 큰 뜻이오?" 하니, 선사는 곧 할을 했다. 스님이 예배를 하니, 선사는 "너도 할을 이르기 좋아하느냐?" 하니, 스님이 "민초들의 도적은 크게 패합니다." 하였다. 선사가 "잘못이 어디 있느냐?" 하니, 스님은 "두 번 범하는 것은 용납되지 않습니다." 하였다. 선사는 "대중아, 임제의 빈주의 구절을 이해하려거든 당 안의 두 선객에게 물어라." 하였다.(臨濟上堂 僧出禮拜 師便喝 僧云者老和尙 莫探頭好 師云落在什麼處 僧便喝 又僧問如何是佛法大義 師便喝 僧禮拜 師云你道好喝也無 僧云草賊大敗 師云過在什麼處 僧云再犯不容 師云大衆 要會臨濟賓主句 問取堂中二禪客)

143 앞의 주 140 참조.

소반 기름을 받들어도 의지는 유지하기 어렵다	盤油可奉志難持
서글프구나, 한 고조의 팽성의 모임에서	堪嗟漢祖彭城會
방일한 욕심이 생겨서 큰 위험 보았다네.	逸慾橫生見大危

소불燒拂[144]

황벽이 스승(백장 회해百丈懷海)이 주신 선판禪板[145]과 불지를 임제 선사에게 주면서 사미를 불러 불을 가져오라 하고는 "다만 이것만 가지고 가라. 이후에 천하 사람의 혀 끝에 있으리라." 하니, 임제 선사는 곧 쉬다.(黃蘗與師先師禪板及拂子 師召沙彌將火來 蘗云但將去 已後天下人 舌頭去在 師便休)

조사의 업을 서로 전하는 것이 바로 옛날의 풍습	祖業相傳是古風
가져 오라 하여서 어린 제자들에게 나누어 주다	擬將分付丙丁童
그대 떠나 머리 깎음이 비록 아름답다 하여도	辭君斷髮雖云美
모든 지방이 말이 같지 않음을 알겠도다.	知有諸方話不同

조미糶米[146]

원주가 고을에서 쌀을 팔고 돌아오니 임제 선사가 주장자로 한 획을 그으

---

144 소불燒拂: 『선문염송』 고칙 611에 나오는 이야기이다.
145 선판禪板: 스님이 참선하다가 피곤하면 팔을 기대거나 하여 쉬는 판자.
146 조미糶米: 『선문염송』 고칙 615에 나오는 이야기이다.

면서, "팔은 것이 얼마냐?" 하였다. 원주가 할을 하니, 선사는 때린다. 전좌가 이르니 선사는 이전처럼 물었고, 전좌가 절하니 선사는 또 때렸다.(院主自州中糶米來 師以柱杖畵一畵云 糶得者介麽 主喝 師打之 典座至 師如前問 座拜 師又打之)

마디 없는 한 지팡이가 기관이 되어	一枝無節作機關
자는 용을 저촉하니 바다 산이 진동하네	觸忤眠龍動海山
유월달 반 허공에서 서리 눈 내리니	六月半天霜雪下
한 시대의 인간 세사가 한단의 꿈[147]일세.	一時人事夢邯鄲

제하일할齊下一喝[148]

두 당의 수좌들이 하루는 서로 할을 하니 어느 스님이 임제 선사에게 묻되, "오히려 주인과 손님이 있는가, 없는가?" 하니, 선사는 "뚜렷하다." 하였다.(兩堂首座 一日相喝 有僧問師 還有賓主也無 師云歷然)

바람이 불어 패서 땅의 깃발을 일으키니	天風吹起沛西旗
초나라 갑옷 구름처럼 일어 땅을 말아 오다	楚甲雲興卷土隨
먼저 함곡관에 들어 비록 주인이 되지만	先入函關雖是主

---

147 한단의 꿈(邯鄲) : 한단邯鄲은 한단몽邯鄲夢을 말함. 노생盧生이라는 사람이 한단의 여관에서 도사 여옹呂翁을 만났더니, 여옹이 행낭 중에서 베개를 꺼내 주면서 "그대가 이 베개를 베면 그대의 영화가 뜻대로 되리라." 하였다. 노생이 그 베개를 베고 꿈 속에 들어 인간의 부귀영화를 마음껏 누렸다. 꿈을 깨니, 여관집 주인이 짓고 있던 밥이 아직도 다 익지 않았다. 그래서 허황된 일의 비유로 한단몽邯鄲夢, 한단침邯鄲枕이라 한다.
148 제하일할齊下一喝 : 『선문염송』 고칙 616에 나오는 이야기이다.

홍문연[149] 잔치 옥 술잔에 사람 속임 당하네.　　　　鴻門玉斗見人欺

무위진인無位眞人[150]

임제 선사가 당에 올라 이르되, "너희 모든 사람들은 지위 없는 진인을 따라 문을 마주 보며 출입한다." 하고는, 자신은 '마른 똥 막대기'라 하였다.(師上堂云 汝等諸人 常從無位眞人 面門出入云云 自云乾屎橛)

쇠 악기 백옥 악기의 울림[151]이 담장 머리를 지나니	金聲玉振過墻隅
풀을 눕히는 바람의 행렬[152]이 너무도 어리석은 듯	草偃風行太似愚
돌 불빛 번개 빛을 따라잡을 수 없지만	石火電光追莫及
때로는 깊이 취해서 남에게 부축을 청하다.	有時沈醉倩人扶

---

149 홍문연鴻門宴 : 초한楚漢 전쟁 때, 유방劉邦이 먼저 진秦의 수도 함양咸陽을 점거하고 함곡관函谷關에 파병하였다. 항우項羽가 40만의 병력을 가지고 홍문鴻門으로 진입하여 화해한다는 이유로 유방을 초청하여 벌인 잔치가 홍문연이다. 이때 범증范增이 항장項莊을 시켜 검무를 추게 하여 기회를 보아 유방을 죽이려 하였으나, 항백項伯이 엄호하여 여의치 않을 때 번쾌樊噲가 치고 들어와 유방을 구했다.
150 무위진인無位眞人 : 『선문염송』 고칙 617에 나오는 이야기이다.
151 쇠 악기~ 악기의 울림(金聲玉振) : 쇠북인 종으로 음악의 시작을 울리고 경쇠의 여운으로 음악을 종결하는 음악의 조리있는 시종을 이른 말이니, 이는 성인의 조화로움을 음악에 비유한 말이다. 『맹자』 「만장萬章」에 "집대성이란 쇠북으로 알리고 옥경으로 울리는 것이니 쇠북의 소리는 처음의 조리이고 옥경의 울림은 종말의 조리이다. 첫 조리란 슬기로운 이의 일이고 종말의 조리란 성인의 일이다.(集大成也者 金聲而玉振之也 金聲也者 始條理也 玉振之也者 終條理也 始條理者 智之事也 終條理者 聖之事也)"라고 하였다.
152 풀을 눕히는 바람의 행렬(草偃風行) : 『논어』 「안연顔淵」에 "군자의 덕은 바람이고 소인의 덕은 풀이니 풀 위에 바람 불면 반드시 눕는다.(君子之德風 小人之德草 草上之風必偃)"라고 하였다. 윗사람이 덕이 있으면 백성들이 그로 향함이 바람에 눕는 것과 같다는 비유이다.

예하자좌拽下自坐[153]

　마곡 보철麻谷寶徹 선사가 임제 선사에게 정안을 물으니, 임제 이르되, "네가 속히 말하라, 네가 속히 말하라." 하였다. 마곡이 임제를 끌어내리고 자신이 앉았다. 임제 선사가 몸을 돌리며 "마곡의 논의를 살필 수 없구나." 하고는, 마곡을 끌어내리고 자신이 앉으니 마곡은 나가 버렸다.(麻谷問師正眼 師云汝速道速道 谷拽師下座 却自坐 師回身云 不審谷議擬 師拽谷下座 復自坐 谷出去)

일백 척의 무쇠 성이 대포의 불꽃에 부딪히니	百尺金城炮火觸
무쇠 말이 돌연 내달아 칼과 창이 울리네	鐵騎突出刀槍鳴
좌우에 구경꾼은 수없이 있지만	左右觀人無數在
일천 봉우리 드러나지 않게 구름만 둘렸네.	千峯不露冷雲縈

간경좌선看經坐禪[154]

　왕상시가 와서 배알하고 여러 스님이 승당 안에 있는 것을 보고는 "간경하는가, 좌선하는가?" 하니, 조주 선사가 "아니다." 하였다. 왕상시가 "무엇을 하는가?" 하니, 선사는 "부처가 되고 조사가 된다." 하였다. 왕상시가 "금 가루가 비록 귀하지만 눈에 떨어지면 눈이 먼다." 하니, 선사는 "장차 너를 속한이라 부를 것이다." 하였다.(王常侍來謁 見諸僧坐僧堂內日 看經耶 坐禪耶 師日

---

153 예하자좌拽下自坐: 『선문염송』 고칙 622에 나오는 이야기이다.
154 간경좌선看經坐禪: 『선문염송』 고칙 623에 나오는 이야기이다.

否 侍曰作什麼 師曰成佛作祖 侍曰金屑雖貴 落眼卽成翳 師云將謂你俗漢)

금강의 보배 칼은 기개가 하늘을 찌르니	金剛寶劍氣衝天
천하 사람들이 유독 뛰어나다 말한다	天下人言獨卓然
문득 관가 사람이 한번 가벼이 마찰을 하면	却被官人輕一拶
섣달 세모 수풀 아래에는 말도 많구나.	暮年林下有多言

임멸부법臨滅付法[155]

(삼성이 원주가 되었는데) 삼성에게 일러 말하되, "내가 간 뒤에 사람들이 너에게 정법안장을 물으면 너는 무어라 말하겠느냐?" 하니, 삼성은 곧 할을 했다. 선사 이르되, "눈먼 망아지[156] 가에서 멸했구나." 하였다.(謂三聖曰 吾去後 人有問你正法眼藏 你作麼生道 聖便喝 師云瞎驢邊滅却)

집 문서를 정중하게 주고 받는 즈음에	家券叮嚀垂手際
받들어 가지고 깊은 사례에 할 소리 높다	奉持深謝喝聲高
열반의 문 밖에는 바람 서리가 괴로우니	涅槃門外風霜苦
지는 잎 쓸쓸한데 이별 곡조도 서글프구나.	落葉蕭蕭愴別調

---

155 임멸부법臨滅付法 : 『선문염송』 고칙 635에 나오는 이야기이다.
156 눈먼 망아지(瞎驢) : 할려瞎驢는 지극히 어리석은 이의 비유.

허공정궐虛空釘橛[157]

악주 수유鄂州茱萸(남전 보원南泉普願 선사의 제자) 화상이 상당하여 "너희들 여러 사람들은 허공에다 말뚝 박지 말라." 하였다. 이때 영허가 자리로 올라가 "허공이 말뚝이라." 하니, 선사가 곧 때렸다. 영허가 "나를 착각으로 때리지 말라." 하니, 선사는 방장으로 들어가다.(茱萸上堂曰 汝等諸人 莫向虛空釘橛 時靈虛上座曰 虛空是橛 師便打 虛曰莫錯打某甲 師入方丈)

허공이 굴이지만 애오라지 무릎을 펴고	虛空爲崛聊伸膝
큰 바다 술잔 같아 목을 축일 만하구나	大海如盂可濕喉
누가 다시 허공을 향해 따로 말뚝 박나	誰更向空釘別橛
너희에게 머무름이 있어 원수 되게 하다니.	敎伊有住作元仇

석상사미石霜篩米[158]

담주潭州 석상 경제石霜慶諸(도오 종지道吾宗智 선사의 제자) 선사가 위산에게 있으면서 미두[159]가 되었다. 위산이 "물건을 흩어 버리지 말라." 하니 선사는 "없습니다." 하였다. 위산이 낱알 하나 주워서는 "백천의 낱알이 저 한 낱알에서 나온다." 하였다. 선사가 "한 낱알은 어디서 나옵니까?" 하니, 위산이 깔깔 웃으며 방장으로 가다.(師在潙山作米頭 山云莫撒施物 師云無 山拾一粒曰

---

157 허공정궐虛空釘橛: 『선문염송』 고칙 504에 나오는 이야기이다.
158 석상사미石霜篩米: 『선문염송』 고칙 555에 나오는 이야기이다.
159 미두米頭: 절에서 곡식의 임무를 맡은 이.

百千米 從這一粒生 師云一粒從何處生 山呵呵大笑 歸方丈)

백년 삼만 육천 날 아침의	百年三萬六千朝
낱낱이 모두 한 낟알로 조절이 된다	粒粒皆從一粒調
마른 오동나무 위에서 맑은 소리 갖추니	自枯桐上清音具
밝은 달 외로운 배가 오호로 돌아가다.	明月孤舟返五湖

투상주과偸常住菓[160]

목주睦州 용흥 진龍興陳 존숙尊宿(황벽 희운黃蘗希運의 제자)이 스님을 보고 "너는 어찌하여 상주의 과일을 훔쳤느냐?" 하니, 스님이 "없습니다." 하자, 선사는 "장물이 여기 있다." 한다.(睦州見僧曰 汝何偸常住菓 僧曰無 師曰贓物已現在)

궁중 동산에 서리 내려 귤이 막 누레지니	禁園霜落橘方黃
시절의 인연은 그 이치가 저절로 드러난다	時節因緣理自彰
어떤 외부 사람이 와서 손을 내밀어	何許外人來揷手
대숲 깊은 곳에 울금향인가.	竹林深處鬱金香

---

160 투상주과偸常住菓: 『선문염송』 고칙 650에 나오는 이야기이다. '常住'는 절에 소속된 물건, 또는 절의 부엌을 말한다.

당병양편糖餠兩片[161]

목주 선사가 유식론의 강주를 만나 떡을 들어 보이며 "이것이 무엇인가?" 하니, 강주가 "떡이다." 하였다. 선사가 사미를 불러서 "무엇이냐?" 하니, "사탕 떡입니다." 하였다. 선사는 "너도 강론할 수 있구나." 하였다.(師遇唯識論講主 拈餠曰 是什麽 主曰餠 師喚沙彌曰什麽 曰糖餠 師曰汝亦講論)

공교함이 논의로 인하여 오히려 졸렬해지고	巧因論議還成拙
곧 사미를 부르니 말은 더욱 많아진다	却喚沙彌話更多
허공을 잡아다가 두 갈래로 분열하니	擬把虛空分兩段
바람을 좇는 가을 매가 신라를 지나가다.	追風秋鶻過新羅

원상일점圓相一點[162]

마조가 원의 모습을 하나 그려 항주杭州 경산 도흠徑山道欽(학림 현소鶴林玄素의 제자)에게 보내니, 도흠이 원상 중에다 점 하나를 찍어 되돌려보냈다. 후에 충국사忠國師가 듣고는 "도흠 선사가 마조에게 미혹당했구나." 하였다.(馬祖畵一圓相 送道欽 欽於圓相中 點一點還送 後國師聞云 欽師被馬祖惑)

구름 다한 가을 하늘에 한 거울이 둥근데	雲盡秋空一鏡圓
추운 까마귀 외짝으로 가다 우연히 흔적 남기다	寒鴉隻去偶成痕

---

161 당병양편糖餠兩片: 『선문염송』 고칙 653에 나오는 이야기이다.
162 원상일점圓相一點: 『선문염송』 고칙 662에 나오는 이야기이다.

| 남양 땅의 늙은이가 소식을 통하여 | 南陽老子通消息 |
| 천 리에 같은 바람이라 언약 저버리지 않다. | 千里同風不負言 |

친도용담親到龍潭[163]

조각배 한 잎으로 풍주[164]를 향하니	扁舟一葉向澧州
천 리에 바람 날려 곧바로 가을이네	千里風飄直到秋
낚싯줄 일백 척에다 향기 미끼 드리워서	緣絲百尺華香餌
큰 용을 잡았는데 작은 미꾸라지로 보여.	鉤取長龍視小鰍

수열소초遂熱疏鈔[165]

외짝 손 한 칼로는 싸움에 이길 수 없으며	隻手單刀戰不勝
밤 깊은 문 밖에는 다시 등불도 없구나	夜深門外更無燈
종이 촛불을 불어 끄면 갈 길도 없으니	吹噓紙燭無歸路
화염이 하늘을 찔러도 속엔 얼음 맺네.	烈焰亘天裏結氷

---

163 친도용담親到龍潭 : 『선문염송』고칙 664에 나오는 이야기이다. 낭주 덕산 선감 선사가 처음 용담 숭신龍潭崇信(선감의 스승)에게 가서 묻되, "오래도록 용담을 그리워하다 마침내 오니, 못도 볼 수 없고 용도 드러나지 않습니다." 하니, 용담이 "네가 친히 용담에 왔지 않았느냐?" 하였다. 선사는 예를 올리고 물러나다.(朗州德山宣鑒禪師初到龍潭 問久嚮龍潭 及乎到來 潭又不見 龍又不顯 潭云子親到龍潭 師作禮而退)
164 풍주澧州 : 용담 선사의 고을.
165 수열소초遂熱疏鈔 : 『선문염송』고칙 665에 나오는 이야기이다. 덕산 선사가 용담에게 있을 때에 소초를 불사른 적이 있다.

과수도영過水覩影[166]

동산洞山

시내 따라 산 따라 하루에 천 리를 가다	松澗遵山日千里
십 년의 원수를 강 속에 때려 눕히고서	十年仇子打江中
이로부터 저의 모습을 알아차린 뒤로는	從玆認得渠容後
다른 시간 다른 장소에서 만나려 않다.	不欲他時處處逢

점두삼하點頭三下[167]

협산夾山

화정강[168] 위에 저녁 볕이 기우니	華亭江上照斜暉
손님과 나그네 서로 들어 큰 기밀을 나타내다	賓主相呈現大機
삼십년 전에 부질없이 낚시 드리웠다가	三十年前空下釣
일시에 날아가는 흰 갈매기에게 나누어 주다.	一時分付白鷗飛

---

166 과수도영過水覩影: 『선문염송』 고칙 680에 나오는 이야기이다. 균주筠州 동산 양개洞山 良价 선사가 스승인 운암 담성雲嵓曇晟 선사에게 "누가 백 년 뒤에 선생님의 모습을 얻을 수 있느냐 묻는다면 어떻게 대답하겠습니까?" 하고 물었을 때, 운암 선사의 대답을 이해 못했다. 그 뒤로 물을 지나다 자신의 그림자를 보고 선생의 뜻을 깨달았다는 내용이다.
167 점두삼하點頭三下: 『선문염송』 고칙 710에 나오는 이야기이다. 풍주澧州 협산 선회夾山 善會 선사가 스승인 선자 덕성船子德誠을 처음 뵙고 주고받은 문답이다.
168 화정강華亭江: 덕성德誠 선사가 화정 선자華亭船子이다.

연평검延平劒[169]

동산[170]이 소산을 따라 연평에서 오자 선사가 "칼을 가져 왔느냐?" 하였다. 소산이 손으로 땅을 가리키니, 선사는 멈췄다.(洞山因疎山從延平來 師問云 劒將來 疎以手指地 師便休)

가을 물과 긴 하늘은 색깔이 한가지인데	秋水長天色一樣
연평의 칼날 기운은 일·월·성에 쏘아 올리다	延平劒氣射三光
사랑스럽구나 손뼉 편 것을 이해하였으니	可憐解展張華手
재치 드러낸[171] 높은 지휘로 한바탕 희롱하였네.	脫穎高揮弄一場

영준죽림令遵竹林[172]

선사(악주鄂州 청평산淸平山 영준令遵)가 취미(경조京兆 취미 무학翠微無學 선사, 영준의 스승)에게 서쪽에서 온 뜻을 물으니, 취미가 "사람이 없는 때를 기다려 말하마." 하고는 대숲으로 끌고 가서 "저 하나는 왜 저리 길고 저 하나는 왜 저리 짧을까?" 하니 영준 선사는 크게 깨달았다.(師問翠微西來意 微曰待无人時道 引入竹林曰 者一竿伊麼長 那一竿伊麼短 師大悟)

---

169 연평검延平劒:『선문염송』고칙 731에 나오는 이야기이다.
170 동산洞山:『선문염송』고칙 731은 동산의 이야기가 아니고, 투자投子(서주舒州 투자산投子山 대동大同 선사)의 이야기이니, 동산이 아닌 투자라야 옳을 듯하다.
171 재치 드러낸(脫穎):탈영脫穎은 주머니 속의 송곳은 끝이 저절로 밖으로 드러난다는 뜻으로, 사람의 재주가 모두 드러남을 비유하는 말이다.
172 영준죽림令遵竹林:『선문염송』고칙 745에 나오는 이야기이다.

청평산 아래에 대나무 일천 그루인데	淸平山下竹千竿
잎잎이 가을 소리로 비를 띠어 차갑구나	葉葉秋聲帶雨寒
두 마리 봉황새가 서식하는 곳이지만	兩箇鳳凰棲息處
이 단란한 밤을 알아 줄 이가 없구나.	無人知得夜團欒

염기포모拈起布毛[173]

회통(항주杭州 조과 도림鳥窠道林 선사의 시자)이 지방으로 가겠다 하니, 조과가 모포의 털을 뽑아 보이다.(會通遊方 鳥窠拈布毛示之)

지난밤 봄바람이 낙양에 가득하더니	昨夜春風滿洛陽
유람객의 깊은 뜻은 타향에 가 있구나	遊人深志在他鄕
떠남에 다다라 잡고 이별 노래[174] 부르니	臨行把手歌三疊
비로소 봄꽃이 곳곳에 향기로움 믿겠다.	始信春花處處香

---

173 염기포모拈起布毛:『선문염송』고칙 747에 나오는 이야기이다.
174 이별 노래(三疊): 삼첩三疊은 ① 옛날 음악 연주법의 하나이니, 어느 한 소절을 세 번 반복해서 부르는 것, ② 〈양관삼첩陽關三疊〉으로 금곡琴曲의 명칭인데, 원래 당唐 왕유王維의 〈송원이사안서送元二使安西〉 시가 이별의 정을 잘 보였다 하여 원시를 세 번 반복해 불러서 '삼첩' 또는 '양관삼첩'이 이별의 곡으로 대표되었다.

위인불위인爲人不爲人[175]

삼성(진주鎭州 삼성원三聖院 혜연慧然, 임제臨濟의 제자) 선사가 상당하여 "내가 (사람을 만나며 곧 나가는데) 나가면 사람을 위함이 아니다." 하니, 흥화(위부魏府 흥화興化 존장, 삼성과 동문)가 (듣고는) "나는 나가지 않으면 곧 사람을 위함이다." 하였다.(三聖上堂云 我出卽不爲人 興化云 我不出卽爲人)

궁중의 방[176]은 깊고 깊어 사람들을 볼 수 없지만	禁掖深沈人不見
광화문 밖에는 의관을 갖춘 사람들이 가득하다네	光華門外滿衣冠
두 집의 생활 방식이 원만과 소멸을 갖추었으나	兩家生計俱圓泯
서글픈 행인은 가고 오지 않는구나.	怊悵行人去不還

흥화차보興化借寶[177]

동광제가 선사(위부魏府 흥화 존장興化存獎)에게 묻되, "짐이 대단한 보배를 가지고 있는데 값을 매길 수 있는 이가 없다." 하니, 선사가 "빌려 보기를 원합니다." 하였다. 황제가 복두건을 들어 보이니, 선사는 "누가 감히 값을 매기겠습니까?" 하였다. 황제는 크게 기뻐하였다.(同光帝問師云 朕有大寶 未有酬價人 師云 要借看 帝擧幞頭 師云 誰敢酬 帝大悅)

---

175 위인불위인爲人不爲人 : 『선문염송』 고칙 751에 나오는 이야기이다.
176 궁중의 방(禁掖) : 금액禁掖은 궁중의 방으로 널리 궁정을 뜻한다. 금禁은 궁전이고 액掖은 궁중의 문을 말한다.
177 흥화차보興化借寶 : 『선문염송』 고칙 756에 나오는 이야기이다.

중원 땅의 값 없는 보배를 수집하여	收得中原無價寶
등한하게 드러내나 많지 않음 알겠다	等閑拈出較無多
줄 없는 거문고로 양춘곡을 연주하여	沒絃彈出陽春曲
크게 기뻐하는 용안 칭찬 더할 수 없다네.	大悅龍顏贊莫加

삼처상견三處相見[178]

　설봉(복주福州 설봉산雪峰山 의존義存) 선사가 (대중에게) 이르되, "오석령 망주정 승당 앞에서 서로 다 보았구나." 하였다. 뒤에 보복(장주漳州 보복 종전保福從展, 설봉의 제자) 선사가 아호(아호 지부鵝湖智孚, 보복과 동문)에게 (같은 사실을) 물으니, 아호는 방장으로 가고 보복은 승당으로 들다.(雪峯云 烏石嶺望州亭僧堂前相見了也 後保福問鵝湖 湖歸方丈 福入僧堂)

구름이 오석령에 개이니 당당히 드러나고	雲開烏石露堂堂
달이 망주정에 가득하니 숨을 수 없구나	月滿州亭不隱藏
방장 문 앞에서 서로 알아보지 못하나	方丈門前不相識
어둠 속에 글자를 써도 채색은 빛난다.	暗中書字彩方彰

---

178 삼처상견三處相見 : 『선문염송』 고칙 784에 나오는 이야기이다.

암두대닉 嵓頭擡搩[179]

동산이 이르되, "잘한 예배다." 했다. (洞山云 善禮拜云云)

항복한 궁궐 편지에는 봉함이 없고	降闕金書不在封
문을 나서니 안팎에 보고 들음 같다	出門中外見聞同
뒷사람이 앞사람의 일은 이해하지만	後人解道前人事
참새가 어찌 활촉 낀 사람을 알랴.	黃雀那知夾鏃公

오산체설鰲山滯雪[180]

설봉이 암두(설봉의 사형임)와 함께 오산진에 갔는데 눈에 막혀 있었다. 여러 가지를 상의한 뒤에, 암두가 "(뒷날 큰 가르침을 드날리려 한다면 일일이) 자기 가슴속에서 흘러나와 (나와 함께) 하늘을 덮고 땅을 덮어 가자." 하니, 설봉이 크게 깨닫고서 "오늘에야 도를 이루었다." 해서, 덕산의 법을 이었다. (雪峯與嵓頭 行到鰲山鎭阻雪 商確最後 頭云從自己胸中流出 盖天盖地去在云云

---

179 암두대닉嵓頭擡搩 : 『선문염송』 고칙 826에 나오는 이야기이다. 악주鄂州 암두 전활嵓頭全豁 선사가 덕산 선감德山宣鑒(암두의 스승)에게 가서 겨우 문을 넘자마자 묻되, "범인입니까, 성인입니까?" 하니, 덕산은 곧 할을 했고, 암두 선사는 예배했다. 동산이 듣고는 "만약 전활 공이 아니면 크게 감당하기 어려운 일이다." 하니, 선사는 "동산의 늙은이가 좋고 나쁜 것을 몰라 말을 착각한 것이다. 내가 당시에 한 손을 올리고 한 손을 내린 것이다." 하였다. (鄂州嵓頭全豁禪師到德山 纔跨門便問 是凡是聖 山便喝 師禮拜 洞山擧乃云 若不是豁公 大難承當 師云洞山老漢 不識好惡 錯下名言 我當時 一手擡一手搩)
180 오산체설鰲山滯雪 : 『선문염송』 고칙 781에 나오는 이야기이다.

峯大悟日 今日成道 嗣德山)

맷돌의 중심에 중심 축대가 없으니	磨子中心無豎子
도전해 와 뽑아감은 당연함이 아니다	挑來撥去不當然
말초신경 칼날에 부딪혀 피하기 어렵지만	末梢觸刃難回避
가슴 바다 파도는 푸른 하늘에 치솟는다.	胸海波瀾湧碧天

운거송고雲居送袴[181]

선사(홍주洪州 운거 도응雲居道膺, 동산 양개洞山良价의 제자)가 (산 아래의) 암주에게 바지 한 벌을 보냈더니, 암주가 "스스로 여인이 낳아 준 것이 있다." 한다. 선사가 "낳지 않았을 때는 어떠했느냐?" 하니 암주는 말이 없었다. 암주가 죽은 뒤에 오색 사리가 나오니, 선사는 "비록 8말 5되라 하더라도 당시의 한마디 구절만 하랴." 하였다. (師與庵主一袴 主云 自有娘生底 師云 未生時如何 主無語 主後死有五色舍利 師云 雖八斛四斗 爭如當時有一句)

바지를 가난한 이에게 보냄은 옛 부채 생각이나	袴送貧家思舊債
말 없는 암자의 주인은 한가롬만 지키네	無言庵主守閑幽
밝은 구슬의 오색 빛이 강과 산을 비추어도	明珠五色河山耀
당시 한마디 말의 수작만 하겠는가.	爭似當時一句酬

---

[181] 운거송고雲居送袴: 『선문염송』 고칙 863에 나오는 이야기이다.

조산사묘曹山死猫[182]

선사(무주撫州 조산曹山 탐장 본적眈章本寂, 동산 양개洞山良价의 제자)에게 어느 스님이 묻되, "세상에서 어떤 물건이 가장 귀합니까?" 하니, 선사가 "죽은 고양이이다." 하였다. 스님이 "왜 귀합니까?" 하니, "값을 매길 사람이 없다." 하였다.(僧問師云 世間什麽物最貴 師云死猫 僧曰爲什麽貴 無人着價)

온몸이 썩어서 거친 들에 버려졌으니	通身腐爛拋荒原
네 마을 세 이웃이 나함께 침을 배앝네	四里三隣共唾涎
날카로운 발톱 밝은 눈 누가 너만 하랴만	爪利眼明誰似你
지금에는 반 돈의 값어치도 안 되는구나.	如今不直半文錢

현자화상蜆子和尙[183]

휴정(경조京兆 화엄 휴정華嚴休靜, 동산 양개의 제자) 선사가 현자 화상(동산에게 참여하여 규율이 없이 늘 시내에 가 새우 조개(蝦蜆)를 잡아 조석을 때웠다)을 시험해 보려고 "어떤 것이 조사가 서쪽에서 온 뜻인가?" 하니, 현자는 "신 앞에 있는 술 소반이다." 하였다.(休靜大士試師云 如何是祖師西來意 師云神前酒臺盤)

재 올리는 새우 조개와 남은 잔에 취하고	充齋蝦蜆醉殘盃

---

182 조산사묘曹山死猫:『선문염송』고칙 879에 나오는 이야기이다.
183 현자화상蜆子和尙:『선문염송』고칙 922에 나오는 이야기이다.

밤에는 잡신의 사당에 자고 새벽에 돌아오다	夜宿神祠到曉回
화엄 휴정에게 갈파해 알린 것이	解報華嚴勘破了
도로 천 리를 전하여도 다시는 시기함 없으리.	道傳千里更無猜

곽산규오霍山叫悟[184]

선사(진주晉州 곽산 경통霍山景通, 앙산 혜적仰山慧寂의 제자)가 앙산에게서 ("크게 깨달았다." 외치니, 앙산이 불러들여) 지팡이 네 번을 맞고는 스스로 '사등조하의 천하대선불'이라 했다.(師喫仰山四藤條 自稱四藤條下 天下大禪佛)

싸늘하게 승방에 앉아서 크게 깨달았다 외치니	冷坐僧堂叫大悟
가을바람 소식이 푸른 버들이 슬프구나	金風消息碧梧悲
구름 모인 봉우리 아래 종소리가 이르니	集雲峯下鐘聲早
천 리의 외로운 배 그림자도 쫓지 못한다.	千里孤帆影不追

낙포불배洛浦不拜[185]

위엄 용의 갖추지 않고 한가운데 똑바로 서도	不設威儀立正中

---

184 곽산규오霍山叫悟:『선문염송』고칙 923에 나오는 이야기이다.
185 낙포불배洛浦不拜:『선문염송』고칙 946에 나오는 이야기이다. 풍주 낙포산 원안 선사가 협산 선회 선사에게 참예하고는 예배는 하지 않고 낯을 바로하고 서 있었다. 협산이 "닭이 봉황의 집에 살아도 같은 무리는 아니니 물러가라." 하니, 선사가 "멀리서부터 풍모

닭이 봉황 굴에 살듯 색깔이 같지 않구나	鷄棲鳳崛色非同
방망이 머리엔 한가한 말 용납되지 않고	棒頭不納閑言語
싸늘한 달이 처음으로 낙포의 동쪽에 오른다.	寒月初生洛浦東

현사축지 玄沙蹴指[186]

　선사(복주福州 현사 사비玄沙師備 종일宗一)가 설봉(설봉 의존雪峰義存, 현시의 스승)에게 있을 때, 지방으로 유람하기 위해 고개를 넘는데 (고개에 이르니 발가락이 딱 달라붙어) 다시 설봉에게 돌아와 나가지 않았다.(師在雪峯 遊方 踰嶺云云 回住雪峯不出)

일천 자의 검은 낚싯줄을 옛 못에 드리우나	千尺烏絲落古潭
누런 자라는 그림자도 없고 물은 쪽빛이네	黃鰲無影水如藍
한번 고개 위에서 저를 만난 뒤로는	一從嶺上逢渠後
여러 지방으로 가 잡되이 탐욕에 취하지 않다.	不去諸方醉雜酖

　　를 쫓아왔으니 스승의 한번 대접을 바랍니다." 하니, 협산이 "눈앞에는 절이 없고 이 사이에도 늙은 중은 없다." 하였다. 선사가 문득 할을 하니, 협산이 "가라 가라 천천히 빨리도 하지 말라. 구름과 달은 함께하지만 시내와 산은 각기 다른 것이다. 천하 사람의 혀뿌리를 잘라 버려 혀 없는 사람들을 이해시키려 하지 말라." 하였다. 선사가 말이 없자 협산은 때렸고, 선사는 이로부터 복종 감응하였다.(澧州洛浦元安禪師叅夾山 不禮拜 當面而立 山云鷄棲鳳巢 非其同類 出去 師云自遠追風 乞師一接 山云目前無闍梨 此間無老僧 師便喝 山云往往 且莫草草忽忽 雲月是同 溪山各異 截斷天下人舌頭 卽不無爭敎無舌人解語 師無語 山便打 師從此服膺)

186 현사축지玄沙蹴指 : 『선문염송』 고칙 978에 나오는 이야기이다.

장화위룡杖化爲龍[187]

　운문(소주韶州 운문산雲門山 문언文偃) 선사가 (주장자를 들어 대중에게 보이며) "주장자가 변하여 용이 되어[188] 건곤을 삼켜 버리면 (산하대지를 어디서 얻어오랴?)" 하였다. 단하(단하 천연丹霞天然) 선사는 "다만 자리만 있지 타리가 없다." 하였다.(雲門云 柱杖化爲龍 呑却乾坤云云 丹霞只能自利 無利他云云)

소주 단하의 지팡이가 변하여 용이 되니	韶陽杖子化爲龍
온 천하가 우임금의 큰 공을 잊기 어렵구나	天下難忘大禹功
누가 자신의 고국으로 돌아오려 하지 않나	誰欲不歸吾故國
두견새 우는 곳에 들안개가 자욱하게 잠기다.	杜鵑啼處野煙籠

체로금풍體露金風[189]

　운문 선사가 대중에게 이르되, "나무 말라 잎이 질 때 어떠한가?" 하고는, 스스로 대답하되, "본체가 가을바람에 드러난다." 하였다.(師示衆云 樹凋葉落時如何 自云體露金風)

---

187 장화위룡杖化爲龍 : 『선문염송』 고칙 1006에 나오는 이야기이다.
188 주장자가 변하여 용이 되어(杖化爲龍) : 동한東漢 때 비장방費長方이 시장 관리가 되어 시장에서 호공壺公을 만났더니, 호공이 병으로 들어가라 하여 병에 들어가니 별다른 천지였다. 돌아올 때 호공이 지팡이를 주면서 이것을 타고 가면 자연히 가리라 하여 타고 와서는 언덕에다 버리니 용으로 변하여 갔다는 내용이다. 『방술전方術傳』.
189 체로금풍體露金風 : 『선문염송』 고칙 1015에 나오는 이야기이다.

서리 그림자 바람 위세를 기러기가 띠고 오니	霜影風威雁帶回
일천 산 지는 잎이 동시에 일어난다	千山木落在同時
조심스러이 경계의 색깔로 사람 생각 논의하니	愼將境色論人意
공안이 못 드러났지만 쫓아도 쫓지 못한다.	公案全彰趂不追

투법신구透法身句[190]

남산의 돌호랑이가 싸늘한 안개를 토해 내고	南山石虎吐寒霞
북해의 진흙소가 파란 파도를 솟아 올린다	北海泥牛湧碧波
최후의 특별한 가락에 누가 잘 대답하나	最後別調誰善應
설산의 깊은 곳에 수행자가 누워 있구나.	雪山深處臥頭陀

화약란花藥欄[191]

어느 스님이 (운문에게) 묻되, "(어떤 것이) 청정법신입니까?" 하였다.(僧問淸淨法身云云)

---

190 투법신구透法身句 : 『선문염송』 고칙 1016에 나오는 이야기이다. 운문 선사가 어느 스님이 "어떻게 하는 것이 법신의 글귀를 통과합니까?" 하니, 선사는 "북두칠성 속에 몸을 숨기어라." 하였다.(雲門因僧問 如何是透法身句 師云北斗裡藏身)

191 화약란花藥欄 : 『선문염송』 고칙 1067에 나오는 이야기이다. 어느 스님이 운문에게 "어떤 것이 청정의 법신입니까?" 하고 물으니, 선사가 "약을 보호하는 울타리 난간이다." 하였다. 스님이 "문득 그런 데로 가려면 어떻게 합니까?" 하니, 선사는 "황금 털의 사자니라." 하였다.(雲門因僧問 如何是淸淨法身 師云花藥欄 僧云便恁麼去時如何 師云金毛師子)

산 색깔과 시내 소리의 면목들이 뒤섞였고	山色溪聲面目渾
황금 털 사자는 푸른 구름으로 드러나네	金毛師子入靑雲
옥화궁[192]의 선경에는 호걸들이 많으니	玉華長日多豪傑
진홍빛 난간에 취해 넘어져 밤 되어 이별하다.	醉倒紅欄到夜分

수미산須彌山[193]

마니주의 깃발 바다에는 넓어서 중앙이 없어	摩尼幢海廣無央
팔만의 유순[194] 넓이에서 보배 왕이 되었구나	八萬由旬作寶王
낯이 붉음은 다만 말이 정직하지 못함이니	面赤只緣言不直
불합리한 어설픈 선사[195]는 스스로 재앙 불렀네.	杜禪和子自招殃

호병餬餠[196]

용담이 원래 떡을 말한 이고, 덕산 설봉도 그랬다.(龍潭本是餠家子 德山雪峯)

---

192 옥화궁玉華宮 : 궁전의 이름. 또는 선경을 이르는 말.
193 수미산須彌山 : 『선문염송』 고칙 1018에 나오는 이야기이다. 어느 스님이 운문 선사에게 묻되, "배우는 이가 한 생각도 일어나지 않는다면 오히려 지나침이 있습니까, 없습니까?" 하니, 선사는 "수미산이다." 하였다.(雲門因僧問 學人不起一念 還有過也無 師云須彌山)
194 유순由旬 : 거리 측정의 단위. 제왕이 하루에 행군할 수 있는 거리. 40리 혹은 30리라 함.
195 불합리한 어설픈 선사(杜禪和子) : 두杜는 두찬杜撰의 약어로 사리에 맞지 않는 논리. 선화자禪和子는 참선한다 하며 남에게 화합만 하는 사이비적 선객. "두찬 선화는 삼씨를 좁쌀이라 하는 것과 같다.(杜撰禪和如麻似粟)"라고 하였다.
196 호병餬餠 : 『선문염송』 고칙 1022에 나오는 이야기이다. 어느 스님이 운문에게 묻되, "어떤

비옥한 들에 가을 깊어 오곡이 넘실대는데	沃野秋深五穀披
재를 올리려 어찌 꼭 애써 너를 찾아야 하나	充齋何必强求伊
소양의 운문이 세 집 가업에 실패하지 않아	韶陽不敗三家業
총림에 분부하여 기근을 면하게 할 수 있네.	分付叢林免得飢

광불투탈光不透脫[197]

해가 설봉에 오르니 일광은 문득 희박해지고	日上雪峯光却薄
달이 바람 가지 의지하니 그림자 온전키 어렵다	月依風樹影難全
마음으로 도를 이해함이 분명히 존재하니	以心解道分明在
먼 절의 종소리가 나그네 배에 이른다.	遠寺鍾聲到客船

것이 부처를 뛰어넘고 조사를 뛰어넘는 이야기입니까?" 하니, 선사는 "호떡이다." 했다.(雲門因僧問如何超佛越祖之談 師云餬餅)

197 광불투탈光不透脫 : 『선문염송』 고칙 1024에 나오는 이야기이다. 운문 대사가 법어를 내리되, "빛도 통하지 못함이 두 가지 병이 있다. 일체의 곳이 어두운데 면전에 물건이 있는 것이 하나이고, 일체의 법이 공함을 벗어났으나 은은한 곳에 어떤 물건이 있는 듯함과 비슷하니 역시 빛이 통하지 못하는 것이다. 또 법신에도 두 가지 병이 있으니, 법신에 이르렀으나 법에 집착되어 잊지 못하고 과거의 소견이 아직 남아 법신의 변두리에 떨어져 있음이 하나이다. 곧바로 넉넉히 통했다고 지나침도 불가하니 자세히 점검하여 어떤 기식이 있어도 역시 병이다." 하였다.(雲門大師垂語云 光不透脫 有二般病 一切處不明 面前有物 是一 透得一切法空 隱隱似有箇物相似 亦是光不透脫 又法身亦有兩端病 得到法身 爲法執不忘 已見猶存 墮在法身邊是一 直饒透得 放過卽不可 子細檢點將來 有什麽氣息 亦是病)

납월이십오臘月二十五[198]

어느 스님이 묻되, "어떤 것이 운문의 한 곡조입니까?" 하니, 선사는 "(섣달) 25일이다." 했다. 스님이 "노래 부르는 이는 어떻게 하오?" 하니, 선사는 "천천히 천천히 하라." 하였다.(僧問如何是雲門一曲 師云二十五 僧云唱者如何 師云且緩緩)

한 곡조 비껴 부니 여운은 극히 훈훈하고	一曲橫吹韻極勳
파란 매 머리 돌리니 눈빛이 구름을 갈다	蒼鷹回首眼磨雲
절룩거리는 노새 힘을 펴 천천히 부르니	跛驢宣力緩緩唱
궁 상의 가락을 울려 내도 평범함이 아니다.	調出宮商不作群

간시궐乾屎橛[199]

부지런히 수행함 많아도 앞으로 나아가기 어려워	多却勤修做就難
백 년 동안 수풀 아래에서 쓸쓸함만 만끽한다	百年林下喫酸寒
이란[200]의 곡조 멋이 애간장을 끊으니	籬蘭曲趣堪腸斷
다시 무현금을 잡아 달 아래에서 연주하다.	更把無絃月下彈

---

198 납월이십오臘月二十五:『선문염송』고칙 1035에 나오는 이야기이다.
199 간시궐乾屎橛:『선문염송』고칙 1078에 나오는 이야기이다. 운문에게 어느 스님이 "어떤 것이 부처입니까?" 하니, 선사는 "마른 똥 막대기이다." 하였다.(雲門因僧問 如何是佛 師云乾屎橛)
200 이란籬蘭: 미상. 혹 이란離鸞의 오기일까. 이란은 금곡琴曲〈쌍봉이란雙鳳離鸞〉의 약칭이기에.

고감이顧鑑咦[201]

범의 눈흘김 용의 응시에 도망칠 사물은 없어	虎眼龍瞪物不逃
여우와 늑대는 만나면 함께 원수가 된다	狐狸逢著共仇讐
총림에서는 천진한 면목을 보존하지 못하고	叢林不保天眞面
원명[202] 연밀 선사의 추抽 자 한 글자에 감사하네.	多謝圓明一字抽

대원문고각大原聞鼓角[203]

선사(대원 부大原孚 상좌上座, 설봉 의존雪峰義存의 제자)가 『열반경』을 강하는데 (어느 스님이) 눈에 막혀 (강을 듣고 있다가 법신 묘리를 강하는 것에 이르러) 스님이 실소했다. (대원이 서로 법신의 묘리를 논의하다 결국 스님의 설법에 승복하고 가르침을 받기로 하여) 초저녁부터 새벽까지 이르러 북소리를 듣고 크게 깨달았다.(師講涅槃經 被阻雪 客失笑 從初夜至五更 聞鼓角聲大悟)

한번 선객의 냉소를 받음이여	一被禪人冷笑兮
평생의 사람살이가 풀처럼 쓸쓸하네	百年人事草萋萋

---

201 고감이顧鑑咦 : 『선문염송』 고칙 1081에 나오는 이야기이다. 운문이 하루는 어느 스님을 돌아보며 "감(드러나 보였다)했다." 하니, 스님이 비겨 대답하되, "예.(신속히 수렴하는 대답)" 했다. 덕산 연밀德山緣密(운문의 제자) 선사가 고顧 자를 깎아내고 추고송이라 했다.(雲門一日 顧視僧曰鑑 僧擬對之 卽曰咦 德山密禪師 刪去顧字 謂之抽顧頌)
202 원명圓明 : 덕산 연밀德山緣密 선사의 법명.
203 대원문고각大原聞鼓角 : 『선문염송』 고칙 1130에 나오는 이야기이다.

| 양주[204]의 새벽 나팔에 처음 꿈을 깨니 | 維揚曉角初醒夢 |
| 눈 개인 봉우리에 달이 기울려 하네. | 霽雪峯頭月欲低 |

보수保壽[205]

보수 선사가 개당하니 삼성三聖(삼성 혜연三聖慧然, 보수와 동문으로, 임제 의현臨濟義玄의 제자)이 한 스님을 밀어내니, 선사가 삼성을 때렸다. 삼성은 "이런 사람이 저 스님의 눈만 멀게 한 것이 아니라 진주 한 성의 사람 눈을 멀게 하였도다." 하니, 선사는 자리에서 내려오다.(師開堂 三聖推出一僧 師打三聖 聖云伊麽爲人 非但瞎却者僧眼 瞎却鎭州一城人眼去在 師下座)

대낮에 천둥이 내달으니 번개 그림자 따르고	白日雷馳電影隨
하늘 열리고 땅 갈라지니 여우 의심 끊기다	劈空裂地絶狐疑
진성 땅을 한결같이 죄를 시행할 수 없으니	鎭城不可齊施罪
오랑캐 늙은 이 기회 잡아 뼈 가죽 선택하다.	胡老臨機擇骨皮

계침박반끽桂琛博飯喫[206]

선사(장주漳州 나한원羅漢院 계침桂琛, 현사 사비玄沙師備 선사의 제자)가 수산

---

204 양주(維揚): 유양維揚은 양주揚州의 딴 이름. 원문의 '陽'은 '揚'의 잘못임.
205 보수保壽: 진주鎭州 보수 소保壽沼 선사. 『선문염송』 고칙 749, 750에 선사의 이야기가 있으나, 삼성三聖의 이야기는 좀 다르다.

주에게 묻되, "남방 불법이 어떠하더냐?" 하니, 수산이 "헤아릴수록 넓더라."
하였다. 선사는 "내가 저 속에서 밭에 씨 뿌려 먹는 것만 하랴." 하였다.(師問
修山主 南方佛法如何 修云商量浩浩 師云爭如我這裏種田喫)

맑은 물가에 발 씻으며 소부·허유²⁰⁷를 보고	渏涯濯足看巢許
나귀 등에서 명예 얻음 반드시 한나라 패공이지	駏背成名必沛公
한가하고 바쁨을 가지고 득실을 논의하지 말라	莫把閑忙論得失
배불리 먹으며 더욱 음식 썩어나는 것만 하랴.	爭如博食更腐紅

동산마삼근洞山麻三斤²⁰⁸

운문의 문하(雲門下)

세 근의 삼씨가 무겁고 태산이 가벼우니	三斤麻重太山輕
쉬파리 작은 별에 범하는 것 허락 않다	不許蒼蠅犯小星
무쇠 말이 강을 건너도 굽은 젖지 않으니	鐵馬渡江蹄不濕

---

206 계침박반끽桂琛博飯喫 : 『선문염송』 고칙 1207에 나오는 이야기이다.
207 소부·허유(巢許) : 소허巢許는 요堯임금 시대의 은사隱士로 전해지는 사람들인 소부巢父
와 허유許由. 요임금이 천하를 양보한다 하니 산에 숨어 나오지 않았다. 하루는 소부가
시내에서 소에게 물을 먹이고 있는데 허유가 나타나 귀를 씻는다. 소부가 이유를 물으니,
요임금이 자신에게 벼슬을 준다 하여 그 소리를 들은 귀가 더러워져 닦아낸다는 것이다.
이 말을 들은 소부는 그런 물을 자신의 소에게 먹일 수 없다 하여 시내의 상류로 올라가
소에게 물을 먹였다 한다.
208 동산마삼근洞山麻三斤 : 『선문염송』 고칙 1230에 나오는 이야기이다. 동산洞山(양주襄
州 동산 수초洞山守初, 운문 문언雲門文偃의 제자) 선사가 어느 스님이 "어떤 것이 부처
입니까?" 하는 물음에 "삼 씨 세 근이니라." 하였다.(洞山因僧問 如何是佛 師云麻三斤)

깊거나 낮은 어느 곳도 인정의 용납 없다. 淺深無處納人情

투망일리透網一鯉[209]

심深과 명明 두 상좌가 길을 가다가 어부의 그물을 빠져 나가는 잉어를 보고는 심이 "날쌔도다 명형은 보았는가, 수행승과 비슷하오." 하였다. 명이 "당초에 그물에 걸리지 않은 것만 하겠는가?" 하니, 심은 "그렇지 않소." 하였다. 명은 한밤중이 되어 반성하였다.(深明二上座 行見漁人透網鯉 深曰俊哉 明兄見麼 似介衲子相似 明日爭似當初不羅時好 深曰不然 明至半夜有省)

성난 물결 봄 강에 웅크려 백 척으로 쌓이니	怒蹙春江百尺堆
종가의 풍도 규격 예처럼 그 형세 높기도 하다	宗風格例勢嵬催
처음 시절 좋은 것만 못하다 말하지 말라	莫言不似初時好
몇 마리는 전방에 올라 아가미가 벌겋구나.[210]	幾介登廊曝赤䚡

풍혈인승문불風穴因僧問佛[211]

선사(여주汝州 풍혈 연소風穴延昭, 보응 혜옹寶應慧顒 선사의 제자)가 "금사탄

---

209 투망일리透網一鯉: 『선문염송』 고칙 1234에 나오는 이야기이다.
210 아가미 벌겋구나(曝赤䚡): 둑이 용문을 가로막아 수심이 일백 길은 되니 큰 고기가 이 문을 넘으면 용이 된다. 넘지 못하는 놈은 아가미 부딪치고 이마 다쳐(曝䚡點額) 피가 흘러 물이 항시 붉은 못과 같았다. 진晉 유흔기劉欣期의 『교주기交州記』. 그래서 '폭새曝䚡'는 좌절과 곤궁에 비유된다.

의 강가 마씨 신랑의 신부²¹²이다." 하였다. (師云金沙灘頭馬郎婦)

진씨의 누대²¹³ 붉은 화장이 아름다움을 다했으니	秦樓紅粉盡嬋姸
마씨 소년 유독 구절의 신선에게 놀랐구나	馬子偏驚九節仙
차마 웃으랴, 금모래 나루 언덕의 약속에	堪笑金沙灘畔約
백옥 침상 차가운 베개에 눈물이 샘 같다고.	玉床寒枕淚如泉

법안인혜초문불法眼因惠超問佛²¹⁴

선사(금릉金陵 청량淸凉 문익 법안文益法眼, 나한 계침羅漢桂琛의 제자)가 "네가 혜초다." 하였다. (師云汝是惠超)

한 줄기의 풀 탕국이 바로 면전에 있어	一莖草湯在面前

---

211 풍혈인승문불風穴因僧問佛 : 『선문염송』 고칙 1251에 나오는 이야기이다.
212 금사단의 강기~신랑의 신부(金砂灘頭馬郞婦) : 이 이야기는 『법화현응록法華現應錄』에 있다. 당唐나라에 불교가 왕성했는데 섬우陝右 지방에서는 무술만 숭상하여 삼보의 이름이 전혀 알려지지 않았다. 이것을 안타까이 여긴 여인이 무예 사격장으로 갔다. 이 아름다운 모습을 본 소년들이 다투어 신부로 맞이하려 하자, 여인이 첫날은 『보문품普門品』을 주고 내일까지 외워 오는 이에게 시집간다 하니, 다음 날 외운 자가 20여 명이었다. 다시 『금강경金剛經』을 주며 내일까지 외우는 자에게 시집가마 하니, 외운 자가 10여 명이었다. 다시 『법화경法華經』을 주며 3일을 약속했는데, 그날에 외운 자가 마馬씨 소년뿐이었다. 이에 결혼하기로 약속하고 집으로 가 신방을 차리려 하였다. 여인이 "몸 속에 조금 좋지 않은 곳이 있으니, 별실에 잠시 머물러 몸이 좋아지면 상견하자." 하고, 별실로 가자마자 운명하고 시체가 썩어 장례하였다. 며칠 뒤 한 스님이 와서 무덤을 파 보니 이미 황금으로 싸인 뼈만 있어, 이를 탁상에 놓고 "이는 부처님이 너희들을 고해에서 벗어나게 하려고 오셨던 것이다." 하고는 허공으로 날아갔다. 그 뒤로 이 한 지방이 불교가 융성했다.
213 진씨의 누대(秦樓) : 악부 〈맥상상陌上桑〉에 "日出東南隅 照我秦氏樓 秦氏有好女 自名爲羅敷"라는 구절이 있다.
214 법안인혜초문불法眼因惠超問佛 : 『선문염송』 고칙 1290에 나오는 이야기이다.

가져다가 씹어 먹고 앉아서 신선 되다	摘取啗來坐得仙
흰 날개로 한번 지나가는 가을 매의 어깨에	白羽一過秋鶻腋
안개 물결 강 위로 다시 또 오르는 배.	煙波江上又登船

법안지등자운法眼指橙子云[215]

저 등자(도상蹈床과 같음, 책상 앞에 발을 얹어 놓는 작은 상자)를 알면 세계를 두루함이 여유가 있다 했고, 운문은 "천지가 현저히 다르다." 하였다.(識得周 匝有餘 雲門云 識得天地懸殊)

푸른 잎이 바람에 흔들릴 때 일만 잎이 누르니	碧葉風飜萬介黃
양 끝의 풀어짐 거두어짐 오래 생각해야 해	兩頭舒卷久商量
바둑 가에 어찌 가난한 이가 있겠는가	碁邊豈有貧窮子
곧바로 저 때를 기다려 한번 맛보아야지.	直待那時許一甞

성색이자聲色二字[216]

사람들이 빛과 소리에서 눈 멀고 귀 먹었으니	人多聲色裏矇聾

---

215 법안지등자운法眼指橙子云:『선문염송』고칙 1295에 나오는 이야기이다.
216 성색이자聲色二字:『선문염송』고칙 1297에 나오는 이야기이다. 법안에게 어느 스님이 물었다. "성색 두 자를 어떻게 하면 터득할 수 있습니까?" 선사는 대중에게 이르되, "만약 저 스님이 질문한 곳을 이해하면 성색을 터득하기에 어렵지 않다." 하였다.(法眼因僧問 聲色二字如何透得 師云 若會這僧問處 透聲色也不難)

말로는 통하기 어려운 것이 옛 성인의 자취	言語難通古聖蹤
분변 좋아하는 높은 이를 사람들은 안 믿어	辯好位高人不信
소군에게 비석이 없어도 좋은 공 칭송되네.	蘇君無石頌良功

수산주修山主[217]

수산주(무주撫州 용제산주龍濟山主 소수紹修 선사, 계침桂琛의 제자)가 계침에게 참예하여 "제가 세 번이나 산에 들어 갖은 고생을 다했는데도 스님과는 어긋납니다." 하니, 계침 선사가 주장자로 탁자를 치며 "저것이 어긋나지 않았다." 하니 산주는 반성함이 있었다.(叅桂琛曰 某甲三度入嶺 喫盡艱辛 曾與和尙違背 琛卓拄杖云 這介也不背 主有省)

역방향의 바람도 파강의 돛대는 억제하지 못하니	逆風難制巴江棹
지는 달에 무산 협곡의 원숭이는 슬픔도 많다	落月多哀巫峽猿
지팡이 한번 휘두르니 겨우 눈 붙일 줄 알았지만	杖子一揮才著眼
만 년의 흐르는 물도 그 근원을 떠나지 못해.	萬年流水不離源

---

217 수산주修山主 : 『선문염송』 고칙 1305에 나오는 이야기이다.

남대인승문南臺因僧問[218]

"적적히 의지할 곳이 없을 때 어떠합니까?" 하니, 남대 수안南臺守安 화상은 "어, 좋아.[219]" 하였다.(寂寂無依時如何 師云嚛)

흰 구름은 멀리 차가운 까마귀 그림자 이끌고	白雲遠引寒鴉影
잎이 져서 텅 빈 산에 사람은 오지 않는다	葉脫山空人不歸
그래도 돌연히 저런 사람 만난 것 기뻐서	且喜騫然逢箇漢
삼태의 악부 춤 한번 추어 의희히 누설하다.	三臺一把漏依稀

수산인승문불首山因僧問佛[220]

어느 스님이 수산(여주汝州 보응 성념寶應省念 선사, 수산首山에 머문 적이 있다. 풍혈 연소風穴延昭의 제자)에게 부처를 물으니, 선사는 "신부가 나귀를 타고 신랑이 끈다." 하였다.(師云新婦騎驢阿家牽)

담담한 화장 모자를 벗고 한 청년이 뒤따르니	淡粧帽脫一阿隨
길 가는 행인이 누가 엿보지 않겠나	路上行人孰不窺
한번 그림 같은 방 들어 자물쇠 채우니	一入畵堂垂鏁鑰

---

218 남대인승문南臺因僧問 : 『선문염송』 고칙 1315에 나오는 이야기이다. 남대 수안南臺守安 화상이 어느 스님의 질문에 답한 내용이다.
219 좋아(嚛) : 적嚛은 어조사. 그렇다고 지칭하는 의미.
220 수산인승문불首山因僧問佛 : 『선문염송』 고칙 1320에 나오는 이야기이다.

네 이웃에서 다시는 곱고 미움 볼 수 없네.　　　　　　四隣無復見妍媸

분양인승문불汾陽因僧問佛[221]

선사(분주汾州 대자원大子院 선소善昭, 보응 성념寶應省念의 제자) 이르되 "파란 비단 부채가 바로 서늘한 바람이지." 하였다.(師云靑絹扇子是風凉)

낙양에 가득한 사람 부채 없는 이 없고	滿洛無人不秉扇
뭇 나비는 날개 흔들어 채소 꽃의 가이네	群蛾鼓翼菜花邊
열기 식히기에 맑은 바람 있음 누가 알랴	雖知止熱淸飈在
서쪽에서 온 뜻 그렇지 않음을 어찌하나.	爭奈西來意不然

전후삼삼前後三三[222]

길상산[223] 아래의 길은 양의 창자로 꺾였는데　　　吉祥山下路羊腸

---

221 분양인승문불汾陽因僧問佛 : 『선문염송』 고칙 1335에 나오는 이야기이다.
222 전후삼삼前後三三 : 『선문염송』 고칙 1436에 있다. 문수가 무착에게 묻되, "요사이 어느 곳에서 떠났는가." 하니, 무착이 "남방이오." 하였다. 문수가 "남방 불법은 어떻게 지키느냐." 하니, 무착이 "말법 비구들이 계율을 조금 받들더라." 하였다. 문수가 "대중은 얼마이더냐." 하니, 무착이 "혹은 3백 혹은 5백이더라." 하였다. 무착이 "여기서는 어떻게 지키느냐." 하니, 문수는 "범인과 성인이 함께 거하고 용과 뱀이 뒤섞였다." 하였다. 무착이 "대중은 얼마냐." 하니, 문수는 "전에도 3 3이고 뒤에도 3 3이다." 하였다.(文殊問無着 近離甚處 着云南方 殊云南方不法 如何住持 着云末法比丘 小奉戒律 殊云多少衆 着云或三百或五百 着云此間如何住持 殊云凡聖同居 龍蛇混雜 着云多少衆 殊云前三三後三三)

소를 끌고 가는 흰 머리의 사내를 만나다	逢著牽牛白首郞
말이 3 3에 이르자 오히려 알지를 못하니	語到三三猶不識
저 정성어린 나그네 생각 길지 못함 괴상하다.	怪他祇客意不良

균제송출均提送出[224]

솎아 내어[225] 서로 보내기에 시기를 살 수도 있어	披榛相送見伊猜
안개 길 아득히 강개로이 돌아오다	煙路迢迢慷慨回
인하여 3 3을 기어가니 더욱 고통스러우니	因憶三三尤可痛
다시 어느 곳에서 만나 남은 회포를 풀까.	更逢何處暢遺懷

무착이 산 아래에 있어 반두가 되어 죽을 끓이는데 전에 보았던 늙은 공이 홀연 가마솥 곁에 있는지라, 선사가 죽 방망이를 들어 공을 치면서 "문수는 스스로 문수이고 무착은 스스로 무착이다." 하니, 공이 게송을 짓다. "쓴 마늘은 뿌리에 이어 쓰고, 단 외는 꼭지까지도 달다. 무한히 긴 세월[226] 수행을 하다가 문득 늙은 중의 혐의를 받았네." 하고는 말을 마치자 보이지 않았다. 그래서 끝 구에 언급한 것이다.(師後在山下作飯頭 作粥時 前所見老公 忽在釜邊

---

223 길상산吉祥山 : 길상吉祥은 문수文殊를 의역한 칭호.
224 균제송출均提送出 : 『선문염송』고칙 1437에 나오는 이야기이다. 문수보살이 유리잔을 들어 무착에게 "남방에도 이런 것이 있느냐." 하니, 무착이 "없다." 하였고, 문수는 "그럼 무엇으로 차를 마시느냐." 하니, 무착이 대답을 못했다. 무착이 유숙을 하려 하나 문수가 균제동자均提童子(문수보살의 시자)를 시켜 쫓아내게 한 일이 있다.
225 솎아 내어(披榛) : 피진披榛은 떨기의 숲 나무를 베어낸다는 뜻. 창업이나 전진의 어려움을 비유하는 말.
226 무한히 긴 세월(三大劫) : 삼대겁三大劫은 삼대아승기겁三大阿僧祇劫의 준말로 무한히 긴 세월.

師以攪粥棍打公云 文殊自文殊 無着自無着 公作偈云 苦葫連根苦 甛瓜徹蔕甛 修行三大劫 却被老僧嫌 言訖不現 故末句及之)

포대화상布袋和尙[227]

쭈그러진 목 퍼진 배에 기개 심히 뛰어나[228] 　　　縮項方腹甚昂藏
물체가 보통이 아니나 빛을 내기는 부족하다 　　　物體殊常欠放光
밝은 달 맑은 바람이 서로 표리가 되어 　　　　　明月淸風相表裏
종래부터 과일은 익으면 반드시 향기 풍겨. 　　　從來菓熟必飄香

삼동고목三冬枯木[229]

오월에 신이 응축되면 매미도 접할 만하고 　　　五月凝神蟬可接

227　포대화상布袋和尙 : 『선문염송』 고칙 1447에 있다. 명주 포대 화상이 어느 스님의 "어떤 것이 조사가 서쪽에서 온 뜻인가?" 하는 물음에, 곧 포대를 내려놓고 손을 맞잡고 섰다. 또 묻되 "다만 이것이고 별달리 없는가?" 하니, 화상은 포대를 들어 어깨에 메고 가다.(明州布袋和尙 因僧問如何是祖師西來意 師放下布袋 叉手而立 又問祗此 別更有在 師拈布袋 肩負而去)
228　기개 심히 뛰어나(昂藏) : 앙장昂藏은 기개가 출중한 모습.
229　삼동고목三冬枯木 : 『선문염송』 고칙 1463에 나오는 이야기이다. 옛날 어느 노파가 암주를 공양하기 20년이 지났는데 항상 여인을 시켜 밥을 나르고 시중하게 하였다. 하루는 노파가 그 여인을 시켜 끌어안고는 "바로 이것이 어떠한고?" 하고 묻게 하였다. 암주는 "마른 나무 차가운 바위에 의지하고 삼동에 따뜻한 기운이 없구나." 하고, 여인을 노파에게 돌려보냈다. 노파는 "내가 20년을 다만 저런 속한을 공양하였구나." 하고, 곧 암자를 불질러 버렸다.(昔有婆子 供養一庵主 經二十年 常令女子 送飯給侍 一日令女子抱定云 正伊麽如何 庵主云 枯木倚寒巖 三冬無暖氣 女子歸擧似婆 婆云我二十年 只供得箇俗漢 遂發起燒却庵)

육 년을 외로이 앉은 평안한 까치의 집일세	六年孤坐鵲安棲
장자의 사물 변화 이론 시대마다 많이 숭상해	莊生物化時多尙
촉 지방의 길 인심에는 칼이 가지런하지 않다.	蜀道人心釰不齊

방파설재厖婆設齋[230]

유나 이르되 "회향하시오." 하니, 방파가 빗을 뽑아서 뒷머리[231]에 꽂고는, "회향을 마쳤다." 하고는 곧 나가다.(維那云回向 婆拈梳子揷雲云 回向了也 便出去)

청심루 다락 위에 맑은 재를 진설하니	淸心樓上辨淸齋
죽음에 의지한 유나가 재앙 면하기를 청한다	倚死維那請免災
쪽지에 꽂은 백옥의 빗은 초승달이 굽어 있고	揷髻玉梳新月曲
문밖을 나서니 하늘가에 새와 함께 돌아오다.	出門天外鳥俱回

풍간豊干[232]

한번 염부제로 가고 태 속에 들지 않고서	一往閻浮不入胎

---

230 방파설재厖婆設齋 : 『선문염송』 고칙 1462에 나오는 이야기이다.
231 뒷머리(雲) : '雲'은 『선문염송』에는 '髻後'로 되어 있어, 염송집을 따랐다.
232 풍간豊干 : 『선문염송』 고칙 1442에 나오는 이야기이다. 한산이 천태 풍간에게 묻되, "옛 거울이 연마되지 않았을 때 어떻게 비춥니까?" 하니, 풍간이 "얼음 병에는 그림자가 없으니 원숭이는 물속 달을 더듬는다." 하였다. 한산이 "이것이 오히려 비추지 않는 촛불이니 다시 선사의 가르침을 청합니다." 하였다. 풍간이 "온갖 스님도 가져오지 못했으니 나에게 무슨 말을 할지 가르쳐 주라." 하였다.(天台豊干 因寒山問 古鏡不磨時 如何照燭 干云 氷壺無影像 猨猴探水月 山云此猶是不照燭 更請師道 干云萬德不將來 敎我道什麽)

꿈속의 육신만이 천태에 기탁했구나 　　　　　夢中身世寄天台
여구 선생[233]은 참 성인 가져올 줄 몰라서 　　閭丘不識來眞聖
저 끝에 내달아 다시 비웃음을 더하다. 　　　走殺那邊更加哈

한산월백寒山月白[234]

사람의 정을 전도시켜 있는 듯 없는 듯하게 하고　顚倒人情若有無
사람을 만나면 또 너와 나는 거칠다 말하네　　　逢人且說你吾麤
동리를 순행하는 소탈한 늙은이 풍부한 말에　　　巡坊野老曾饒舌
천고의 차가운 바위산에 흰 달이 외롭구나.　　　千古寒岩白月孤

습득소지拾得掃地[235]

세 치의 푸른 쑥대 빗자루를 항상 가지고 있어　常持三寸靑蒿箒
삼천대천세계의 먼지를 다 쓸어 버렸네　　　　拂盡三千世界塵

---

233 여구閭丘 선생先生 : 제齊나라 환공桓公이 두산杜山에서 사냥을 하다가 여구 선생을 만났다. 공이 조세와 부역을 면하게 하겠다 해도 감사히 생각하지 않아 소원이 무엇이냐 물으니, 부귀와 장수라 한다. 환공이 "수명은 하늘이 주관하는 것이고, 귀는 자리가 없고, 부는 창고를 마음대로 개방할 수 없다." 하였다. 여구 선생은 "그런 것이 아니다. 좋은 관리를 선발하여 법을 평등히 하면 수할 수 있고, 때에 따라 곡식을 나누어 주면 부가 되고, 어린 이 사랑하고 어른 공경하면 귀할 수 있다." 하였다. 환공이 돌아와 정치 교육을 바르게 하여 패제후霸諸侯의 일원이 되었다.
234 한산월백寒山月白 : 『선문염송』 고칙 1443에 나오는 이야기이다.
235 습득소지拾得掃地 : 『선문염송』 고칙 1446에 나오는 이야기이다.

| 한밤에 세속 사람들 득과 실을 알아 버려 | 一夜俗人知得失 |
| 차가운 바위 좁은 틈에 홀연 몸을 숨기다. | 寒岩微隙忽藏身 |

고정간高亭簡[236]

고정간이 (처음에) 강을 사이에 두고 덕산에게 예배하니, 덕산이 부채를 한번 휘둘러 (부르니) 고정간이 홀연 깨닫고 옆으로 걸어 나가 길을 작별했다.(隔江拜德山 山搖扇一揮 澗忽悟 橫趨別路)

드리울 낚싯줄 일천 척으로 홀로 머뭇거리며	垂絲千尺獨淹留
삼십 년 동안 아직도 던지지 못하더니	三十年來尚未投
봉황 꼬리 한번 휘두르니 큰 눈이 열려서	鳳尾一揮開豁眼
삼천 리를 달아나며 돌아보지도 않는다.	走三千里不回頭

---

[236] 고정간高亭簡 : 『선문염송』 고칙 842에 나오는 이야기이다. 『선문염송』에는 '澗'이 '簡'으로 되어 있어, 이를 따랐다.

17
성총性聰의 정토찬淨土讚

작자作者 백암 성총栢庵性聰(1631~1700)의 호는 백암栢庵이다. 13세에 출가하여 16세에 법계를 받고, 18세에 방장산으로 가서 취미翠微 대사에게 사사하여 9년 동안에 그 법통을 이었다. 30세에 강사가 되어 법석을 열어 여러 제자를 가르쳤다. 48세에 송광사에서 보조普照국사의 비와 송광사사적비를 세웠다.

51세 때 임자도에 배 한 척이 표류되어 왔는데, 배 안에 무수한 불교 전적이 실려 있었다. 대사는 크게 감탄하여 대중들과 정성스러이 모셔 간행하였다. 이것이 대사가 평생토록 힘을 기울여 간행한 여러 유집의 모태가 되었고, 이로 인해 당시의 대중이 대사를 존중하여 종사宗師로 받들게 되었다. 대사는 간경과 포교를 필생의 신행으로 여기다가 숙종 26년(1700)에 입적하니 세수 70세였다. 유집은 여러 경전의 간행 외에 대사의 저작으로 『백암집栢庵集』상·하 2권과 〈정토찬淨土讚〉사운四韻 100수가 있다.(이종찬,「敎行을 중시한 栢庵」,『韓國佛家詩文學史論』, 467쪽 참조)

해제解題 정토찬淨土讚 : 〈정토찬淨土讚〉은 백암이 임자도에 표류한 배에서 많은 불교 전적을 수집하여 간행한 『정토보서淨土寶書』를 편집하고서 그것을 다시 연작의 시로 읊은 것이다. 불경들의 편집이 50세 무렵의 일이고, 10여 년 뒤 63세 되던 해에 이 〈정토찬〉을 지은 것으로 보인다. 체재는 칠언율시의 연작이다. 불가의 시들이 형식에 구애를 받지 않으려는 것이 일반적 경향인데, 이 〈정토찬〉은 사운이라 했듯이 시의 율격도 지키려는 의도가 뚜렷하다. 각운은 물론이려니와 평측도 되도록 지키고 있다. 이런 점에서 이 〈정토찬〉은 율시의 일차적 조건을 갖추고 있다. 이렇듯 율격을 지키면서 단일 소재로 100수의 연작을 지었다 함은 백암의 시인적 역량이 인정되는 거작이라 하겠다.

정토찬淨土讚

1
멀리 고향은 지는 해의 가인데 　　　　　　遙指家邦落日邊
길은 숫돌처럼 평탄하고 활줄처럼 곧다 　　路平如砥直如絃
갈 때는 술렁술렁 황금 누대에 이르고 　　　歸時冉冉金臺至
사는 곳은 동글동글 옥 같은 연꽃 둥글다 　生處田田玉藕圓
다만 스스로 한 마음 마음 어지럽지 않고 　但自 心心不亂
열 생각 논의 쉬자 생각 전일하지 않기에 　休論十念念非專
원래가 가르침의 주체는 깊은 자비 소원인데 從來敎主深悲願
우리들의 한 발짝 앞에 있음 어찌하려나. 　爭奈吾人却步前

2
청련 푸른 연꽃이 백련의 흰꽃에 비추어 피니 靑蓮花映白蓮開
네 색깔의 광채 빛깔 불전 누대에 반사된다 　四色光輝射殿臺
몸에 맞는 보배 옷이 생각 따라 나타나고 　　稱體寶衣隨念現
소반 가득한 보배 진미 때에 따라 오다 　　　滿盤珍味應時來
허공 중의 밤과 낮은 하늘의 꽃비이고 　　　空中晝夜天華雨
귓가에는 때때로 법의 음악 들렌다 　　　　　耳畔時常法樂㕎
우리 부처 찬양에 정성어린 괴로운 입 　　　我佛讚揚誠苦口
중생들이 어찌 귀의하지 않을 수 있나. 　　　衆生安得不歸哉

3
한 순간 중에 지나가는 이백 년 동안 　　　　一瞬中經此百年
그 사이 팔고의 괴로움 또 서로 끓는다 　　　其間八苦又交煎

몸은 비록 연화세계에 이르지 못해도	身雖未到蓮花界
마음은 곧 모름지기 극락의 하늘로 간다	心卽須歸極樂天
일곱 겹 늘어선 숲[1]에 보배 그물 달리고	行樹七重懸寶網
보살의 열 손가락이 황금 신선을 돈다	薩埵千指遶金仙
심히 드물게 있는 일로 여러 가지이기는 하나	甚爲希有多般事
밝고 밝히 분명히 눈앞에 있구나.	了了分明在目前

4

인간 세상의 온갖 일은 모두 허망한 일인데[2]	人間百事摠南柯
더군다나 세월이란 한번 던진 베틀의 북이니	況復光陰一擲梭
열 차례의 염불이라야 극락세계 오름 이루고	十次念成昇極樂
천 번 태어난 죄 사라져야 사바세계 벗어나	千生罪滅謝娑婆
옥 수풀 구슬 나무로 황금 정원 장식하고	玉林珠樹粧金苑
흰 연꽃 붉은 연꽃이 파란 물결에 비친다	白藕紅蕖映綠波
빌려 묻건대 누가 가르침의 주인이냐	借問阿誰爲敎主
불타의 높은 이름이 바로 아미타불이네.	佛陀尊號是彌陀

5

해가 지는 서쪽에 낙원의 나라가 있어	日沒之西有樂邦
성인 말씀 듣자마자 이미 마음은 항복돼	纔聞聖說已心降

---

1 늘어선 숲(行樹) : 행수行樹는 나열된 숲. 『아미타경阿彌陀經』에 "칠중행수七重行樹"라고 하였고, 그 주석에 "일곱 겹의 늘어선 나무와 일곱 겹의 보배나무가 나라 안에 늘어서 항상 기이한 꽃을 피워 마르지 않고 신령한 새들이 깃들이고 뭇 성인도 따라 노닐기 때문에 칠중행수라 한다.(七重行樹 七重寶樹 國中行列 常開異花 更無變凋 靈禽上棲 衆聖遊從 故云七重行樹)"라고 하였다.
2 허망한 일인데(南柯) : 남가南柯는 남가일몽南柯一夢. 당나라 순우분淳于棼이 괴수나무 남쪽 가지 밑에서 자다가 꿈에 괴안국槐安國의 사위가 되어 영화를 누렸다. 꿈을 깨어 나무 밑을 살피니 큰 개미집이 있었다는 고사.

열 가지 부처의 좋은 모습 삼계를 뛰어넘고　　　十身相好超三界
일백 보배의 광명 밝음이 여덟 창을 비춘다　　百寶光明映八窓
허공 밖의 꽃비가 조각조각 내리고　　　　　　空外雨華來片片
못가의 물새는 쌍쌍이 서 있구나　　　　　　　池邊水鳥立雙雙
황금의 지상 표면이 평평하기 손바닥이라　　　黃金地面平如掌
거듭된 산이나 거듭된 강으로 막히지 않다.　　不隔重山與複江

6
업의 인연으로 이 사바세계에 태어났다가　　　業緣生在此娑婆
시간과 광채 줄어드는 것도 한 찰나이네　　　　減却時光一刹那
저 부처님 큰 자비는 손을 드리워 접하는데　　彼佛大慈垂手接
우리 사람들 스스로 버리고 물러나니 어찌하나　吾人自棄退身何
집을 벗어남이 비록 먼지 그물을 떠나지만　　　出家雖是離塵網
이욕을 구하다 끝내 세상 물결을 쫓고 마네　　求利終須逐世波
칠일 동안이라도 마음 어지럽지 않으려면　　　七日倘能心不亂
서쪽으로 평안히 돌아감이 아미타에 비유돼.　西歸寧讓俞彌陀

7
청정국토의 초월적 삶이 어찌 작은 인연인가　淨土超生豈小緣
범인의 몸이 성인이 되니 복이 가이 없구나　　凡身成聖福無邊
악한 길에서 윤회의 괴로움을 영원히 이별하고　永離惡道輪廻苦
황금 용모의 밝은 달의 원만함 친히 본다네　　親覲金容皎月圓
하나하나 꽃 누대에 광채 그림자 움직이고　　一一華臺光影動
거듭거듭된 구슬 나무 즐거운 소리 퍼진다　　重重珠樹樂音宣
인도하는 스승의 자비 소원 바다처럼 깊어　　導師悲願深如海
애써 근면 각고를 몇 해씩 쌓을 필요 없네.　　不用辛勤積有年

8

구슬로 누대 전각 만들고 백옥이 수풀이니	珠爲臺殿玉爲林
사람은 바로 순수한 양기이고 땅은 황금	人是純陽地是金
꽃비가 오래 나니 밤과 낮이 없으며	華雨長飛無晝夜
바람 구름이 어찌 다시 개이고 그늘짐 있나	風雲那復屬晴陰
못 안의 연꽃들은 광채와 빛깔로 나뉘고	池中菡萏分光色
나무 속의 빈가새는 법의 음악을 알린다	樹裡頻伽奏法音
청정국토의 시방세계 비록 한량없지만	淨土十方雖勿量
아미타의 맹세 소원은 홀로 넓고 깊구나.	彌陀誓願獨弘深

9

서쪽으로 넓은 바다 다다라 유쾌히 먼 시선	西臨滄海快遐瞻
지는 해 또렷또렷 뾰족한 산으로 내려간다	落日亭亭下峀尖
이미 석가세존이 있어 부지런히 이끌어 주니	旣有世尊勤接引
범상한 골격이 보잘것없음[3] 벗어나겠구나	可能凡骨脫廉纖
연꽃 하나하나가 수레바퀴처럼 크고	蓮華一一車輪大
구슬 나무 거듭거듭 보배 그물을 겸하다	琪樹重重寶網兼
영겁 수명 진귀한 옷에 아름다운 음식도 함께	劫壽珍衣竝美食
하늘 음악에 견주어도 일백 번 더하구나.	比諸天樂百般添

10

청정국토에서 태어남 모두가 상선의 사람들	淨土生皆上善人
거듭거듭된 즐거운 일 다 말할 수 없다	重重樂事且難陳
상서의 광채 빛나고 빛나니 어찌 해 필요하며	祥光晃昱何須日

---

3 보잘것없음(廉纖) : 염섬廉纖은 가늚, 미세微細. 흔히 가랑비를 형용하는 말로 쓰임.

영겁의 수명이 길고길어 봄을 기억하지 않는다	劫壽綿長不記春
조잘조잘 새들 언어 오묘 법리를 선전하고	鳥語間關宣妙理
연꽃 향기 나부끼고 날려 옷 두건에 스민다	蓮香披拂襲衣巾
스스로 혹 귀의할 마음 간절하면	自家倘或歸心切
십만 나마의 여정도 순식간에 다다른다.	十萬餘程一息臻

11

아미타불 서원의 힘이 깊은 것을 들으며	聞說彌陀願力深
그 이래로 십여 겁을 독경 소리[4] 들날리다	邇來十劫演潮音
새가 읊는 바람 소리도 모두가 법을 알림이고	鳥吟風籟皆宣法
땅에 펼친 못의 모래도 모두 다 황금이라네	地布池沙盡是金
한번의 깨우침으로 삼세의 구습 다 비우니	一覺頓空三世習
일억 년이 되어도 어찌 반백의 머리[5]가 되랴.	億齡寧受二毛侵
은근히 당시의 사람들에게 알려 이르노니	慇懃爲報時人道
뜬구름의 이름으로 스스로 가라앉지 말라.	莫以浮名自陸沈

12

빈가새 함께 우니 뭇 새도 울어	共鳴頻伽衆鳥鳴
좋은 소리 우아하여 나무 그늘이 맑구나	好音和雅樹陰淸
허공 가득히 울려 퍼지는 무생[6]의 곡이고	滿空嘹喨無生曲
시선을 빼앗는 밝은 빛은 불야의 성이네	奪目輝光不夜城
누각의 일천 칸에는 모두가 칠보이고	樓閣千間皆七寶

---

4 독경 소리(潮音) : 조음潮音은 조수의 소리. 스님들이 독경하는 소리에 비유됨.
5 반백의 머리(二毛) : 이모二毛는 검은 머리와 흰 머리의 섞임.
6 무생無生 : 열반의 진리. 나고 죽음의 생멸이 없기에 무생이라 한다. 따라서 무생의 이치를 관찰하여 나고 죽음의 생멸의 번뇌를 격파한다.

성문의 여덟 가지 해탈과 또 삼명[7]까지이네	聲聞八解又三明
보살이 팔뚝을 펴서 애써 서로 연접함은	導師伸臂勒相接
너의 아스라히 뭇 괴로움에 얽매임 위해서다.	爲爾婆娑衆苦縈

13

우리 부처님의 자비는 헤아릴 수가 없으니	我佛慈悲沒可量
은근히 서방으로 향하기를 지시하심이다	慇懃指示向西方
오천여 겁 동안 비록 펴 말하셨지만	五千餘劫雖宣說
십륙관경[8]을 지극히 찬양하셨네	十六觀經極讚揚
속세를 벗어나거나 집에 있거나 앞뒤로 가도	出俗在家前後往
범인 마음 성인 지혜 둘 다 모두 잊어야	凡心聖智兩俱忘
만약 깊은 은혜 덕을 보답하려고 하면	若爲報答深恩德
널리 여러 사람에게 권하여 묻어 두지 말라.	普勸諸人不掩藏

14

열 자의 선방에 한 줄기의 향불	十笏禪房一炷香
구슬 바퀴 백팔 번 돌려 귀의할 장비 정제해	珠輪百八整歸裝
지금까지의 사바세계[9]는 우리 국토가 아니고	向來忍界非吾土
여기서부터 가는 국토가 바로 내 고향이다	此去蓮邦是故鄕
물은 괴로운 허공 연출하여 때를 씻어내고	水演苦空除垢濁
바람은 보배 나무로 돌아와 생황 피리 분다	風回寶樹咽笙簧

---

7 삼명三明: 세 가지 통달한 밝음. ① 숙명명宿命明: 자신과 타인의 숙세의 생사 모습을 아는 것, ② 천안명天眼明: 자신과 타인의 미래의 생사 모습을 아는 것, ③ 누진명漏盡明: 현재의 괴로운 상을 알아 일체 번뇌를 끊는 지혜.
8 십륙관경十六觀經: 『관무량수경觀無量壽經』에서 십륙관을 설하여서 십륙관경이라 한다. 십륙관은 서방정토로 가는 문호이다.
9 사바세계(忍界): 사바娑婆의 번역어가 감인堪忍 또는 인忍이다.

| 함께 이런 소식을 이야기할 이도 없으니 | 無人說與玆消息 |
| 홀로 머리 끄덕일 때에 의미가 깊구나. | 獨點頭時意味長 |

15

이 세상에서 반생을 살았지만 이미 찾은 것 없어	半生於世已無求
홀로 구름 바위에 앉으니 일 일마다 아득하구나	獨坐雲岩事事幽
서가에 꽂힌 일천 상자의 불경은 부자이고	揷架千函黃卷富
향기 타는 화로의 한 방엔 푸른 연기 뜨다	薰爐一室碧烟浮
극락의 국토 언제 이를지 알 수는 없기에	未知樂國何時到
또한 사바세계를 향하여 이 날을 머문다네	且向娑婆此日留
저 부처님 깊고 깊은 자비의 소원의 힘에	彼佛深深悲願力
내가 지금 가지 않고는 쉴 수가 없구나.	吾今不往不能休

16

청정국토 연꽃의 큰 도량에는	淨土蓮華大道場
전혀 대중 고통 없이 즐거움이 끝없다	全無衆苦樂無央
못에 향기 연꽃 피니 갈라 앉은 가부좌	池生香藕分趺坐
하늘이 민다라꽃[10] 비 내려 법왕을 살포하네	天雨曼陀散法王
지역 안에는 원만히 이룬 황금색의 세계이고	域內圓成金色界
눈썹 사이에는 항상 백호[11]의 빛이 빛난다	眉間常燭白毫光

---

10 만다라꽃(曼陀) : 법화法華의 여섯 상서 중 비꽃 상서의 첫째 꽃. ① 만다라화, ② 마하만다라화摩訶曼陀羅華(크고 작은 흰 연꽃), ③ 만수사화曼殊沙華, ④ 마하만수사화摩訶曼殊沙華(크고 작은 붉은 연꽃).

11 백호白毫 : 『법화경』 「묘음보살품妙音菩薩品」에 "석가여래께서 육계肉髻와 백호白毫의 두 광채를 동방 팔만억 세계에 비추니, 이 나라를 지날 때 나라 이름이 정광장엄淨光莊嚴이고 부처 이름이 정화숙왕지여래淨華宿王智如來이다. 묘음보살이 저 세계에서 8만 4천 보살과 함께 영취산으로 와 칠보 연꽃의 비를 내리고 백천의 음악이 저절로 울리니, 이는 과거세

먼지 마음을 잠시 놓으면 뛰어오를 수가 있어	塵心暫放能超入
제일의 맛인 제호 우유를 입에 넣어 맛본다.	一味醍醐下口嘗

17
산은 지는 해를 머금어 흐르는 안개를 비추니	山銜落日映流霞
서방 하늘로 가기로 하면 길은 멀지를 않다	比去西天路非賒
부처의 네 마음[12]이 일면 모두가 청정국토이고	佛起四心皆淨土
사람들은 일천 잎을 따라 연꽃에 앉아 있다	人從千葉坐蓮華
시방의 선서부처님들[13]이 함께 칭찬하고	十方善逝同稱讚
모든 중생의 생물체들은 다같이 축하한다	九類含生總拜賀*
타향에서 노니는 자들을 위하여 알리노니	爲報他鄕遊子道
수고로이 자비 생각 하지 말고 집으로 돌아오라.	毋勞慈念好還家

18
화려한 빛이 사방 광채로 영롱히 반영되어	華光四色映玲瓏
항상 사람 하늘을 위하여 돈오 종지 말한다	常爲人天說頓宗
몇 점의 파란 소라 머리 육계[14]에 둘리고	幾點靑螺環肉髻
수레바퀴로 가득한 달 자비 용모 우러르다	滿輪明月仰慈容
땅은 손바닥처럼 평지라 유리로 미끄러지고	地平似掌琉璃滑
과일은 병처럼 커서 보배 나무가 무겁구나	菓大如瓶寶樹重

에 묘음보살이 10만 가지의 음악과 8만 4천의 보배 바릿대로 공양한 공덕으로 지금 정화
숙왕지불국에 태어난 것이다."라고 하였다.
12 네 마음(四心) : 자慈 · 비悲 · 희喜 · 사捨의 사무량심四無量心.
13 선서善逝부처님들 : 제불십호諸佛十號의 하나. 선서는 여실히 피안으로 가서 다시는 생사
의 바다로 물러나지 않는다는 뜻.
* 원문의 '嘉'는 '賀'의 오기인 듯.
14 육계肉髻 : 앞의 주 11 참조.

만약 생각 다하여 생각 없는 곳에 이르면	若到念窮無念處
삶을 초월하여 옛날 봉우리 부끄럽지 않아.	超生不愧古中峯

19

길이 멀어 누가 십만 리의 여정이라 말하나	行邁誰言十萬程
한번 손가락 튕길 사이 이미 삶 초월하는데	一彈指頃已超生
길이 연꽃에 의지하여 꽃 속에 앉아 있고	長依菡萏華中坐
혹은 유리를 향하여 땅 위를 걸어다닌다	或向琉璃地上行
웅걸한 누각 허공을 찔러 일천 가지 장식이고	傑閣凌空千種飾
신선 새들은 날개 치며 하루 종일¹⁵ 울고 있다	仙禽鼓翼六時鳴
저 사이에서 화락한 즐거움을 받아들이려면	這間受用般般樂
모두가 본인의 진리에 간절한 정에 달려 있다.	總係當人切道情

20

일천 경전을 읽어 다해도 이치는 점점 어긋나	讀盡千經理轉*乖
다만 아직도 오히려 육신을 벗어나지 못하기 때문	只緣猶未外形骸
부질없이 네 일곱 조각의 장삼으로 몸을 가리고	遮身枉被七條衲
다만 한 켤레 두 쌍의 신발로 발을 보호하네	衛足徒穿幾緉鞋
오욕 욕심 바다에 공연히 골몰하고 있으며	五慾海中空汨沒
하나의 작은 먼지 속에서 오래 잠기고 묻혀	一微塵裡久沈埋
이제부터는 일과로 서방의 부처를 외우면서	從今課誦西方佛
여생을 보내되 길이 나의 품에다 품으리.	斷送餘生長我懷

---

15 하루 종일(六時): 불교에서는 하루를 6시로 분류한다. 신조晨朝·일중日中·일몰日沒·초
야初夜·중야中夜·후야後夜.
* 원문의 '傳'은 '轉'의 오기인 듯.

21

검은 구름 바람이 바다에 불려 물결 하늘 닿아	黑風吹海浪滔天
건너려 한다면 모름지기 큰 법의 배 빌려야 해	欲渡須憑大法船
다만 중류에서 피안의 저 언덕 논의한다면	但以中流論彼岸
누가 후진하는 사람 데리고 인연 원만 말하나	誰將後進說因圓
누대를 가려 비치는 거듭거듭된 나무이고	樓臺掩映重重樹
연못에 일렁이는 탐스러운 연꽃들이네	池沼離披濯濯蓮
더구나 한 가닥 희한한 일은	更有一端希有事
하루 종일 하늘 음악에 즐거움이 끝없음이네.	六時空樂樂無邊

22

다섯 가지 흐림 오탁[16] 뒤섞이고 팔고는 끓는데	五濁混淆八苦煎
중생들은 한갓 스스로 꼬리를 끌며 수고롭네	衆生徒自尾勞牽
골짜기로 헤아릴[17] 소와 말이라도 봄의 꿈과 같고	谷量牛馬同春夢
머리에 초선관[18]을 썼어도 저녁 연기와 같구나	頭戴貂蟬似夕烟
태사공[19]의 문장도 부질없이 썩은 뼈다귀이고	太史文章空朽骨
왕희지[20]의 글씨 진열도 역시 헛되이 전하는 것	右軍筆陣亦虛傳
어찌 붉고 흰 꽃의 왕 자리에 앉아	豈如紅白花王座
오랜 겁 동안 무궁토록 즐거움이 자연스러움만 하랴.	壽劫無窮樂自然

16 오탁五濁 : 정결하지 못하고 혼탁한 다섯 가지. 겁탁劫濁·견탁見濁·번뇌탁煩惱濁·중생탁衆生濁·명탁命濁.
17 골짜기로 헤아릴(谷量) : 곡량谷量은 산의 계곡으로 계산될 만한 많은 가축. 극히 많은 것에 대한 비유.
18 초선관貂蟬冠 : 옛날 고관들이 쓰던 관.
19 태사공太史公 : 태사太史는 천문 도서를 관장한 관원인데, 『사기史記』의 저자 사마천司馬遷을 이르게 되었다.
20 왕희지(右軍) : 우군右軍은 진晉의 왕희지王羲之. 왕희지가 우군장군右軍將軍을 지내서 지칭하는 이름.

23

아미타불의 다함이 없는 큰 광명이	彌陀無盡大光明
항하사의 많은 불국토의 성을 두루 비추고 있어	普照河沙佛國城
여덟 덕[21]의 연못에는 연꽃의 향기가 드날리고	八德池披香菡萏
일곱 겹[22]의 누대 난간에는 종횡으로 나무 둘리다	七重欄遶樹縱橫
좋은 옷 진미의 음식은 모두 뜻대로 따라 있고	美衣珍食皆隨意
보배 궁전 구슬 누대도 제 스스로 변화 생성한다	寶殿珠臺自化成
다만 한 마음으로 청정국토에 낳기를 바라거든	但願一心生淨土
항상 황금의 입에서 울리는 황금의 소리를 들어라.	恒聆金口振金聲

24

내가 듣건대, 청정국토는 서방에 있어서	吾聞淨土在西方
황금빛 아미타부처님의 수의 겁수가 길다네	金色彌陀壽劫長
밤낮의 여섯 때에 꽃비의 상서이고	晝夜六時花雨瑞
일천 겹의 보배 광명이 그물처럼 둘렸다네	網羅千種寶明光
숲에는 염불하며 날아다니는 빈가새이고	林飛念佛頻伽鳥
바람은 수레바퀴 같은 연꽃 향기 진동시킨다	風動如輪菡萏香
진리가 원래 태어남이 없는데 어떻게 가나	理本無生安有往
그대는 모름지기 가려거든 바삐 서둘러라.	君須歸去卽奔忙

---

21 여덟 덕 : 원래 바다의 여덟 가지 덕으로 열반에 비유하였다. ① 점점 깊어진다, ② 깊이를 알 수 없다, ③ 동일한 짠맛, ④ 밀물 시간이 어김이 없다, ⑤ 갖가지 보배가 숨겨져 있다, ⑥ 여러 중생들이 산다, ⑦ 죽은 시체를 묵이지 않다(바다 밖으로 내보낸다), ⑧ 아무리 많은 물이 흘러들어도 증감이 없다.

22 일곱 겹(七重) : 칠중七重은 칠중행수七重行樹. 극락국토의 보배 나무를 말한다. 7겹으로 나열되어 있어서 그렇게 이른다. 『아미타경阿彌陀經』에 "極樂國土 七重欄楯 七重羅網 七重行樹 皆是七寶周匝圍繞"라 했다.

25

문을 닫았으니 누가 숲을 지날 일이 있겠나　　　　杜門誰有過林皐
늙어 가을 추위를 겁내어 모포만 안고 있다　　　　老怯秋寒擁毳袍
참 경전 진경을 일과로 외워 폐하지 않고　　　　　課誦眞經期不廢
길이 성인을 부른다고 수고로움 사양하랴　　　　　長呼聖號肯辭勞
갈 때에는 바로 황금의 경계를 뛰어넘고　　　　　　歸時正踦黃金界
이르는 날에는 응당 백옥의 호광을 보리라　　　　　到日應瞻白玉毫
칠보수 나무 사이에 보배 과일 달렸는데　　　　　　七寶樹間懸寶菓
이 진미의 맛을 누가 감히 선도에 견주랴.　　　　　味珍誰敢比仙桃

26

지는 해 시냇가에서 여윈 지팡이 의지하니　　　　　落日溪邊倚瘦藤
저녁 산 구름 밖에 푸르름이 층층일세　　　　　　　暮山雲外碧層層
저 사악한 이윤 탐내는 뜬 이름인 이들이　　　　　　彼貪惡利浮名子
누가 푸른 눈동자 흰 머리의 중에 견주랴　　　　　　誰數靑瞳白髮僧
다만 세존의 한량 없는 수명이 있어서　　　　　　　只有世尊無量壽
어두운 밤에도 큰 등불 밝힐 수 있지요　　　　　　　能爲昏夜大明燈
겸하여 육 팔 사십팔[23]의 깊고 깊은 소원 있으니　　兼存六八深深願
우리 무리야 어떻게 의지하지 않을 수 있나.　　　　 我輩如何不可憑

27

창문에 새벽이 침입하니 달은 희미하고　　　　　　　紙窓侵曉月微明
조용한 이를 불러일으키는 온갖 새의 울음　　　　　 喚起幽人百舌鳴

---

[23] 육 팔 사십팔 : 사십팔은 원사십팔願四十八. 『무량수경無量壽經』에서 말하는 불국토에서 선택하여 섭취하려는 큰 소원.

미타여래의 선행 부처님 감동 염불이고	感念彌陀先佛聖
다시 관세음보살의 큰 자비 이름 일컫다	更稱觀世大悲名
사바세계에서 부딪는 일은 모두가 노고이나	娑婆觸事皆勞苦
맑고 태평한 곳은 경영 없이도 절로 이루어져	淸泰無營自現成
널리 제군들에게 권하노니 모름지기 힘을 쓰면	普勸諸君須着力
서방의 정토에서 삶을 초탈하지 않을 수 없네.	西方不得不超生

28

서방에는 제일 가는 길잡이 스승이 계셔서	西方第一導師居
대중적 괴로움 남음 없고 즐거움 여유 있다	衆苦無餘樂有餘
구슬 나무 밝히 영롱하여 맑은 그림자 흔들리고	珠樹玲瓏淸影動
황금의 몸이 빛나서 지혜 광명 펼쳐지다	金身絢煥智光舒
삶을 초월하는 수의 가락이 머리털보다 많고	超生壽算多如髮
연꽃에 나누어 앉은 좌석은 크기 수레 같다	分坐蓮華大若車
수행함을 우러르는 마음 스스로 간절하나	景仰薰修心自切
번뇌의 습관 버리지 못함이 문득 부끄럽네.	却慙煩習未全除

29

내 삶이 육십에다 또 삼 년을 더하니	吾生六十又三年
한갓 세월만 보내어 이마에 눈이 가득하구나	徒費光陰雪滿顚
주미를 휘둘러 강의할 때 헛되이 혀 내두르고	揮塵講時虛掉舌
게송[24]을 읊는 곳에도 역시 참선만 방해하네	貫華吟處亦妨禪
푸른 덩굴 안개 어린 달은 누가 주인이며	綠蘿烟月誰爲主
푸른 뫼의 구름 샘은 내가 오로지한다	碧嶂雲泉我自專

---

24 게송(貫華) : 관화貫華는 관화貫花. 경전의 산문을 산화散花라 하고, 게송을 관화貫花라 한다.

이로부터 이 속에서 마음 청정히 머물러 從此箇中心靜住
서쪽 청정한 업 돌아가려 정결히 연마하다. 西歸淨業極精研

30
앞에는 유뢰[25]가 있고 뒤에는 송의 소씨[26] 前有劉雷後宋蘇
동림사[27]에서 결사하고 또 서호였네 東林結社又西湖
다만 이름과 행적이 구름 샘에 기탁할 뿐 아니라 不唯名跡雲泉寄
이로부터 연꽃의 진리 값이 다르다 自是蓮華道價殊
중국에서 풍성한 일이 되었음이 부러우니 健羨中州爲盛事
문득 동해 가에는 좋은 기도 없음 서글프다 却嗟東海乏良圖
저들은 귀족 재상을 가벼이 여기어서 彼輕黃閣朱門貴
아미타불 있음 믿어 궤도의 규범을 지었다. 信有彌陀作軌模

31
저녁이면 저녁 아침이면 아침 기약 다하지 않아 暮暮朝朝不盡期
세월 햇수란 암암리에 이 속에서 옮겨 간다 年光暗向此間移
주머니에 비록 오래 사는 약이 있다 하더라도 囊中縱有長生藥
거울 속에서는 두 귀밑머리 세는 것 어찌하나 鏡裡其如兩鬢絲
세상 일이란 한이 없어 어느 날에 마치랴만 世事無窮何了日
사람살이엔 기한이 있어 시간 얼마인가 人生有限幾多時
급히 모든 마음의 때를 씻을 필요 있으니 急須洗滌諸心垢
오직 우리 아미타부처를 백방 생각하라. 惟我彌陀百爾思

---

25 유뢰劉雷 : 혜원慧遠이 동림사에서 결사結社할 때에 참여했던 유유민劉遺民과 뇌차종雷次宗.
26 송의 소씨(宋蘇) : 송소宋蘇는 송宋나라의 소식蘇軾인가?
27 동림사東林寺 : 혜원慧遠이 여기에서 백련사白蓮寺의 결사를 했다.

32
인간 세사의 온갖 일이 모두가 보통은 아냐　　　　　　　人間萬事摠非常
자취를 불문에 던져 스스로 닫고 숨었네　　　　　　　　投跡空門自掩藏
이미 공명이란 달팽이의 뿔에 비유되었으니　　　　　　已把功名比蝸角
세상 길을 되돌아보면 양의 창자보다 심하네　　　　　　回看世路甚羊腸
마음과 정이 한 번 병들어 다 흩어지니　　　　　　　　　心情一痛俱消散
머리터럭 일천 줄기가 모두가 서리 눈이네　　　　　　　鬢髮千莖盡雪霜
서쪽에는 본사 스승 있어 무량수이니　　　　　　　　　　西有本師無量壽
내가 지금 급히 돌아가기 판단 안할까.　　　　　　　　　我今遽不辦歸裝

33
조용히 살아 일이 적어 한가히 문을 잠그고　　　　　　　幽居寡事閒岩扃
책상 위에는 아미타불의 한 권의 경전이네　　　　　　　案上彌陀一卷經
백 번 꿰맨 옷은 바로 구름과 함께 희고　　　　　　　　　百結正將雲共白
사방으로 둘린 산은 길이 눈빛과 같이 푸르다　　　　　　四山長與眼俱青
한가로운 이름은 스스로 뱀 다리의 첨가이고　　　　　　閒名自笑蛇添足
병든 골격에 누가 학처럼 여윔 가련히 여기나　　　　　　病骨誰憐鶴瘦形
다만 서쪽으로 가기로 마음 생각 간절하니　　　　　　　但可歸西心念切
수고로이 길이 멀다 가깝다 물을 필요 있나.　　　　　　　不須勞問短長亭

34
마음은 스스로 쉬엄쉬엄 발자취도 자유로워　　　　　　　心自休休迹自由
장년에는 국경 밖 북쪽이고 늙어서는 남쪽 고을　　　　　壯年關北老南州
풀 짚신 등 지팡이로 산에서 강으로 겸하고　　　　　　　草鞋藤杖山兼水
앉아 경 외우고 걸으며 읊어 봄에서 다시 가을　　　　　　坐誦行吟春復秋
뜬 세상 일만 길에 무슨 일 이루려나　　　　　　　　　　浮世萬途成底事

남은 생 밥 한 그릇 다시 구할 길 없네 殘生一飯更無求
옆 사람들은 나의 소원 산만함 웃지 말라 傍人莫笑吾疎散
정신은 서방으로 갔고 형체만 잠시 머문다네. 神往西方形暫留

35
푸른 덩굴로 포장을 삼고 풀로 옷을 지어 綠蘿爲幌草爲衣
오래도록 구름 산에 살아 조용히 기틀도 쉰다 久住雲山靜息機
무젖은 병은 오히려 몸의 얽매임이 혐의스럽고 淹病尚嫌身是累
남은 삶에는 길이 세상과 더불어 서로 어긋나 餘生永與世相違
손으로 염주를 돌리며 밤엔 의자에 기대고 手輪珠後宵憑几
앉아 경을 외울 때는 낮에도 문을 닫는다 坐誦經時晝掩扉
한번 서방으로 가 살 수 있으면 물러나지 않아 一得往生終不退
오! 뒤의 성인에게 어찌 귀의하지 않으랴. 嗚呼後聖盍歸依

36
평생에 게으르고 졸렬하기 나만 한 이 있겠나 平生懶拙莫吾如
더구나 다시 나이 쇠진하고 무리들과 거처하니 況復年衰與衆居
재주 짧아 신진 학자에게 맡겨 웃음을 사고 才短任從新學笑
병이 깊어 친구와 소원해짐 괴상하지 않아 病深無怪故人疎
물과 돌에 맑은 놀이는 먼지를 씻을 만하고 淸遊水石堪塵濯
여인은 숲의 채소를 따서 빈 배를 채운다 嬭採林蔬果腹虛
부처에게 집착 견지함이 가르침이라 하니 佛有執持名號敎
먼저 의당 온갖 일을 한번에 제거해야 해. 先當萬務一蠲除

37
대중들은 명예 이욕 탐하여 다투어 분망함이 衆貪聲利競奔忙

양고기의 개미 등불의 나방에게 바로 비유된다	羶蟻燈蛾詎比方
일백 척의 낚싯대 끝에서 가벼이 활보를 하고	百尺竿頭輕闊步
일천 층의 파도 속 외로운 배에 기탁하는 듯	千層浪裡寄孤航
장수와 요절[28]이 비록 다르나 끝내 누구나 있고	彭殤縱異終誰在
범부와 초인[29]이 비록 다르나 끝내 등차가 없으니	凡楚雖殊竟等亡
황금천의 참 부처님 나라에서	爭似金天眞佛國
수명이 한량없고 즐거움 끝없음만 하랴.	壽爲無量樂無央

38

종래로 일천 성인이 본래 차이가 없으니	從來千聖本無差
모름지기 아미타불이 곧 석가임을 믿어야지	須信彌陀*卽釋迦
애오라지 무수한 국토[30]를 예토 정토로 갈라	聊以刹塵分淨穢
마음 성질로 인연하여 편차의 간사함 있네	爲緣心性有偏邪
지나는 걸음걸음이 황금의 땅이고	經行步步黃金土
가부좌 거듭거듭 흰 연꽃이네	趺坐重重白藕花
누가 외로운[31] 세속 안개의 나그네에게도	誰謂跉跰孤霞客
일시에 이러한 영화를 받을 수 있다 말하니.	一時能受此榮華

39

극락을 어찌하여 청정한 땅의 고향이라 하나	極樂何言淨土鄕
사람 마음의 처지로는 얼음과 서리 같다네	人心地而若氷霜

---

28 장수와 요절(彭殤) : 팽彭은 고대 전설 속의 장수長壽했다는 팽조彭祖. 상殤은 성년 이전에 죽음. 장수와 요절夭折을 말함.
29 범부와 초인(凡楚) : '楚'가 '超'의 오자가 아닐까 하여 범인·초인으로 번역함.
* 원문의 '阿'는 '陀'의 오기인 듯.
30 무수한 국토(刹塵) : 진塵은 미진微塵으로, 찰진刹塵은 무수한 국토를 말함.
31 외로운(跉跰) : 영변跉跰은 고독한 모습.

경정³²에서는 이미 삼계를 뛰어넘었고 ・ 經莚已自超三界
칭찬에는 원래가 육방³³이 있다 ・ 稱讚從來有六方
보배 나무는 원래 붉은 잎을 날리지 않고 ・ 寶樹本無飛赤葉
신령한 꽃은 끝내 양지의 봄을 기다리지 않다 ・ 靈花終不待靑陽
백옥 누대 황금 누각은 구름 밖이고 ・ 玉樓金閣雲天外
채색 봉황 신선 새는 날개를 서로 접한다. ・ 彩鳳仙禽接翅翔

40

만약 중이 공부를 다 마쳐야 한다 하면 ・ 如僧盡說做工夫
공부를 한다는 말 자체가 병이 되는 것 ・ 謂做工夫猶病諸
앉은 것도 잊고 하루를 소비함이 아니라 ・ 非是坐忘消白晝
역시 고상함에 대응하여 청허함을 지키라 ・ 亦應高尙守淸虛
삶을 쌓는 것은 탐욕 애정 버리기 어려워 ・ 積生貪愛情難遣
열 겁을 윤회하더라도 업을 제거하지 못해 ・ 累劫輪廻業未除
혹 한 마음이 끝내 어지럽지 않을 수 있다면 ・ 倘得一心終不亂
잠깐 사이에라도 거기에 가 놀 수 있겠지. ・ 斯須之頃往遊於

41

여래선과 조사선이 ・ 如來禪及祖師禪
열리고 닫힘으로 손바닥과 주먹처럼 나뉘니 ・ 開合仍分掌與拳
설사 모든 것 뛰어넘어 참으로 지시한다 해도 ・ 說有超升眞指示
말 없음에 이르러서는 곧 마음으로 전한다 ・ 到無言語卽心傳

---

32 경정經莚 : 경정經莚은 미상. 혹 경당經堂이 아닐까.
33 육방六方 : 동서남북 사방과 천지의 상하를 말하는데, 본 시구에서 의미하는 바는 알 수가 없다. 혹 스님들이 새벽에 이 육방에 예를 올리는 것을 육방례六方禮라 하니, 이를 이름인 듯도 하다.

삶을 여의고 죽음 초탈하는 것 같은 궤도이고	離生脫死爲同軌
이의가 높건 논의가 낮건 곧 한쪽으로 기울어	議下論高是一偏
지난 옛날 종문중의 모든 어른들이	往古宗門諸老宿
어깨 나란히 발걸음도 함께하여 훨훨 가셨네.	連肩接武逝翩翩

42

하나의 영혼 진여 본성이 홀연 평등 침체되어	一靈眞性忽平沈
삼세의 계기 겨우 나뉘어 예와 이제가 있다	三際纔分有古今
업을 띠고 육신을 받았으니 몸 또 업을 짓고	帶業受身身造業
마음에서 대상 경계 일고 경계가 마음을 낸다	從心起境境生心
도르래처럼 이미 미진의 겁수를 지났으니	轆轤已是經塵劫
계율 선정에 어찌 시간을 아낄 수 있겠나	戒定何曾惜寸陰
이런 까닭으로 석가세존이 바른 길 열었으니	由此釋尊開經路
불타는 머리 구하듯 급히 번뇌 가슴 씻으라.	救頭然急滌煩襟

43

손 안에는 오직 하나의 등나무 지팡이로	手裏惟將一紫藤
동서남북을 마음대로 당당히 걷지만	東西南北任騰騰
은혜의 생명이 가늘기 실과 같음 깊이 부끄럽고	深嗟惠命微如絲
종교의 문도 서늘하기 얼음 같음을 바로 보라	正見宗門冷似氷
세상 길 험준하여 언덕이 골짜기로 변하고	世道險巇陵變谷
사람 마음 번복되어 사랑이 오히려 미움으로	人心翻覆愛還憎
어찌 연꽃의 나라로 걸어 들어가	豈如行詣蓮華國
간절한 황금의 말씀을 일찍이 복종함만 하랴.	眷眷金言早服膺

44

풍성한 꽃 법복 장삼으로 새벽 공양 올리고　　　　盛花衣裓獻晨羞
조반 뒤엔 가벼이 걸어 백옥 누대에 오르다　　　　飯後輕行倚玉樓
구름 밖에는 밤낮으로 하늘 음악 알리고　　　　　　雲外六時天樂奏
못 가에는 쌍쌍이 서 있는 물새들의 놀이　　　　　池邊雙立水禽遊
밝은 광채 땅을 비추니 구슬은 항상 새벽　　　　　明光燭地珠常曉
비췻빛 하늘에 닿으니 나무는 가을 없어　　　　　翠色連空樹不秋
옛 친구들 우연히 만나니 모두가 좋은 벗　　　　　邂逅舊遊諸勝友
웃으며, 내가 늦게 왔다 하여 은근히 만류하네.　　笑余來暮謾遲留

45

집 떠나기 십만 팔천 리의 노정이니　　　　　　　離家十萬八千程
자애로운 아버지 유독 깊은 자식 염려의 정　　　　慈父偏深念子情
왜 오래도록 궁하게 드러난[34] 나그네 되었다가　何以久爲窮露客
홀연히 오늘에야 고향 동산 소리를 듣게 돼　　　　忽然今聽故園聲
보배로 영락 구슬 가지고 천하를 따르고　　　　　寶將瓔珞從天下
황금과 유리로 땅의 수평을 지어 본다　　　　　　金與琉璃作地平
만약 지금 곧 부모님 안부 살펴드리려[35] 하면　若欲卽今歸定省
모름지기 마음 본성을 백옥 누대처럼 맑혀라.　　　須敎心性玉臺淸

46

해진 장삼 새털 같고 일정한 거처 없어도　　　　　破衲懸鶉不定居
대상 경계 비고 마음 고요해 어지러움 떠나다　　　境空心寂謝紛如

34　궁하게 드러난(窮露): 원문의 '窮露'는 '窮老'의 오기일 듯하나, 본문을 그대로 번역하였다.
35　부모님 안부 살펴드리려(定省): 정성定省은 혼정신성昏定晨省. 아침 저녁으로 부모님께 문안을 드림.

반쪽 창에 달이 오르니 청정하여 잠 없고	半窓月吐清無寐
한 책상에 바람 경쾌하여 흥은 여유롭다	一榻風輕興有餘
큰 꿈에 잠든 대중은 전혀 깨지 못하고	大夢衆人渾未覺
한가로운 이름을 나도 역시 제거 못하네	閒名伊我亦難除
예로부터 한 없는 생을 초월한 이들은	古來勿限超生者
경전을 읽을 때에 모두가 자신[36]을 일으켰다.	開卷看時盡起子

47

지팡이로 외로운 구름 쫓아 고향 산 돌아오니	錫逐孤雲返故山
남들은 지친 새가 이미 돌아올 줄 알았다 하네	人言倦鳥已知還
염주 굴리면 독경 염불로 맑은 밤에 앉아 있고	輪珠誦念清宵坐
책상에 기대어 조용히 있으니 대낮이 한가롭다	隱几從容白日閒
숲길이 이미 거칠었으니 누가 즐겨 찾으며	林逕久荒誰肯訪
사립문 문득 청소하고 낮에도 항상 잠기다	柴門却掃晝常關
이곳이 비록 진실로 좋지만 내 본토는 아니니	此雖信美非吾土
마침내 서방정토에 이르러 부처 얼굴 받든다.	竟到西方奉聖顏

48

항하사계 다 헤아릴 수 없는 불국토 중에서	沙界難量佛土中
아미타부처님[37]이 유독 뛰어난 가르침이니	彌陀善逝獨超宗

---

36 자신 : 원문의 '子'는 '子'의 오기가 아닐까. '子'로서는 의미가 불확실할 뿐만 아니라, 본 시의 각운이 '魚'운의 평성平聲인데 '子'는 '紙'운으로 측성仄聲이기 때문이다. 공자孔子가 제자인 자공子貢과 대화할 때, 자공의 대화가 적절하니 "나를 일으키는 것은 상商(자공의 이름)이로다.(起予者商也)"라고 하였다. 『논어』 「팔일八佾」.

37 부처님(善逝) : 선서善逝는 수가타修伽陀의 의역. 부처님 열 가지 호칭 중의 하나. 첫째가 여래如來이고, 다섯째가 선서이다. 여래는 여실한 도를 가지고 사바세계에 오셨다는 뜻이고, 선서는 여실하게 피안으로 가서 다시는 생사의 바다에 빠지지 않는다는 뜻이다.

모든 것 살피는 눈썹 밑에는 푸른 연꽃 눈이고	顧瞻眉底靑蓮目
말하고 웃는 구름 사이에는 흰 달의 용모이네	語笑雲間白月容
우아한 운치의 기이한 새에다 물의 학을 겸하고	雅韻異禽兼水鶴
따라 오는 열 성인에 하늘의 용도 어울렸다네	隨從諸聖幷天龍
입이 마르게 찬양하는 것을 그대는 아나 모르나	讚揚極口君知否
밤낮으로 돌아갈 생각이 일만 겹으로 거듭되네.	日夕歸思意萬重

49

온갖 구렁에서 울려퍼지는 대지의 울부짖음에도	萬竅刀刀地籟號
부들 방석에 고요히 앉아 가사 장삼을 입었네	團蒲靜坐着方袍
향로에 피어 오르는 향의 연기[38] 불타 재가 되고	鴨烟實篆燒成燼
검은 책상의 불경 글을 써서 다 다른 붓이네	烏几金文寫禿毫
골짜기로 구름을 헤아리니 지나친 부귀이고	以谷量雲偏富貴
병에 물 길어 달 담으니 모두가 청정 고고이네	汲瓶盛月儘淸高
암자에 사는 참 멋은 비록 있다 하더라도	庵居眞趣雖然在
돌아갈 마음으로 큰 칼을 꺾는 것 허락 안 돼.	未許歸心折大刀

50

방호[39]의 신선 산 높고 높아 신의 연기 하늘에	方壺峻極神烟霄
그 속에 연화 궁전이 고요히 숨어 있네	中有蓮宮隱寂寥
차가운 시내 난간을 둘러 흰 옥을 뿜어 내고	寒澗繞軒噴白玉

[38] 향로에 피어오르는 향의 연기(鴨烟實篆) : 압鴨은 압로鴨爐로 고대에 오리 모양을 한 향로. 전篆은 피어오르는 향기 연기가 전서篆書의 글씨 모양이라 해서 전연篆烟이라 하기도 함. '實'은 '實'의 오기인 듯.

[39] 방호方壺 : 전설에서 신선의 산. 일명 방장方丈. "발해渤海의 동쪽에 큰 구렁이 있는데…… 그 안에 5개의 산이 있다. 1은 대여岱輿, 2는 원교員嶠, 3은 방호方壺, 4는 영주瀛洲, 5는 봉래蓬萊이다."「열자列子」「탕문湯問」.

개인 봉우리 책상에 떨어져 뾰죽한 푸른 구슬	晴峯墮几削靑瑤
연한 채소 향기로운 풀에 그윽한 멋이 많고	嬾蔬香蓽多幽趣
거듭되는 계곡 중첩된 수풀 시내 들레임을 막다	複*峽重林隔市囂
서쪽으로 가는 참다운 오묘 비결이 없다면	不有西歸眞妙訣
나의 평생에 어떻게 즐거운 소요를 얻으리.	吾生安得樂逍遙

51

새로 개설한 법당이 구름 끝에 의지하니	新開梵宇倚雲根
소나무 사이로 햇살 늦어도 아직 문 안 열어	日晏松間尙掩門
봉우리 파란 아지랑이 둘려 밝히 자리에 들고	峯逼翠嵐晴入座
시내에 흰 기운이 둘려 새벽에 무젖는 누대	溪回白氣曉浸軒
늘그막에 이미 스스로 정신은 게을러졌으니	老來已自神情倦
손님이 온다 해서 대화의 담소 온화할까	客到何能笑語溫
오직 청정한 불국토[40]로 갈 생각만이 있어	惟有淨邦歸意在
정성스러이 오똑이 앉아 말마저 잊었네.	憨憨兀兀坐妄言

52

시내 깊고 봉우리 높고 물 구름이 풍요로워	溪深峯矗水雲饒
예부터 산과 물의 자연은 시내 거리 멀리한다	自古林泉遠市朝
술 마심의 허락에는 높은 선비 대접만 용납하고	許飮但容高士接
차 마시려 모일 때는 신선이 초청되어 내닫다	會茶時赴羽人邀
불경을 외우면 꽃비가 자리에 다다라 내리고	誦經華雨臨筵落
선정을 벗어나면 하늘 향기가 사원에 가득하다	出定天香滿院飄

---

* 원문의 '復'은 '複'의 오기인 듯.
[40] 청정한 불국토(淨邦): 정방淨邦은 정토淨土와 같은 말. 원문의 '那'는 '邦'의 오기인 듯.

| 여기에 만약 믿음으로 신뢰할 이를 겸한다면 | 於此若兼存信願 |
| 연꽃나라를 한 순간에 건너뛸 수 있을 터인데. | 蓮邦一瞬卽能超 |

53

호수 바다로 떠서 노닌 지가 허다히 많은 햇수	浮游湖海許多年
수고로움을 좇느라 짚신이 얼마나 뚫렸을까	芒屨從勞幾緉穿
가르침의 뜻을 분명하게 분석할 수가 없으니	敎義未能明辯析
으뜸으로 여기는 교리⁴¹ 어떻게 마음으로 터득해	宗乘安敢得心傳
산하대지의 사바세계가 끝내 무로 돌아가고	山河世界歸何有
공업이나 명예 명성은 웃음거리⁴²에 붙여진다	功業聲名付輾然
어설프구나, 이 육신은 부질없이 늙어 가니	咄咄此身空老大
흰 연꽃의 백련에다 왕생의 인연을 맺자.	白蓮須結往生緣

54

가르침의 자리 선정의 좌석 모두가 황량하니	敎筵禪席盡荒凉
소경이 소경을 인도함이 가장 상심되는 일	盲引群盲最可傷
병에 약을 구분 못하고 옛것만을 묵수하고	病藥未分空守舊
근원 흐름을 모두 잃고 다만 발걸음만 찾다니	源流俱失但尋行
진리 토론이야 의당 총림의 도반에 붙이지만	討論宜付叢林伴
염불 독경은 모름지기 새벽 밤이 분망하게 해	念誦須敎曉夜忙
선과 악은 문이 없는 것 오직 자신의 부름이니⁴³	善惡無門惟自召
서쪽으로 가는 행장에 절구 양식을 모으라.	西歸行色聚春粮

---

41 으뜸으로 여기는 교리(宗乘) : 종승宗乘은 각 종파가 홍보하는 종교적 의의 및 경전. 『한국불교전서』 8책, 515쪽에 있는 '宋乘'의 '宋'은 '宗'의 오기인 듯.
42 웃음거리(輾然) : 전연輾然은 웃는 모습을 이르는 말.
43 자신의 부름이니(自召) : 『한국불교전서』 8책, 515쪽에 '自石'이라 함은 '自召'의 오기인 듯.

55

스스로 공문의 불가에도 이름 필요로 하지 않으니	自是空門不用名
어찌 세상사의 일에다 정을 가지려 하겠는가	那將世事肯關情
이미 부처님과 가까이 되어 스승 벗이 됐으니	旣親黃面爲師友
모름지기 붉은 마음을 토해 내 정성을 보이자	須吐丹心見悃誠
한 책상 조용할 때는 소나무 운치도 섬세하고	一榻靜時松韻細
네 창이 텅 빈 곳에는 달무리도 밝구나	四窓虛處月華明
같은 인연으로 함께 연꽃 못 모임에 들어가니	同緣共入蓮池會
이미 처음부터 가졌던 정토의 맹세 맺었구나.	已結當初淨土盟

56

몇 해 이래로 일관된 버릇 시끄러움을 숭상하니	年來串習尙囂浮
먹물 옷 입고서 그에 보답 없음이 절로 부끄럽다	自愧披緇志未酬
정적한 곳 나아가고 들레임 피함이 오히려 망령이고	就寂避喧猶是妄
마음 보존하고 대상을 없앤다 함 더욱 잘못이 돼	存心除境亦爲尤
새 소리 시내 울림이 어찌 귀를 방해하며	鳥聲溪舌何妨耳
흰 구름 푸른 산이 시선 가로막지 않는다	雲白山靑不礙眸
구품[44]의 연꽃 누대에도 밝음이 급수가 있으니	九品蓮臺明有數
괴로운 바다를 위해 자비의 배 띄우지 말라.	莫爲苦海泛慈舟

57

업의 인연도 함께 짓는 것 업보도 같이 돌아와	業因同造報還同
불난 집[45] 안에서 돌아가는 수레바퀴 면할 수 없어	未免轉輪火宅中

---

[44] 구품九品 : 상·중·하의 3품에 다시 각각 상·중·하의 3품을 두어 9품이 된다.
[45] 불난 집(火宅) : 『법화경』 일곱 가지 비유 중의 하나. 불 속에 있는 자식들을 구하기 위해 아버지는 그들이 좋아하는 보배 완구들이 집 밖에 있다 하여 유인해 낸다. 세 가지인 양의 수

자애로운 아버지 당황하여 이리저리 들락거리나 慈父蒼黃頻出入
황폐한 자식들은 즐겁기만 해 동서로 내닫고 있다 廢兒嬉戱走西東
제도로 갖고 있는 바릿대 하나에 세 일을 겸하고 制持一鉢兼三事
뜬 마름풀이나 잘린 쑥대처럼 이리저리 떠다녀 漂泊浮萍與斷蓬
만약 극락의 나라가 어느 곳에 있느냐고 물으면 若問樂邦何處在
황금 하늘 저 밖의 흰 구름이 비어 있는 곳이지. 金天之外白雲空

58

세상 사이 가장 서글픈 일이 무슨 일이냐 하면 世間何事最堪嗟
괴로운 바다는 끝이 없으나 삶은 끝이 있음이지 苦海無涯生有涯
부귀 호사로운 공자님 댁을 보아 오지만 看取富奢公子宅
어찌 청정 화락한 도인의 집만 하랴 旣如淸樂道人家
점심 한때의 밥 한 그릇도 오히려 추하고 메진데 中時一飯唯麤糲
사시사철 네 계절 세 벌 옷도 다만 삼베 옷이네 四序三衣但苧麻
마음 청정함이 바로 연꽃 나라의 국토이니 心淨卽爲蓮國土
청컨대 그대여 다시는 사사로운 어둠 쫓지 말라. 請君休更逐昏邪

59

허다히 많은 문무과에 급제한 이름으로 幾多文武占科名
하루아침에 명성이 사해 천하를 경도시키니 一日聲華四海傾
무과의 방목에다 문과의 방목도 따라 나오나 虎榜竝遁龍榜出
유생의 학림이 무관의 영예만 할 것인가 儒林爭與羽林榮
집으로 돌아오니 두 어버이만이 기쁜 것 아니고 還家不獨雙親喜
이르는 곳마다 온갖 사람의 눈을 놀라게 하네 到處能令萬目驚

레(羊車), 사슴의 수레(鹿車), 소의 수레(牛車)가 집 밖에 있으니 빨리 나와 놀라 하여 그들을 구제한다.

뜻을 얻은 득의는 잠시로 함께 썩는 풀이니	得意暫時同腐草
어찌 연화 국토의 가볍지 않은 안락만 하랴.	豈如蓮國樂非輕

60

세월의 볕은 암암리에 물 따라 동으로 흘러	年光暗逐水流東
온갖 인간 세상 일이 모두가 이에 공허한 것	萬事人間總是空
백 살 사는 뜬 인생은 아침이슬과 같은 것이고	百歲浮生朝露似
일천 황금의 부귀라도 조각구름과 같구나	千金豪貴片雲同
두 서울의 문화제도는 여기로서 풀을 가리고	兩京文物烟迷草
육대[46]의 번화스러움도 바람에 흩날리는 촛불이네	六代繁華燭散風
어찌하면 삶도 없고 죽음도 없을 것인가	何似無生亦無滅
앉아서 참 즐거움을 평생 백 년 동안 누리라.	坐享眞樂百年中

61

한 입을 가지고서 서강을 들이마실[47] 수야 없지만	難將一口吸西江
평소 의지는 오히려 창자 가득히 저장할 수 있지	素志猶能貯滿腔
석장의 지팡이 날릴 때는 비록 학에게 가깝지만	錫杖飛時雖鶴近
바릿대 그릇 숨긴 곳에는 아직 용을 항복시키지 못해	鉢盂藏處未龍降
마음으로 취한 진여 불법에 의심 그물[48] 제거하고	醉心眞法除疑網

---

46 육대六代 : 중국의 역대 왕조를 이르는 말. 황제黃帝·당唐·우虞·하夏·은殷·주周. 또는 당唐·우虞·하夏·은殷·주周·한漢 등 여러 설이 있음.

47 한 입을~서강을 들이마실(一口吸西江) : 『선문염송』고칙 161에 나오는 이야기이다. 마조馬祖는 방 거사龐居士가 "일만 법과 친구가 되지 않는 이는 어떠한 사람입니까?" 하는 물음에 대하여 "네가 한 입으로 서강의 물을 다 마시는 것을 기다려 말하리라." 하니, 거사는 말을 마치자마자 이해하였다.(馬祖因龐居士問 不與萬法爲侶者 是什麽人 師云 待汝一口吸盡西江水 卽向汝道 居士言下領解)

48 의심 그물(疑網) : 의망疑網은 의혹의 뒤섞임이 그물과 같음으로 비유함.

절하옵는 높은 논리에는 거만한 깃발[49]이 꺾였습니다	拜手高論折慢幢
못 위의 흰 연꽃은 끝내 무젖지 않으니	池上白蓮終不染
이승에서 저것을 뛰어넘으면 무쌍이라 불린다.	此生超彼號無雙

62

예순세 해를 이미 날뛰는 말이었으니	六十三年已駿犇
남은 생은 얼마나 남아 있을 수 있겠나	餘生能得幾時存
구름처럼 변하는 세상사[50] 다 말하기 어렵고	白衣蒼狗難堪說
달팽이 뿔 쉬파리 머리[51] 같은 일 누가 논의해	蝸角蠅頭誰可論
공자 안자의 즐거움 찾는 곳을 향하지 않고	不向孔顔尋樂處
누가 종이나 먹을 따라 위험한 말을 찾는가	誰從紙墨覓危言
세상 사이 하나하나가 모두 허망한 것이나	世間一一皆虛妄
유독 아미타불이 있어 대중들이 높이 여겨.	獨有彌陀衆所尊

63

계절도 한가위가 되어 대나무 난간에 앉으니	節屆中秋坐竹軒
조금 있자 동쪽 고갯마루에 황금 동이 솟는다	俄然東嶺涌金盆
풀벌레가 처절하니 은하수도 맑아지고	草蟲悽切銀河淡
계수나무 그림자 아른하니 구슬 이슬 번성하네	桂影婆娑玉露繁
병든 뼈 속에 밤 냉기 스미는 것 견디지 못하고	病骨不堪侵夜冷

---

49 거만한 깃발(慢幢): 만당慢幢은 거만한 마음이 높이 들려 마치 깃대와 같다는 의미임.
50 구름처럼 변하는 세상사(白衣蒼狗): 당唐 두보杜甫의 〈가탄可歎〉 시에 "하늘 위 뜬구름이 흰 옷 같다가, 잠시 사이 파란 개로 변해 버린다.(天上浮雲如白衣 斯須變改如蒼狗)"라는 구절이 있다. 이후로 '백의창구白衣蒼狗'가 세상사의 무상한 변화를 비유하는 말이 되었다.
51 달팽이 뿔 쉬파리 머리(蝸角蠅頭): 와각승두蝸角蠅頭는 달팽이의 촉각이나 쉬파리 머리같이 극히 사소한 일. 와각문첩蝸角蚊睫. 승두문각蠅頭蚊脚.

괴로운 마음으로 오직 아침 햇살 등질[52] 생각하나	苦心惟憶負朝暄
원래 청정국토에는 추위 더위가 없거늘	元來淨土無寒暑
하물며 끓는 시름이나 병의 뿌리가 있겠는가.	況有憂煎與病根

64

부처 궁전은 높고 높아 하늘에 가까우니	梵宇崢嶸近紫霄
댕댕이덩굴로 휘장 삼고 돌로 다리 만들어	綠蘿爲幌石爲橋
한가한 구름 뫼에 솟아도 혼연히 자취 없고	閒雲出岫渾無迹
들의 학 숲으로 돌아오니 초청할 필요 없다	野鶴歸林不用招
바위 흐름에 비 더 내려 옥소리 울리고	岩溜雨添鳴珮玦
골 소나무 바람 세어 악기 운치 들린다	壑松風颾聽鈞韶
아미타불 염송을 잠시 쉬고 나서	彌陀念誦纔休罷
물 길어 차 다려서 몇 모금을 마신다.	汲水煎茶飮數瓢

65

헛된 이름으로 한때 그르침 깊이 부끄러워	深愧虛名誤一時
이제부터는 붓도 놓고 시 읊기도 폐하련다	從今放筆廢吟詩
감귤이 소매에 가득하니 풍토 맛이 풍요롭고	林柑滿袖饒風味
솔 송이 소반에 수북하니 이것이 흙의 온당함	松蕈堆盤是土宜
서리 잎 일만 봉우리는 진홍의 비단이고	霜葉萬峯紅錦繡

---

[52] 아침 햇살 등질(負朝暄) : 『장자』「양주楊朱」에 "옛날 송나라에 어느 농부가 항상 베옷만 입고서 겨우 겨울을 지나고서 봄 농사철이 되자 스스로 햇볕을 쏘이면서 천하의 큰 집 안방에서 솜옷이나 가죽옷을 입은 사람들을 알 수 없으니까, 아내를 쳐다보며 '햇볕을 등진 것을 사람들은 알지 못하리니 내가 이것을 임금께 바치면 큰 상이 있겠지' 하였다.(昔者宋國 有田夫 常衣縕麻 僅以過冬 暨春東作 自曝于日 不知天下有廣廈隩室 綿纊狐貉 顧謂其妻曰 負日之暄 人莫知者 以獻吾君 將有重賞)"라고 하여, 부훤負暄이 임금에게 바치는 충성의 대명사가 되었다.

차가운 물 두 계곡에는 파란 유리 구슬이네 　　　寒流雙澗碧琉璃
산 집의 가을 일들이 비록 부자로 기울어도 　　　山家秋事雖偏富
감히 연꽃 나라의 끝없는 즐거움에 견주랴. 　　　　敢較蓮邦樂不支

66
십만 나마의 여정 길은 먼지에 막히지 않아 　　　十萬餘程不隔塵
어찌 범인 성인을 따져 친하고 소원함 구별해 　　那將凡聖辨疎親
근본이 있는 무위의 진리를 꼭 따라 행해야지 　　須行有本無爲道
상도가 없는 한계가 있는 육신 사랑하지 말라 　　莫愛無常有限身
댕댕이 달 댓바람으로 애오라지 흥을 달래고 　　蘿月竹風聊遣興
시내 채소 숲의 새싹으로도 가난이 되지 않다 　　澗蔬林蕨未爲貧
항하사의 염불로 같은 이름 다 부르고 나면 　　　恒沙念盡同名號
문득 곧 연꽃나라 사람이 되리라. 　　　　　　　便是蓮華國裡人

67
낙원의 나라에는 가는 곳마다 누대가 솟아 　　　樂邦隨處起樓臺
일만 집 일천 문이 차례로 열린다 　　　　　　　萬戶千門次第開
하늘 음악은 허공에 가득하니 꽃은 난만하고 　　天樂滿空華爛熳
신선 새 모인 나무엔 눈이 포송포송 　　　　　　仙禽集樹雪䰙䰙
하나로 둥근 거울에는 먼지 한 점 없고 　　　　一圓鏡俚*無塵點
여러 빛깔의 꽃 속에 성인 잉태 기탁하다 　　　四色花中托聖胎
만약 수행하는 이 염원 마음 간절하면 　　　　　若有行人心念切
마음을 떠나지 않고서 여래를 볼 수 있다. 　　　不離方寸見如來

* 원문의 '俚'는 '裡'의 오기인 듯.

68

시속 사람들을 향해 칭찬받는 소리를 즐겨	肯向時人覓賞音
부질없이 문자를 가지고 세월만 소비하는	漫將文字費光陰
너의 입의 웃음과 말은 남의 웃음 제공하며	而言口笑供他笑
성인 현인을 속이니 이 마음이 부끄럽구나	罔聖欺賢愧此心
형체 골격 부질없이 늙어감을 스스로 깨닫지만	自覺形骸空老大
누가 쇠잔 병약함 가련히 여겨 다시 찾아 주나	誰怜衰病更侵尋
본사이신 여래 서쪽 가는 길 곧게 지시하였으니	本師直指西歸路
한 권의 아미타 경전 뜻과 취지가 깊구나.	一卷彌陀意趣深

69

봄 추위가 맹렬하여 바위 문을 잠그니	春寒斗峭閉岩扃
날이 다 가도록 손님도 전혀 지나지 않다	盡日渾無客子經
귀밑머리는 자연 인간 공도에 의해 희어졌고	兩鬢自因公道白
두 눈동자는 세속인을 위해 푸르려 한다	雙眸肯爲俗人靑
병 뒤 장삼 무거우니 수척해진 몸을 알겠고	病餘衲重知身瘦
거니는 곳 마음 맑으면 대지 평평함 깨닫다	行處心淸覺地平
다 함께 중생들과 청정국토에 태어나서	同願衆生生淨土
온갖 하늘 음악을 때 없이[53] 듣기 소원이라네.	萬般天樂六時聽

70

원래 인간 세계란 괴로운 수고가 많은데	由來世界苦勞多
더구나 세월이란 눈 깜짝할 사이거늘	況復光陰一瞬耶

---

53 때 없이(六時) : 불교에서는 하루를 6시로 분류한다. 신조晨朝, 일중日中, 일몰日沒, 초야初夜, 중야中夜, 후야後夜.

굽고 꺾인 것이 원래 대나무 본성 아니고　　　　　屈曲元非淇竹性
맑은 향기가 참으로 고갯마루의 매화이네　　　　淸芬眞是嶺梅花
빈 숲에 평안히 앉아 댕댕이로 휘장 삼고　　　　空林宴坐蘿爲幌
고요한 밤의 길 걸음에 달은 물결 같구나　　　　靜夜經行月似波
잡된 생각을 말끔히 없애면 무념 나타나니　　　　雜念頓除無念現
행보 재촉해 연꽃 누대 앉을 필요 없지.　　　　　不曾攛步坐蓮花

71

맑고 그윽한 물과 바위 스스로 한기 돌아　　　　淸幽水石自生寒
반 점의 먼지라도 어찌 간섭될 수 있겠나　　　　半點塵埃詎可干
사람과 경계가 인간세사에서 다가옴 아니니　　　人境未爲人事逼
이 몸은 오히려 이 마음과 더불어 평안해야　　　此身還與此心安
바위 가 가는 길은 푸른 대나무와 이어지고　　　岩邊細逕連蒼竹
비 갠 뒤의 아지랑이는 푸른 산에 걷어낸다　　　雨後晴嵐捲碧山
앉아 아미타경 한 권을 외우다가　　　　　　　　坐誦彌陀經一卷
멀리 지는 해가 서쪽 산에 걸려 있음을 본다.　　遙看落日掛西巒

72

머리 위의 해 달 세월이 날듯이 빠르니　　　　　頭邊歲月疾如飛
병든 뼈마디가 오싹오싹 옷도 못 이겨　　　　　病骨稜稜不勝衣
도를 배우다 이루지 못하고 몸 이미 늙고　　　　學道未成身已老
친구 사귐도 얼마 안 가 뜻이 다 어긋나다　　　交朋*無幾志皆違
다만 눈을 가리려다가 때로 책을 펼치고　　　　只圖遮眼時開卷
다시 마음을 잠재우려 대낮에 문을 닫다　　　　更爲灰心日掩扉

* 원문의 '明'은 '朋'의 오기인 듯.

서쪽에 연꽃이 피었다 이미 진 뒤에야 　　　西有白蓮生後已
내 지금 비로소 전날 잘못 앎을 후회하네. 　　　悔吾今始覺前非

73
시속 사람들의 길고 짧음 따지려 하지 않아 　　　不管時人較短長
문 닫고 높이 누워 고향으로 갈 생각 하다 　　　杜門高臥念還鄕
배고프면 한 그릇 푸른 채소의 밥이고 　　　飢來一鉢靑蔬飯
자고 난 뒤에는 석 잔의 댓순차 향기롭다 　　　睡後三甌紫筍香
높은 나무 비온 뒤에 꾀꼬리 소리 매끄럽고 　　　喬木雨餘鶯語滑
빈 처마에는 바람 잔잔해 제비 날기 바쁘구나 　　　虛簷風細燕飛忙
깊이 서글프구나 쇠약하게 도망친 자식으로 　　　深嗟弱喪爲逃子
자애로운 아버지 날마다 바라만 보게 하다니. 　　　慈父空敎日日望

74
병으로 여윈 육신 형상이 마치 학의 모양으로 　　　病瘦身形似鶴形
가사 옷 밖의 계·정·혜 삼사와 두 상자 경전 　　　衲餘三事兩函經
솔 삼나무 조밀한 그림자 높은 누각 감싸고 　　　松杉密影籠高閣
구름 안개 나는 구름은 작은 뜰에 떨어지다 　　　雲霧飛陰落小庭
때로는 수면의 바람이 책상 좌석으로 오고 　　　時有水風來几席
다시 창으로 들어오는 산 위의 달을 맞는다 　　　更邀山月入窓櫺
염주 굴리며 조용히 앉아 청한 태평 생각하니 　　　輪珠默坐思淸泰
황금 향로에 향은 타오르고 물은 병에 가득. 　　　金鴨香銷水滿瓶

75
백 번은 꿰맨 가사옷이요 다섯 번 기운 발우 　　　百結霞衣五綴盂
남은 생애 이것 밖에서 다시 무엇이 필요해 　　　餘生此外復何須

돌아가는 바퀴 따라 도는 개미인 줄 모르고	未知輪轉循環蟻
광음 세월도 틈새 지나는 망아지임도 모른다	不覺光陰過隙駒
천고의 시간도 모두가 허공 두 눈만 있고	千古盡空雙眼在
천하[54] 어디에도 매임이 없는 한 몸은 외로워	八紘無繫一身孤
부용꽃이 바로 황금 연못 위에 피었으니	芙蓉正發金池上
경각간의 사이에 뛰어오름이 바로 장부라네.	頃刻超升是丈夫

76

인연 따라 처소 따라 스스로 평안하고 한가해	隨緣隨處自安閒
입으로 나무아미타불의 염송 향로[55]와 마주하다	口誦南無對博山
햇살 늦은 낮 창은 밝아 물을 담은 거울이고	日晏窓明涵水鏡
비 온 뒤의 봉우리 비취색 잘 빗긴 머리채	雨餘峯翠理烟鬟
명예 언성이란 일천 게송을 쓸 필요가 없고	名言不用書千偈
사물과 나도 끝내는 여덟 가지 변화 본처이네[56]	物我終須付八還
고금의 모든 통달한 이들을 보면	看取古今諸達者
정토를 칭찬 찬양하는 방법이 소홀하였네.	稱揚淨土策疎頑

77

자비로운 석존의 지극한 교화 서방을 교화하여	慈尊至化化西方

---

54 천하(八紘): 팔굉八紘은 팔방八方으로 지극히 먼 곳, 천하와 같은 뜻. 『한국불교전서』 8책 516쪽의 '紞'은 '紘'의 오자.

55 향로(博山): 박산博山은 제기의 위에 산 모양을 새긴 향로나 종 등. 박산종博山鐘, 박산로博山爐.

56 여덟 가지 변화 본처이네(八還): 모든 변화의 모습은 각기 본래 원인의 장소로 돌아간다. 명환일륜明還日輪·암환흑월暗還黑月·통환호용通還戶牖·옹환장우壅還牆宇·연환분별緣還分別·완허환공頑虛還空·울발환진鬱㶿還塵·청명환제清明還霽. 송宋 소식蘇軾의 〈차운도잠유별次韻道潛留別〉 시에 "異同更莫疑三語 物我終當付八還"이라는 구절이 있다.

큰 소원이 넓고 깊어 오묘함 헤아릴 수 없네	大願弘深妙莫量
아홉 갈래[57]의 연꽃 누대에 맞아들일 준비 되고	九品蓮臺垂接引
일곱 겹의 구슬 나무에는 꽃들만이 나열되었네	七重琪樹列芬芳
두 눈동자는 이슬로 씻긴 파란 연꽃이고	雙眸露洗靑蓮色
하나의 얼굴은 구름이 걷힌 흰 달의 광채이네	一面雲開白月光
우러러 머리 조아리고 겸하여 합장을 하니	瞻仰頓頭兼合爪
가르침을 필요로 함이 없이 참 실상 깨닫는다.	不須聲敎悟眞常

78

말세 세상 길의 인정이란 엷기 나사비단이라	末路人情薄似紗
알아줄 지기 만나기 어려우나 어찌하겠는가	知音難遇奈如何
배움으로 인한 병고는 황양나무[58]처럼 축소되고	學因病苦黃楊縮
귀밑머리는 나이 많아짐으로 흰 터럭이 많아진다	鬢爲年深白髮多
불꽃 튀긴 문장[59]도 일시적이나 이백 두보 추앙하고	光焰一時推李杜
출렁인다는 거문고[60] 일천 년에 다만 백아와 종자기	峨洋千載但期牙
이런 마음으로 어지럽지 않은 서방정토 가는 일로	此心不亂西歸業
종일토록 산사의 창문에서 가부좌하고 앉아 있다.	盡日山窓坐結趺

---

57 아홉 갈래(九品) : 상·중·하의 3품에 각기 상·중·하의 갈래가 있어 아홉 갈래가 된다.
58 황양黃楊나무 : 황양액윤黃楊厄閏. 황양나무는 잘 자라지를 않는데, 윤달 든 윤년에는 자라지 않을 뿐더러 오히려 작아진다 한다. 그래서 어려움을 당하는 의미로 비유된다.
59 불꽃 튀긴 문장(光焰) : 당唐 한유韓愈의 〈조장적調張籍〉 시에 "이백 두보의 문장이 있어 불꽃이 일만 길로 높구나(李杜文章在 光焰萬丈長)"라는 구절이 있다.
60 출렁인다는 거문고(峨洋) : 아양峨洋은 아아양양峨峨洋洋. 백아伯牙는 거문고를 잘 탔고 종자기鍾子期는 듣기를 잘했다. 백아가 산의 의미를 가지고 거문고를 타면 종자기는 "아! 높고 높구나(峨峨) 태산과 같다." 하고, 물의 의지로 타면 "좋구나 출렁거림이여(洋洋) 강 하와 같구나." 하였다 한다.

79

물 구름 깊은 마을에 보금자리 의탁해 놓고　　　　　水雲深洞寄栖遲
시냇물 긷고 소나무로 밥 지어 계절을 지나가다　　　掬澗餐松且過時
일만 축의 부처 경전을 진작 섭렵하였으나　　　　　萬軸葉經曾涉獵
십 년의 육신 병고로 이미 지루해졌네　　　　　　　十年身病已支離
물소리 밤에 듣다 보면 거문고의 연주이고　　　　　泉聲夜聽瑤琴奏
산 경색도 개인 날엔 모든 산이 기이하다　　　　　　山色晴看盡嶂*奇
누가 알랴 황금 하늘 해가 지는 곳에　　　　　　　　誰識金天日沒處
담담한 참 낙원이 바로 하염없음인 것을.　　　　　　澹然眞樂是無爲

80

나무 끝의 절간이 푸른 바위에 기대어　　　　　　　樹杪招提倚碧岩
종래로 특이한 경계라서 먼지 세상과 막혔네　　　　從來異境隔塵凡
가을에 돋는 흰 달은 유독 창을 훔쳐 보고　　　　　秋生皓月偏窺戶
안개 걷힌 파란 봉우리 저절로 발을 뚫는다　　　　　霧罷蒼峯自透簾
강의 파한 뒤엔 대지의 복이 골로 돌아오고　　　　　講後地祇歸洞壑
선정 중에는 하늘의 바람이 소나무를 울린다　　　　定中天籟颭松杉
앉아서 극락세계 삶 초탈할 일 생각하니　　　　　　坐思樂國超生事
연꽃은 응당 네 색깔을 겸해서 피겠구나.　　　　　　菡萏應開四色兼

81

세상의 번화스러운 일들은 하나의 꿈의 허망　　　　世上繁華一夢空
총림 사이에서 친구로 맺은 진리 마음은 같다　　　　林間結伴道心同
한자의 두 마리 새[61]의 시를 실컷 들었고　　　　　　厭看韓子題雙鳥

---

* 원문의 '障'은 '嶂'의 오기인 듯.

장생의 두 함수62 이야기도 자주 들었다	音數莊生說二函
산의 비취색 창으로 떨어지니 비가 개였고	山翠滴窓新歇雨
꽃 향기가 책상을 치니 저녁 바람이 분다	花香撲榻晚生風
여섯 시각의 절 시계가 딩동댕 울리니	六時蓮漏丁東響
동림사의 혜원 스님을 우러러 사모하다.	景仰東林惠遠公

82

서방을 염원하면 어느 사물이나 무료함 위로되니	念西何物慰無聊
봄 사물은 유독 시선 접촉이 더욱 아름답구나	春事偏多觸目嬌
햇살에 비친 꽃 색깔은 취한 뺨으로 기만되고	日映花光欺醉頰
아지랑이 희미한 풀빛은 치마 벗은 허리이네	烟迷草色奪裙腰
바위 벌이 꽃술을 따니 허벅지가 무겁고	岩蜂採蘂脾初重
도리의 제비 집을 지으려니 혀가 점점 풍요롭다	梁燕營巢舌*轉饒
사물을 관찰하되 이끌려 얽매임을 여읜다면	觀物若能離係滯
동쪽 서쪽 어디인들 소요자적할 수 없겠는가.	東西何處不逍遙

83

온갖 새 꽃을 머금어도 자취 보이지 않으니	百鳥啣花不見蹤
이 뜻을 가지고 조물주에게 묻기도 어렵네	難將此意問諸公
나비는 영혼 꿈이 되어 끝내 허깨비가 되고	蝶成魂夢終歸幻
매미는 먼지를 벗어나서는 역시 허공을 쓰네	蟬蛻塵埃亦掃空

---

61 한자의 두 마리 새(韓子雙鳥) : 당唐 한유韓愈의 〈쌍조雙鳥〉 시가 있는데, 도교와 불교의 대립적 상황을 쌍으로 우는 새에 비유하였다. 오언 장시인데 서두는 다음과 같다. "雙鳥海外飛 飛來到中州 一鳥落城市 一鳥集巖幽 不得相伴鳴 爾來三千秋"

62 두 함수(二函) : 미상.

* 원문의 '古'는 '舌'의 오기인 듯.

살아 움직이는 물 향기로운 차 참으로 도의 멋	活水香茶眞道味
푸른 구름 흰 달이 바로 집안의 풍속이라네	靑霄白月是家風
별달리 열린 한 길은 참선의 밖이라서	別開一路禪乘外
조사마다 모두가 정토로 돌아가다.	祖祖皆歸淨土中

84

법당 앞 외로운 바위에 옛 물이 모이니	梵宇隈岩古水攢
겨우 염불 독경을 쉬고서 푸른 솔[63] 바라보다	才休念誦對蒼官
샘물이 돌 책상을 도니 구름이 항시 젖고	泉回石榻雲長濕
봉우리 창문을 에워싸니 해가 이미 기울다	峯繞經窓日已殘
향불이 짙고 훈훈하니 봄은 고요 적적하고	香注濃熏春寂寂
풍경 소리 맑게 단절되니 밤도 아득하구나	磬聲淸斷夜漫漫
석가의 말씀 이름 명호로 가지고 있어서	執持名號迦文說
모름지기 그 속에서 자세히 살펴보라.	須向這中子細看

85

싸늘하고 담담한 살림살이 잎 뿌리를 씹으며	冷淡生涯咬葉根
처마 앞에서 때로는 다시 아침 햇살을 쏘이다	前簷時復負朝暄
누구나 말하는 준재인[64]에게도 두 명예는 없고	誰言江夏無雙譽
스스로 유마거사 묵연불어의 불이문[65]을 기뻐한다	自喜維摩不二門

---

63 푸른 솔(蒼官): 창관蒼官은 소나무나 잣나무의 다른 지칭.
64 준재인(江夏): 강하江夏는 강하팔준江夏八俊. 동한東漢의 유표劉表, 진상陳翔, 공욱孔昱, 범강范康, 단부檀敷, 장검張儉, 범방範滂, 잠질岑晊을 강하팔준이라 했다. 여기서도 이를 인용함인 듯하다.
65 유마거사 묵연불어의 불이문(維摩不二門): 유마거사維摩居士가 잠잠히 말이 없었던 불이법문不二法門. 문수사리가 유마힐에게 "우리들이 각자 불이법문을 말했는데 그대는 어떠한가?" 하니 유마힐은 묵연히 말이 없었다.(黙然不語) 이에 문수가 "좋구나 좋아, 언어 문

바람이 돌 단을 지나자 소나무 씨를 떨어뜨리고	風過石壇松落子
비온 뒤 이끼 낀 길에는 대나무 자손을 생산하다	雨餘苔徑竹生孫
이 부처님 이름 염원하여도 끝내 염원 없으니	念玆佛號終無念
황금의 글을 손에 맡겨 들출 일도 필요 없구나.	不用金文信手飜

86

청정한 나라 마치 만 리의 관문으로 막혀 있는 듯	淨邦如隔萬重關
가는 물같이 흐르는 세월 손가락 한 번 튕길 사이	逝水流光指一彈
세상살이의 번거로움은 어지럽기 솜털과 같고	在世繁華紛似絮
사람살이의 근심 걱정은 산처럼 높고 크구나	人間憂患大如山
원래 망령 괴로움 없는데 누가 가르칠 수 있나	元無妄苦誰教得
본래 참과 실상이 있지마는 당기지를 못하지	本有眞常未可攀
결코 오래도록 궁한 길의 나그네 되지 말고	切莫久爲窮路客
모름지기 권태로운 새 일찍이 돌아옴같이 하라.	須同倦鳥早知還

87

바람은 골짜기 새와 어울려 봄 햇살 희롱하니	風和谷鳥弄春暄
계수나무 그늘 속에서 대낮도 사립문을 닫다	杉桂陰中晝掩門
소나무 대나무 한 해 추위에 오히려 절개 있고	松竹歲寒猶有節
복숭아 오얏 봄이 다 가도 스스로 말이 없다	李桃春盡自無言
이미 이 세계에서는 견디기 어려움을 알았으니	已知斯界難堪忍
비로소 서쪽 지방에 세존이 계심을 믿겠구나	始信西方有世尊
이로부터는 꼭 강석을 열어 설법할 일 없으니	從此不須開講說

자가 없는 곳에 이르름이 이것이 참으로 불이법문에 드는 것이다." 하였다. 원문의 '麻'는 '摩'로 바로잡음.

| 오로지 부처님 이름 제기하며 아침 저녁 보내자. | 單提佛號度朝昏 |

88

서쪽에 황금 신선 있어 변화 인연을 여시니	西有金仙啓化緣
시방세계 삼세의 시간에 가장 우선하시다	十方三世最居先
소원은 마흔여덟 가지로 넓어 깊이 바다와 같고	願弘六八深如海
덕은 항하사 세계에 입혀 넓기 하늘 같네	德被塵沙廣若天
황금 백옥으로도 부와 귀를 누릴 수 없고	金玉不將爲富貴
관현악의 음악이라도 어찌 즐거움 다하랴	管弦那以極歡姸
돌아갈 길의 멀고 가까움 번거로이 묻지 말라	歸程近遠休煩問
다만 지금 당장 본인이 통쾌히 채찍 잡아라.	只在當人快着鞭

89

서방을 가리키는 가르침의 이치 유독 길어	指西之敎理偏長
그 공덕 하늘 같은데 어떻게 헤아리랴	功德如天豈可量
문득 어둔 거리를 향하여 해와 달이 되고	便向昏衢爲日月
오히려 괴로운 바다에서 항해의 배가 되다	還從苦海作舟航
일곱 겹으로 나열된 나무[66] 모두 그물로 둘리고	七重行樹皆圍網
일백 보배의 층층의 누대에는 다 광채를 낸다	百寶層臺盡放光
석가세존께서 이 길을 여신 것만이 아니라	非但釋尊開此路
육방의 모든 부처도 함께 드날려 칭송하였네.	六方諸佛共稱揚*

---

[66] 일곱 겹으로 나열된 나무(七重行樹) : 칠중행수七重行樹는 극락국토의 보배 나무를 말한다. 일곱 겹으로 나열되어 있어서 그렇게 이른다. 『아미타경』에 "極樂國土 七重欄楯 七重羅網 七重行樹 皆是七寶周匝圍繞"라 했다.

* 원문의 '楊'은 '揚'의 오기인 듯.

90

한 구절의 『아미타경』이라도 외우기 어려움 아냐	一句彌陀誦未難
육신 괴롭게 무엇하러 여러 갈래를 배우려는가	勞身何用學多端
인애 자비가 널리 삼천대천세계에 가피하고	仁慈普被三千界
차례차례 종요로이 십육관[67]의 수행법을 닦아라	次第要修十六觀
법신의 참다운 면목을 천거해 받고	薦取法身眞面目
삶과 죽음을 떠나지 않는 것이 곧 열반[68]이네	不離生死卽泥洹
부지런히 영령에게 보답하려는 이들은	慇勤爲報英靈漢
마음 머리를 긴밀히 잡아 자세히 살펴보라.	緊把心頭仔細看

91

정토의 삼부경전[69]도 석가세존께서 선양한 것	三經淨土釋尊宣
동방에서의 시작은 백련사[70]에서부터이네	震域權輿自白蓮
혜지, 혜원[71]의 형제들이 상좌가 되고	持遠弟兄爲上首
유유민, 뇌차종[72]의 손님들이 모두 영재요 현걸이네	劉雷賓客總英賢
비록 도연명에게 눈썹을 찡그리고 가게 했더라도[73]	縱饒陶令攢眉去

---

67 십육관十六觀 : 위제희부인韋提希夫人이 서방세계에 태어나 미래세의 중생에게 왕생의 소원을 청할 때, 부처님이 이 16가지의 관문觀門을 말씀하셨다.
68 열반(泥洹) : 니원泥洹은 열반涅槃과 같음.
69 삼부경전(三經) : 정토삼부경淨土三部經. 『불설무량수경佛說無量壽經』, 『불설관무량수경佛說觀無量壽經』, 『불설아미타경佛說阿彌陀經』.
70 백련사白蓮社 : 동진東晉 때 여산廬山 동림사東林寺에서 혜원慧遠이 염불 수행하기 위하여 설치한 결사結社.
71 혜지, 혜원(持遠) : 지원持遠은 혜지慧持와 혜원慧遠. 여산廬山 동림사東林寺에서 혜원이 결사할 때에 혜영慧永, 혜지, 도생道生 등의 고승과 유유민劉遺民, 종병宗炳, 뇌차종雷次宗 등의 이름난 유생들 123명이 모여 백련사 결사를 하였다.
72 유유민, 뇌차종(劉雷) : 유뢰劉雷는 유유민劉遺民, 뇌차종雷次宗. 앞의 주 참조
73 도연명에게 눈썹을~가게 했더라도(陶令攢眉去) : 혜원慧遠과 도잠陶潛이 만났던 일을 말함. 여산廬山의 혜원이 평생 호계虎溪를 넘지 않는다 하였는데, 도잠과 육수정陸修靜이 와서 전별하며 이야기를 나누다 호계를 지나는 것을 몰랐다. 이 사실을 '호계삼소虎溪三笑'라 한다.

아니라면 다시 야사[74]까지도 팔뚝 들고 앞으로 오게 해	抑復耶奢引臂前
이로부터 잇고 이어 법궤의 자취 연면하여	從此繩繩聯軌躅
바다 동쪽 우리나라에도 역시 유전되게 되었다네.	海東之國亦流傳

92

서쪽으로 가려고 정진하거든 머뭇거리지 말라	西歸精進莫淹延
저 성인이 평안하신 곳 가장 인연이 있는 것이니	彼聖娑婆最有緣
백옥의 터럭 빛이 흘러 다하지 않고	白玉毫光流不盡
붉은 황금빛 몸 모습도 비추어 끝이 없다	紫金身相映無邊
오묘 불법을 들어 이해해 마음 때 제거하고	得聞妙法除心垢
다시 미련의 정 구제하여 사랑의 끈 벗어나다	更救迷情出愛纏
한번 이마 어루만져 친히 수기를 주시면	一被頂摩親授記
삼명[75]과 사변[76]이 자연히 원만해지리라.	三明四辯自然圓

93

극락정토에서 삶을 초탈함은 믿음이 견고하기에	樂土超生信力堅
다시 마음 경계 가지기를 급히 먼저 힘써라	更將心戒急爲先
도솔천 하늘의 복은 말할 것도 없으려니와	勿論兜率天宮福
누가 봉래산으로 날아간 신선을 다 셀 수 있나	誰數蓬萊羽化仙

---

74 야사耶奢 : 야사耶舍. 중인도 바라내국의 장자. 인생의 무상함을 통감하고, 염세하는 마음을 내어 집을 떠나 세존에게 와서 불제자가 되었다. 그의 어머니와 아내도 찾아왔다가 감화되어 귀의했다.

75 삼명三明 : ① 숙명명宿命明: 자신과 타인의 숙세宿世의 생사 모습을 안다, ② 천안명天眼明: 자신과 타인의 미래세의 생사 모습을 안다, ③ 누진명漏盡明: 현재의 괴로운 모습을 알아 일체의 번뇌를 끊을 줄 아는 지혜.

76 사변四辯 : 사무애해四無礙解. ① 법무애法無礙, ② 의무애義無礙, ③ 사무애辭無礙, ④ 요설무애樂說無礙.

황금 궁전 구슬 누대가 모두 넓고 넓으며 　　金殿玉臺皆廣博
좋은 옷 아름다운 음식 모두 둘려 있다네 　　銖衣美饌悉周圓
과보 얻으려면 또 더디 머물지 말라 　　報若且莫遲歸去
한번 의심성에 떨어지면 오백 년이 돼. 　　一墮疑城五百年

94

지극한 즐거움의 극락이란 이름 대중의 흠모 　　極樂爲名衆所欽
종래로 여덟 가지 괴로움 침입할 수 없어 　　從來八苦不能侵
거기 태어나기 열 가지 소원 마치고 나면 　　願生十念才能了
영접하고 마지하는 뭇 성현이 곧 다다른다 　　接引群賢卽已臨
가부좌에 꽃이 있으니 모두가 흰 연꽃이고 　　趺坐有華皆白藕
지나다니는 길은 황금 아닌 것이 없구나 　　經行無地不黃金
이와 같은 갖가지의 희한하고 기특한 일들이 　　若斯種種希奇事
모두가 당사자의 긍정적 판단에 달려 있다. 　　摠在當人辦肯心

95

불국의 국토는 서방에 있고 거기에 부처 있어 　　佛國居西佛在中
누가 이 쾌락을 가지고 천궁에다 견줄 수 있나 　　誰將快樂較天宮
오래 사는 장생의 숫자도 계산할 수가 없고 　　長生壽劫殊難算
복을 누리는 재물들이 어찌 끝날 수 있는가 　　享福資財詎可窮
누대 전각에 광채 있어 해와 달을 머금었고 　　臺殿有光含日月
연꽃은 세상의 청홍색에 물들지 않는다네 　　芙藻不染間青紅
범부도 이에 이르면 모두가 부처가 되니 　　凡夫到此皆成佛
큰 열매 원만히 이루는데 어찌 힘을 쓰겠나. 　　大果圓成豈用功

96

범부를 초탈하는 한 염원으로 곧 서쪽으로 가면	超凡一路急*歸西
지름길이 이와 같아서 혼미함을 지적한다	徑捷如斯是指迷
불법의 맛을 누가 손가락으로 맛볼 수[77] 있으며	法味誰能將染指
인생 길에 내 이미 일찍이 굴레 방법을 잊었다[78]	人生吾已早忘蹄
높은 누대의 백옥 나무들은 겹겹으로 에워싸고	樓臺玉樹重重繞
오묘한 소리의 빈가새는 목숨 바쳐 운다	妙響頻伽命命啼
일천 일들을 받아들임에 모두가 갖추어졌으니	受用千般皆具足
어찌 꼭 곡식이나 채소들을 벗어날 필요야.	那須脫粟與黃虀

97

서천에 부처가 있어 아미타라 부르니	西乾有佛號彌陀
널리 어리석은 무리 사랑 바다에서 구제하다	普濟群迷出愛河
얼굴의 터럭 빛은 참으로 흰 구슬이고	半面毫光眞白玉
한 줄기 옷 색깔은 바로 푸른 덩굴 빛	一條衣色是青蘿
바람이 보배 나무 울리니 일천 곡조 음악	風鳴寶樹千般樂
향 흩어지는 황금 연못엔 일백 잎의 꽃	香散金池百葉花
받들어 세인에게 권하노니 부지런히 염불하여	奉勸世人勤禮念
이 생에서 꼭 이르도록 주저하지 말라.	此生須到莫蹉跎

98

| 황금의 큰 부처 나라가 바로 연꽃이니 | 金大佛國是蓮花 |

---

* 원문의 '直'은 '急'일 듯하여 바로잡음.
77 손가락으로 맛볼 수(染指) : 염지染指는 식품의 맛을 구별하는 것.
78 굴레 방법을 잊었다(忘蹄) : 망제忘蹄는 득토망제得兎忘蹄. 덫을 놓는 것은 토끼를 잡으려 함이니, 토끼를 잡았으면 덫(蹄)을 잊는(忘) 것이다. 결과가 있으면 원인을 생각지 않음.

간절히 석가여래께 사례하라 지시하네	指示殷懃謝釋迦
일백 보배로 장엄하니 두루 부와 귀이고	百寶莊嚴徧富貴
여러 하늘 음악도 역시 화려 호화롭구나	諸天音樂亦豪華
도착할 때에 처음에는 푸른 눈동자를 얻고	到時初得靑眸眄
설법하는 곳에서 거듭 백옥 손의 무마 받다	說處重承玉手摩
마흔여덟 가지 큰 소원[79]에 깊이 아홉 품계[80] 열리니	六八願深開九品
세인들이야 어찌 물결에 다투지 않나.	世人胡不競犇波

99

동림사의 혜원 노사가 처음으로 종지를 여니	東林遠老肇開宗
지혜로운 이 법다운 이 다 용의 무리였네	惠叡曇詵盡衆龍
호계의 세 사람 웃음이 좋은 일로 전하고	三笑已能傳好事
하루 육시에 누가 다시 이 높은 자취 뛰넘나	六時誰復躐高蹤
문을 뚫은 여러 조사들 모두 다 복종하고	透關諸祖皆膺服
결사했던 여러 분들이 어찌 겉으로 따랐나	結社群公豈面從
앞뒤의 성현들이 그 궤도는 하나이니	前後聖賢其揆一
청컨대 큰 거울을 보고 게으름을 채찍하라.	請看殷鑑策疎慵

100

성인 자리에 평안히 수양하는 황금의 몸으로	聖居安養紫金身
좋은 모습 단정 근엄하여 견줄 곳이 없다	相好端嚴絕等倫
일천 가지 보배 광채에 혼연히 밤이 없고	千種寶光渾不夜
하루 여섯 때의 꽃비에 바로 긴 봄일세	六時花雨是長春

---

[79] 마흔여덟 가지 큰 소원(六八願) : 사십팔원四十八願. 『무량수경』에서 말하는, 불국토에서 선택하여 섭취하려는 큰 소원.
[80] 아홉 품계(九品) : 상·중·하의 3품에 각기 상·중·하의 갈래가 있어 아홉 갈래가 된다.

늙은이 어린이 사내 계집 말할 것 없으며　　　　休論老幼幷男女
어찌 높은이 낮은이 부와 귀를 가릴 것인가　　　豈揀尊卑與富貧
세 번 다시 간절하게도 딴 말이 없으니　　　　　三復丁寧無別說
아미타의 한 구절이 정토로 왕생하는 인연이네.　彌陀一句往生因

백암정토찬栢庵淨土讚 종終

18
자수子秀의 무경실중게시無竟室中偈詩

작자作者 무경 자수無竟子秀(1664~1737)의 자는 고송孤松이고, 무경은 당호이다. 속성은 남양 홍씨이다. 어머니 김씨의 태몽에 석불이 부처로 변하여 품 안에 들면서 모자의 인연이 되기 원한다 하였으니, 대사가 승려가 된 것은 이미 전생의 인연이라 할 수밖에 없겠다.

12세에 출가하려 하나 허락되지 않자 학업을 빙자하여 산사에서 정진한다 하여 공광사 문무文武 장로에게 나아가 속가의 대의를 익히고 16세에 징파澄波 대덕에게 머리를 깎았다. 운문사의 추계秋溪 대사를 찾아가 10여 년의 정진 끝에 선·교의 교리를 두루 통하여 드디어 인가를 받았다. 대사의 출가 동기와 학문적 편력은 그가 평생 승속 간에 막힘이 없이 중립적 자세를 견지하게 되는 소이라 보여 매우 주목되는 점이다.

30세가 되면서 사방에서 문도가 모이기 시작하여 내원암內院庵에서 강석을 열게 되었다. 48세에 어머니를 여의니 장지가 좋지 못하다 하여 항시 불안해 하다가 59세 되던 해에 신흥사 적조암의 서쪽에 마침내 좋은 곳을 얻어 부모를 모두 이장하고는 유가의 예에 따라 성묘의 절차를 다하였다.

그 후로는 강석의 초청을 모두 거절하고 적조암의 서쪽에 암자를 지어 보경당寶鏡堂이라 하고 선·교에 정진하였다. 이러한 정진으로『불조선격佛祖

禪格』,『보경삼매寶鏡三昧』,『촬이학류편撮理學類篇』,『하락주설河洛註說』 등 내외전의 저서와 시문집인『무경집無竟集』, 그리고 게송집인『무경실중어록無竟室中語錄』 등을 남겼으니, 이와 같은 내외 승속의 경전은 당시의 시대상으로 보면 당연한 듯하면서도 매우 어려웠던 일을 수행했다 하겠다.(이종찬,「僧俗中立의 無竟」,『韓國佛家詩文學史論』, 526쪽 참조)

해제解題 이 게송들은『무경실중어록』의 '게시偈詩'에 수록된 게송의 일부를 가려 뽑은 것이다. 어록語錄이란 원래 선종禪宗의 조사祖師들이 불법을 강설하여 대중에게 보여 주는 기록서였다. 선사禪師들이 평일에 법을 설하여 대중에게 보여 주되 문장의 수식어를 쓰지 않고, 통상적인 언어로 종지宗旨를 직설적으로 표현하고 그것을 참예하는 제자들이 그대로 기록하여, 말씀의 기록(語錄)이라 한 것이다. 그래서 우리나라 선사들의 문집을 거의 다 '어록語錄'이라 한 것은 이러한 사정이 있을 뿐만 아니라, 유가儒家에서 글의 모음이라 하는 '문집文集'과 구별하면서, 어디까지나 설법說法적 언어의 기록이라는 겸손으로 사용했던 것이다.

『무경실중어록』은 권1·권2의 두 권인데, 권1은 전편이 시詩이고 권2는 문文이다. 권1에는 5언내편게시 6편, 7언고시 7편, 5언절구 74편, 7언절구 99편, 5언율시 7편, 7언율시 15편, 게찬偈讚 7편, 고사古詞 2편, 고어古語 9편이 수록되었는데, 거의 모두가 교리적 내용이라 '게송'으로 분류하여도 무방하나, 여기서는 작자가 '게시偈詩'라고 한 13편만 가렸다.

도량道場

바늘과 풀씨¹가 서로 마주치는 곳은	針芥相投處
맞바람 치는² 부처 조사의 바람이네	窸䆥佛祖風
산과 그늘은 짙은 그늘이 겹겹이고	山水濃陰重
용 호랑이의 기개는 위엄 웅장하구나	龍虎氣威雄
새롭거나 낡은 학문 물을 것 없이	不問新舊學
갈고 닦아야 할 도덕의 공력이네	琢磨道德功
황금 전각의 자물쇠를 치고 열어	打開金殿鎖
백옥 누대의 종을 쳐서 울려라	撞撼玉樓鍾
태평을 이루겠다 함도 앉아 끊어라	坐斷致太平
발의 달도 오히려 활을 띠었으니	簾月猶帶弓
몸을 튕겨 한 층을 더 올라도	翻身上一層
이 역시 오히려 반쯤 통한 것이다	是亦猶半通
비록 작자라는 이름을 기뻐해도	雖喜作者名
가사 입은 중이라 흉함 볼까 두렵다	恐見衲僧凶
잠자는 범이 풍모 남김이 귀하고	睡虎遺風貴
사자는 굴 안에서 내달아 나온다	獅子出窟中
으르렁거려 운다고 무엇이 너무 놀라며	哮吼何太驚
낮은 소리라고 어찌 지나친 공손인가	低聲那過恭

---

1 바늘과 풀씨(針芥) : 땅에다 바늘을 꽂아 놓고 공중에서 풀씨를 떨어뜨려 바늘 끝에 꽂으려고 한다. 곧 부처님이 세상에 나타나심을 만나기가 어려움을 비유한다.
2 맞바람 치는(窸䆥) : '窸䆥'은 '窸然'의 잘못이 아닐까. 획연窸然은 맞바람이 부는 소리의 형용임. 『장자』「천하天下」에 "그 바람이 마주치니 어떻게 형언하랴.(其風窸然 惡可以言)"라고 하였다.

산이 청명하면 물도 뛰어나듯이	山明水秀然
사람 영걸하면 땅도 같이 신령하다	人傑地靈同
저런 것도 역시 참이 아니니	這箇亦非眞
공안이 곧 능·소의 양중[3]의 관법이다	公案卽兩重
점차로 올라 상층을 향하게 되면	轉步向上層
황홀하게도 바로 적멸궁이라네	怳是寂滅宮
사물의 경색은 길이 봄 색깔이고	物色長春色
산 모습은 그대로 옛 모습이네	山容卽舊容
옛 성인이 때때로 자리에 올라	先聖時陞座
꽃 자리에는 하늘 용이 에워싼다	華筵繞天龍
보고 들음이 없다고 말하지 말라	莫道無聞見
잠깐의 말씀에도 넓이 끝이 없다	刹說浩不窮
모든 부처 미치지 못한 곳에도	諸佛不及處
사람마다 말씀을 통달할 수 있네	人人說能通
조사님들이 이르지 못한 곳도	諸祖未到地
낱낱이 걸어 이를 수가 있다네	箇箇步能工
다만 지극히 분명한 것은	秪爲極分明
우매해서 본 집 노인 물리침이네.	昧却本家翁

시천모단신示薦母檀信

온갖 뼈마디 다 사라져 다해도	白骨俱散盡

---

3 양중兩重 : 관법십종觀法十種의 하나로, 두 가지 능能·소所의 두 층면으로 관하는 지혜.

하나의 물건은 길이 신령하구나	一物鎭長靈
산승의 불자 끝에	山僧拂子頭
소식이 심히 분명하다	消息甚分明
이는 봄바람의 모습도 아니니	不是春風像
더구나 가을 달의 정이겠는가	何況秋月情
비록 맨 끝의 문[4]을 격파하여도	雖破末後關
풍경 광채는 평화롭지 않아	風光不是平
어찌 본래 면목을 들어서	那似擧本色
곧바로 스스로 안전히 이룸만 하랴	直下自元成
산 모습은 상투까지 검은 점이고	山容髻尙點
물 빛은 거울이 오히려 맑구나	水色鏡猶淸
가지가지로 안방 안에 가득하고	種種閨中滿
법마다 방 안으로 차 있구나	法法室內盈
흰 머리를 새로이 보는 듯하고	白頭如新見
찾아온 손님[5]은 곧 옛 친구이네	傾蓋卽舊盟
원래 연기하거나 재촉할 일 없으니	本無延促地
어찌 죽고 삶의 길에 떨어지겠나	那落死生程
허공이 허공과 합친 하나의 바탕	空合空一質
물에 물을 던져 함께 가는 것이니	水投水同行
온 경계에 묵은 자취는 없으며	遍界無朕迹

---

4 맨 끝의 문(末後關) : 말후관末後關은 말후구末後句. 철저히 크게 깨달은 곳에서 지극한 한 마디를 토해 내는 관문. 원안元安 선사가 "말후의 한 구절이라야 비로소 잠긴 문에 도달하니 자물쇠를 부수는 요령에는 범인 성인으로 통하지 않는다.(末後一句 始到牢關 鎖斷要津 不通凡聖)"라고 하였다.

5 찾아온 손님(傾蓋) : 경개傾蓋는 수레의 포장을 기울여 가까이 대화한다는 뜻. 『공자가어孔子家語』 「치사致思」에 "공자가 담 땅에 가다가 길에서 정자를 만나 일산을 기울여 종일토록 이야기하니 심히 친하더라.(孔子之郯 遭程子於途 傾蓋而語終日 甚相親)"라고 하였다.

터럭 끝이 육신을 드러낸 색깔	毫端現身色
그러므로 지금의 영가께서는	故今靈駕氏
이 불자 끝을 떠나지 않고 섰다네	不離拂頭停
도가 원만하여 바른 부처님과 같고	道圓等正覺
덕으로는 대인이란 이름 칭송하네	德稱大人名
항상 큰 광명을 내비치고	常放大光明
입으로 게송을 읊는다네	口吐說偈傾
온갖 뼈는 이미 먼지와 섞이나	百骸已雜塵
하나의 영혼은 길이 살아 있다	一靈性長生
통하지 않는 저 길을	不通這線路
누가 뼈들이 잠기어 있음 아나	誰識髑髏局
흰 눈의 〈백설곡〉[6] 범상한 곡 아니니	白雪非凡曲
모름지기 음악 감상으로 화답하다.	須是賞音廣

진설眞說

법은 말한 사람이 없으니	法本無人說
말하면 곧 참말이 아니야	說卽非眞說
말 없음이 곧 참말이니	無說卽眞說
눈앞에 별달리 법 없다	目前無別法
까막까치 다투어 드날리고	烏鵲爭擧揚

---

[6] 〈백설곡白雪曲〉: 고금곡명古琴曲名. 춘추시대 진의 사광이 지었다 함. 『회남자淮南子』「남물훈覽物訓」에 "옛날 사광이 백설의 곡을 연주하니 신령이 위하여 내려오다.(昔者師曠奏白雪之音 而 神物爲之下降)"라고 하였다.

복숭아 버들 오묘 색상 열다	桃柳開妙色
색색이 다른 물건이 아니고	色色非他物
소리소리 참다운 비결이네	聲聲是眞訣
원래가 엎어 감춘 것 없으니	元來不覆藏
그저 그런 일이 극히 분명한 것	箇事分明極
임제는 한갓 방이나 할로써	德臨徒棒喝
저의 시조의 격식을 수출하였네	輸他鼻祖格
음식 멈추고 벽을 마주해 앉으면	斂羞面壁坐
대장부의 하는 일로서 만족이지	丈夫行事足
나로 하여금 길이 서로 기억하게 하고	令余長相憶
나로 하여금 길이 서로 기억하게 하라.	令余長相憶

실중室中

마음 밝으면 천고의 세월 밝히니	心鑑徽千古
지혜 광명이 시방 허공을 뚫다	智光洞十虛
인연 만나면 곧 두루 응대하고	逢緣卽普應
따르는 곳이 다만 진여의 경지	隨處但眞如
봉우리 이마 구름 안개 개이고	峰頂披雲霧
거리 어구에서 개 돼지 희롱하다	街頭弄犬豬
기미에 다다라 놓고 빼앗더라도	臨機須縱奪
내게 거두고 버리기 맡겨 두라	在我任收舒
잡아 두니 하늘 땅도 폐하고	把住乾坤廢
놓아 두니 해와 달이 터진다	放行日月攎

바로 얻지 못하는 곳에서는	定當不得處
미륵⁷도 어디에 거할 수 없다.	慈氏沒何居

시중示衆

덕산의 방도 꺾어 버리고	折却德山棒
임제의 할도 부숴 버리라	碎著臨濟喝
사람 만나 눈흘김 안 당하면	逢人不被瞞
그런 연후에 바람 달 대하라	然後對風月
달은 좋은 바람 없음 꺼리고	月嫌無好風
바람은 좋은 달을 사랑한다	風愛有好月
바람 달 좋고 좋은 곳에	風月好好處
법의 즐거움 길이 기쁘다.	法喜長自悅

원융문圓融門

하나 되려면 하나이고 다르려면 달라	欲一卽一欲異異
없애려면 없고 보존하려면 보존되는 것	欲泯卽泯欲存存
보존과 없앰 하나와 다름 항시 막히지 않아	存泯一異恒不碍
원만 융통함이 자재로워 둘 아닌 불이문	圓融自在不二門

---

7 미륵(慈氏) : 자씨慈氏는 미륵보살彌勒菩薩.

비유컨대 광대들이 구슬을 희롱하는데	譬如有人弄珠玲
공중에 멈추지 않고 땅에 떨어지지 않고	不住空中不落地
손에 있지도 않으니 이것이 삼처의 세 곳	亦不在手是三處
하나의 머무는 곳도 없음이 바로 큰 지혜	無一住處是大智
비고 빈 처지에서 손바닥을 빌려 보니	空空地假手中觀
하나도 셋도 아니면서 셋과 하나이네	非三非一而三一
이미 원융 종교로 들어 오묘한 맛 얻었으니	旣入圓宗得妙旨
부처의 알음 소견으로 남은 버릇 고치라	以佛知見治餘習
안정된 물처럼 청정함이 선의 운용이고	定水澄淨禪支用
많이 들은 지혜가 삶의 관찰력을 돕는다	多聞慧助生觀力
장엄히 꾸미는 온갖 수행 훈훈히 닦는 곳	嚴飾萬行熏修處
마니주 깃발에 있어 항상 훤히 통하다	摩尼在幢常通徹
역시 유리에다 보배 달을 합친 것 같아	亦似琉璃合寶月
모든 보배를 비로 내려 자리이타[8] 족하다	能雨衆寶二利足
자리이타 만족할 때 두 눈도 원만하여	二利足時二目圓
종지 밝히고 의혹 분변하는 두 지혜 트인다	明宗辨惑雙智廓
외짝 날개 한쪽 바퀴 날고 나르기 어려우나	隻翅單輪難飛運
성성적적함을 고루 지켜 원융지혜의 복	等持性寂圓慧福
광활한 영겁의 원인 결과 일시에 원만하게	曠劫因果一時圓
선재동자는 치음과 끝이 이치 행동이 하나	善財初後理行一
문수사리의 오묘 지혜 이것이 처음 마음이고	文殊妙智是初心
보현보살의 현묘한 문도 다름이 없었어	普賢玄門曾無別
찰나의 시간 근본 끝이 한 이치로 정제되면	刹那本末齊一旨
이치니 사실이니 아득히 찾을 것도 없다.	理事冥然無摸索

---

8 자리이타(二利) : 이리二利는 자리自利와 이타利他.

포행문布行門

깨닫기 전의 오염과 청정의 중간에	未覺悟前染淨中
가을 털만 한 보고 들음 취하고 버린 곳은	秋毫見聞取捨處
모두가 긴 밤의 하나의 꿈속이었다가	皆是長夜一夢中
겨우 본성을 보고 부처 이루어져 가면	纔得見性成佛去
자신의 마음 본성 원래 일체에 두루하여	自心性元遍一切
따르는 곳마다 종지 밝혀 육근이 먼지이니	隨處明宗六根塵
비단 보고 듣는 중에 터득할 뿐만 아니라	非獨見聞中得入
의식 사라진 부처 나라[9]에 원만 근기 투철하다	意消香界徹圓根
마음 열린 먼지 경계에 인내 지혜[10] 증득하고	心開塵境證法忍
물 바람의 관찰력으로 성종[11]에 통달한다	水風觀力達性宗
발이 아프면 순순히 물려받은 육신을 아나	足痛純覺忽遺身
마음의 끝없음 이해하면 바로 법성의 공적	了心無際是性空
따뜻한 촉각[12]의 관법에서 불빛이 이루어지고	煖觸觀成火光定
법문의 연설 중에서 마귀는 모두 항복된다	演法聲中魔盡伏
곧 깨우침을 당해도 끝내는 보이는 것 없고	當大悟時終不見
하나의 대상 경계가 한마디 집착에서 생긴다	一境可生一言執
문득 밖으로 내달아 찾는 마음을 종식하고	便能息外馳求心

---

9 부처 나라(香界) : 향계香界는 부처 나라의 이름. 모든 것이 향기로 이루어졌다 해서 이르게 됨.
10 인내 지혜(法忍) : 믿을 수 없는 이치를 믿어 의혹됨이 없는 것이 인忍이고, 이것을 인허忍許함이 법인法忍이다.
11 성종性宗 : 법성종法性宗, 화엄종華嚴宗의 두 분류. 법상종法相宗과 법성종法性宗. 법상종에서 말하는 일만 법(萬法)을 격파하고 진성眞性의 공적空寂한 이치를 드러내는 종지宗旨.
12 따뜻한 촉각(煖觸) : 난촉煖觸은 여덟 가지 촉감(八觸)의 하나. ① 동촉動觸. ② 양촉痒觸. ③ 경촉輕觸. ④ 중촉重觸. ⑤ 냉촉冷觸. ⑥ 난촉煖觸. ⑦ 삽촉澁觸. ⑧ 활촉滑觸.

빛을 돌려 되 비출 수 있는[13] 공이 지극하다	回光返照功至極
밝고 밝히 밝은 마음을 자신에게 발견하고	了了明心見自己
바로 제호[14]의 우유를 마셔 보물을 열어라.	正飮醍醐開寶物

융통문融通門

법륜 중에서 새로 나신 부처님은	輪中新出無生佛
역시 늙어 죽음이나 오고 감의 주소가 없다	亦無老死住去來
공덕의 수행을 다하지 못한 비원의 조상들	未盡功行悲願祖
항상 도중에 늙어서 며칠 걸려 돌아오나	恒老途中日幾回
즉이 이이고[15] 이가 즉인 것이 일체법이고	卽離離卽一切法
권교가 실교이고[16] 실교가 권교임이 석가이다	權實實權卽釋迦
이가 즉이고 즉이 이인 것이 일체법이요	離卽卽離一切法
실교가 권교이고 권교가 실교임이 달마이다	實權權實卽達摩
아버지와 아들이 시원히 트임이 동심의 계이고	父子灑落同心契

---

13 빛을 돌려~수 있는(回光返照) : 회광반조回光返照는 태양이 지평선 아래로 떨어질 때에 공중의 빛이 더욱 밝듯이, 사람이 죽으려 할 때 잠시 정신이 드는 것에 비유된다. 또 자기 자신의 성찰을 의미하기도 한다. 본문에서는 뒤의 의미로 쓰임.

14 제호醍醐 : 제호유醍醐喩. 젖이 소에서 나오고, 우유에서 낙酪이 나오고, 낙에서 생소生蘇가 나오고, 생소에서 숙소熟蘇가 나오고, 숙소에서 제호가 나오니, 제호가 최상의 진미이다. 이를 복용하면 모든 병이 낫는다. 부처님도 이와 같다. 『열반경』.

15 즉卽이 이離이고(卽離) : 이사불이理事不二를 즉卽이라 하고, 이사理事에 차별差別을 두는 것이 이離이다.

16 권교가 실교이고(權實) : 한 시대의 당연한 법을 적용함이 권權이고, 끝내 변함이 없는 것이 실實이다. 여래께서 권지權智(당시에 적의한 지혜)로 처음 삼승三乘을 연 것이 권교權教이고, 그 뒤 일승一乘의 이치로 보인 것이 실교實教이다.

선종과 교종이 둘이 아님이 바로 종교 집안	禪敎不二是宗家
즉도 아니고 이도 아님이 일체를 융합하고	不卽不離融一切
저것도 이것도 없음이 권교 실교 아우른다	無彼無此雙權實
부처님 조사님의 선풍이 세 곳에서 떨치고	佛祖禪風振三處
미혹을 벌린 삼공[17]의 공중 해 하늘에 닿다	吹惑三空日當天
두 집안 좋은 풍격을 밝히 비추면	照燭二家風格好
고금의 시간에 떨어짐 없이 스스로 선회하리	不墮今昔自互旋
비유컨대, 일반적으로 세상이 추우면	譬如一般天寒下
닭은 나무로 오르고 오리는 물로 가는 것 같아.	鷄寒上樹鴨下淵

사정邪正

맑음을 등지고 근원 어기며 괴상한 일 날조하면	背湛乖源生揑怪
일백이십 가지의 사악함[18]이 흉조로 해석되는 것	百二十種邪解凶
법성을 융화시켜 하나의 뜻으로 돌아가지 못하고	未融法性歸一旨
어떻게 견혹의 그물을 깨고 바른 종지에 도달해	那破見網達正宗
하늘 마귀 외도들이 어찌 종자가 있는가	天魔外道寧有種
생각을 잃고 수행함이 그 하나의 유파이지	失念修行派其一
터럭 끝만 한 차이가 천 리로 어긋나는 것	毫釐一差千里謬
갖가지 사악한 생각이 곧 깨달음을 일으키기도	種種邪念起卽覺
일체의 봄이 없는 것이 바른 봄에 즉면하니	無一切見卽正見

---

17 삼공三空 : 언공言空·무상無相·무원無願의 세 가지 해탈이다. 이 세 가지가 함께 공의 이치를 밝히기 때문에 삼공이라 한다.
18 일백이십 가지의 사악함(百二十種邪) : 견혹見惑·사혹思惑에 128가지의 번뇌가 있다 함.

바른 견해가 역시 사악한 말이라 할 수도 있다 　　謂卽正見亦邪詞
허공 중의 손 안에는 막힘이 없는 것처럼 　　　虛空中手無滯碍
모든 사문의 법 진리도 역시 이와 같다네. 　　　諸沙門法亦如斯

신용神用

삶과 부처가 만약 똑같은 하나의 이치라면 　　生佛若言齊一理
어찌하여 처지에 얽매여 신통하지 못하는가 　　如何縛地未神通
다만 알지 못하기 때문이요 시기 장소 옳다면 　祇爲不知時處是
어찌 자신의 마음속에 갖추어짐 없는 것인가 　　豈是無具自心中
사물에 대응하여 형상 드러남은 작은 활용이니 　應物現形名小用
본 집안의 큰 활용에는 본래 끝이 없는 것 　　　本家大用本無窮
진여 본성을 보는 것이 곧 마음의 신통이니 　　見眞如性卽心通
마음 신통의 법 이치는 한 이치 중에 두루하다 　心通法遍一理中
만약 근·경·식의 십팔계[19]에 쫓아다님을 끊는다면 　若斷十八行蹤去
작위적 운용이 부처와 같지 않음 왜 걱정하나 　作用何愁不佛同
스스로 이치 증득함 없이 먼저 효과를 구하면 　自無證理先求效
반야 지혜 장애하는 마귀 이보다 흉함이 없다 　障般若魔莫此凶
진실의 변화를 알려고 하는 자는 　　　　　　　欲知眞實變化者
예나 이제나 원종이 아닌 이는 없다 　　　　　　古今無不是圓宗
눈으로 밝은 종지를 보아 바른 깨우침 이루면 　目擊明宗成正覺
앉아서 천지를 끊고 허공으로 벗어날 것이니 　 坐斷天地出虛空

---

19 십팔계十八界 : 육근六根·육경六境·육식六識의 총칭.

변화에 허공으로 감이 이와 같은 자는 　　　　　變有歸空如是者
신령으로 통한 변화의 영웅이라 말할 수 있네. 　可謂神通變化雄

도道

달은 하늘 위에 둥글어 반은 세상에 있는데 　　月圓天上半人間
귀를 가리고 방울 훔치면[20] 어둠이 더욱 드러나 　掩耳偸鈴晦盆彰
마갈타[21]의 당시에는 항하사 세계에 드러났고 　摩竭當時現沙界
비야리[22] 유마거사 저 날은 먼지 세계도 떨쳤다 　毘耶彼日震塵邦
손 없어도 행동하는 주먹 혀 없는 설법으로 　　無手行拳無舌說
덕산의 방이요 임제의 할이 비오듯이 바쁘다 　　德棒臨喝翻雨忙
바둑이 좋은 상대를 만나면 대적할 만하고 　　　碁逢好手行堪敵
노래가 지음을 만나면 화답으로 상대할 만 　　　歌遇知音和可當
마주친 태양 밝고 깨끗함이 되돌릴 수 없지만 　當陽皎潔無回互
태허 공중에서는 오히려 하나의 외로운 광채. 　太虛猶是一孤光

20　귀를 가리고 방울 훔치면(掩耳偸鈴) : 엄이투령掩耳偸鈴은 엄이도령掩耳盜鈴, 엄이도종掩耳盜鍾. 자기가 자기를 속이는 것에 비유됨. 『여씨춘추呂氏春秋』「자지自知」에 "범씨가 망하니까 그 종을 가지려는 자가 지고 가려 하니 종이 커서 질 수는 없고 망치로 부수면 소리가 나서 사람들이 듣고 빼앗길까 두려워 곧 자신의 귀를 막았다.(范氏之亡也 百姓有得鍾者 欲負而走 則鍾大而不可負 以椎毀之 鍾怳然有音 恐人聞之 而奪己也 遽掩其耳)"하였다.
21　마갈타摩竭陀 : 중인도의 나라 이름. 왕사성이 있는 곳.
22　비야리 : 비야리성毘耶離城. 유마維摩거사가 살던 곳. 유마거사는 부처님의 속제자인 유마힐維摩詰. 속가에 있으면서도 보살행업을 닦아 불제자로도 미칠 수 없었다.

무경자찬無竟自贊

주역에서 무극이라 함은 씩씩해 끝이 없음이니　　　易稱無極莊無竟
다만 이는 선가인 불가에서는 하나의 오묘 마음　　但是禪家一妙心
오묘 마음 세우는 곳 다른 물건이 아니라　　　　　妙心所立非他物
형상을 대하여 자기 마음을 볼 수 있는 것.　　　　 卽像能看自己心

19
나식懶湜의 송계대사가송松桂大師歌頌

작자作者 송계 나식松桂懶湜(1685~1766)의 자는 취화醉花, 법호는 송계이고, 나식은 법명이다. 속성은 전주 이씨로 왕손인 셈이다. 태종의 둘째 아들인 효령대군孝寧大君의 후예이다. 16세에 기산岐山의 승방에서 독서하다가 스님들의 청정한 수행을 보고 깨달은 바 있어 가선공嘉善公에게 체발을 하고 청파당淸波堂에게 비구계를 받았다.

곧바로 금강산으로 가 3년 동안 정진하여 깨우치고 다시 남으로 내려와 침굉枕肱 선사에게 4년, 춘파春坡 화상에게 2년, 백암栢庵 화상에게 6년, 대암大庵 화상에게 5년, 환성喚醒 노화상에게 5개월 동안 참학하였다.

이러한 사제관계로 하여 대사는 서산 대사의 7세손이고, 태고 화상의 13세손이 된다 한다. 대사는 어느 한 스승에게만 사사한 것이 아니고 여러 스승을 모셨기에 스승이나 부모에 대한 보은의 정이 남달랐던 것 같다. 시문집으로『송계대사문집松桂大師文集』3권이 전하고 있다.(이종찬,「僧俗이 인정한 詩僧 松桂」,『韓國佛家詩文學史論』, 564쪽 참조)

해제解題 『송계대사문집』은 3권 1책으로 편집되어 있는데, 권1에 시 102편,

권2에 시 62편이 수록되어 있다. 여기에 가려 뽑은 게송은 『송계대사문집』 권1 말미에 '송頌'이라 한 시들이다.

대사는 계율에 지나치게 구애됨이 없이 문인적 기질인 시주詩酒에 호탕함이 있어 사람들에게는 오히려 시인으로 인식되기도 하였던 듯하다. 유집 서문에 "안으로는 부처요, 밖으로는 시인(內釋外儒)"이라 함은 대사의 문학 풍을 직시한 말이라 여겨진다. 대사가 남명南溟이라는 도반의 시집 서문에 "담담한 듯하나 저속하지 않고 화려한 듯하나 현란하지 않아 뜻이 깊어 읽을수록 맛이 있으니, 초연히 깨달아 세속에 빠지지 않은 무리로다.(似淡而非淺 似麗而非靡 措意良遠 愈讀愈味 其亦超然妙悟之流歟)"라고 함은 비록 동료에 대한 평가이기는 하나, 자신의 시문관詩文觀을 빗대어 이른 말 같다.

송미타頌彌陀

자색 황금의 근엄한 모습에 색상도 빛나고 빛나	紫金嚴相色煌煌
머리 위의 둥근 광채가 만방에 두루 비친다	頭上圓光遍萬方
발로 붉은 연꽃 밟고 몸에는 두루 널리[1] 차시니	足踏紅蓮身佩廣
눈썹 사이 흰 빛 서광 찰진 국토에 길이 하시다.	眉間白瑞利塵長

송석가頌釋迦

서른둘의 모습에다 팔십의 좋은 형상[2] 두루하여	三十相中八十輪
한 몸이 다함없이 일천의 몸을 나투신다	一身無盡現千身
원만한 음성 낙락하여 하늘 땅에 두루하여	圓音落落遍天地
널리 이 먼지 먼지의 국토 사람 구제하시다.	廣濟塵塵利土人

송약사頌藥師

몸에 둥근 서광을 차고 햇빛 사이 투사하여	身佩圓祥射日間

---

1 두루 널리(佩廣) : 패광佩廣은 광박廣博. 수용함이 두루하고 많다.(所用多 所收周也) 광박신 여래廣博身如來로 대일여래大日如來의 다른 이름이기도 함.
2 서른둘의 모습에다~좋은 형상(三十相八十輪) : 삼십이상三十二相과 팔십종호八十種好. 삼십이상은 부처님에게만 한하는 것이 아니라 대인大人의 상을 말한다. 팔십종호는 삼십이상에서 다시 세분하여 80종의 좋은 모습을 말한다.

빛 속에서 매단 물건이 여러 천 개의 가닥　　　　　光中懸物數千端
진진찰찰의 국토 중에 변화 무궁하여　　　　　　 刹刹界中化無盡
일만 길의 상서로운 안개 색색이 싸늘하구나.　　 萬丈瑞霞色色寒

송설선당頌說禪堂

저녁 저녁 아침 아침에 무슨 업 짓느라고　　　　　暮暮朝朝何所業
옥가루³를 읊어 대는 일만 편의 글인가　　　　　　誦吟玉屑萬篇文
석가여래 홀로 붉은 연꽃 위에 앉아 있고　　　　　釋迦獨坐紅蓮上
수없는 금강역사들은 스님들을 옹호하네.　　　　　無數金剛擁沙門

송적묵당頌寂默堂

천년을 침묵으로 앉은 소나무 창 아래에　　　　　千年默坐松窓下
세월은 높고 높아 하늘 문을 운전하네　　　　　　歲月崢嶸轉天門
스님 책상은 적적하여 촛불도 싸늘한데　　　　　禪榻寂寂燭影冷
외마디 가는 기러기 소리 빗속에 들려.　　　　　一聲歸雁雨中聞

3　옥가루(玉屑) : 화려하기만 하고 내용에 실상이 없는 글에 비유되는 말.

송청풍당 頌淸風堂

소리 색깔 길 위에는 수레 말탄 나그네	聲色途中車馬客
오랜 세월 들어오지 않고 하늘가에 늙다	長年不入老天涯
보현보살과 함께 앉은 문수보살의 책상	普賢共坐文殊榻
본체 운용을 함께 실행해 거스르지 말라.	體用兼行大莫乖

송만월당 頌滿月堂

약병을 항상 가지고 진진찰토에 드시어	藥瓶長持入塵刹
인간 세상 괴로운 바다를 널리 구제하시다	廣度人間苦海流
몸은 동방의 푸른 옥의 세계에 계시어	身在東方靑玉界
법의 마음은 오히려 수천의 언덕에 지다.	法心尙落數千丘

송영자전 頌影子殿

옛 거울을 거듭 가는 푸른 산 속에	重磨古鏡碧山中
화로도 식은 단사가 반 해나 비었네	爐冷丹砂半歲空
옛날 법리 궁구하다[4] 돌 책상에 졸던 이	昔日窮玄眠石榻

---

4 법리 궁구하다(窮玄) : 궁현窮玄은 깊은 진리를 탐구하다.

지금까지도 사진을 창공에 걸어 두다.   尙今眞影掛蒼穹

송만세루 頌萬歲樓

진진찰찰 불국토 가없는 세계에   塵塵刹刹無邊界
뭇 성인이 강림하신 만세루 누대   衆聖降臨萬歲樓
이곳이 모두가 모든 부처 영역 되었는데   此地渾爲諸佛域
아는 것 없는 오리 기러기 먼지 언덕 짓다.   無知鴻雁作塵丘

송사천왕 頌四天王

오래전 진점겁[5] 전에 부처님 수기 받아   塵墨劫前受佛記
귓가 눈동자 속에서 광채를 야기시킨다   耳邊眼裏惹光明
신통한 오묘한 운력을 생각할 수도 없이   神通妙力難思議
하늘 땅 허공 중에 큰 형체 나투어 내다.   天地中虛現大形

---

[5] 진점겁 : 원문의 진묵겁塵墨劫은 진점겁塵點劫인 듯. 진점겁은 헤아릴 수 없는 긴 시간. 삼천진점겁三千塵點劫이란 뜻. 삼천대천세계의 모든 것을 갈아서 먹을 만들어 그 한 점씩을 일천 국토마다에 떨어뜨려 먹물이 다했을 때, 지금까지 경과한 모든 세계를 미진으로 부수어 그 하나의 미진을 1겁으로 센 총수를 말함.

20
취여取如의 종풍곡宗風曲

작자作者 괄허 취여括虛取如(1720~1789)의 법명은 취여이고, 법호는 괄허이다. 속성은 여씨余氏이다. 어려서부터 재주가 있어 13세에 출가하기 이전에 유교 경전을 익혀 모두 외웠다 한다. 그래서 주위에서는 대성할 것을 기약하기도 하였다.

13세에 사불산四佛山의 진곡眞谷 선사에게서 구족계를 받았다. 환암幻庵 장로에게서 선지를 받고 환응喚應 선사에게서 의발을 받으니, 청허에게 10세가 되고 환성 대사에게 6세가 된다. 만년에 운봉雲峯의 진양암에 계시다가 1789년 4월 15일 지필을 가져오라 하고는 2수의 게송을 짓고, 붓을 놓자 가부좌로 입적했다. 세수 70세에 법랍이 57년이었다.

문집에 있는 「괄허설括虛說」은 대사가 당호를 삼은 뜻을 알 수 있는 글로서 자신의 평소 의지를 보여 주는 자료이다. 대사의 문집은 『괄허집括虛集』 2권이 전하고 있다.(이종찬, 「括虛의 山水詩에 보인 禪」, 『韓國佛家詩文學史論』, 677쪽 참조)

해제解題 대사의 문집은 2권으로 되어 있다. 서문이나 발문에 따르면 당시

지식인과의 수창도 많았다고 하며, 행장을 쓴 명원明遠도 대사는 글 쓰는 일을 좋아하지는 않았지만, 쓰셨다 하면 구슬을 토하듯 하여 시는 아담하고 고고高古하다 하였다. 서법書法에도 뛰어나 불전佛殿의 현액이 대사의 글씨로 쓰인 곳이 많다 한다.

  그러나 문집의 편찬이 입적 후 100년 뒤의 일이라 그간에 저작이 많이 유실되어 극히 일부라도 수습 정리한다 하였다. 시 1권, 문 1권이 전하고 있으니 그로 미루어 보면 많은 양의 저작이 있었던 것으로 짐작되지만, 현전하는 것은 시가 150여 수, 문이 30여 편이다. 여기서는 〈종풍곡宗風曲〉 1수만을 게송으로 소개한다.

종풍곡宗風曲

한 물건이 여기에 있으나	一物在於此
형용하기 어렵고 지목할 수도 없구나	難形亦難目
오묘한 운용을 생각할 수도 없으며	妙用不可思
신통한 힘을 헤아리기도 어렵구나	神力尤難測
태어남이 이미 시작이 없으니	生也旣無始
죽음에 어찌 끝이 있겠는가	滅也何有極
천 번을 변해도 오히려 요동이 없고	千變猶不動
일만 번 변화해도 길이 개혁이 없다	萬化長不革
천·지·인 삼재의 조물주가 되고	三才作主初
일만 법에 왕으로 탁월함 되다	萬法爲王卓
넓게는 수미산을 안은 크기이고	廣包須彌大
미세하기론 극미의 먼지[1] 곁에 든다	細入隣虛側
하늘 땅이 그 속에 있고	乾坤在其中
해와 달도 손아귀에 숨는다	日月藏其握
밖으로 보아도 더 찰 여유가 없고	外望無盈餘
안으로 보아도 더 쌓일 곳이 없네	內窺無聚積
짙게 어두워도 다시 밝고 밝고	痴暗復明明
허무 정적하다가도 오히려 역력하다	虛寂還歷歷
은은히 보이고 들리는 찰나에	隱隱視聽際
찾아도 자취가 보이지 않는다	覓之不見跡
밝고 밝은 위 아래로 보는 사이	昭昭俯仰間

---

1 극미의 먼지(隣虛) : 인허隣虛는 인허진隣虛塵. 이 이상 더 분해될 수 없는 미세의 먼지.

불러도 울려오는 대답도 없구나	呼之不應諾
나와 남 이쪽 저쪽이 고금을 꿰뚫고	自他貫古今
길고 짧음이 융통 국집을 겸하다	長短兼通局
기운을 운용하면 하늘 놀라게 하고	用氣俾天驚
위엄 떨치면 땅도 갈라지게 한다	振威令地坼
가벼우면 기러기 깃털과 똑같고	輕則等鴻毛
무거우면 태산이나 교악과 같다	重則如泰岳
빠르기로는 번갯불의 순간이고	速如閃電光
빠르기는 튀어 내닫는 폭포수이다	疾若飜迅瀑
깊을 수도 있고 또 옅을 수도 있고	能深又能淺
맑을 수도 있고 또 흐릴 수도 있다	能清又能濁
쓸쓸 적막한 가을 산 속에서	寂寞秋山中
홀로 앉아 저녁 볕을 상대하다	獨坐對夕暉
까치가 빈 뜰에서 지저귀더니	有鵲噪空庭
홀연 사립문 두드리는 소리 있네	忽聞叩柴扉
자빠지며 문을 열고 맞이하니	顚倒出門迎
네가 와서 문 앞에서 예배하네	爾來門前拜
오래도록 오지 않았다 질책하니	責以久不來
대답 없는 마음 스스로 부끄러움	不答心自愧
조금 있다 곧 되돌아간다 하니	俄而卽歸去
점점 마음 쓸쓸함을 깨닫겠구나	轉覺心悽然
늙은 중은 가난하여 물건 없으니	老僧貧無物
다만 마음 구슬을 가지고 전한다	只將心珠傳
이것이 구곡의 진주[2]는 아니지만	此非眞九曲

---

2 구곡의 진주(九曲) : 구곡九曲은 구곡주九曲珠. 구슬의 구멍이 굽어서 꿰기 어려운 보배 구슬.

꿀 찾는 개미³ 이용해도 뚫기 어렵다	蜜蟻用難穿
위나라의 한 치나 되는 경촌주⁴ 아니니	非魏徑寸珠
어찌 수레의 앞뒤⁵를 논의할 수 있나	何論乘後先
역시 또 계명주⁶가 아니니	亦非髻明珠
누가 적천⁷에서 주울 수가 있는가	誰能拾赤川
역시 또 용녀주가 아니니	亦非龍女珠
누가 능히 부처님께 바칠 수 있나	誰能獻佛前
대개 이 한 개의 진주를	盖此一箇珠
오음산⁸ 속에서 얻으니	五陰山中得
공덕의 계량을 상상할 수도 없고	功德量難思
신통한 운용도 끝을 잴 수가 없다	神用窮不測
형상도 없고 역시 색깔도 없으며	無形亦無色
구멍이 없어 실 꿰기도 어렵다	難孔亦難纓
섬세하기로는 한 먼지에 처하고	纖纖處一塵
넓고 넓기로는 태허 공중을 포용한다	浩浩包太淸
맑고 맑아 점 먼지도 없고	炯炯無玷埃
영특하고 영특해 제 앎이 있다	靈靈有自知

---

3 꿀 찾는 개미(蜜蟻) : 구곡주는 구멍이 아홉 구비라 실을 꿰려면 꿀을 발라서 개미로 관통하 게 한다.
4 경촌주徑寸珠 : 직경이 한 치는 되는 큰 구슬. 『한시외전韓詩外傳』에 "과인의 나라가 작은 나 라이지만 오히려 한 치가 넘는 구슬이 있어, 수레의 앞뒤에서 열두 수레를 비출 수가 있는 데 만승의 나라에서 보배가 없겠습니까?(若寡人之小國也 尙有徑寸之珠 照車前後十二乘者 十枚 奈何以萬乘之國無寶乎)"라고 하였다.
5 수레의 앞뒤(乘後先) : 앞의 주 참조.
6 계명주髻明珠 : 계주髻珠. 상투 속의 구슬. 법화칠유法華七喻의 하나. 큰 공이 있는 자에게 왕이 상투의 구슬을 뽑아 하사한다.
7 적천赤川 : 미상.
8 오음산五陰山 : 오음五陰은 오온五蘊. 음陰은 쌓인다는 의미로 색色·수受·상想·행行·식 識의 오온을 말함.

위 아래로 살피는 곳에 은은하고	隱隱俯仰處
보고 들을 때 밝고 밝아 분명하다	昭昭視聽時
천고의 세월에도 오히려 옛것 아니고	千古猶不古
일만 번 변해도 끝내 변하지 않는다	萬變終不變
나고 들 때 묵직히 서로 따르나	出入鎭相隨
안과 밖으로 찾아도 안 보인다	內外尋不見
본래에 길고 짧은 것이 아니지만	本來非長短
가는 곳마다 청색 홍색으로 나타나	隨處現靑紅
사람 하늘도 이것으로부터 얻고	人天由此得
부처 조사도 너의 공을 빌린다	佛祖借伊功
너는 받았으니 삼가 스스로 지켜	爾受愼自守
어리석은 이에게 말하지 말라	莫向痴人說
상품은 제호 우유의 맛이지만	上品醍醐味
되짚여 독의 싹이 될까 두렵다	恐飜成毒孼
너는 변화씨의 구슬 보았는가	爾見卞和氏
구슬 원석 가지고 발 잘렸지⁹	抱璞自刖足
다시 진나라 소왕을 보면	更看秦昭王
몇 번이나 근완의 구슬¹⁰을 깨치다	幾碎菫完璧
다만 이 영특한 구슬 가지고	但將此靈珠
세밀히 세밀히 광채에 비추어 보라	密密因光照
부처 조사님 응당 가피하시고	佛祖應加被

---

9 너는 변화씨의~발 잘렸지 : 화씨월족和氏刖足. 화씨和氏는 화씨벽和氏璧. 월刖은 발을 자르는 형벌. 초나라의 변화卞和가 산에서 벽옥璧玉을 얻어 여왕厲王에게 헌납하였으나, 감정사가 보고 돌이라 하니 왕을 속였다 하여 발을 잘렸다. 무왕武王이 즉위하니 또 옥을 헌납하였으나 또 돌이라 하여 발을 잘렸다. 문왕文王이 즉위하여 또 그 옥을 헌납하자 옥인을 시켜 다듬어 보배를 얻으니 화씨벽이라 하게 되었다. 『한비자韓非子』「화씨和氏」.

10 근완의 구슬(菫完璧) : 미상.

용과 하늘도 반드시 와서 호위하리	龍天必來護
세상 사이 백 년의 보배로도	世間百年寶
계산 다 해 봐도 들어맞지 않으리	算盡皆不合
내가 오늘 주는 것은	我之今所贈
너로 하여 옛사람에게 미치게 함이다.	令爾古人及

21
정조正祖의
어제화산용주사봉불기복게御製花山龍珠寺奉佛祈福偈

작자作者 정조正祖(1752~1800)는 조선 제22대 왕이다. 이름은 산祘, 자는 형운亨運, 호는 홍재弘齋. 장헌세자莊獻世子와 혜경궁 홍씨惠慶宮洪氏의 아들이다. 1759년(영조 35) 세손에 책봉되었다. 아버지의 원통한 죽음으로 효장세자孝章世子 진종眞宗의 후사後嗣가 되어 1775년부터 영조를 대신하여 국정에 참여하였고, 다음 해에 영조가 승하하자 즉위하였다. 세손 때부터 활자에 관심이 깊어 임진자壬辰字, 정유자丁酉字, 한구자韓構字, 생생자生生字, 정리자整理字, 춘추관자春秋館字 등을 만들어 인쇄술의 발달을 기했다. 규장각을 설치하여 역대 서적을 보관하고, 자신의 시문집인 『홍재전서弘齋全書』(184권 100책)도 정리자로 간행하였다.

이렇듯 정조는 군왕의 집무에 열중하였을 뿐만 아니라 저술활동 또한 활발했으니, 동서고금의 역대 군왕 가운데 정조만큼 방대한 유집이 있는 군주는 없을 것이다.

해제解題 어제화산용주사봉불기복게御製花山龍珠寺奉佛祈福偈 : 제목이 보여 주듯이 화산(수원) 용주사를 아버지, 어머니의 능원인 현륭원顯隆園의 재궁齋宮으로 세우고, 부처님께 가호를 비는 축원문을 군왕으로서 직접 지은 것이다. 정조의 부모 공양에 대한 효심은 말할 것도 없거니와, 배불排佛로 알려진 조선조의 왕실에서 신불信佛에 대한 좋은 자료라 할 것이다.

정조의 어머니에 대한 사랑과 학문의 즐거움을 여실하게 보여 주는 한 편의 글을 뽑아 소개한다.

『춘추』를 완독하던 날
어머니께서 음식을 차리고 기뻐하시며 여러 신하에게 보임

내가 세 가지 여가 시간(겨울은 한 해의 여가, 밤은 하루의 여가, 비가 오는 날은 시간의 여가)인 겨울 여가에 곧 한 질의 책을 공부하는 것을 정상으로 삼아 손수 여러 책에서 선정하여 반드시 중앙과 지방으로 인쇄 반포하니 대저 문풍을 날려 풍속을 교정하려는 고심에서이다. 책이 이미 반포되면 몸소 먼저 외우는 것으로 한 세대의 표준을 삼는다. 을묘년(1795, 정조 19)에 『주자백선』을 새로 인쇄 반포하고, 10월 28일에 읽기 시작하여 다음 다음달 16일에 완독했으니 모두 49일이었다. 다음해 병진년에 『오경백편』을 인쇄 반포하고, …… 다음해 정사년에 『사기영선』을 인쇄 반포하고, …… 다음해 무오년에 『팔자백선』을 인쇄 반포하고, …… 다음해 기미년에 『춘추』를 새로 인쇄 반포했다. 이전에도 몇 차례 읽었지만 11월 18일에 다시 읽어 12월 초파일에 완독했으니 모두 20일인 셈이다. …… 이에 내가 인쇄 반포하고 내가 읽는 일도 이미 마쳤으니 명년에도 새로 인쇄함이 있게 된다면 당연히 앞 예와 같이 할 터이나, 돌아보면 정력이 옛날의 실천만 못할 것 같다.

기억하건대 어린 시절 한 질의 책을 완독하면 어머니께서 곧 조그만 찬을 차려 기쁨으로 기록하셨으니 세속에서 말하는 책시세의 예였다. …… 오늘 일이 있어 알리는 의식으로 어머니(慈宮)께 『춘추』를 완독한 일을 아뢰었더니 어머니께서 이 소자의 어린 시절로 생각하시어 술과 떡을 서민들의 양식으로 간략히 갖추어 인쇄도감과 같이 읽은 여러 사람과 함께 맛보게 하시니, 오! 이것이 바로 색동옷 입었던 노래자老萊子가 어머니를 기쁘게 한 것으로, 이 기쁨이 어머니 궁전을 기쁘게 함이 주자가 어머니를 수하게 했던 바로 그것이다. 이미 어머니 궁전에 태산의 축하를 드리고, 인하여 이 시를 써서 모든 이의 화답을 바란다.

모시고 자시는 여러 군자님들이여	侍食諸君子
이 모임을 알 수 있겠는가	能知此會歟
내가 이 한 질의 책 완독함은	伊吾完一秩
그 공부는 세 가지 여가 시간이야	工課殿三餘
매일 밤 밝은 촛불을 밝히었으니	每夜光明燭
올해는 좌씨의 춘추 책이었네	今年左氏書
어머니 마음 기쁜 일로 기록되니	慈心識喜事
노래자의 춤이 모든 시인 듯하네.	萊舞九詩如

春秋完讀日 慈宮設饌識喜 啗示諸臣

予於三餘 輒課一秩之書 歲以爲常 而手選諸書 必印頒中外 盖亦振文風矯俗之苦心也 書旣頒 躬先誦習 爲一世準 乙卯 新印朱書百選 而十月二十八日始讀 再翼月十六日完讀 凡四十有九日 丙辰 新印五經百篇 十一月十一日始讀 翼月初八日完讀 凡二十有八日 丁巳 新印史記英選 十月初八日始讀 再翼月二十七日完讀 凡八十日 戊午 新印八子百選 十一月初吉始讀 翼月十五日完讀 凡四十有五日 己未 新印春秋 新印以前 讀數回 十一月十八日更讀 十二月初八日完讀 凡二十日 左氏史也 雖近於朱子所謂千里一曲 致慨於明招堂上 而先經後傳 吾有吾心之春秋矣 於是乎 予印予讀已告公 自明年有新印 當如右爲例 顧精力未

能如宿踐也 記昔幼少時 讀完一秩 慈宮輒設小饌以識喜 俗所謂冊施時之禮是也 朱子以長子受之送東萊 以付送一角之茶三十觔 即此意也 今日以有事輒聞之義 告慈宮以春秋之完讀 慈宮視小子若幼少時 略備酒餅如村樣 遂與監印 懸讀諸人 共嘗之 戲是彩衣老萊之所以悅母也 喜動簾幃 紫陽之所以壽母也 旣獻岡陵祝于慈宮 因書此 要與諸人和

  侍食諸君子 能知此會歟
  伊吾完一秩 工課殿三餘
  每夜光明燭 今年左氏書
  慈心識喜事 萊舞九詩如

어제화산용주사봉불기복게御製花山龍珠寺奉佛祈福偈

절은 현륭원의 재궁을 위해서 세운 것입니다. 소자는 조용히 큰 바다로 헤아릴 만한 양의 먹과 수미산만큼 모인 붓을 취하여 이 8만 4천 보안법문의 경전의 뜻과 대승의 가르침을 쓰고 삼가 계송을 지어 삼업[1] 공양을 본받아 보은의 복전으로 닦습니다.(寺爲顯隆園齋宮而建也 小子竊取大海量墨 須彌聚筆 書寫此八萬四千普眼法門之經義乘敎 謹述偈語 以效三業供養 用修報恩福田)

보고인천普告人天

혜일의 큰 성인이신 존자 대일여래의	慧日大聖尊
위엄하신 덕은 생각 논의할 수 없어	威德叵思議
종을 쳐 사주[2]의 천하에 알리고	椎鍾告四洲
중생을 인도하여 십지[3]에 오르게 하다.	牖衆登十地

---

1 삼업三業 : ① 신업이니 지성으로 경례함이요, ② 구업이니 발언이 칭찬 미덕이요, ③ 의업이니 바른 생각으로 사색하고 염원함이다.(一業謂身 至誠敬禮 二業謂口 發言稱美 三業謂意 正意想念)
2 사주四洲 : ① 남염부제南閻浮提, ② 서구야니西瞿耶尼, ③ 동불파제東弗婆提, ④ 북울단월北鬱單越.
3 십지十地 : ① 환희지歡喜地, ② 이구지離垢地, ③ 발광지發光地, ④ 염혜지焰慧地, ⑤ 난승지難勝地, ⑥ 현전지現前地, ⑦ 원행지遠行地, ⑧ 부동지不動地, ⑨ 선혜지善慧地, ⑩ 법운지法雲地.

대지숙인大地宿因

보배의 꽃으로 난다라화[4]가 날고	寶花飛曼陀
원만한 나무 원수[5] 도리천에 나서	員樹生忉利
동방의 나라에 길상 경사의 인연	東土宿吉慶
왕릉[6]의 옆에다 새 절을 개창하다.	喬山開新寺

공양칠보供養七寶

구월달 가을의 국화[7] 피는 계절에	九秋瞻博節
축문의 관원[8]이 일이 갖추었음을 아뢰니	工祝奏藏事
금은과 파리요	金銀及玻璃
마노와 차거이다.	瑪瑙與硨磲

장엄만게莊嚴萬偈

청정으로 널리 장엄히 꾸며	淸淨廣嚴飾

---

4 난다라화 : 난다라曼陀羅. 꽃의 이름. 번역하면, 원화圓華, 백단화白團華, 적의화適意華, 열의화悅意華이다.

5 원수員樹 : 원수圓樹. 도리천忉利天에 원수가 있는데, 그 꽃이 피면 도리천의 모든 하늘이 즐거이 놀아 휴식하니, 길경吉慶과 적덕積德의 칭호이다.

6 왕릉(喬山) : 교산喬山은 교산橋山으로 황제黃帝를 장사한 곳이라 하여, 왕릉을 지칭하기도 한다.

7 국화(瞻博) : 첨박瞻博은 원주에 "절을 9월에 창건했다. 『예기』「월령」에 이 달에 국화에 누런 꽃이 있는데 범어의 첨박이 이것이다.(寺建於九月 按禮記月令 是月也 菊有黃華 梵語瞻博是也)"라고 하였다.

8 축문의 관원(工祝) : 공축工祝은 고대의 제사에서 축문을 읽는 관원.

거듭거듭 부처님 장중히 거하시다	重重壯佛居
나에게 우담발 보배 있어	我有優曇鉢
팔만 사천 세의 장수를 크게 쓰다.⁹	萬四千大耆

응운발상應運發祥

과연 금륜성왕께서	果然金輪聖
시기에 부응하여 요구대로 오시어	應期來作求
전단향의 바람 칠보의 등에 불리고	檀風噓七燈
연꽃비가 세 수레¹⁰에 가득하구나.	蓮雨沃三車

복덕무량福德無量

젖 맛 같은 바다¹¹의 한없는 복으로	乳海無量福
널리 처음부터 서민에 펴 주니¹²	敷錫自初生
벼나 삼베옷이나 대나무 갈대나무처럼	如稻麻竹葦

---

9 팔만 사천~크게 쓰다 : 원주에 "청정淸淨에 세 가지가 있으니, 마음 청정(心淸淨), 몸 청정(身淸淨), 모습 청정(相淸淨)이다. 우담발優曇鉢은 곧 영서靈瑞의 큰 보배이니 때가 아니면 나타나지 않고, 나타나면 금륜성왕金輪聖王이 출세하여 국토가 장엄하고 백성의 수명이 모두 8만 4천 세를 누린다."라고 하였다.

10 세 수레(三車) : 『법화경』에서 말하는 양의 수레(羊車), 사슴의 수레(鹿車), 소의 수레(牛車)로, 삼계三界를 벗어나게 하는 수레.

11 젖 맛 같은 바다(乳海) : 원주에 "유해乳海는 바다의 수에 7이 있는데, 유해가 그중의 하나이니 그 맛이 젖 같다."라고 하였다.

12 널리 처음부터~펴 주니 : 『서경』「홍범洪範」에 "때때로 오복을 거두어 서민들에게 널리 주다.(斂時五福 用敷錫厥庶民)"라는 구절이 있다.

십승[13]의 찰토인 국토에 가득하구나.	十乘刹土盈

제불호우諸佛護佑

비로자나부처님의 광채이고	毘盧遮那光
가릉빈가새의 소리로구나	迦陵頻伽聲
고루 사랑으로 받드는 소원을 펴고	齊發愛戴願
널리 보호하고 돕는 밝음을 맹세하다.	弘誓保佑明

보살원력菩薩願力

다시 아뢰니 모든 보살님들이여	復次諸世雄
하나하나 다 부처님의 정으로	一一皆佛情
내 이 진여함을 아시어	我知眞如是
법력으로 가없도록 비추소서.	法力照無邊

정토극락淨土極樂

감로수처럼 두루 청정한 세계이고	甘露遍淨界
가을 달로 가득한 넓은 하늘이라	秋月滿長天

---

13 십승十乘 : 원주에 "십승十乘은 관법觀法이니, ① 관부사의경觀不思議境, ② 발진정보살심發眞正菩薩心, ③ 선교안심善巧安心, ④ 파법편破法偏, ⑤ 식통색識通塞, ⑥ 도품조달道品調達, ⑦ 대치조개對治助開, ⑧ 지차위知次位, ⑨ 안인安忍, ⑩ 이법애離法愛."라고 하였다.

한 골의 한적한 아란야[14]의 곳이고	一曲阿蘭若
왕성인 서울에서 팔십 리[15]의 거리이네.	王城上由旬

항사보록恒沙寶錄

오! 보리로 나타나시어	於焉現菩薩
인도하여 범천의 하늘을 넘다	導之躋梵春
게송을 지어 부처님 은혜 보답하니	作偈頌佛恩
그 과보는 자손이 많다고[16] 점치다.	報果占溱溱

내가 즉위한 지 20년 을묘 5월이다.(予卽阼二十年乙卯仲夏)

---

14 아란야阿蘭若 : 한적한 곳이라는 의미의 범어.
15 팔십 리(上由旬) : 유순由旬은 원주에 "한량의 뜻인 범어. 세 가지로 해석되니, 상 80리, 중 60리, 하 40리라 하니 용주사가 왕성에서 80리이다."라고 하였다.
16 자손이 많다고(溱溱) : 진진溱溱은 자손이 많음을 말함. 『시경』「소아小我」〈무양無羊〉에 "목축인이 꿈에 많은 물고기와 거북 그린 기, 매 그린 기를 꾸었거늘, 대인이 점치니 고기는 풍년이고 거북 기와 매 기는 집안에 자손이 많겠다 하다.(牧人乃夢 衆維魚矣 旐與旟矣 大人占之 衆維魚矣 實維豊年 旐與旟矣 家室溱溱)"라고 하였다. 원주에도 이를 인용하였다.

한국의 게송偈頌 · 가송歌頌
– 우리 불교 노래 집성集成

2018년 11월 25일 초판 1쇄 인쇄
2018년 12월 5일 초판 1쇄 발행

편역자 이종찬
발행인 한태식
발행처 동국대학교출판부

주소 04620 서울시 중구 필동로 1길 30
전화 02-2260-3483~4
팩스 02-2268-7851
Homepage http://dgpress.dongguk.edu
E-mail book@dongguk.edu
출판등록 제2-163(1973. 6. 28.)
편집디자인 동국대학교출판부
인쇄처 네오프린텍(주)

ISBN 978-89-7801-938-5 93220

값 25,000원

이 책의 무단 전재나 복제 행위는 저작권법 제98조에 따라 처벌받게 됩니다.